U0754959

信息化项目建设与管理

苏国平　编著

北京航空航天大学出版社

内 容 简 介

随着信息化建设的深入推进,信息化项目的建设与管理也已成为党政机关、企业和事业单位的一项重要工作。尤其是随着云计算、大数据、物联网、人工智能、区块链等现代信息技术的快速发展,以及与传统产业的深入融合,各类智慧应用系统建设需求更趋迫切,信息化建设项目越来越多。与此同时,信息化建设项目的技术越来越复杂,规模、难度、投资也越来越大,特别是对项目建设与管理的要求越来越规范、越来越严格。

本书针对信息化项目建设与管理的实际需求,按照项目的全生命周期,系统地介绍了信息化项目的可行性研究、顶层设计、立项咨询、政府采购与招投标、项目管理、项目监理、质量检验检测、项目验收、运行维护、绩效评价和迭代更新等内容。根据国家相关政策、法律法规以及标准规范,本书对每一个重要节点的工作流程、要求、方法以及注意事项均作了详细的阐述。

本书对信息化项目建设与管理既有理论探索,又有经验分享;既是对法律法规的诠释,又是对标准规范的宣传与贯彻;既可以作为信息化项目建设与管理者的培训教材,也可作为工具书、参考书。

图书在版编目(CIP)数据

信息化项目建设与管理 / 苏国平编著. -- 北京:

北京航空航天大学出版社,2021.1

ISBN 978 - 7 - 5124 - 3393 - 9

Ⅰ.①信… Ⅱ.①苏… Ⅲ.①信息工程－工程项目管理 Ⅳ.①G202

中国版本图书馆 CIP 数据核字(2020)第 221522 号

版权所有,侵权必究。

信息化项目建设与管理

苏国平 编著

责任编辑 董宜斌

*

北京航空航天大学出版社出版发行

北京市海淀区学院路 37 号(邮编 100191) http://www.buaapress.com.cn

发行部电话:(010)82317024 传真:(010)82328026

读者信箱:copyrights@buaacm.com.cn 邮购电话:(010)82316936

北京九州迅驰传媒文化有限公司印装 各地书店经销

*

开本:710×1 000 1/16 印张:19.75 字数:444 千字

2021 年 1 月第 1 版 2024 年 1 月第 6 次印刷

ISBN 978 - 7 - 5124 - 3393 - 9 定价:69.00 元

若本书有倒页、脱页、缺页等印装质量问题,请与本社发行部联系调换。联系电话:(010)82317024

前　　言

从繁忙的工作岗位上退下来之后，一些部门和地方的同志经常向我咨询一些信息化方面的问题，特别是关于信息化建设项目的选择、如何实施和管理等方面。为此，我专门到网上查看、书店转转，希望能为他们找一些这方面的参考书，然而尽管信息技术类的书丰富多彩，特别是云计算、大数据、物联网、人工智能、区块链等更是琳琅满目，但是还真没有找到一本系统介绍信息化项目建设与管理方面的书。

信息技术日新月异，推动着信息技术的应用不断深化，催生着层出不穷的信息化建设项目，特别是近年来各类网络信息系统、应用系统、大数据工程、智慧应用等项目更是炙手可热。然而，只有选择好项目、建设好项目、管理好项目，项目才能应用好，才能达到预期的建设目标；反之则不仅不能达到预期建设目标，还会造成投资浪费，由于项目建设与管理上的问题而造成项目失败的案例不在少数。

作为一个在信息化战线工作了几十年的老战士，深感做好信息化项目建设与管理的重要性、迫切性。信息化项目建设与管理是应用信息技术，实现数字化融合，促进传统产业转型升级、提质增效，推动社会治理和提高行政效能的基础、前提，也是推动信息化的目的所在。与几位在业内具有丰富实践经验的同仁交流之后，大家深有同感，认为确有必要撰写一本信息化项目建设管理的书稿，大家对信息化项目建设的理解、认识和实践，也就成为本书的创作之源。

全书共分 12 个章节，除简要介绍了信息化和信息工程的基本概念之外，按照信息工程项目全生命周期，系统介绍了信息化规划与顶层设计、项目立项、政府采购与招投标、项目管理、工程监理、质量检验检测、项目验收、运行维护、绩效评价和迭代更新等内容。其中，第 1 章和第 2 章由苏国平编写，第 3 章和第 12 章由何芳编写，第 4 章和第 11 章由范晓明编写，第 5 章由苏国平和尚春光编写，第 6 章由苏国平和陈兵编写，第 7 章由王红强、蒲丽娟、赛玉华、文凤、陈小龙编写，第 8 章由刘军、朱焕宇、刘香玉编写，第 9 章由张斌，石常海，韦导编写，第 10 章由王英辉编写，附录 4 由吴鹏整理，全书由苏国平统稿润色。

创作本书的初衷是希望读者与我们一起分享多年来在信息化项目建设与管理的实践，同时也就信息化项目建设与管理的理论方法进行探索，并对信息化项目建设与管理的相关政策进行解读、对法律法规进行诠释、对标准规范进行宣贯，希望能对参与信息化项目建设与管理的相关人员有所帮助。

由于编者水平有限，加上时间仓促，本书难免存在不足和疏漏之处，敬请各位读者批评指正。

编　者
2020 年 6 月 19 日

目　　录

第1章　信息化

1.1　信息技术

信息技术或信息通信技术(Information Technology or Information and Communications Technology，缩写 IT 或 ICT)是指用于采集、感知、存储、传输、计算、处理、加工、管理、展示、重构数字信息等电子信息技术的总称。信息技术的基本特征是以大规模集成电路为载体，通过加载软件系统并进行集成而形成特定的功能，其可以通过设计、开发、安装、调试、生产和实施形成相关产品或信息系统、应用系统。信息通信技术包括微电子技术、计算机技术、通信技术、传感技术、无线电技术、控制技术、网络技术、大数据技术等。

1.1.1　信息技术的发展

信息技术的不断发展促使信息的采集、感知、存储、传输、计算、处理、加工、管理、展示、重构更容易、更方便、更快捷、更经济、更易用。信息技术在历史上共经历了五次重大革命性的突破。

第一次是语言的使用，发生在距今约 35000—50000 年前。劳动创造了人类，人类创造了语言，并获得了人类特有的交流信息的物质手段，同时拥有了加工信息特有的工具概念。语言的使用是人类从猿进化到人的重要标志。

第二次是文字的创造，大约在公元前 3500 年出现了文字。文字的创造第一次打破了信息传输和存储在时间、空间上的限制。它使人类信息传递突破了口语的直接传递方式，使信息可以储存在文字里，超越直接的时空界限，流传久远。

第三次是造纸和印刷技术的发明。大约在公元 1040 年，我国开始使用活字印刷技术(欧洲人在 1451 年开始使用印刷技术)。这一发明扩大了信息交流和传递的容量和范围，使人类文明得以迅速传播。

第四次是电磁技术(电报、电话、电视)的发明。19 世纪中叶以后，随着电磁波的发现，电报、电话的发明，人类对信息的存储、传输发生了根本性的变革，实现了用金属导线上的电脉冲来传递信息以及通过电磁波来进行无线通信，这使信息的传递手段发生了根本性的变革，加快了信息传输的速度，缩短了信息的时空范围，信息能瞬间传遍全球。

第五次是电子计算机的发明和应用。20 世纪中叶出现的计算机，从根本上改变了

1

人类加工信息的手段,突破了人类大脑及感觉器官加工处理信息的局限性,极大地增强了人类加工、处理和利用信息的能力。

1.1.2 信息技术的分类

1. 按照信息技术的表现形态划分

信息技术可分为硬技术(物化技术,简称"硬件")与软技术(非物化技术,简称"软件")。前者指各种电子信息元器件以及信息设备,如晶体管、集成电路板、CPU、键盘、鼠标、显示器和存储器等。后者指有关信息获取与处理的各种知识、方法与技能,如计算机语言技术、数据统计分析技术、规划决策技术、计算机软件技术、数据库技术、大数据技术、云计算技术、计算机网络技术、区块链技术、信息安全技术、多媒体技术和人工智能技术等。

2. 按照信息处理流程的基本环节划分

信息技术可分为信息获取技术、信息传递技术、信息存储技术、信息处理技术、信息显示技术及信息标准化技术。

(1) 信息获取技术包括信息的采集、搜索、感知、接收、过滤等。如数码相机、移动数字终端、摄像头、监控器、气象卫星、Internet 搜索引擎等。

(2) 信息传递技术是指跨越空间实现信息共享交换的技术,如网络技术、广播技术、电视技术、通信技术、互联网技术等。

(3) 信息存储技术是指跨越时间保存信息的技术,如磁存储技术、光存储技术、半导体存储技术、数据压缩技术、缩微存储技术等。

(4) 信息加工技术是对信息进行描述、分类、排序、转换、浓缩、扩充、展示、重构、创新等技术,如数据库技术、检索技术、信息系统技术等。

(5) 信息显示技术是对信息进行表示、展示、演示等技术,包括高清技术、图形图像技术、全息技术、虚拟现实技术、光电技术、材料技术等。

(6) 信息标准化技术是指使信息的获取、传递、存储,并使加工各环节有机衔接,及提高信息交换共享能力的技术。如信息管理标准、字符编码标准、语言文字的规范化等。

3. 按照信息技术的功能层次划分

信息技术可以分为基础层次的信息技术(如新材料技术、新能源技术、集成电路技术等),支撑层次的信息技术(如机械技术、电子技术、激光技术、生物技术、空间技术等),主体层次的信息技术(如感测技术、通信技术、计算机技术、控制技术、网络技术、数据库技术等),应用层次的信息技术(如文化教育、商业贸易、工农业生产、社会管理中用以提高效率和效益的各种自动化、智能化、信息化应用软件与设备)。

信息技术在飞速发展的同时,也不断地与传统技术和产业融合,并促进传统产业转型升级、提质增效。信息技术不断影响和改变人类的生活、工作、学习,不断地颠覆一些传统产业,升级变革一些产业,创新发展一些新产业,并孵化新的应用,催生新的业态和新的商业模式。

4. 信息技术的特点

1）发展高速化

信息技术是当今发展最快的技术,可以说没有任何一项技术能像信息技术这样日新月异。不仅是更新迭代快,而且创新发展快。由于计算机技术遵循了摩尔定律,即集成电路芯片上所集成的电路的数目,每隔 18 个月就翻一番;微处理器的性能每隔 18 个月提高一倍,而价格下降一半,因此计算机技术使得信息技术持续了近半个世纪的高速发展。与此同时,计算机技术也支撑和促使了网络技术、互联网技术、云计算、物联网、大数据、人工智能等现代信息技术的迅猛发展。

2）传输网络化

信息网络传输由最初的固定网络传输(局域网、广域网、互联网)到移动信息网络传输(5G、移动互联网),从人与人的信息传输到物与物的信息传输、人与物的信息传输,实现了无所不在,无所不能的信息传输,从而使信息传输更加便捷、高速,信息网络系统成为"信息高速公路",在现代信息社会中扮演了十分重要的角色,发挥着十分重要的作用。

3）信息数字化

信息的数字化就是将信息用电磁介质或半导体存储器按二进制编码("0"和"1")的方法加以表示,实现了现实世界中所有物质的、非物质的信息数字化,从而为计算机对现实世界中各类信息(文本信息、语音信息、图形图像信息,结构化和非结构化的信息)的采集、存储、处理、传输、显示奠定了基础,提供了可能,这也是信息技术实现飞速发展的前提。

4）应用个性化

信息技术在信息采集、传输、处理、显示等方面的不断突破与创新,使得其应用更加个性化、柔性化、便捷化,特别是信息传输由广播式转变为点对点方式,解决了每个人的社交、工作、学习、娱乐的个性化需求,甚至也为个性化的服务、个性化的制造等个性化的应用提供了可能。

5）技术智能化

信息技术发展到今天,在云计算、移动互联网、物联网、大数据和人工智能技术的支撑下,信息技术的智能化应用已经成为现在和未来的主要方向。智能机器人、医疗诊断专家系统、智能化的教学软件、自动考核与评价系统、视听教学、自动驾驶、城市大脑、智慧应用等等已经在社会经济发展的各个方面开始显示出巨大的威力。

1.2 信息化

1997 年召开的首届全国信息化工作会议,对信息化和国家信息化给出的定义,比较准确地诠释了信息化的内涵和外延,至今仍不失为对信息化最准确的定义。

信息化是指培育、发展以智能化工具为代表的新的生产力并使之造福于社会的历史过程。

国家信息化是指在国家统一规划和组织下,在农业、工业、科学技术、国防及社会生活各个方面应用现代信息技术,深入开发广泛利用信息资源,加速实现国家现代化进程。

我们通常所讲的信息化更多意义上引用了国家信息化的概念。而信息化的具体内涵是指开发、利用信息资源,建设国家信息网络,推进信息技术应用,发展信息技术和产业,培育信息化人才,制定和完善信息化政策。

由此可见,国家信息化就是通过构建国家信息化发展体系,研究制定信息化发展政策和信息化发展规划,开展国家信息化顶层设计,确定国家信息化重大项目和重点工程,推动信息技术在社会、经济发展的各个领域、各个行业深入应用,是促进社会进步和经济发展的过程,是一个不断演进、不断深化、不断迭代、持续发展的过程。信息化代表了信息技术被高度应用,信息资源被高度共享,从而使得人的智能潜力,以及社会物质资源潜力被充分发挥,个人行为、组织决策和社会运行趋于合理化的理想状态。同时,信息化也是信息产业发展与信息技术在社会经济各部门的扩散、渗透、融合,促进传统产业转型升级、提质增效的过程,推动社会结构更趋合理、社会治理更加科学的过程。

国民经济和社会发展各个领域、各个行业的信息化,就是信息技术在各个领域、各个行业不断深化应用、不断渗透融合的过程,概括起来可以分为:政务信息化、城市信息化、社会信息化、企业信息化、农村信息化等。

1.2.1　政务信息化

政务信息化也称政府信息化、电子政务或电子政府等,是信息化的重要领域。其目标是通过实施政务信息化来构建电子化的政务服务体系,进而提升政府行政能力和公共服务的水平。政务信息化是信息化最先尝试或突破的领域,从早期的公文处理到办公自动化,从最初的政府网站促进政务公开,到近期的互联网＋政务,实现了政府公共服务最多跑一次等目标。政务信息化的核心任务是搭建统一的网络平台、统一的数据资源环境、统一的数据共享交换平台、统一的网络信息安全平台、核心应用系统(包括各个业务部门的业务系统,如医药卫生、教育、环境、自然资源、城乡建设、交通运输)等。由于政府的层级纵横交错,各区域社会经济发展不平衡,各行业领域信息化应用水平不均,导致各级政府及其部门信息化发展的不均衡,使得政务系统的网络、平台、数据和应用系统各自为阵,网络系统不能互联互通,信息资源无法共建共享,不同区域、不同领域的政务信息化的水平也是参差不齐,这些成为政务信息化亟待克服和解决的问题。

1.2.2　城市信息化

城市信息化是指信息技术在城市发展、管理、运行的各个环节,各个方面的深化应用,不断提升城市管理水平、运行效率和发展能力,将城市的管理系统、运营系统和服务系统打通、集成,以提升资源运用的效率,优化城市管理和服务,改善市民生活质量。城市信息化一直以来都是信息化的热点、重点和难点。随着信息技术的飞速发展和应用,城市信息化也从最初的局部信息化、点线信息化发展到数字城市再到智慧城市建设。

资源短缺、环境污染、交通拥堵、安全隐患等问题几乎是所有城市面临的通病,也是困扰城市建设、管理、运行和发展的首要难题。智慧城市通过物联网和空间地理信息系统等基础设施建设,以及云计算、大数据、移动互联网、人工智能、区块链等新一代信息技术的应用,实现对城市全面透彻的感知、宽带泛在的互联、智能融合的应用。智慧城市在充分整合、挖掘、利用信息技术与信息资源的基础上,通过构建"城市大脑",汇聚人类的智慧,赋予物以智能,实现对城市各领域精细化、智能化的管理、运营与服务,实现对城市资源的集约化利用,减少资源消耗,降低环境污染,解决交通拥堵,消除安全隐患,有效地化解"城市病",进而实现城市的可持续发展。

1.2.3　企业信息化

企业信息化是指企业为提高企业的生产运营效率,降低运营风险和成本,提高企业整体管理水平和持续经营的能力,在产品的设计、开发、生产、管理、经营等多个环节中广泛应用信息技术,并大力培养信息人才,完善信息服务,加速建设应用信息系统的过程。企业信息化已经从早期单一的内部网络系统建设、对外门户系统的建设以及生产资源计划系统(ERP)、客户关系系统(CRM)、财务系统、生产控制系统(MES)、供应链系统(SCM)、计算机辅助设计(CAD)、计算机辅助生产(CAM)、管理信息系统(MIS)等的开发应用转变到数字车间、数字工厂、数字产品、智能制造,实现了企业信息化质的飞跃,信息化已经成为企业提质、增效、转型升级的必由之路,更是企业创新发展、提升核心竞争力的重要途径。

1.2.4　农村信息化

农村信息化是指以实现农村现代化发展为目标,在农村生产、生活和社会管理中全面推广应用信息技术,帮助农民不断提升应用信息技术能力和水平的过程。农村信息化包括信息基础设施建设、信息服务平台建设、农业专家系统开发应用、农村信息资源开发利用、农村电子商务服务平台建设、农村现代物流供应系统开发、农民信息员队伍建设、农民信息技术应用能手培养等。农村信息化也已从单一的信息技术应用进入到数字乡村、数字农业等综合的、全面的信息化发展阶段,信息化已经成为社会主义新农村建设的重要推动力。

1.2.5　社会信息化

社会信息化是指利用现代信息技术影响和改造社会的生活方式与管理方式,并将信息资源充分应用到社会各个领域,为人类提供基于信息网络系统的生活、休闲、娱乐、学习的服务与产品,同时不断丰富人的精神文化生活,提升生活质量的过程。社会信息化是信息化的高级阶段,是以信息产业化和产业信息化为基础,以经济信息化为核心向人类社会活动的各个领域逐步扩展的过程,其最终结果是人类社会生活的全面信息化。社会信息化的主要表现为:信息成为社会活动的战略资源和重要财富,信息技术成为推动社会进步的主导技术,信息人员成为领导社会变革的中坚力量。

第 2 章　信息工程

　　信息化是信息技术发展与应用的历史进程,在实现这个历史进程中,通过实施信息基础设施建设、构建信息网络系统、信息技术开发应用、信息资源开发利用等信息化工程(简称"信息工程")项目来不断推动信息化发展。推进信息化的重要任务之一就是大力实施信息化工程项目,因此建设好、管理好、应用好信息化项目就成为信息化工作者的重要工作内容,信息工程项目建设与管理的能力自然也成为信息化工作者的重要素质之一。

2.1　信息工程项目

2.1.1　基本概念

1．工　程

　　工程是指运用科学的方法,通过动员、组织、协调将经过勘测、规划、设计而形成的非物质成果,运用自然界的物质和能源,在特定的时间内以合理的人力、物力的付出,将其实现并形成具有特定功能、发挥特定作用,能为人类做出有益贡献的产品、构筑物或系统。其要素是需要利用自然物质和能源的特性,需要人力和物力的付出,需要动员、组织、协调、统筹相关的资源,需要一定的时间、形成一定功能和特定作用的产品、构筑物或系统。

2．项　目

　　项目是人们通过努力,采用一定的措施和方法,组织、运用自然资源和能源,在给定的费用和时间约束范围内,完成一项独立的、具有特定目标任务要求的活动,并实现具有一定数量和质量要求的目标。

3．工程项目

　　工程是对一个即将启动或正在实施创建的产品、构筑物或系统的总称,而项目则是对正在或将要实施的具有特定目标任务要求活动的总称。一般来说工程是一个静态的概念,而项目则是动态的概念。工程是通过若干个项目的实施而实现的。所以工程项目就是实施或创建特定产品、构筑物、信息系统的活动。可以将项目理解为是工程的子集,多个相关的项目构成一项工程,一项工程可以分解为多个项目,也可以直接将一个工程(视工程的大小、重要程度、复杂性)称之为项目或工程项目,但不宜将一般的普通的项目视为工程。

4．项目管理

项目管理是基于被接受的管理原则,把各种知识、技能、手段和技术应用于项目的规划、计划、启动、实施、评估、控制等相关活动之中,以使项目按时、按预算、依据规范完成实施并达到预期效果和目标要求。

5．工程项目管理

工程项目管理是指业主(工程项目建设单位)、业主委托的第三方专业从事工程项目管理的企业或工程项目承建单位对工程项目的组织实施进行全过程或若干阶段的管理和服务。工程项目管理的主要任务是:为保证项目在设计、采购、施工、安装调试等各个环节的顺利进行,围绕"安全、质量、工期、投资、决算"等控制目标,在项目集成、范围、时间、成本、质量、人力资源、沟通、风险、采购、结算、决算等方面所做的各项管理工作。

6．信息工程

信息工程是信息化建设工程的简称,是指以先进、成熟的信息技术为依托、以改进工作方式、方法和手段为目的,以提高工作效率和效能、促进管理与服务能力的提高为目标,通过规划和设计,在特定的时间内以合理的人力、物力的付出,将电子信息产品、设备以及软件技术、网络技术、数据资源等信息技术进行集成、开发、安装和实施,使其实现并形成具有特定功能发挥特定作用的产品或信息系统。信息工程项目一般可分为信息基础设施、信息系统集成、应用软件开发、数据资源建设、信息网络和网络信息安全等。

7．信息工程项目

信息工程项目是对即将启动或正在实施创建的信息化应用系统、信息化产品活动的总称。(见工程项目的定义。)

8．信息工程项目管理

除了工程项目管理的基本内容之外,信息工程项目管理的重要任务就是依据国家的法律法规和规章制度,在对项目所选择的信息技术进行充分论证的基础上,确定项目建设的合理时间与经费预算,实现信息技术、人员与业务需求的有效结合,达到项目建设的质量要求和目标。

信息工程项目有大有小、有简有繁、有难有易。一般的电子信息设备采购、安装、调试虽然也是信息工程项目的范畴,但由于其技术含量低、不复杂、难度小,与一般的工程项目差距不大。这里所指的信息工程项目,既包括设备的采购、安装、调试,还包含有较为复杂的技术方案及其实施,一般是指信息系统集成类的项目、软件系统和应用系统开发类的项目、信息资源开发利用的项目等。

9．软　件

软件是由计算机语言设计(开发)而成的可运行的程序代码及其文档资料的统称。

软件是一种逻辑产品(隐形不可见的),是用计算机语言结合知识、应用需求创新设计(开发)而成,其表现形式是程序代码和文档资料,其运行并实现特定功能达到设计(开发)目标时需要运行载体,即计算机系统。

软件生产(使用)环境是指业主单位正式使用(应用)软件的环境(包括软、硬件、网络环境等)。

软件测试环境是指以承建单位为主搭建用于软件开发过程中进行质量控制(测试)的环境(包括软、硬件、网络环境、评审要求等)。

10. 软件产品

以产品化的方式设计或开发出的软件成果,通常包括软件载体及其完整的文档资料。

软件产品分为通用软件产品和定制软件产品。

通用软件产品也称为就绪可用软件产品,是指可供任何用户使用,不需要再经过实施开发活动的软件产品。通用软件产品应用需求是通用的,可以满足两个以上不同用户的同一需求,如 WPS 办公软件等。

定制软件其可实现的功能、解决的应用需求是为特定用户(业主单位)要求而定制的,只能供特定用户使用。定制软件开发一般是根据业主单位实际需要,专门或特殊开发的软件,并经过测试、试用后,在特定用户(业主单位)内推广使用。

11. 软件工程

软件工程是指为使计算机系统能够实现对农业、工业、社会管理、公共服务等各个领域的信息进行采集、存储、传递、处理、加工、展示,应用计算机科学技术以及工程项目管理的原则和方法,按照工程项目预算和进度,用计算机语言设计开发计算机指令系统(软件系统),实现满足用户要求的软件产品或应用系统定义、开发、发布和维护的工程。

计算机操作系统、智能终端操作系统、工业控制系统、各类软件工具、各类应用系统、各类网络信息安全系统、虚拟现实系统、数据库应用系统、大数据系统、人工智能系统、区块链系统等的定义、开发、发布和维护等类型的工程项目均属软件工程类。

12. 信息系统

计算机信息系统是由计算机硬件、网络和通信设备、计算机软件、信息资源、信息用户和规章制度组成的以处理信息流为目的的人机一体化系统。信息系统有五大基本功能,包括信息的输入、存储、处理、输出和控制。

13. 应用系统

计算机应用系统是计算机信息系统的特殊情况,是为满足用户需求而开发的能够解决特定问题实现特定目标的信息系统,如党政机关企事业单位各种业务系统(管理信息系统、供应链管理系统、客户关系管理系统、人力资源管理系统等)以及各类数字化应用系统、智慧城市、智慧医疗、智慧交通、智慧教育等。计算机应用系统是信息化建设中需求最多的项目。

14．网络信息安全

网络信息安全是指保持信息在存储、传输、处理过程中的保密性、完整性、可用性以及真实性、可核查性、不可否认性和可靠性的要求，并保证不被他人窃取、破坏、篡改等而采取的技术和手段、措施要求。

15．安全需求

安全需求是指为保证组织业务战略的正常运作而在安全措施方面提出的要求。

16．网络信息安全工程

网络信息安全工程是指为确保网络信息系统的安全而实施的网络信息安全技术、手段、措施能力的集合。网络信息安全工程包括信息工程（含云服务类的信息系统）建设和运维阶段的安全集成。

17．信息安全等级保护

信息安全等级保护，按照网络信息系统业务信息和系统服务的重要性等级，对信息载体和信息系统实行分级别安全保护的一种工作。信息安全等级保护工作包括定级、备案、安全建设和整改、信息安全等级测评、信息安全检查五个阶段。

信息系统的安全保护等级分为以下五级，一至五级等级逐级增高：

第一级，信息系统受到破坏后，会对公民、法人和其他组织的合法权益造成损害，但不损害国家安全、社会秩序和公共利益。第一级信息系统运营、使用单位应当依据国家有关管理规范和技术标准进行保护。

第二级，信息系统受到破坏后，会对公民、法人和其他组织的合法权益产生严重损害，或者对社会秩序和公共利益造成损害，但不损害国家安全。国家信息安全监管部门对该级信息系统安全等级保护工作进行指导。

第三级，信息系统受到破坏后，会对社会秩序和公共利益造成严重损害，或者对国家安全造成损害。国家信息安全监管部门对该级信息系统安全等级保护工作进行监督、检查。

第四级，信息系统受到破坏后，会对社会秩序和公共利益造成特别严重损害，或者对国家安全造成严重损害。国家信息安全监管部门对该级信息系统安全等级保护工作进行强制监督、检查。

第五级，信息系统受到破坏后，会对国家安全造成特别严重损害。国家信息安全监管部门对该级信息系统安全等级保护工作进行专门监督、检查。

18．风险评估

风险评估是指依据有关信息安全技术与管理标准，对信息系统及其处理、传输和存储的信息的保密性、完整性和可用性等安全属性进行评价的过程。它要评估资产面临的威胁以及威胁利用脆弱性导致安全事件的可能性，并结合安全事件所涉及的资产价值来判断安全事件一旦发生对组织造成的影响。风险评估是确定信息安全需求的重要途径。

19. 业主(需方,项目建设单位)

业主是指具有服务发包主体资格和支付工程及相关服务价款能力的单位。

20. 供方(项目实施单位、货物供应单位、服务承担单位)

供方是指具有独立企业法人资格,具备设备、材料、技术或运行维护服务提供能力,向需方提供设备、材料、技术或运行维护服务的单位。

2.1.2 信息工程项目分类

根据信息工程项目特点和 GB/T 19668《信息技术服务监理》监理规范,可将信息工程项目划分为信息基础设施工程、软件工程、数据中心工程、网络信息安全工程等四大类型。

1. 基础设施工程类

信息基础设施工程是信息工程中最基础、最重要的组成部分,它可能是大型或重要信息化工程项目中的一部分,也可能是独立自成一体的信息化项目,在信息工程项目中发挥重要的基础性、支撑性作用。信息基础设施工程包括通信工程、电子工程、视频安防工程、结构化综合布线以及智慧城市、智能交通、智能建筑等信息工程项目的基础部分。

1)通信工程

通信工程指实现以语音、文字、图形、图形等信息传输为目的而实施的工程,包括线路工程(光纤铺设、微波系统、移动通信网路、国家骨干网、城市主干网、卫星通信网)以及通信设备工程和通信系统集成工程。

2)电子工程

电子工程指以电磁技术为主导、为实现采集、测量、控制、探测信息而实施的工程,包括雷达、导航与测控系统工程、电子综合信息网络工程、新型显示器件工程、监控系统工程、电子自动化工程、电子声像工程、电磁兼容工程、电子机房工程、电子设备安装工程、洁净室工程(含空调净化、洁净装修、洁净室地板)、微电子工程、光电子工程。

3)网络工程

网络工程指利用通信技术、网络技术、计算机技术、软件技术和网络信息安全技术为实现信息的传输而实施的工程,包括广域网络系统、城域网络系统、局域网络系统以及系统网络工程等。

4)广播电视工程

广播电视工程指利用广播电视技术实现广播电视信号的采集、发射、传输、接收、处理而实施的工程,包括广播电视制播工程、电影制作与影院工程、广播电视发射工程、广播电视传输工程、广播电视监测监管工程等。

5)遥感(航空、卫星)工程

遥感工程指利用遥感技术(卫星遥感、航空遥感)为工业、农业及社会管理与服务提供支撑、服务而实施的工程,包括遥感地面接收系统、遥感信息处理系统、遥感信息应用系统、地理信息系统等。

6）智能建筑工程

智能建筑工程指通过应用现代信息技术将建筑物的结构、系统、服务和管理并根据用户的需求实现自动进行最优化组合的工程，包括计算机管理系统工程，楼宇设备自控系统工程，通讯系统工程，保安监控及防盗报警系统工程，卫星及共用电视系统工程，车库管理系统工程，综合布线系统工程，计算机网络系统工程，广播系统工程，会议系统工程，视频点播系统工程，智能化小区物业管理系统工程，可视会议系统工程，大屏幕显示系统工程，智能灯光、音响控制系统工程，火灾报警系统工程，计算机机房工程，一卡通系统工程等。

2. 机房工程（数据中心工程）

机房工程指为满足部署计算机及其网络系统、通信系统、广播电视系统等特定要求并保障其安全、稳定、可靠、有效运行而建设的专用配套工程（包括计算机机房、数据中心机房、控制中心机房、测控中心机房、广播电视制作播出机房等）。机房工程也属于基础设施工程范畴，但由于其相对较为复杂，涉及多个专业集成，故将其单列。机房工程包括供配电系统、空调系统、消防系统、安全防范系统、环境系统和动力环境监控系统等分项工程。

1）供配电系统工程

为机房中所有有源设备和设施提供符合要求的电源的系统工程。供配电系统工程包括但不限于配电柜（箱）安装、测试；不间断电源（UPS）设备安装和测试；蓄电池安装、测试；电缆桥架安装和桥架内电缆敷设；电线电缆穿管和线槽敷线；电缆头制作、接线和绝缘测试；照明、开关、插座安装和检查；防雷、接地装置安装等。

2）空调系统工程

为满足电子设备机房内所有电子设备对运行环境的温度、湿度要求而设置的系统。空调系统工程包括但不限于空调机组设备安装；风管制作；风管及部件安装；管道安装；风管、管道保温；空调系统调试及综合效能试验等。

3）消防系统工程

为满足电子设备机房消防要求而设置的系统。包括但不限于气体消防；火灾自动报警、广播火灾早期报警；干粉灭火及消防联动等。

4）安全防范系统工程

以设备安全为目的，运用安全防范技术、产品和其他相关措施以维护电子设备机房以及设施安全所构成的入侵报警系统、视频安全防范监控系统、出入口控制系统、防爆安全检查系统和机房管理系统等；或由这些系统为子系统组合或集成的电子系统或网络。

5）环境系统工程

指为满足电子设备机房内的洁净、噪声、电磁干扰等环境质量要求而设置的系统。包括室内空间环境、室内电磁环境、室内空气环境、视觉照明环境和室内噪声环境等系统工程。

6）动力环境监控系统工程

指以保障设备正常运行为目的,通过运用相关监测手段,对电子设备机房内的各高低压供电设备、通信电源、空调系统运行状态,以及电子设备机房环境的温度、湿度和漏水等情况进行监控而设置的系统。

3．软件工程类

1）应用软件系统工程

包括定制软件开发、就绪可用软件产品部署、应用系统开发、应用系统升级、应用系统部署、系统和支撑软件的采购部署等。

2）工业控制与自动化工程

工业控制和自动化工程是指利用计算机技术、网络技术（物联网、互联网）、软件技术、控制技术实现对各类工农业生产及环境进行自动检测、控制、优化、调度、管理和决策而实施的工程,包括生产过程控制系统、集散式控制系统 DCS、计算机集成制造系统 CIMS、现场总线系统 FCS、柔性制造系统 FMS、智能制造系统等。

3）信息系统集成

系统集成工程是指为实现特定的功能需求或应用服务需求,采用网络集成、设备集成、功能集成、软件集成方式,通过结构化的综合布线和计算机网络技术,将各个分离的计算机、网络、网络安全、终端等设备以及系统软件、应用软件、数据资源等集成到相互关联的、统一和协调的系统之中,使资源达到充分共享,实现集中、高效、便利的管理,系统的效能发挥达到最优。信息系统的集成涉及到硬件集成、软件集成、数据资源集成、技术管理集成、组织机构集成等,关键是需要解决各子系统之间、设备之间、软硬件之间的互连和互操作性问题,特别是需要协调解决好各类设备、子系统间的接口、协议、标准、系统平台、应用软件等与子系统、建筑环境、施工过程、组织管理和人员配备等面向集成的相关问题。

4．网络信息安全工程

网络信息安全工程指为保障计算机系统、网络信息系统、通信系统、广播电视系统、各类应用信息系统安全可靠不被侵犯和破坏而实施的防入侵、防篡改、防攻击、防泄密等工程,包括网络安全、系统安全、信息安全、密码安全、网络信息安全测试、网络信息安全评估、网络信息安全防范等。

2.2　信息工程建设

信息工程建设是指将一个信息工程项目从概念到现实、从技术方案到实现应用需求所实施和完成的全部工作,包括知识汇聚、技术选择、系统设计、软硬件设备采购、安装调试、软件开发、信息资源开发等。

随着信息技术的飞速发展与普及,信息技术在各行各业的应用越来越深入,信息技术与传统产业的融合度越来越高,应用信息技术进行社会治理的需求越来越迫切,信息技术在公共服务中的作用越来越显著,新的技术新的需求迫使新的应用更新迭代的越来越快,信息化的发展越来越深入,应用越广泛越深入网络信息安全的重要性就越来越突出,使得信息工程项目越来越多,也使信息工程项目越来越大、越来越复杂、越来越重要,因而如何建设好、管理好信息工程项目,发挥好、应用好信息工程项目就成为建设单位十分关心的重要问题。

信息工程项目与常规的建筑工程、道路桥梁工程、水利工程等土木工程或机械工程、环保工程完全不同,不仅其技术复杂、更新发展快,关键是由于其缺乏规范、标准以及隐蔽性、不可度量性等特点,而使得其建设的不可控因素非常多,稍有不慎就有可能导致项目达不到预期的目标,或者投入严重超出预期。这也是促使作者撰写本书的初衷,希望通过本书能把我们多年来在实施信息工程项目过程中的经验、教训与大家分享,虽然不一定完全正确或全面,但至少可以帮助大家少走弯路、少交学费。

2.3　信息工程项目建设的主要阶段

一般情况下,信息工程项目建设的主要阶段包括信息化发展规划以及顶层设计、可行性研究、需求分析、技术方案、实施、试运行、验收、更新升级等。

2.3.1　信息化发展规划

信息化发展规划是指未来一定时期内在建设单位(这里所称的建设单位,泛指一个区域或一个行业、一个部门、一个单位)的发展战略目标的指导下,在理解建设单位发展战略目标与业务规划的基础上,诊断、分析、评估建设单位内的生产、经营、管理和服务以及 IT 现状,优化建设单位内业务流程,结合各地信息化方面的实践经验和对最新信息技术发展趋势的掌握,提出建设单位信息化建设的远景、目标和战略。制定信息化发展规划的目的就是通过实施信息化,使建设单位发展能力进一步提升、发展方式进一步转型升级、发展活力进一步增强,建设单位的核心竞争力进一步提高。信息化发展规划既要符合建设单位的发展实际,又要借鉴和学习先进的发展经验;既要全面考虑统筹协调,又要兼顾具体应用;既要采用成熟安全可靠的技术,又要考虑信息技术未来的发展趋势;既要保证建设单位内各个网络系统和平台能够互联互通,还要保证各个应用系统之间信息能够共建共享。通过规划还可以对区域内未来信息化发展的重大信息工程和重点信息化项目进行规划和布局。

2.3.2　顶层设计

顶层设计就是对总体规划进行具体化。顶层设计的目的就是确保规划总体目标的实现,围绕着总体目标、站在全局的角度,对规划中的主要任务及重点工程、重大项目在时间、空间、资源、业务(含生产、管理、服务等)等维度上进行设计、安排、部署。顶层设计强调设计对象内部要素之间围绕核心理念和顶层目标所形成的关联、匹配与有机衔接;确保各个系统之间、各个项目之间都能围绕总体的目标实现各自的功能,又能够实现互联互通和信息资源的共建共享。同时顶层设计还要具有可操作性,要求表述简洁明确,成果具备可实施性。规划确定了未来做什么,而顶层设计则确定了怎么做的问题。因此顶层设计成果应是可实施、可操作的。所以如果仅有规划,就会缺乏具体的实现手段,就有可能导致规划的实施各自为政、分兵把守的不利局面,造成资源难以共享,信息难以互联互通的不良后果,因此顶层设计是规划的重要组成部分,不可或缺。很多单位只重视规划的研究和制定而忽略了顶层设计,这也是造成规划不能很好实施的一个重要原因。

2.3.3　可行性研究

可行性研究是指对拟启动实施的信息工程项目的可能性、有效性、实施方案、相关技术方案及财务效果进行具体、深入、细致的技术论证和经济评价,以求确定一个在技术上合理、经济上合算的最优方案和启动实施的最佳时机。一般情况下,项目建设单位在项目拟启动实施之前,通过聘请第三方的专业机构,对与项目有关的市场、资源、技术、经济和社会等方面的问题进行全面分析、论证和评价,进而确定项目是否可行及最佳实施方案并提交可行性研究报告,作为建设单位启动实施项目的依据,同时也可作为立项建议书提交有关部门审批是否同意立项。

2.3.4　需求分析

需求分析是指围绕着信息工程项目建设的总体目标,为了研究制定项目的技术实现方案,了解项目需要解决的问题和实现的功能、性能要求,方案制定者或项目开发者对用户所做的深入细致的调研,并将用户非形式的需求表述转化为完整的需求定义,从而确定系统必须做什么的过程。需求分析是项目建设的重要活动,也是项目建设中的一个重要环节,该阶段是分析项目在功能上需要"实现什么",而不是考虑如何去"实现"。需求分析的目的是把用户对待项目提出的"要求"或"需要"进行分析与整理,确认后形成描述完整、清晰与规范的文档,确定项目需要实现哪些功能,完成哪些工作。此外,项目的一些非功能性需求(如软件性能、可靠性、响应时间、可扩展性等),项目实施的约束条件,运行时间与其他项目的关系等也是需求分析的重要内容。

2.3.5　技术方案

技术方案是根据项目大小、难易程度和复杂程度经过分析研究应用需求、比较分析相关技术、设计实施方法所确定的技术选择。技术方案有时会分为初步设计方案、详细设计方案、总体设计方案、系统集成方案或实施方案等。技术方案就是根据可行性研究及顶层设计所确定的信息工程项目建设总目标、总体要求,针对调研中所明确的功能、性能需求等,以及 IT 技术现状及发展趋势,给出具体详细的技术实现方案和问题解决方案,以及最终项目所需要的经费和建设周期。

2.3.6　实　施

实施是指第三方专业机构按照信息工程项目技术方案,将项目技术方案具体实现的过程,也就是项目的建设过程,包括设备采购、安装调试、网络系统部署、系统软件安装、应用软件系统开发加载、加电测试等等。

2.3.7　试运行

试运行是指信息工程项目建设完成后尚没有正式交付建设单位,但已经按照建设要求投入实时在线的运行。试运行实际上是对信息工程项目进行安全性、稳定性、可靠性、健壮性的测试,也是对信息工程项目技术方案是否合理,建设目标、主要功能、性能是否达到技术方案的确认过程。是信息工程项目正式交付用户使用不可缺少的一个过程。

2.3.8　验　收

验收是指信息工程项目建设完成后,经过试运行确认没有问题,最终完全交付用户的最后一个环节。验收通常是由建设者主持并邀请第三方的相关专家,对照技术方案及建设者与承建者签订的具有法律意义的合同契约,以会议的方式进行。

2.3.9　迭代更新

信息技术发展日新月异,更新快迭代快,不断催生新的应用。因此当信息工程稳定运行一段时间之后,随着现代信息技术的发展,对已经实现的功能、性能会有新的要求,现有的技术实现方式和解决方案已经无法满足用户的要求,为此对已有信息工程进行迭代更新将会提上议程。

2.4　信息工程项目管理能力要求

信息工程项目管理是指为使信息工程项目在规定的时间及预算之内顺利完成并实现预定的目标,通过科学的组织、协调、统筹项目所涉及的各类资源、技术、人员,使工程项目顺利完成并达到预期的目标,实现相应的功能和性能。项目管理既是项目成功的要素,也是项目失败的根源。因此,信息工程项目管理能力是决定项目成败的关键,信息工程项目管理能力是对信息工程项目进行科学、合理、规范、有效的管理,以确保工程项目能够在规定的时间、规定的预算范围内实施完成,并实现预定目标、发挥良好作用的能力。

2.4.1　信息工程与传统工程项目管理的区别

信息工程项目管理与传统工程项目有很大的区别。这是因为传统的工程项目是以资源,特别是有形资源,如人力、机械工时、处理消耗为主要生产形态,项目成果最终通过这些主要的消耗与形态的转化来逐步实现,以有形的建造物为项目目标,其实质是"资源消耗",传统工程项目的物质资源约束是项目的决定因素,管理核心是资源配置、工程计划、工程组织和协调、成本控制与质量管理等问题。项目的建设目标相对是一个比较明确的问题。项目建设的工期一般是刚性的,质量是可见的(即使是隐蔽工程,也具有可见的属性)、可检验的、可度量的。项目的建设质量可以与项目运营相对剥离来衡量。

而信息工程项目的核心是信息技术,更偏重于知识的运用,项目成果要通过信息技术在实际运行中的应用效果来体现。以无形的智力产品为项目目标,其实质是实现"知识转移"。信息工程项目的信息技术知识约束是项目的决定因素,管理核心是在传统工程项目管理的基础上更着重于信息技术的选择与应用。项目的建设目标是有形资产与无形知识的结合体。项目的质量受技术选择与实际应用效果的影响很大,只有将项目建设与运营结合起来,才能得出有价值的结论。

信息工程项目与传统工程项目在建设与管理方面有很大的差异和不同。

1. 管理的成熟度不一样

传统工程早已列入国家投资项目,其项目建设与管理有完整的国家法律法规、政策支持,有明确而具体的立项、可行性研究、设计、实施、监理、检验、检测、评估、验收的技术标准、规范和定额,并有严格的程序管理和流程要求。特别是对人工、材料、资源的使用和消耗以及实施流程、环节都有详细明确的标准、规范、定额,因而工程项目的造价是可以度量和计算的。而许多类型的信息工程(如信息系统集成、应用软件开发、数据资源开发建设等)尚未列入国家投资项目(有些则被列入服务采购),信息工程项目管理还处于起步阶段,信息工程项目如何立项、可行性研究、设计咨询、实施、监理、效益评价等问题也是近年才开始探讨研究。

2. 质量控制和管理方式不一样

传统工程项目实施过程主要是资源(人力、物质、能源)的消耗,通过对资源的组织、协调、生产、装配,形成特定的构筑物。其消耗的资源、能源及其形态转化过程均可度量、可计量并可检验、检测、评估,而其形成的产品(构筑物)的质量、数量均可评价、评估和评定。而信息工程由于其即包含资源能源的消耗,又有 IT 知识的释放和 IT 技术的选择与应用,其形成的成果或产品则是 IT 知识、IT 技术与资源的有机结合体,其质量只能从投入运行后的效果以及与目标的符合性来判断。由于对 IT 知识的释放和 IT 技术选择与应用无法度量、计量、衡量,因而对整个工程项目的投资或造价只能是根据当时的市场价值测算(几乎没有可比性)做参考。

3. 质量检验和运行维护方式不一样

传统工程项目实施完成交付使用后,原则上工程项目的使用、管理完全是建设者负责,工程项目效能发挥的好坏基本与实施者没有关系(除非由于工程项目质量的原因),项目建设者与实施者基本不会发生纠纷,因而工程项目不需要第三方的专门运行维护队伍。而信息工程项目即使验收完成交付给了建设者,即使工程项目选择最适应的技术、完全按照建设目标实施完成,也可能由于使用者在机制上、流程上、资源配置上没有按照要求应用工程项目,工程项目也可能不能发挥很好的效果,甚至完全不能发挥应有的作用,从而导致建设方、实施方责任不清界限不明,这就是一般情况下信息工程都必须要有专业的第三方运行和维护队伍。

2.4.2　信息工程项目管理的重点和主要任务

信息工程项目管理可以分为业主项目管理和承包商(PMC)项目管理。项目承包商包括总集成商(总承包商)、咨询设计、集成商、软件开发商、信息资源开发、监理、设备供应商等。管理者除了其共性职能之外,根据各自不同角度和承担任务的特点,其管理的目标和要求也会有所不同。本书将主要讨论作为业主应该关注的重点,同时也将介绍承包商们管理的主要任务、主要内容以及管理手段、管理方式,以便业主能够更好的知己知彼,管理好拟启动实施的项目。

作为项目管理者对拟实施的信息工程项目进行科学规范的管理是保障项目顺利完成的关键,反之工程项目将很难成功实施。信息工程项目管理的重点和主要任务是:

1.　依法依规对工程项目进行科学规范的管理

无论是国家投资的项目还是企业单位自行筹资建设的项目,管理者的首要任务就是要保障投资效益,确保项目成功实施,实现工程项目的建设目标并能使其发挥应有的效能。因此,管理人员在接到任务之后,首先必须认真学习领会吃透与工程项目相关的法律法规,并在项目管理的过程中严格遵照执行,依法依规管理项目,使工程项目在实施的过程中各项管理工作法制化、规范化、制度化。不断提高自己管理信息工程项目的能力,提升管理项目的水平,确保项目投资效益最大化。

2.　高度重视信息工程项目的前期工作

信息工程项目前期工作是指项目的提出、咨询、可行性研究、立项,技术方案等。前期工作是整个项目重要的基础性工作,在一定程度上关系到项目能否成功达到预期目标、能否实现效能。只有把前期工作做扎实、做细致、做完整、做全面,让相关部门和有关领导认为项目切实可行,才能得到决策部门及领导的认可和信任,才有可能争取到资金支持,使项目尽快得到批准立项。要使信息工程项目前期工作扎实、细致、可信、可靠,必须要认真学习相关的业务知识,并视项目的类型,认真了解相关的管理流程、环节、要点和需要注意的事项。特别是:一要了解当前国内外同类技术的发展情况、应用情况;二要到国内比较典型的实施的好应用效果显著的项目实地考察了解,学习相关项目的建设经验、应用效果,成功的经验和错误的教训以及需要注意的事项;三要了解掌握国内实施同类项目中技术实力强、管理水平高、资信资质好和经验丰富的 IT 企业;四是对前期各项工作的成果要严格把关、认真遴选、科学论证,才能确保项目在技术上的可行性、经济上的合理性、实施上的可靠性、应用上的可能性得到充分的研究和论证。最后提交的立项建议书或总体技术方案是科学的、合理的、可行的。

3. 切实加强信息工程项目实施过程的管理

信息工程项目政策性强、技术复杂、知识量大,需要技术人员、管理人员、实施人员和业务人员的有机结合,相互配合、协同工作才能确保项目正常实施。特别是应用软件工程和信息资源开发利用工程项目的实施,更是知识、技术、需求、经验、应用场景的融合、交汇和创新。信息工程项目与传统工程项目最大的不同与区别就是从项目开始启动到项目投入运行,自始至终业主(项目的建设者、使用者)和项目的实施者(项目的承包商、开发者)都必须紧密的合作,甚至是共同实施。业主必须准确无误的说明需求(现状:包括 IT 现状、工作机制、工作流程、工作方式、工作内容、工作要求,希望做哪些改进或提高),而实施者必须准确无误的理解业主的需求(实际上这两个方面都很难做到,往往必须经过多次反复的沟通和交流才能达成共识),实施者再运用自己掌握的知识以及经验选择合适可行的信息技术加以创新实现,达到项目的建设目标和质量要求。这就需要在项目实施开始,就建立强有力的监督制约、管理机制,才能有效地管理项目实施的全过程。特别是双方必须确定如何相互配合、相互支持,责任明确、界限清晰、有法可依、有规可循。在现实中由于业主和实施者不能很好配合导致项目不能按期完成、大幅增加项目投资甚至项目失败的情况是经常发生的。

4. 认真做好信息工程项目的后期评估

信息工程项目的后期评估是指信息工程项目实施完成并运行一段时间后,对工程项目运行的情况、运行的效果、运行成本、业务管理与服务的改善程度进行评价,进而才能对信息工程项目进行客观的、实事求是的评价。特别是对项目选择的信息技术、知识的运用、业务的理解以及相互融合、创新应用情况、对业务管理、服务、创新的改善提升情况、投资情况以及对合作者的选择、项目管理的情况进行评价。通过这样的评估和评价,业主将会很快就项目运行服务一段时间后如何进行迭代更新做出科学合理的决策。

第 3 章　信息化规划与顶层设计

信息化规划是指建设单位(这里的建设单位是指一个区域或一个行业、一个领域、一个企业,以下简称"建设单位"),在其总体发展战略目标与业务规划的基础上,诊断、分析、评估建设单位的整体管理和 IT 现状,优化内部工作流程,结合同类单位信息化的实践经验以及对现代信息技术发展趋势的掌握,提出在一段时间(通常是 3~5 年)建设单位内部信息化发展的指导思想、发展目标、建设原则,主要任务、实施计划、保障措施等。由此可见,具体的信息工程项目都是根据建设单位的总体规划及顶层设计确定的。显然,信息化规划及顶层设计是推进信息化的基础性工作,也是信息化建设的首要工作,系统的、全面的、科学的做好信息化规划和顶层设计是信息化健康、有序、高效发展的基础和前提。

3.1　信息化建设的生命周期

信息化建设是指建设单位为广泛运用现代信息技术,深入开发利用信息资源,提升经营、服务、管理、决策能力和水平而实施的一系列信息化投资项目,包括信息化技能培训、信息化咨询、信息化规划与设计、信息工程项目及信息系统开发应用等。由于信息技术日新月异高速发展,迭代更新很快,信息系统和信息工程项目的有效使用时间有限,经过一段时间就有可能被新的技术和新的应用需求替代,完成其历史使命,我们把一个信息系统或信息工程项目从立项、设计、实施、使用、废止的全过程称为一个信息系统或信息工程项目的生命周期,而信息化建设生命周期则是指一个信息化建设单位在一个信息化规划期内信息化建设的全过程。

3.1.1　信息化建设中容易出现的问题

随着云计算、物联网、大数据、人工智能等现代信息技术的高速发展与普及,信息技术的应用已经不仅仅局限于某一个方面,而是全面渗透、融合、影响到社会发展的各个方面。从过去的单一应用到更广泛、更深入、更全面的应用。例如,仅"智慧城市"我国就已经有数百座城市开始启动实施,并作为城市发展的主要目标,而教育、医疗、交通、能源、旅游、电商等行业的信息化发展已经驶入了快车道。人们在追求信息化快速发展与应用的同时,也不约而同地开始关注信息化发展的质量。这是因为,随着信息化的快速发展与应用,一些影响信息化发展质量和发展效率的问题也逐步显露出来,特别是一些被忽视、被轻视的问题,已经演变成为影响信息化发展质量与效率的突出问题。这些问题主要有以下几方面。

1. 信息化建设缺乏科学理论的指导

设计局限化、信息碎片化。信息化建设的主导者对信息化建设的复杂性认识不足，缺乏对信息化理论和方法论的正确认知，难以站在全局的视角进行整体性、系统性思考。信息化建设大都是以项目驱动、技术驱动为主而不是问题导向战略驱动，导致相当多的信息化建设预期目标难以实现。信息化建设出现信息系统"烟囱"林立，信息"孤岛"越来越多，网络不能互联互通、数据不能共建共享、业务不能协同，应用效果不突出、应用效益不明显。

2. 信息化建设可持续发展能力不足

信息化建设空心化、网络信息安全薄弱化。信息化建设"项目式""运动式"现象较为普遍。尤其是规划设计的整体性、前瞻性不足，缺乏系统思维和全局思维，缺乏对信息化全生命周期的考虑和认识；应用上不能覆盖全部业务及支持后续持续优化改进；数据处理架构方式不能满足后续海量数据增长分析需求，大数据预警预判能力并未得到实质性的突破。大多数信息化建设采用的技术路线不支持开放融合以及后续的灵活扩展；建设后期缺乏对建设绩效的持续跟踪倒查评估机制，既缺乏建设标准也没有评估标准。

上述问题的出现，主要源于建设单位缺乏对信息化生命周期理念的认知，对信息化建设各个阶段的主要目标任务不了解不清楚，缺乏解决问题的知识和技能，不了解国家和行业层面的相关标准。如果数字化阶段的问题还没有解决，向智能化迈进的基础肯定不会扎实，后续必定还会出现更多的问题，面临更大的挑战。

3.1.2 信息化建设的生命周期

一个完整的信息化建设生命周期，一般至少需要 3～5 年时间，共分五个阶段：总体规划、顶层设计、规划实施、运行管理、绩效评价如图 3-1 所示。每个阶段的特点和任务不同，我们认为建设单位实施信息化的过程，应该根据不同的发展阶段采用不同的信息化策略。

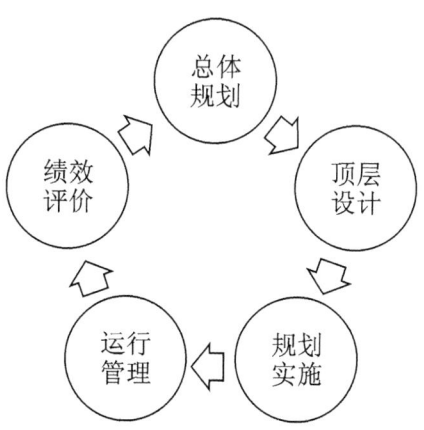

图 3-1　信息化建设的生命周期

1. 信息化规划

信息化规划是对实现建设单位业务战略目标在信息化方向上的保障,回答"干什么"的问题,是业务导向的,重点是要明确本期信息化周期的目标和任务如图 3-2 所示。信息化规划工作一般由具有专业资质的咨询设计公司或者建设单位内部信息化专业人员完成。规划方案完成后应该邀请相关专家进行评审论证并通过建设单位战略领导者的认同。

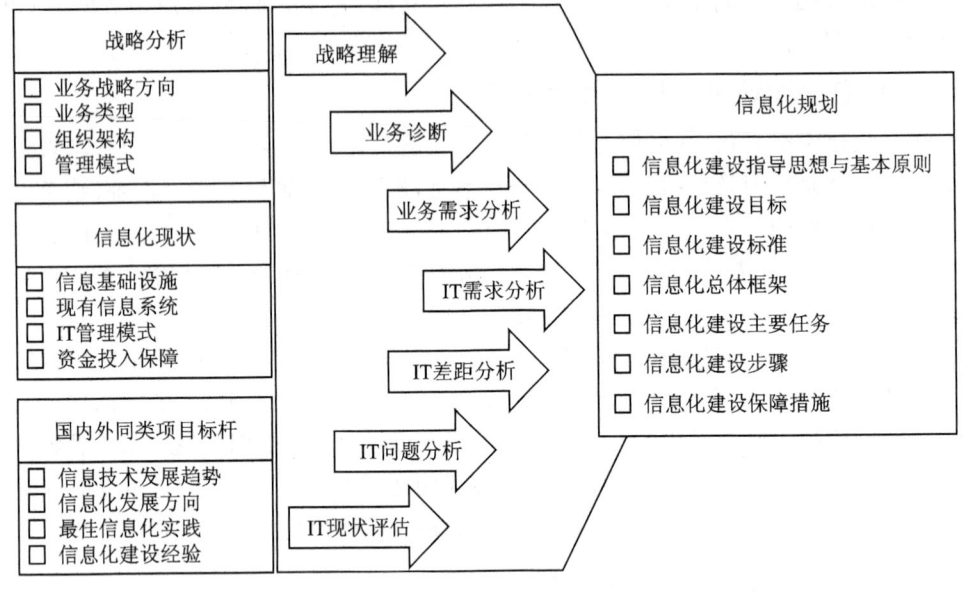

图 3-2 信息化规划框架

2. 信息化顶层设计

信息化顶层设计是在信息化规划和实施之间搭建的一座桥梁,设计出实现"愿景"的蓝图与路线图,是按照总体规划要求开展的技术设计。规划提出"干什么"的问题,顶层设计回答"怎么干"的问题。顶层设计的理论方法主要采用起源于西方的企业架构方法论 EA(Enterprise Architecture)。目前被国际主流厂商和政府部门普遍采用的是 TOGAF(The Open Group Architecture Framework 开放组织体系结构框架)以及 FEAF(Federal Enterprise Architecture Framework 美国联邦企业架构框架)架构标准。我国政府和行业根据自身实际情况往往会结合这两个标准进行裁剪和调整。内容包括业务、应用、信息资源、基础设施、信息技术五个层面,以及运维、安全、标准、管理制度等四套保障体系总共九个方面提出信息化建设总体框架,同时将规划中的任务以信息化项目的形式进行分解,将来每个项目的实施应符合总体架构设计要求。区别于传统系统的软硬件及数据的紧耦合设计方法,智能化时代为了满足系统开放、灵活、计算高性能需求,应坚持分层、解耦合标准化服务的设计原则。

3. 信息化实施

顶层设计相当于对信息化战略实现的定义,到了实施阶段,应严格按照设计要求做好阶段性项目的交付管理。国内流行的项目管理标准主要包括 ISO 9000/9007、ISO 2000/2001、CMMI 等。目前普遍采用的项目实施管理方法主要是五个过程和九大知识域。项目实施管理的五个过程包括启动过程、计划过程、实施过程、过程控制、收尾过程等。九大领域的知识包括:范围管理、时间管理、成本管理、质量管理、风险管理、人力资源管理、沟通管理、采购管理及系统管理的方法与工具。作为项目经理要全面掌握这九个核心领域的知识,并重点把握系统管理的观念,避免进入某个细节,注意在五个不同阶段的重点。质量、时间、成本是项目管理的三个约束条件,要在三者之间寻找到一个合适的平衡点,过度偏向任何一方,都将对项目预期效果带来偏差。严格进行项目过程控制,能够有效降低项目建设失败的风险。

4. 信息工程项目(系统)运行管理

信息工程项目(系统)运行管理是指项目竣工验收后,运营期间的运行管理。主要包括技术运维和运营两部分。技术运维一般由计算机技术人员对系统软、硬件以及数据进行常态化的监控、故障处理、性能优化,保障系统的正常化运行。技术运维应从被动应对向主动发现转化。目前参照的运维服务标准主要包括 ISO 20000、ISO 27001、ITSS 等;系统运营主要对系统产品进行用户推广使用,支撑业务运转和商务服务,支持海量数据分析和决策指挥,对标信息化规划设计目标和任务要求,最大限度地支撑建设单位业务战略的实现。

5. 信息工程项目绩效评价

绩效评价是指对信息工程项目决策、准备、实施、竣工和运营全过程进行评价的活动。项目绩效评价的主要内容包括:回顾项目实施的全过程、分析项目的绩效和影响、评价项目的目标实现程度、总结经验教训并提出对策建议等。信息工程项目建设不但要有建设标准还要有评价标准。绩效评价阶段是最容易被忽视的阶段。过去我国政府及行业信息化建设一直缺乏相应的评估标准,现在国家越来越重视项目后期的评估和审计。2016 年 12 月国家发改委、国家信标委、中央网信办联合发布了信息化建设项目评价标准,2019 年 3 月发布了修订版。国家各行业主管部门目前也纷纷制定了相关行业的信息化建设评价标准。这些标准的出台为我国信息化有序发展指明了方向。

以上五个阶段的主要任务和解决的主要问题各不相同,五个阶段相辅相成首尾衔接,构成一个完整的信息化建设生命周期闭环,缺一不可。一个生命周期结束后,进入下一个信息化建设生命周期,形成持续螺旋上升的形态。大多数地方政府及行业主管部门在实际的信息化建设中,因为各种原因,往往出现多个环节的缺失或者只偏重建设环节忽视其他环节的现象,从而造成各种乱象,不利于培养信息化良好生态环境。

3.2 信息化规划

3.2.1 整体描述

信息化发展规划是建设单位未来信息化建设的基本纲领和总体指向,其重点是提出了 IT 战略目标和主要任务以及实施步骤还有运行管理体系,并进行简要的建设效益分析,用于全面系统地指导建设单位信息化的建设。

信息化规划编制基本过程可分为需求分析、总体规划、实施规划三个过程如图 3-3 所示。三项活动的每一个子过程中,应针对上一项活动的输出内容进行检验并反馈。

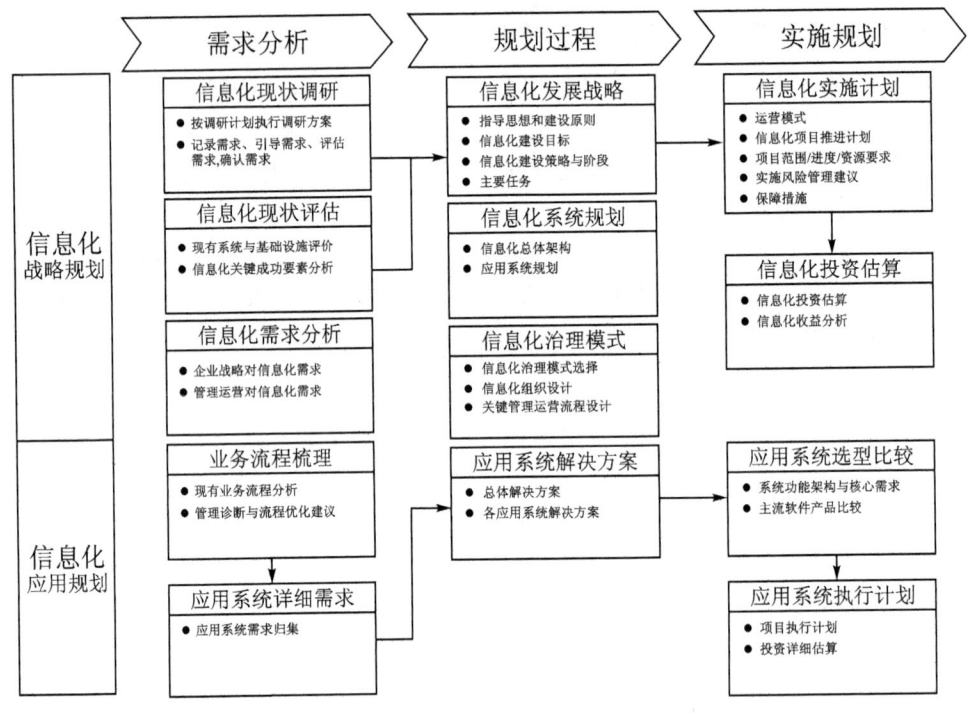

图 3-3 信息化规划基本过程

1. 需求分析

需求分析包括现状调研、现状评估、需求分析、业务流程梳理等活动。此过程通过对建设单位发展战略与业务目标分析,对建设单位现状进行调研和分析,对信息化支撑情况进行评估,梳理出建设单位主体的信息化建设需求。

2. 规划过程

规划过程包括信息化发展战略制定、信息化系统规划、信息化治理模式规划、应用系统规划等主要内容。该过程是在需求分析基础上,确定信息化建设的指导思想、基本原则、建设目标等内容,识别信息化重点建设任务,初步提出信息化建设业务架构。

3．实施规划

实施规划包括确定信息化实施建设单位架构、制定工作进度计划、设定工作重要节点里程碑、投资估算等主要内容。实施规划过程是在前期阶段输出成果的基础上,依据重点建设任务,初步识别重点工程,并估算实施周期、成本效益等,设计重点工程的建设运营模式、实施阶段计划和风险保障措施,确保信息化建设顺利推进。

3.2.2　规划各个阶段的主要任务

1．环境分析

环境分析是指对建设单位所处的外部环境的分析。在这部分工作中,需要深入分析建设单位所处的国内外宏观环境、行业(区域)环境、建设单位具有的优势与劣势、面临的发展机遇与威胁等。其中包括:分析行业(区域)的发展现状、发展特点、发展动力、发展方向以及信息技术在行业(区域)发展中发挥的作用;分析并掌握信息技术本身的发展现状,发展特点及发展方向;了解同行或竞争对手对信息技术的应用情况。包括具体技术、实现功能、应用范围、实施手段、成果和教训等。

2．建设单位战略分析

信息化战略是为建设单位战略目标的实现服务的。为了进行建设单位的信息化规划,要首先明确建设单位的发展目标,业务发展战略和发展需求。明确为了实现建设单位的总目标及其各个关键部门要做的各种工作。同时还要理解建设单位发展战略在产业结构、核心竞争力、产品结构、建设单位结构、市场、企业文化等方面的定位。在此基础上,通过分析,明确上述各个要素与信息技术特点之间的潜在关系,从而确定信息技术应用的驱动因素,使信息化与建设单位战略实现融合。

3．建设单位现状分析评估

对建设单位的现状分析与评估主要从两个方面着手:建设单位的业务能力现状和建设单位的 IT 能力及现状。建设单位的业务能力分析是对建设单位业务与管理活动的特征、各项业务活动的运作模式、业务活动对建设单位战略目标实现的作用进行分析,揭示现状与建设单位远景之间的差距,确定关键问题,探讨改进方法。信息化现状分析是诊断建设单位信息化的当前状况,包括基础网络、数据库、应用系统状况,分析信息系统对建设单位未来发展的适应能力,给出信息化能力评估。

4．业务流程分析优化

在前三步的基础上,分析并确定那些流程中不合理、效率低、与建设单位战略目标不符的流程及环节,发现能够在现有环境中实现建设单位战略目标,并使建设单位获得竞争力的关键业务驱动力以及关键流程,从而根据建设单位战略目标和外部环境,进一步优化流程。信息系统如果能够和这些直接创造价值的关键业务流程融合,这对信息技术投资回报的贡献是非常巨大的,也是信息化建设成败的一个衡量指标,在这一步中,实现信息化与业务上的融合。

5. 信息化需求分析

需求分析是在建设单位战略分析和现状评估的基础上,按照改革、创新和优化流程的业务运作模式,制定建设单位适应未来发展的信息化战略,指出信息化的需求。需求分析包括信息系统基础设施、网络平台、应用系统、信息安全、数据库等需求。

6. 信息化战略的制定

根据前面五步分析的结果,制定和调整建设单位信息化的指导纲领,争取建设单位以最适合的规模,最适合的成本,去做最适合的信息化工作。首先根据本建设单位的战略需求,明确建设单位信息化的远景和使命,将建设单位的战略目标转化为 IT 战略目标,定义建设单位信息化的发展方向和信息化在实现建设单位战略目标过程中应起的作用;其次是研究提出建设单位信息化的指导思想和基本原则。它是指为加强信息化能力而提出的基本准则和指导性的方针,是有效完成信息化使命的保证;最后为了实现远景目标和使命,要将建设单位信息化战略目标进行任务分解。

7. 建设单位业务架构规划

依据建设单位信息化战略定位和目标以及内外部环境等条件,分析建设单位的业务需求、业务提供方、业务服务对象、业务服务渠道等多方面因素,从建设单位的职能、业务、流程等维度进行层层细化与分解。梳理、构建形成建设单位的业务架构。

8. 信息化项目分解

在前期阶段成果的基础上,依据建设单位信息化建设任务,分析完成建设任务需要的资源投入,将每个信息化建设任务分解成为相互关联、互相支撑的若干重点工程,定义每一个工程的属性范围、目标任务等。

9. 实施信息化规划

针对每个重点工程,按重要性排列优先顺序,并根据结果做出初步取舍,形成目标规划。明确工程阶段建设目标、实施周期、成本效益、资金筹措等,设计各工程项目的建设运营模式、实施阶段计划和风险保障措施,确保信息化建设顺利推进。

10. 保障措施

建设单位保障方面应针对其架构、决策主体、责任主体、监管主体和考核主体等方面提供意见和建议;以"加强统筹、集约建设、资源共享、流程优化"为目标,明确建设管控思路;针对网络设备、系统应用、网络信息安全等方面,提供运行维护措施。政策保障方面应针对相关法律法规、政策文件和标准规范的建立和完善提供指导与建议。人才保障方面应针对信息化发展目标和建设内容,提供人才保障方面的建议。资金保障方面应针对相关建设内容,提出资金保障方面的建议。

3.2.3 规划的要点及注意事项

1. 规划导向

应以目标导向、问题导向和需求导向展开,确定发展方向、建设目标、任务分解与实施路径等内容,并区分需求和目标的轻重缓急。建设单位信息化是为建设单位战略目标实现服务的。必须明确建设单位的发展目标、发展战略和发展需求,确定信息技术应用的驱动因素,使信息化与建设单位战略实现融合。

2. 环境分析

对建设单位所处的环境进行分析是信息化规划必不可少的工作,它是规划的依据。包括:分析区域(行业)的发展现状、特点、动力、方向、信息技术在行业发展中起的作用、分析信息技术本身的发展现状、发展特点和发展方向。

3. 现状分析

对建设单位的现状分析与评估应从两个方面着手:建设单位的业务能力现状和建设单位的 IT 能力现状。业务能力现状分析与评估用于揭示建设单位现状与建设单位远景之间的差距,确定关键问题,探讨改进方法。信息化现状分析与评估是诊断建设单位信息化的当前状况,分析信息化对建设单位未来发展的适应能力。

4. 需求分析

需要分析并发现在现有环境中能够实现建设单位战略目标,并使建设单位获得竞争力的关键业务驱动力及关键业务流程,进一步优化改革创新不合理、效率低、与建设单位战略目标不符的流程及环节,使信息技术和这些直接创造价值的关键业务融合。同时应考虑企业、政府、居民等多元主体的实际需求。

5. 确定战略

应在建设单位战略分析和现状评估的基础上,按照改革创新和优化流程的业务运作模式,制定适应建设单位未来发展的信息化发展战略,明确建设单位信息化建设的远景目标和建设原则。在整个过程中要层层分解 IT 目标和费用预算,让 IT 目标对应相应的费用和资源。

6. 确定目标

总体目标和分项目标应与建设单位自身的信息化发展设想相一致,应是明确的、可衡量的、可实现的,并且应具有明确的时限。应根据实际建设情况对阶段目标实时进行调整。

7. 确定项目

根据建设单位信息化建设的愿景目标,从整体上分析弥补差距所需的行动,确定出信息化工作的一系列重点任务,将整个信息化过程分解成相互关联、互相支撑的若干信息化项目,以全面系统地指导建设单位信息化的建设。

8．创新机制

应重点围绕跨部门、跨领域、跨层级的资源统筹、数据共享、业务协同，从体制机制和技术应用两方面进行创新。

9．领导重视

建设单位领导者必须根据单位的发展战略和目标高度重视信息化规划和顶层设计，从头到尾都要亲自过问、亲自指导，甚至亲自抓总体规划的制定，直至规划结束，而不能只由 IT 人员对信息化规划流程进行掌控。

10．可实施性

信息化规划要具有前瞻性和可操作性。规划应该明确技术现状和方向，保证一定程度上业务模式与 IT 系统的融合，使 IT 系统能够长期支持业务模式的变化和调整。

11．提高认识

研究制定信息化发展规划的过程中，建设单位不宜过分强调或明确我要干什么、我要做什么，而应该客观的实事求是的说明在发展的过程中遇到的困惑、需要解决的问题、期望的目标，希望研究制定规划的承担单位以其自身在这方面的知识和技术以及对建设单位的了解与认知，首先解决建设单位为什么要信息化、怎样信息化、信息化与发展战略关系的认识问题，然后再开始真正意义的信息化发展规划的研究制定工作。避免先入为主，使信息化规划的承担单位出现为迎合建设单位而在规划中过度夸大信息化的作用、回避信息化可能遇到的困难和问题，更有一些系统集成商、软件开发商为了争取信息化项目，而采取免费帮助建设单位制定规划的做法，这样的规划不可避免地会含有一定的商业利益。

12．规划更新

设置更新规划的条件。信息化规划是一个不断调整和持续改进的过程。业务在不断变化，技术也在不断发展，作为融合 IT 和业务的发展规划自然也需要不断地调整和变化。需要明确当有哪些情况发生或哪些界限被打破时，更弹性和主动的修改信息化发展规划。

13．风险评估

对信息化发展规划的实施风险进行分析，并指出如何规避各类风险，提高信息化发展规划的成功保障程度。在信息化发展规划中，存在各类可预期的和不可预期的风险，这些都会影响到信息化发展规划的成功实施。

3.2.4　规划的主要方法和工具

1．调　研

调研是项目启动后最为关键的一个环节，是使信息化项目得以顺利进行的前提，是深入了解用户业务情况，发现各种建设单位问题和潜在项目风险的有效途径，唯有通过细致扎实的调研工作,才可能了解到用户业务的整体和细节,为用户提供切合实际、可执行、可落地的解决方案。

（1）调研步骤

1）调研准备

目标是制定切实可行的调研方案与计划,为调研顺利有效实施奠定基础。开始调研之前,项目组通常应向建设单位发送一份详细的调研计划和调研提纲,说明本次调研的目标、内容以及人员、时间安排,以便建设单位协调相关资源,做好充分的准备工作。主要包括：调研范围、组建调研团队、确定调研方案、编制调研计划、与用户进行前期沟通等。

2）调研实施

调研实施是按调研计划执行调研方案的过程,目标是获取并确认用户需求,为调研分析总结提供依据。调研中,项目组成员应有明确的分工,主导某一部分业务的调研,其他人则在访谈或现场走访中予以补充。为了保证调研工作的细致和有效性,调研当天的记录必须当日整理完毕,并且要梳理出调研内容中需要重点关注的问题和没有明确的问题,以备补充调研时了解清楚。主要包括：记录需求、引导需求、评估需求,并向用户确认需求。

3）调研总结

调研总结是对调研过程中获取的信息进行归类整理,并形成调研报告的过程。目的是为现状评估及需求分析提供依据。

（2）调研的原则和注意事项

1）未雨绸缪,充分准备

调研过程充满着变数,需要提前做好备案,在意外状况发生时,依据备案本着更好完成业务调研的目进行灵活调整。

2）换位思考,问对问题

向用户提出问题的时候,应先进行换位思考,针对该问题如果是你该怎么回答？如果连你也觉得不好回答时,就需要换个问法,让用户听懂调研人员的话,并对话题感兴趣,以便能让用户完整、清晰、准确的将自己的意思表述出来。

3）找准能正确回答问题的人

调研中有很多是细小的操作级别的问题,也有很多是关乎全局的问题,不同的问题需要问不同的人,一定要搞清楚什么问题去问什么人,对于操作细节上的问题,一定要去问那些负责操作的人员,他们会更清楚,而对于关乎全局的问题,一定要去问管理级别人员和高层领导。

（3）调研的主要方法及工具

1）主要调研方法

① 用户访谈

用户访谈是最基本的一种方法,适合针对具有代表性、特殊或重要的用户。其形式包括结构化和非结构化两种。结构化是指事先准备好一系列问题,有针对地进行。而非结构化则是只列出一个粗略的想法,根据访谈的具体情况发挥。建议结合这两种方法进行。

② 用户调查

通过精心设计要问的问题,然后下发到相关的人员手里,让他们填写答案。该方法可有效克服由于关键人员时间有限,不易安排过多时间和用户面较广,不可能一一访谈的问题。

③ 现场观摩

主要针对一些较复杂、较难理解的业务流程及业务操作而言,较难用言语表达清楚的,可采用该方法来获取需求。

④ 文档考古

对于一些数据流程比较复杂,工作表单较多,有时难以通过说或观察来了解需求细节的。可采用该方法对已经填写完毕的、带有数据的文件、表单、报告进行研究,从中获得所需的信息。

⑤ 联合讨论会

通过联合各个关键客户代表、分析人员、开发团队代表一起,通过会议来讨论需求。会议参加人数通常为6~18人,会议时间在1~4 h之间。该方法相对来说成本较高,对一些最有歧义的问题和需求最不清晰的领域效果十分有效,该方法难点就是会议的组织,要做到言之有物,气氛开放,要起到群策群力的效果。

2)主要调研工具如表3-1和表3-2所示。

表 3-1 调研计划模板

项目名称				项目经理	
调研目的	简述本次调研的目的,预期目标				
调研对象	列明本次调研涉及的对象部门及人员				
调研时间	指明本次调研的开始和结束时间				
调研方式	指明本次调研所要采用的方式,常见方式包括:访谈法、原型演示、调研会、问卷等方式				
调研要求	列明本次调研所需的时间、资源(会议室、电源、网络、投影仪等)及需协调的事宜等				
调研步骤	阐述对本次调研的主要步骤				
调研计划安排					
职能部门	人员资格要求	时间	地点	调研内容	记录人
调研的业务部门	调研涉及的人员应具备的资格条件	调研时间安排	调研地点	调研的具体内容	负责记录整理调研内容的人员

表 3 - 2   访谈记录模板

访谈日期		访谈地点	
访谈岗位		访谈对象	
访谈问题		访谈结果	
问题 1(事先准备好)		问题 1 访谈结果记录	
问题 2(事先准备好)		问题 2 访谈结果记录	
问题 3(事先准备好)		问题 3 访谈结果记录	
……		……	
访谈对象签字		确认时间	

2．现状评估

现状评估的目的是通过对建设单位现状的分析与评价,总结经验教训,发现差距与不足,确定关键问题,探讨改进方法。

（1）建设单位现状评估

建设单位现状分析与评价应从建设单位的业务能力现状和建设单位的 IT 能力现状两个方面进行评估。

1）业务能力现状评估

信息化的价值在于支持业务战略实现、支撑建设单位管理、促进流程优化,因此信息化的需求来自于战略、管理和流程三个方面。业务能力现状评估主要是对建设单位业务与管理活动的特征、建设单位各项业务活动的运作模式、业务活动对建设单位战略目标实现的作用进行分析,揭示现状与建设单位远景目标之间的差距,确定关键问题,探讨改进方法。业务能力现状评估方法步骤如下:

① 确定业务发展战略目标

通过与业务高层领导交流、访谈,理解目前业务发展所面临的困难与挑战,明晰业务发展战略目标。业务战略和管理模式对信息化的要求,决定了信息化建设的方向、阶段和应用系统总体架构及部署方式,满足 IT 战略规划的需要。

② 价值链环节的业务活动分析

通过对现有业务流程的分析以及与业务部门的讨论,将建设单位主要的业务活动对应到相关的价值链环节上,形成业务架构图,以明确关键业务流程。

③ 业务能力分析

基于关键业务活动分析业务现状和业务目标之间存在的差距(从决策层、管理层、操作层分别进行分析),欲达到目标必须提升现有的业务能力,从而构成业务能力需求,表现为:政策制度、物资设备、专业人员、实施技术、管理方法、业务模式、业务流程及销售渠道等。有些可通过信息化手段予以解决和给以支持。例如:实施技术、管理方式,都与信息化关系密切。通过业务能力需求的分析,得出潜在的信息化需求。这些潜在的需求与用户直接提出的信息化需求是存在差异的,潜在信息化需求着眼于未来,内容和范围一般大于现实需求。

④ 国内外业务活动差异对比分析

将建设单位业务活动与国内外同类建设单位的业务活动进行比较,对存在差异的业务活动进行分析,挖掘隐含的信息化需求。

2）IT 能力及现状评估

信息化现状评估是诊断建设单位信息化的当前状况,总结经验教训,发现差距与不足。主要从 IT 治理、数据、应用、基础设施和信息安全五个角度分析信息化对建设单位未来发展的适应能力,结合信息技术发展趋势及最佳实践参考以发现差距与不足,探讨改进方法。IT 能力及现状评估步骤如下:

① 信息技术治理评估

从信息化部门职能建设,信息化部门人员,信息技术标准方面,IT 服务运维管理方面进行现状评估。总结经验教训,发现在信息技术治理方面存在的差距与不足,探讨相应的改进方法。

② 数据资源评估

从数据采集,数据存储,数据共享及数据应用等方面进行现状评估。总结经验教训,发现数据建设方面存在的差距与不足,探讨相应的改进方法。

③ 应用系统评估

从应用系统对业务活动的覆盖广度,应用系统对业务活动的支持深度和应用系统间的协同程度等方面进行评估。总结经验教训,发现应用系统方面存在的差距与不足,探讨相应的改进方法。

④ 基础设施评估

从计算机网络、数据和网络中心、基础应用和软硬件设备等方面进行现状评估。总结经验教训,发现基础设施方面存在的差距与不足,探讨相应的改进方法。

⑤ 信息安全评估

从信息安全管理、信息安全体系和信息安全项目建设方面进行现状评估。总结经验教训,发现信息安全方面存在的差距与不足,探讨相应的改进方法。

（2）评估原则

要根据行业最佳实践和技术发展趋势,总结行业业务与信息化发展规律,为业务目标及远景展望提供基础和依据。

准确理解和把握业务战略,通过 IT 支持业务战略的实现。发现能够实现建设单位战略目标并使建设单位获得竞争力的关键业务驱动力以及关键流程,使信息技术和这些直接创造价值的关键业务流程相融合,以实现信息化与建设单位业务的深入融合。

（3）主要评估方法及工具

1）主要评估方法

① 对标分析法

对标分析是指分析和研究信息技术和国内外信息化建设的最佳实践案例,以获取启示和经验,并与当前信息化现状进行对比分析,寻找差距,发现问题和不足,明确改进方向。

② 能力推导法

一方面是分析业务战略,基于战略目标的层层分解,获得各业务目标,通过各业务目标与业务现状的对比,获得支持业务的能力需求,进而推导出业务对信息化能力的潜在需求。另一方面对比行业和信息技术发展趋势,可得出未来满足业务发展的信息化潜在需求。最终目标是保证信息化与业务发展目标的一致性。

③ 业务覆盖分析法

基于业务架构分析结果,对于各个业务活动流程,分析信息化覆盖的广度(指信息技术在建设单位各个部门,有关领域及业务工作中普及应用的程度即普及率)和深度(指通过信息技术完成的业务占建设单位总业务量的百分比即覆盖率),从中提炼出业务对信息化的潜在需求。

2)主要评估工具

业务现状评估模板如表 3-3~表 3-6 所示。

表 3-3 主要业务活动分析模板

业务领域	主要业务活动组成		
	操作层	管理层	决策层
××××业务			

表 3-4 信息化对业务支撑程度分析模板

业务领域		主要业务活动	信息化支持程度	备注
××业务	决策层			
	管理层			
	操作层			

说明:信息化支持程度分为完全支持、部分支持、不支持。

表 3-5 信息化能力需求分析模板

业务领域		现状与问题	业务目标	能力需求	信息化能力需求
××业务	决策层				
	管理层				
	操作层				

表 3 - 6　信息化现状分析模板

大　类	细　类	存在的问题	应对策略
××大类			

3. 需求分析

信息化需求可归集为宏观需求和微观需求两个层次,宏观需求主要来源于对标分析及信息化能力推导分析结果(即有助于业务目标实现的潜在信息化需求),微观需求主要来源于当前信息化对业务覆盖程度分析结果及收集的直接信息化需求。

(1)需求分析步骤

需求分析就是提炼、分析和仔细审查已经收集到的需求,进行规格化以确保参与需求分析的所有相关人员都明白其含义并找出其中的错误、遗漏或其他不足的地方。需求分析步骤如下:

1)需求整理

整理收集获取到的所有用户需求,并进行归类汇总。

2)需求定义

对归类汇总的需求进行分析研究,获得对该领域特性及存在于其中需要解决问题的透彻理解,剔除重复的、不符合业务目标的需求,提炼出各业务领域的共性和个性的信息化需求,进行清晰定义。

3)需求规格化

即将需求文档化,形成需求分析报告。

(2)需求分析原则

需求分析的关键在于对问题域的研究与理解,要能清晰、准确、完整、规范地描述用户需求,确保所有涉及的人员都明白其含义。

(3)需求分析的主要方法及工具

1)需求分析的主要方法。

① 结构化分析法

利用数据流图进行自顶而下的分析,直至整个需求被清晰地描述出来,以有利于人们理解问题,并对问题进行分析。其特点是把各部分看作一个过程的集合体,包括人完成的和电脑完成的。

② 面向对象分析法

利用面向对象的概念和方法指导需求分析,通过分析各对象的属性及对象之间的交互关系,来清晰地描述用户的需求。其特点是把各部分看成一个相互影响的对象集。

2)需求分析的主要工具如表 3 - 7 和表 3 - 8 所示。

表 3 - 7　需求归类汇总模板

类　　别	提出单位	需求描述
基础设施类		
数据建设类		

表 3 - 8　信息化直接需求分析模板

大　类	细　类	需求汇总与分析	对策或建议
数据建设	历史数据建设	需求汇总： …… 需求分析： ……	
	数据正常化	需求汇总： …… 需求分析： ……	

说明：通过调研对用户提出的直接信息化需求进行分析。

（4）系统规划

建设单位信息化现状与建设愿景之间的差距构成了改进机会，由此可规划设计对应的信息化建设项目。系统规划就是通过规划设计一系列信息化建设项目，来获得相应的信息化能力，以实现建设愿景。所有信息化建设项目则形成建设单位信息化建设项目框架体系，目的是通过一种系统性、条理化且简单明了、易于理解的方式，使业务人员和技术人员建立对未来总体信息化建设的共同理解。

1）系统规划步骤

① 分析信息化能力改进需求

通过分析建设单位信息化现状与建设愿景之间的差距所构成的改进机会，每个改进机会都可转化为一系列改进措施，形成建设单位信息化能力改进的任务。

② 信息化建设项目框架体系

根据信息化能力改进任务，通过归类分析可规划设计对应的信息化建设项目，进而设计形成建设单位信息化建设项目框架体系。

③ 项目设计

根据项目框架体系，明确每一个信息化建设项目的目标、范围、功能和任务，完成信息化建设项目设计。

2）规划要点及注意事项

规划项目体系要完整，体系框架要全面支撑建设单位业务战略实施和主营业务发展，不能有重要缺失。

规划项目界面要清晰，各项目之间尽量减少业务和功能的交叉与重复。

规划项目名称要规范，项目命名要准确定位项目目标、符合行业通用称谓。

3）规划的主要方法及工具

在对现状和趋势的客观判断，对基础条件科学分析，对需求正确把握的基础上，确定未来信息化的建设任务，规划设计相应的信息化建设项目，对每个项目要明确项目目标、项目内容、项目建设单位范围、项目参与方、项目实施条件、项目资源需求等内容。

（5）投资估算

投资估算是在对项目的建设规模、技术方案、设备方案、工程方案及项目实施进度等初步研究并基本确定的基础上，估算建设项目投入的总资金，并测算建设期内分年度资金的需要量。

1）投资估算步骤

① 确定投资估算范围

信息化建设项目投资主要包括：工程费用、其他费用和不可预见费三个组成部分。

Ⅰ. 工程费用

Ⅰ）硬件费用：主要包括计算机、服务器、存储、网络设备等硬件设备的购置费用。

Ⅱ）软件费用：主要包括专业软件产品购置、许可证、服务购置等费用。

Ⅲ）系统研发费用：主要包括应用软件的研发费用，根据测算的人月工作量进行估算。

Ⅳ）内部支持单位费用：范围包括内部支持单位人员费用、差旅费用、上交单位管理费等。

Ⅱ. 其他费用

Ⅰ）会议费：指项目建设过程中因需召开各里程碑会议的费用，如项目启动会、阶段评审（验收）会、总体评审（验收）会等。

Ⅱ）培训费用：指项目建设过程中对关键用户和最终用户进行培训而产生的费用。

Ⅲ. 不可预见费用

即预备费用，指在项目实施阶段难以预料的工程费用和其他费用。

② 投资估算依据

投资估算的主要依据包括：

● 国家、行业、集团公司的有关方针政策及建设地区的相关规定。

● 专业设计人员提供的建设工程量。

- 软件、设备、材料的计价原则、计价依据及时点。
- 软件、设备、材料的市场报价或可供参考价格。
- 类似信息技术建设项目投资数据。

③ 项目投资估算

进行分类、分年度总投资估算以及分类、分年度明细项目投资估算。

2）投资估算原则

各年度项目投资费用应尽量均衡，避免大起大落。

估算项目投资费用时要多与用户交流，要获得用户的认可。

3）投资估算主要方法及工具

（1）投资估算主要方法

① 类比估算法

收集以往类似项目的有关历史资料，通过同以往类似项目相类比而得出投资估算，为了使估算更为可靠，选择以往类比的项目要尽量与当前项目趋同。

② 确定资源费率法

需要清楚了解所用资源的单价，根据方案所需要资源量完成投资估算。包括以下几个方面。

Ⅰ．针对软件费用的投资估算

可根据各项目系统设计所确定的系统用户数和数据库服务器 CPU 数，依据软件入围价格或公开市场报价进行投资测算。

Ⅱ．针对硬件费用的投资估算

主要是计算服务器购置成本。根据服务器档次和数量，按照各系统实际的使用人数、模块数据量、实时响应要求等因素进行估计。

Ⅲ．针对内部支持费用的投资估算

- 费用主要包括直接人工成本、办公费、差旅费、管理费等内容。
- 会议费用的投资估算。大型会议（参会人数超过 60 人），根据参会人员数量、规格及当地标准确定。
- 培训费用的投资估算。对用户进行培训所产生的费用，参照当地标准。
- 不可预见费用投资估算。即预备费用，按工程总费用的 4% 测算。

Ⅳ．云计算应用

云计算已经成为信息化建设的重要模式，除非特殊情况一般首选采用云计算、云应用、云服务的模式，并尽可能选择华为云、阿里云、腾讯云、紫光云等大型专业的云服务商。云计算模式主要从计算、存储和服务所需要的资源来测算，一般可先行了解各家服务商的报价原则、报价方式，再结合建设单位的实际情况来考虑。

4）投资估算主要工具

单个项目投资估算模板如表 3-9～表 3-12 所列。

表3-9 单项目总投资估算模板

费用类型	费用名称	投资(万元)	所占比例	备　注
项目建设费用	总投资额			
	工程费用			
	系统硬件投资			
	软件产品购置			
	系统研发费用			
	合计			
	其他费用			
	会议费			
	培训费			
	预备费			
	合计			
配套工程费用	配套硬件费用			
	合计			

表3-10 项目软硬件购置投资估算明细模板

费用类型	费用名称	单价(万元)	估算费用(万元)	备　注
硬件购置费用				
	合计			
软件购置费用				
	合计			

表3-11 项目系统研发投资估算明细模板

费用类型	费用名称	人员要求	工作量(人月)	估算费用(万元)	备　注
系统研发费用					
	合计				

表 3-12 项目配套工程投资估算明细模板

费用类型	费用名称	数　量	单价（万元）	估算费用（万元）	备　注
配套工程费用					
	合计				

多项目投资估算模板如表 3-13~表 3-14 所列。

表 3-13 总体规划项目总投资估算模板

项目类型	分年度投资估算（万元）					合计（万元）
	××××年	××××年	××××年	××××年	××××年	
基础设施类						
数据建设类						
……						
合计						

表 3-14 总体规划项目投资估算明细模板

项目类型	项目名称	分年度投资估算（万元）					合计（万元）
		2016 年	2017 年	2018 年	2019 年	2020 年	
基础设施类							
	合计						
数据建设类							
	合计						
总计							

3.3　信息化顶层设计

　　信息化顶层设计是建设单位信息化发展规划与具体建设实践之间的"蓝图"，是信息化规划的延伸和落实，其作用类似于城市规划中的"控制性详细规划"，是指导后续实施工作的基础。顶层设计以信息化发展规划为指导，自顶层开始进行信息化建设的总体构想，是信息化规划的延续和细化，是项目实施的前提和依据。如果光有规划，缺乏具体的控制性实现手段，则在规划之下很可能又造成各自为政、分兵把口的局面，造成资源难以共享，信息网络难以互联互通的后果。顶层设计的特点是具有"整体的明确性"和"具体的可操作性",在实践过程中能够"按图施工",避免各自为政造成工程建设过程的混乱无序。

信息化顶层设计的核心任务是解决信息化的结构问题,即将规划阶段业务架构规划输出的多个业务系统的融合、简单拼接的松散系统,变成紧耦合、业务间有机关联、实现数据共享、业务协同、业务连续的闭环系统。

3.3.1 顶层设计的主要任务

1. 总体构架设计

总体架构从技术实现的角度,以结构化的形式展现建设单位信息化发展愿景。在建设单位发展战略目标的指导下,基于业务发展需求和对信息化的需求,首先需要从基础设施架构、业务架构、应用架构、数据架构、技术架构五方面进行规划设计,同时,还需要拟定信息技术标准体系、管理制度体系,确定安全体系和运维体系。四套体系是对五层架构的保障。标准优选顺序依次为国际标准、国家标准、行业标准、地方标准。通过选择应用最为广泛,发展最有前景的信息技术为标准,可以使建设单位信息化具有良好的可靠性、兼容性、扩展性、灵活性、协调性、一致性。从而提供安全、可靠、先进和有竞争力的服务,并且降低开发成本和时间。

2. 应用架构设计

依据现有应用系统建设现状和需求分析,结合业务架构及数据架构要求等,对应用系统功能模块、系统接口进行规划和设计。应用系统功能模块的设计应明确各应用系统的建设目标、建设内容、系统主要功能等,应明确需要新建或改建的系统,识别可重用或者共用的系统及系统模块,提出统筹建设要求,应用系统接口的设计应明确系统、节点、数据交互关系。

3. 数据架构设计

在分析建设单位数据资源、相关角色、IT支撑平台和工具、政策法规和监督机制等数据共享环境和建设单位内外部数据共享目标基础上,开展组织数据架构的设计;依据建设单位数据共享交换现状和需求分析,结合业务架构,识别出业务流程中所依赖的数据、数据提供方、数据需求方,提出对数据的建设单位、存储、操作、安全和隐私保护要求。应对来自不同应用领域、不同形态的数据进行整理,合理分类和分层建设单位;应考虑全生命周期的数据治理;应考虑数据的服务方式,包括数据采集、预处理、存储、管理、共享交换、建模、分析挖掘、可视化等服务。

4. 基础设施架构设计

依据建设单位基础设施建设现状,结合应用架构的设计,识别可重用或者共用的基础设施,提出新建或改建的基础设施,依据"集约建设、资源共享、适度超前"的原则,设计开放、面向服务的基础设施架构。基础设施架构包括四层。一是物联感知层基础设施,包括地下、地面、空中等全空间的泛在感知设备;二是网络通信层基础设施,公共基础网络、建设单位内部网络及其他专用网络等;三是计算与存储层基础设施,包括城市公有云与建设单位私有云的存储服务中心等；四是数据与服务融合层基础设施,包括城市数据资源、应用支撑服务、系统接口等方面的基础设施。

5. 技术架构设计

技术架构是对应用架构、数据架构以及基础设施架构的 IT 实现,它定义了整体信息系统的技术环境与技术结构,是对数据流、业务流、平台服务的逻辑技术结构和物理技术结构以及如何交互的描述。根据信息化发展标准化、开放化、松耦合、服务化的趋势和要求,技术架构应采用分层结构进行描述。数据中台、业务中台、控制中台等是当前技术架构的主要选择。

6. 标准体系设计

结合本地特点,注重实践经验的固化,在遵循、实施现有国家行业及地方标准基础上,规划、设计可支撑建设单位建设与发展的标准。一般包括总体基础性标准、支撑技术与平台标准、基础设施标准、管理与服务标准、安全与保障标准等维度。

7. 制度体系设计

从信息化建设经费投入、信息化项目立项、建设、应用、维护、信息资源管理等角度研究制定完善的保障和约束的管理思想、办法,以及落实的规章和文件。信息化评价与反馈机制来保障信息系统的更新迭代。

8. 安全体系设计

依据国家网络信息安全相关标准规范、法律法规及规章制度,结合基础设施规划,从规则、技术、管理等维度设计网络和信息安全的部署结构。规则方面应提出需要遵循的以及建议完善的安全技术、安全管理相关规章制度与标准规范;技术方面应明确需要采取安全防护保障的对象,及针对各对象需要采取的技术措施;管理方面:可对从事建设单位安全管理的建设单位机构、管理制度及管理措施等方面提出相应的管理要求。

9. 运维体系设计

IT 运维服务体系建设,应包含运维服务制度、流程、建设单位、队伍、技术和对象等方面的内容。同时结合业务特色,整合运维服务资源,规范运维行为,确保服务质效,形成统一管理、集约高效的一体化运维体系,从而保障应用系统安全、稳定、高效、持续运行。

10. 实施阶段设计

基于信息化建设的阶段目标,通过分析现状与建设单位目标的差距,按照项目与业务的依赖程度、紧迫程度以及难易程度等,明确各阶段实施计划、目标、任务等,提出有效的、可操作的过渡路径。

3.3.2 顶层设计的要点及注意事项

1. 站位要高

信息化顶层设计须从全局的视角出发,站在整体的高度以信息化的思维,进行规划设计。主要内容包括:技术架构设计、基础设施架构设计、数据架构设计、应用架构设计、业务架构设计和保障体系设计。应根据主流业务分析,提出应用架构及数据架构;根据信息化现状和存在的问题,提出信息化实施的技术架构设计;根据数据架构和技术架构提出基础设施架构。

2. 定位要准

确保 IT 战略与业务战略的有效融合,IT 和实现业务的对接。建设单位发展战略、管理模式和关键流程对于建设单位 IT 发展战略、总体架构、应用系统等起着决定性的作用。

3. 架构要清

战略决定做正确的事,架构决定正确、高效地做事。信息化架构是架起 IT 战略与 IT 实施之间的桥梁,要确保 IT 战略与 IT 系统之间有清晰的联系,使 IT 战略可执行。

4. 关系要明

要清楚影响 IT 架构各个方面的相互关系。业务战略影响业务,业务驱动数据资源的需求,数据资源驱动应用的需求,应用驱动基础设施的采购与配置,基础设施的安装涉及安全的考虑,管控措施制约、维护信息系统、基础设施、数据和安全,而信息系统、安全、管控、数据也可以加强、制约业务的发展。

5. 数据架构设计要点

以信息化的思维从宏观的角度关注业务、信息和用户,注重构建这些元素之间较为粗粒度的关系模型。通过分析业务过程建立业务模型、功能模型;通过分析业务数据流建立数据模型;通过分析管理模式与用户行为,建立用户与权限模型。

6. 技术架构设计要点

须结合建设单位的信息化现状,对与信息化技术相关部分的框架和技术标准进行分析和定义,主要包括:软件技术方案(软件架构、数据库选型、操作系统选型和其他关键技术选型)、应用架构方案、数据架构方案和基础架构方案。

7. 基础设施设计要点

须根据信息资源规划和技术架构方案,从技术和管理两个层面进行基础保障环境的规划、设计,以支撑信息系统的安全可靠运行。主要包括:网络、服务器架构、存储与备份、机房设计和信息安全保障等。

3.3.3 顶层设计的方法和工具

信息化顶层设计方法论一般包括系统规划法(Business System Planning, BSP),

战略目标集转化法(Strategy Set Transformation，SST)、价值工程(Value Engineering)和关键成功因素法(Critical Success Factors，CSF)，以及信息分析与集成技术、投资回收法、信息工程法、应用系统组合法、战略网格法、价值链分析法、战略联盟模型、客户资源生命周期法、零预算法等。我们建议采用综合集成的信息化建模方法论体系，吸收当前国际上比较主流的 IT 架构规划方法论、竞争力和产业规划理论，包括 FEAF、TOGAF、波特的国家竞争力理论、产业规划理论等，同时融合设计人员的整体规划与系统设计经验开展信息化顶层设计工作。

1. 总体架构设计

(1) 总体架构设计要求

1) 架构设计的战略考虑

IT 架构设计是建设单位业务规划和具体的 IT 项目建设之间的桥梁，能够帮助建设单位从业务战略上理解什么是需要在未来交付的信息化系统，是实现战略、业务、信息技术的融合，使信息系统在不断发展中保持整体的协调一致，并为未来解决方案的建立提供明确的指导框架。其目标是在建设单位环境、战略、业务及 IT 技术不断发展变化的情况下，保障信息系统对业务的支持能力，并有效控制投资和成本。(这里说的架构设计不是针对某个具体系统的架构设计，而是针对整个建设单位的 IT 架构设计)。

2) IT 架构的基本结构

IT 架构是基于对建设单位发展战略、管理模式、关键业务流程、IT 现状分析的基础上，为确保业务战略与 IT 战略的有效融合，实现业务和 IT 的对接，从建设单位整体层面进行的架构设计，是对应用主体、应用系统、基础设施的统一设计，必须具备能够动态增加新的能力，以满足不断变化的需求，支持建设单位未来的发展。

IT 总体架构解释了业务与管理和 IT 基础元素如何有机结合，总体架构包括业务架构设计、应用架构设计、数据架构设计、技术架构设计、基础设施架构设计、标准体系设计、安全体系设计、运维体系设计、制度体系设计等，设计过程相互关联并行进行如图 3-4 所示。

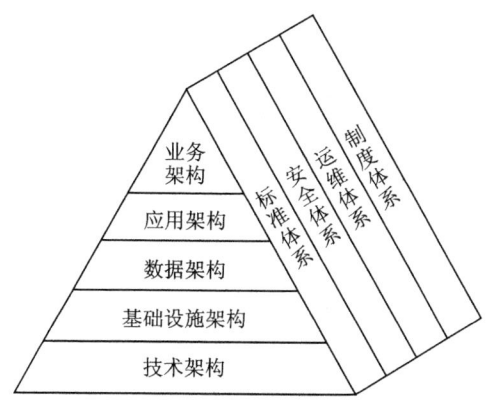

图 3-4 信息化顶层设计框架

（2）企业架构方法

1）TOGAF 标准

TOGAF 是由开放组织（The Open Group）发起和设计制定的标准,目前已经成为业界最受欢迎的企业架构框架标准。目前 TOGAF 的最新版本是 2011 年发布的 TO-GAF9.1。

在 TOGAF 中,架构开发方法（Architecture Development Method,ADM）是核心内容如图 3-5 所示。ADM 方法是由一组按照架构领域的架构开发顺序而排列成一个环的多个阶段所构成。通过这些开发阶段的工作,设计师可以确认是否已经对复杂的业务需求进行足够全面的讨论。ADM 的核心思想就是在业务架构、应用架构、数据架构和技术架构方面进行现状识别分析、未来蓝图制定和差距分析。然后在机会及解决方案、迁移规划部分制定战略路线图和项目组合,并对这些项目组合制定时间表,进行效益分析。最后对项目进行组合,将整个架构建设成一个动态的、可持续改进的架构体系。

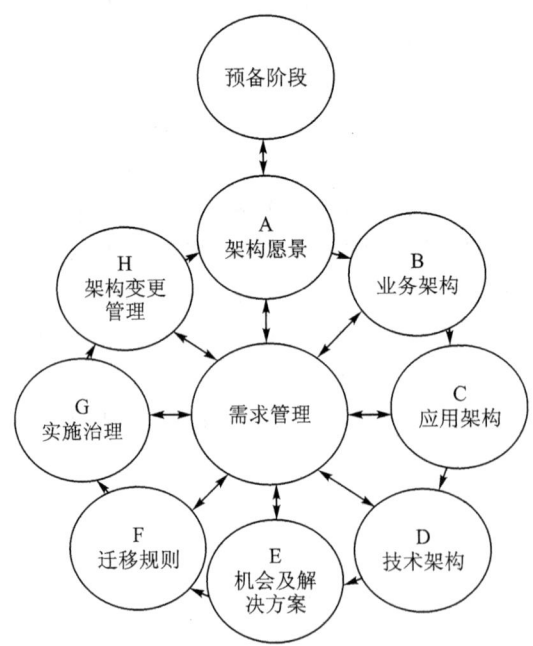

图 3-5　TOGAF 架构开发方法

2）FEAF 标准

联邦企业体系结构框架 FEAF（Federal Enterprise Architecture Framework）是美国国家信息技术委员会（Chief Information Officers Council ,CIO Council）提出的一套企业体系结构框架。主要用于政府机构,最新版本是 2013 年美国白宫发布的FEAF Ver2.0。FEAF 包含了一系列便于在政府机构中进行跨部门分析的参考模型,形成了一套框架,从而使各部门能够用一种通用方式对政府部门重要组成元素进行描述。

FEAF 框架模型包括业务架构、数据架构、应用架构、技术架构、基础架构和安全架构如图 3-6 所示。

业务架构定义了在当前技术能力支持下企业目前的业务需求。

数据架构定义了用来支持业务各种数据，以及他们之间的关系。

应用架构定义了用来管理数据并支持业务功能的各个应用。

技术架构定义了用于为管理数据和支持业务功能的各个应用提供支持的各种技术。

基础设施架构管理所有基于企业架构的基础设施资产。

安全架构定义所有方面都必须遵循的各种安全准则。这不仅包括信息技术方面的各种安全方针，还包括在业务领域也需要遵循的各种安全准则。

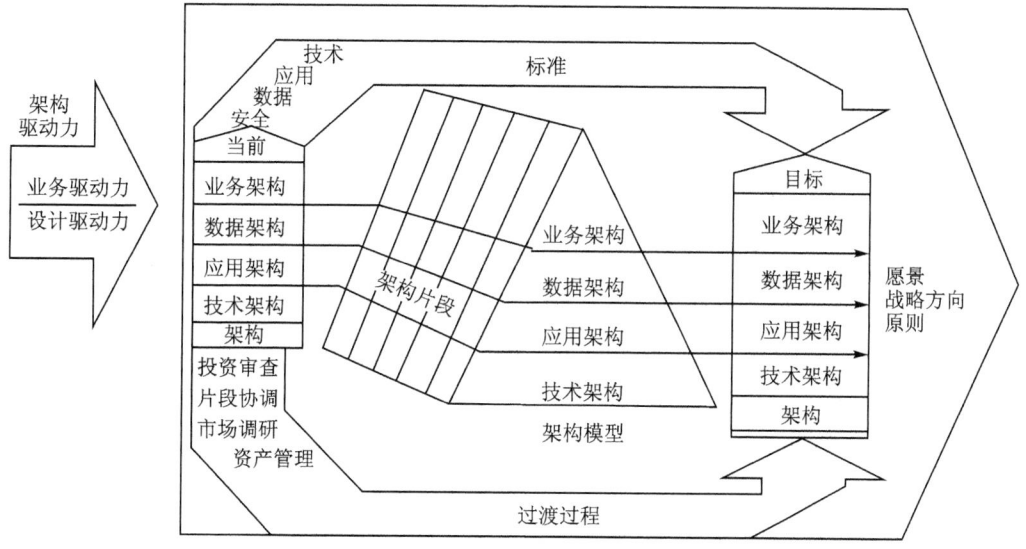

图 3-6 FEAF 架构开发方法

3）设计架构的过程和方法

① 明确建设单位架构的使用目的和范围，这也是推动后续建设单位架构过程活动的主要动力。

② 判断出使用目的和范围对建设单位架构在内容深度和详细度方面的需求，并保证各个视角下的视图内容都遵循相同的深度和详细度标准。

③ 选择适当的企业架构标准，并使用上一步指定的深度和详细度水平来约束架构制品的内容。这个选择既包括挑选包含了必要内容的核心架构制品，也包括明确用于进一步阐述核心制品或在特定领域和范围内对其进行描述的支持性架构制品；从架构制品内容这一角度来看，他们需要包含企业的业务和技术资产这两个方面。

④ 选择适当的架构框架理论和用于辅助架构建设的自动化工具。为了加强架构的可用性并提升架构开发的效率和准确性，选择适当的自动化架构工具是必不可少的。自动化工具的选择也要照顾到企业的规模、复杂度以及员工熟悉度等多个方面。

目前被国际主流厂商和政府部门普遍采用的是 TOGAF 以及 FEAF 架构标准。我国政府和行业根据自身实际情况往往会结合这两个标准进行裁剪和调整。

2. 业务架构设计

（1）业务架构设计步骤

业务架构的设计是对建设单位业务深入分析再认识、职能分解再优化的过程。对建设单位现有机构各自承担的业务进行职能分解，进一步明确各机构及其承担的职能、分工之间的关系，识别并减少重复的工作内容，改革创新优化业务流程。

业务架构设计要仿真建设单位现实世界各实体的业务职能和业务流程，首先要求实现业务协同和业务连续性，能够提高业务自动化水平。其次应能通过业务梳理的方法找到整个建设单位的核心业务流程，整合识别出建设单位的业务主线，能够反向优化业务流程、精简业务与部门。同时要找出公共业务、支撑业务、可复用业务。识别不同业务流程之间的共享和协作关系。最后通过核心业务主线，进一步细分和明确业务事项，并确定整体业务功能。

业务架构设计过程可以分为以下三个步骤：

1）确认建设单位愿景与目标

在建设单位基本职能划分的基础上，结合横向地区发展特点，纵向建设单位各层级的指导方针和战略需求，进一步明确出符合时代特征的发展愿景与战略目标。

2）分析建设单位业务现状

此阶段的业务分析是带有建设单位机构边界的，按照工作的范围、流程、对象、规则及执行机构和岗位等方面展开。建设单位机构需要细化到有建制的最小单位，对其承载的职能进行分类描述；分工需要细化到具体的岗位或角色，对其承担的工作任务进行分类描述。不同的分工可按照时间顺序和条件关系形成业务流程。

3）再造建设单位业务流程

在前一阶段的基础上，建立全业务谱系，明确业务的关系和流程，针对业务边界划分不清、不同部门系统间业务交叉重复、流程权限管理混乱、部门间业务协同困难等问题进行业务流程再造。

（2）业务架构设计原则

1）主流程和支撑流程应分离

2）应符合愿景与目标期望

3）应复用公共流程，减少重复和交叉

4）对业务流程进行信息化仿真优化

对不符合业务发展需要且亟须完善，但受建设单位机构限制无法实行流程再造的业务，应对业务流程进行信息化的仿真优化。

5）业务能力组件化

同一个业务能力尽量保持独立性和专业性，归属到专业岗位，减少重复作业和资源浪费。

6）业务流程简单、高效、开放性原则

（3）业务架构设计方法

1）明确远景与目标

根据总体规划成果,进一步明确建设单位的共同愿景与目标。

2）职能与业务分析

一般来说,建设单位的内部机构设置基本代表了相应的业务分工。因此可从建设单位内部各机构入手,通过部门职能来分析业务事项。

3）构建业务域

按照功能相关性将业务事项聚类成业务线,进而形成业务域。

4）描绘业务职能思维导图

描绘出建设单位业务职能的思维导图。

5）形成业务流程图

将业务职能与建设单位中的角色相对应,形成业务流程图。

6）形成业务结构图

从顶层视角出发考虑业务间的互动关系,形成业务交互。

7）找出架构设计缺陷

将形成的业务架构与正在运行的应用进行对应比较,寻找差距。

（4）业务架构的输出成果

1）业务远景与目标

给出建设单位业务发展的愿景与目标。

2）建设单位结构角色模型

描述建设单位机构、部门职能、关系。

3）业务分解模型

描述建设单位业务域—业务线—业务事项,“细粒度”到事项。

4）角色模型

建立用户角色与业务事项的权限与对应关系。

5）业务流程

描述业务对象、组件、操作流程。

6）主业务流程

从顶层视野描述主体业务流,再逐层分解到各部门业务事项。

7）业务交互

描述业务在建设单位间的协作关系、流转关系。

8）业务自动化

从建设单位实际情况出发,以问题为导向来解决业务间的跨部门联动问题。

3. 应用架构设计

（1）应用架构设计要点

应用架构注重应用系统设计,从稳定、解耦、抽象、集成、复用、治理、容错等方面把业务架构的业务事项进行重组、再形成系统。它描述 IT 的系统功能和技术的实现、进行应用系统的部署以及业务流程间的作用和关系。

应用架构分为两个不同的层次。一是建设单位级的应用架构。建设单位层面的应用架构起到了统一规划、承上启下的作用,它向上承接了建设单位战略发展方向和业务模式,向下规划和指导各个IT系统的定位和功能。应用架构包括建设单位的应用架构蓝图、架构标准及原则、系统的边界和定义、系统间的关联关系等方面的内容。二是单个级的应用架构。在开发或设计单个IT系统时,应设计系统的主要模块和功能点。这方面的工作一般属于项目组,而不属于企业架构的范畴,但各个系统的架构设计需要遵循企业总体应用架构的设计原则。

应用架构提供整个信息化项目蓝图,是信息化项目的工程依据。通过与现有的系统对比,进行差距分析,形成各个系统建设的项目清单。

(2)应用架构设计原则

1)应用结构化的原则

通过服务化构建轻量级、分层解耦的应用能力。

2)应用服务化原则

通过服务化实现应用架构的分层解耦,具备灵活调用、按需组合的能力。

3)应用规范化的原则

应用接口、服务标准化及自治原则。

4)疏通业务流的原则

建立核心系统,支撑主业务流打通"端"到"端"。

(3)应用架构设计方法

应用架构强烈映射业务架构,应用架构要说明的是整体信息化可以分为哪些应用系统,以及应用系统间的集成关系,即应用架构和应用集成架构。

业务架构只关心核心的业务流程,对于业务域、业务组件,只需要将其识别出来即可。

应用架构在业务架构的基础上进行设计,主要考虑两点。一是根据业务架构划分业务应用系统,考虑业务应用系统的划分粒度,满足划分后业务系统间的高内聚及松耦合;二是识别划分出的应用系统的可复用的内容,将可复用的内容和资源共享的内容下沉到平台层,将业务系统间需要协同和整合分析的内容上升到门户层和BI展示层。

1)建立关联系统

将业务架构提供的业务与目标,重组为可实现的关联系统。

2)确保数据的共建共享

数据由应用系统创建、使用、共享与流动。

3)确定应用系统的范围

规划每一个应用系统的范围,包括产生、控制和使用的数据。系统与系统之间的关系,对业务架构的支持,以及应用系统类之间的数据共享,全面展现了现在和未来信息系统开发和运行的蓝图。

4）确定应用系统实施序列

应用架构建立的应用系统类，既反映了各个系统间的关联性，又反映出使用相同主题数据库的应用系统存在类似于系统和子系统的关系。因此工程实施建设可以根据应用架构和业务的发展需求，结合实施的可能性、技术的复杂性、实施的先决条件、实施的时间、可能的风险以及可用的资源等方面，分期、分阶段、分层次地实施和建设信息系统工程，即应用架构为确定信息系统工程的实施序列提供了依据。

5）确定应用系统视图

提供业务人员和信息技术人员的接口和共同视图。应用架构是业务人员和信息技术人员的共同视图，有利于业务人员和信息技术人员的沟通，使技术人员正确理解业务需求的同时，又使业务人员能够了解未来信息系统实施的概貌。从整体和全局的层面运用应用架构，为信息系统的开发和利用提供协调和沟通的平台，保障信息系统的顺利实施。

（4）应用架构设计输出成果

1）整体建设单位级应用系统全景视图。

2）应用系统清单、定位、功能。

3）各应用子系统、业务组件。

4）应用交互协作关系。

4. 数据架构设计

（1）数据架构设计要求

数据架构描述了建设单位和数据管理资源的逻辑与物理数据资产，显示了如何管理和共享信息资源，用以决策支持，最大限度发挥数据的价值。数据的应用层次分为生产平面（OLTP）与分析平面（OLAP），大数据时代下的应用更关心后者。数据架构是信息化的基础与核心。它为应用架构提供可靠的数据源，构建应用系统协同；也为业务架构处理和辅助决策提供高效支撑，并为其他架构提供关键参考。

1）建立数据资源框架

对来自不同应用领域、不同形态的数据进行整理、分类和分层。

2）建立主题数据库（表）

根据业务架构，建立主题数据库（表），支持应用，识别并建立全局数据模型与权威数据集。

3）数据治理

管理数据生命周期各阶段的数据实体，完成数据清洗和数据关联，确保数据在大型、庞杂、多业务环境下的完整性、及时性、准确性、共享性。

4）大数据应用

大数据模拟仿真、分析研判、预测预警、可视化呈现等完整的大数据应用。

5）数据服务

面向业务、场景或主题提供大数据产品或服务。包括数据操作、管理、共享交换、建模、分析挖掘、可视化等服务。

（2）数据架构设计原则

1）整体性原则

根据总体方案的统筹规划，层级的部署构成一个整体，各部分通信畅顺，信息共享。

2）标准化原则

统一制定信息资源共享服务的技术标准、通信协议标准、数据交换报文标准，提供数据访问功能、基本业务逻辑处理功能的标准组件。站在组织全局角度定义和收集数据，建立数据标准，开展数据治理和数据质量管理。系统的开发、集成按照规定的标准进行，保证数据结构一致性和技术规范性。

3）安全与效率并重原则

在满足安全的前提下，实现数据充分共享。在保证系统良好运行效率的同时，保证信息安全和运行安全。

（3）数据架构设计的主要方法

1）建立主题数据库（表）

对齐业务，分别从不同视角梳理数据的概念模型、逻辑模型、物理模型，建立主题数据库（表）。

① 通过概念模型（E-R图），将现实世界抽象为信息世界（实体、属性、联系），再用实体模型将信息世界抽象为可处理的数据或数据库。概念模型的质量会对系统产生较大影响，通常由资深业务人员进行数据概念模型的建模。

② 从实际业务与数据治理两个层面出发，一方面，完善数据架构对现有业务有更好的支撑作用；另一方面，从数据治理入手明确标准，支撑数据共享。

③ 以业务架构的一条业务线着手，考察并采集各项业务事项中的表证单书，获取原始的数据实体。

④ 根据业务线的流程画出数据流图（DFD），数据流图从数据传递和处理的角度，以图形的方式刻画数据流从输入到输出的传输变换过程。数据流图没有具体的物理元素，仅描绘数据在系统中流动和被处理的情况。

⑤ 根据数据实体之间在业务上的逻辑关系制定数据实体之间的关联关系，从而形成局部E-R模型，解决局部E-R模型之间的属性冲突、命名冲突和结构冲突，合并局部模型为全局E-R模型。

⑥ 进行主题数据库的聚类和识别，主要通过分析全局数据实体之间的逻辑关系，将全局数据实体按主题分为数据实体大组，形成主题数据库。

2）根据相关建设单位标准开展数据治理工作，构建资源目录、交换和共享服务目录。

3）从数据的广度、深度、速度、信度和效度等方面开展整合，打造OLAP平面，构造大数据平台引擎。

（4）数据架构设计的主要成果

1）数据资源框架

对来自不同应用领域、不同形态的数据进行整理、分类和分层。

2）主题数据库（表）

根据业务架构，建立主题数据库（表），支持应用，识别并建立全局数据模型与权威数据集。

3）数据治理

管理数据生命周期各阶段的数据实体，完成数据清洗和数据关联，确保数据在大型、庞杂、多业务环境下的完整性、及时性、准确性、共享性。

4）大数据应用

大数据模拟仿真、分析研判、预测预警、可视化呈现等完整的大数据应用。

5）数据服务

面向业务、场景或主题提供大数据产品或服务。包括数据操作、管理、共享交换、建模、分析挖掘、可视化等服务。

5. 技术架构设计

（1）技术架构设计要求

技术架构是将产品需求转变为技术实现的过程。技术架构解决的问题包括了如何进行纯技术层面的分层、开发框架选择、语言选择（计算机程序代码设计语言）、涉及到各自非功能性需求的技术点（安全、性能、大数据）。技术架构是确定组成应用系统实际运行的技术组件、技术组件之间的关系，以及部署到硬件的策略。

技术架构深受 IT 技术发展的影响，当前，云计算、大数据已进入发展成熟期，对基础设施、数据架构处理等方面有着非常大的改进与提升。云计算可以显著提高业务灵活性与部署效率，降低 IT 技术支出成本与运维成本，还可以改变 IT 技术的原有建设模式，并在现阶段对系统整合、数据整合发挥必然的作用。

（2）技术架构设计原则

1）全面解耦原则

对业务进行抽象建模，业务数据与业务逻辑解耦，软硬件解耦，平台和产品解耦，系统各部件解耦。模块、组件高内聚，低耦合。

2）服务化/组件化原则

以服务、数据为中心，构建服务化、组件化架构，具备灵活，按需组合的能力。

3）接口隔离及服务自治原则

通过接口隐藏服务/组件实现细节，服务/组件只能通过接口进行交互，接口契约化、标准化、跨版本兼容；服务/组件可独立发展、独立发布、独立升级，服务自治，可视、可管、可控、可测、可维，故障自愈。

4）弹性伸缩原则

构建全分布云化架构，或借鉴云化架构思想，每个服务具备横向扩展能力，支持按需使用，自动弹性伸缩，可动态替换、灵活部署，支撑高性能、高吞吐量、高并发、高可用业务场景。

5）安全可靠环保原则

构建最小权限、纵深防御、最小公共化、权限分离、不轻信、开放设计、完全仲裁、失效安全、保护薄弱环节、安全机制、经济性、用户接受度以及加强隐私保护的安全体系，确保系统、网络和数据的机密性、完整性、可用性、可追溯性；以业务系统零故障为导向，按需构筑分层分级的可靠性，通过故障的预流、预防、快速故障恢复、避免故障发生；系统资源使用有效最大化，实现节能、节地、节材、环保。

6）用户体验和自动化运维原则

面向业务获取和使用场景，构建实时、按需、在线、自助、社区化、方便易用的用户体验；支持远程、自动、智能、安全、高效地完成网规、网设、安装、部署、调测、验收、扩缩容、软件升级、打补丁、日常维护、问题处理。

7）开放生态原则

面向生态场景，按需开放平台设施、中间件、数据、业务逻辑、UI 等能力；构建开放生态、支持分层、远程、自动、自助、简单高效地完成定制、集成、第三方应用开发。

8）高效开发原则

创建支持迭代、增量、持续交付的架构，支持部件独立开发、自动化编译构建、测试、集成验证，并易于高效修改和持续优化；支持开发组织小型化、扁平化；支持小团队独立高效并行开发。

9）柔性供应制造原则

模块化设计，模块、物料归一化、标准化，支持自动化、数字化、智能化，随需应变的柔性制造。

10）持续演进原则

架构并非一蹴而就，需要有效地管理架构需求；持续构建和发展架构，适应业务需求变化，适时引入业界最佳实践，及时重构，确保架构生命力和竞争力。

（3）技术架构设计方法

由于信息技术的标准化、开放性、多程性、松耦合等特点以及当前云计算技术、大数据技术的广泛应用，技术架构通常采用分层结构来进行描述。分层的技术架构减少了IT 的复杂性，提供了高性价比的 IT 运维、软件开发与移植，用最小的 IT 投资获取高扩展能力的最大回报。

如图 3-7 所示以"云"为核心构建"五层次四体系"的整体技术架构图。

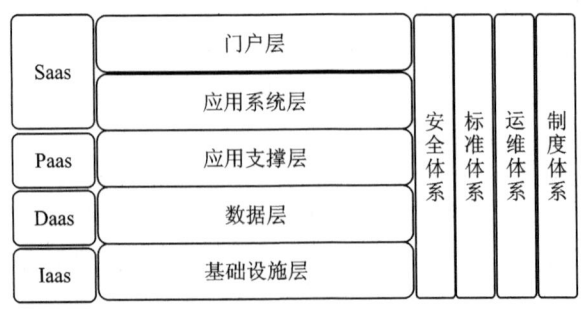

图 3-7 技术架构

1）门户层

以决策者、管理者以及操作者等不同用户角色、以及 PC 端、移动端等不同终端场景定义统一的工作平台入口与服务入口,是各类用户获取服务的主要人机交互层。

2）应用系统层

基于应用架构设计的各类应用系统与平台系统。

3）应用支撑层

包括:业务中台、数据中台、技术中台、应用中台、安全中台等各类服务总线联结的综合服务平台。

4）数据资源层

由数据采集、数据处理、数据组织、数据治理、数据分析、数据服务组成,实现硬件承载资源的全面云化。

5）四体系

包括相对较成熟的运维管理、安全管理、标准规范、保障制度四方面的内容。

（4）技术架构输出成果

1）详细技术架构。

2）具体技术选择,技术环境构建。

3）工程部署与迁移。

4）建立运维体系、安全体系、标准体系、制度体系四大体系。

第4章　信息工程项目立项

信息工程项目立项就是一个组织,通过一定的程序和一系列的工作,将拟实施信息工程项目的愿望、想法、计划、需求确定或批准为正式实施项目的过程,是一个组织将其信息化规划与顶层设计付诸实际的重要决策过程,是实施信息工程项目建设与管理的第一步。在符合信息工程项目立项基本原则的基础上,要系统分析组织信息化发展的需要,明确项目建设目标、建设内容,确立项目建设方案,落实项目建设经费。通常项目立项要经过项目建议书、项目可行性研究报告、项目初步设计方案和投资概算报告审批等环节。

4.1　立项的基本原则

信息工程项目立项应当遵循"需求牵引、政策导向、规划实施、集约共享"的基本原则。

4.1.1　需求牵引

一个组织是否需要实施信息工程项目,实施什么样的信息工程项目,是由组织发展的需求决定的。其基本的遵循是项目本身是否与组织发展目标相一致,与组织发展现状相吻合,与组织的变革与创新的需要相适应,与组织竞争力提高和可持续发展的要求相符合。

信息工程项目能否立项,第二个层面就是项目能否满足组织一段时期内提高效率与质量、节约人力与资源、降低成本与损耗的需要;能否满足组织与整个社会信息化进程相适应,与相关信息系统互联互通、信息共享交换的需要;能否继承现有信息系统的数据资源,满足信息系统平稳过渡和信息技术迭代更新的需要。

信息工程项目能否立项,还需要与组织的信息化能力相适应,包括组织现有信息化人才和员工应用信息技术的能力,组织的治理体系和运行机制,组织信息化建设资金筹措的能力等。

4.1.2　政策导向

近年来,国家颁布实施了《国家信息化发展战略纲要》《"十三五"国家信息化规划》《"十三五"国家政务信息化工程建设规划》《新一代人工智能发展规划》《物联网发展规划(2016—2020)》等规划文件,《国务院关于积极推进"互联网＋"行动的指导意见》《国务院关于印发〈促进大数据发展行动纲要〉的通知》《中共中央办公厅 国务院办公厅印发〈关于促进移动互联网健康有序发展的意见〉》《数字乡村发展战略纲要》《进一步深化"互联网＋政务服务"推进政务服务"一网、一门、一次"改革实施方案》等一系列政策文件,把信息化建设作为推动技术进步、效率提升和组织变革,提升实体经济创新力和生产力,构筑经济社会发展新优势和新动能,创新政府服务模式,促进治理体系和治理能力现代化的先导力量和主要驱动力。

这些文件指明了在互联网时代经济、政治、文化、社会、生态文明和国防等领域信息化建设的方向、目标和任务,信息工程项目的立项,必须符合这些规划文件和政策文件的要求,并与本地区、本部门和本单位的实际密切结合。

4.1.3　规划实施

当今世界,新一代信息技术加速发展,信息化建设的新方法、新模式不断涌现,任何一个组织的信息化建设都不可能一蹴而就、一劳永逸。上一章专门提出一个组织应当结合自身长远发展战略,做好信息化建设的总体规划与顶层设计,并结合一定时期的应用需求和技术发展水平分步实施。因此,信息工程项目的立项,必须符合本单位(组织)的总体规划,成为信息化总体建设的一个重要组成部分。如果项目确有必要实施,而建设内容又不在信息化总体规划中,应当先调整单位信息化总体规划,再进行项目立项和实施。

4.1.4　集约共享

自 20 世纪 80 年代我国开始进行大规模信息化建设以来,很多部门、行业和单位的信息系统进行了多轮建设、升级、改造,形成了大量的信息孤岛、数据烟囱,信息系统难以互联互通、数据资源无法交换共享的问题普遍存在。随着云计算、大数据时代的到来,信息系统集约建设、数据共享成为信息化建设的方向。

《国家政务信息化项目建设管理办法》明确规定:"项目建设单位应当充分依托云服务资源开展集约化建设。"同时还规定:"政务信息资源建设以共享为原则,不共享为例外。各政务部门形成的政务信息资源原则上应予共享,涉及国家秘密和安全的,按相关法律法规执行。"

因此,现阶段信息工程项目的立项实施,应当顺应新一代信息技术发展趋势,运用云计算、大数据的理念、方法和模式,集约化建设信息系统,能够与本单位现有信息系统互联互通、信息共享,能够与上级部门、合作单位等外部信息系统连接并实现数据交换共享,新建信息工程项目不能再走过去分散建设的老路,更不能形成新的信息孤岛。

4.2　项目审批

项目审批就是上级部门或同级主管部门对拟立项的信息工程项目从效益、技术、投资等方面进行审核把关,是否正式同意批准实施的过程。政务信息工程项目审批通常要通过项目建议书、可行性研究报告、初步设计方案和投资概算审批等环节。项目审批程序和要求取决于项目的重要性、复杂性和投资规模,投资规模较小的信息工程项目,可简化为审批项目可行性研究报告(代项目建议书)、初步设计方案和投资概算审批。企业自筹资金,自主建设的信息工程项目立项管理可以参考上述程序。

4.2.1 项目建议书审批

信息工程项目建议书是项目筹建单位或项目法人根据国家、行业和地方信息化规划、信息产业政策、国内外市场、自身信息化建设需求,就某一具体新建、扩建信息化项目提出的项目建议文件,是对拟建信息工程项目提出的框架性总体设想,宏观上论述项目设立的必要性和可能性,把项目投资的设想变为概略的投资建议。项目建议书是项目筹建单位上报审批部门审批决策的依据、项目批复后编制可行性研究报告的依据、投资设想变为现实的投资建议的依据、项目发展周期初始阶段基本情况汇总的依据。信息工程项目建议书,包括以下几个方面的内容:

1. 项目简介

项目简介包括项目名称、项目建设单位及负责人、项目建议书编制依据、项目概况、主要结论和建议等内容。项目名称一定要准确体现项目建设的目标和任务,项目名称确定后必须要规范使用,在项目的所有立项文件、建设运营管理文件中保持一致。编制依据主要是国家网络安全和信息化相关法律法规、标准规范、政策规划,以及建设单位工作职能和相适应的信息化建设要求等。项目概况应当简明扼要的说明项目建设目标和主要内容,以及项目进度安排等基本情况。

2. 项目建设的必要性

必要性包括项目提出的背景和依据、现有信息系统装备和信息化应用状况、信息系统装备和应用目前存在的主要问题和差距、项目建设的意义和必要性。项目提出的背景和依据主要阐明国内外信息技术发展和信息化建设的形势,国家和地方、行业对信息化建设的要求,信息化对完成单位工作职责的支撑作用,以及主管部门的政策要求等。项目建设的意义和必要性可以从提高自身工作效率和质量、节本增效和提高竞争力(企业)、提高服务或管理水平(政府机构)、带动信息技术应用和产业发展、提高区域或行业信息化水平等方面进行阐述。

3. 需求分析

需求分析是信息工程项目立项建议中最重要的部分,是确定建设目标、内容和投资规模的基础,一般包括建设单位工作职能对信息化建设要求的分析、业务功能流程和业务量分析、信息量分析与预测、系统功能和性能需求分析等。

业务功能流程和业务量分析包括组织结构分析、组织或业务关系分析、业务功能分析和业务流程调查,并通过组织结构图、组织与业务关系图、业务功能表、业务流程图等实现对各环节处理业务、信息来源、处理方法、信息流经去向、提供信息的时间、形态和数量等进行定性和定量分析。

信息量分析与预测是对拟建项目数据采集量、存储量、处理量和传输量进行定量分析预测,作为项目计算资源、存储资源、网络资源、数据库资源设计建设的主要依据。

系统功能需求即项目必须完成哪些事,必须实现哪些功能,以及为了提供有用的功能所需执行的动作等,通常采用功能分解法、结构化分析法、信息建模法和面向对象的分析方法等完成系统功能的需求分析。

系统性能需求分析应当包括数据类型、数据量、数据库性能等数据性能分析,数据库并发、访问并发、传输并发等并发性能分析,系统响应性能分析,以及可靠性、稳定性、安全性、兼容性、扩展性、开放性、可交换性、可维护性等架构性能分析。

4. 项目建设方案

建设方案是对项目建设目标要求、建设内容、方式方法及工作步骤等做出的全面、具体而又明确的安排,一般包括总体建设方案和本期项目建设方案。

总体建设方案是对项目全生命周期框架性、整体性考虑和安排,具有一定的宏观性和前瞻性,包括项目建设原则和策略、总体目标与分期目标、总体建设任务与分期建设内容、总体设计方案等。

本期项目建设方案是项目当期执行的方案,必须目标明确、建设内容详实,与组织目前信息化建设的需求紧密结合,且具有很强的操作性。

本期项目建设方案在项目需求分析的基础上,依据项目总体建设方案,进一步明确:项目建设目标与主要建设内容、标准规范建设、信息资源规划和数据库建设、应用支撑平台和应用系统建设、网络系统建设、数据处理和存储系统建设、安全系统建设、其他系统建设(终端、备份、运维等)、云服务商选择要求等(因特殊要求不采用云服务模式,或自主建设私有云,则还包括主要软硬件选型原则和软硬件配置清单、机房及配套工程建设等)。

5. 项目组织机构和人员

设计好项目建设的管理体制和机制,是项目建议书的重要内容,是保障项目成功实施的关键要素。主要包括:领导、实施和运维机构及组织管理、人员配置、人员培训需求和计划等内容。

1) 项目组织领导

信息工程是"一把手"工程,因此重要信息工程项目的"领导"应当由单位"一把手"亲自担任,或"一把手"委托的负有综合管理职能的领导担任,单位相关领导和部门负责人共同组成项目领导小组,才能较好地履行项目全生命周期内的计划、组织、指挥、协调、控制和评价职能,实现项目建设目标。项目业主单位应当指定一个内设机构或临时组建专职机构为项目组织实施管理机构,负责项目立项的前期工作(组织协调开展可行性研究、详细设计)、项目的招投标和项目管理、监督等工作。该机构如果具备信息化建设和运维能力,则由该机构承担项目建设及后期运维任务;如果项目组织实施机构不具备相应能力,可以通过招标、竞争性谈判等方式,遴选项目设计、建设和运维单位。项目建议书还应当明确提出项目管理的机制,项目拟采取的各项管理规章制度。

2)人员配置

项目组织实施机构应当由项目领导小组主要成员负责,配备熟悉单位职能和业务的管理人员,配备掌握信息技术并有一定信息化建设经验的技术人员,自身信息化技术力量较为薄弱的单位也可聘请外部信息化专家作为顾问,参与项目的组织实施。项目组织实施机构还应当配备财务人员,负责项目财务管理,参与项目物资管理和成本控制等工作。

人员培训需求和计划包括信息工程系统运行维护人员的培训需求,信息系统内部和外部使用人员的培训需求,以及培训次数、人数,培训方式和主要培训内容,培训时间安排,培训达到的目标和质量等人员培训计划。

6．项目实施进度

实施进度是对信息工程项目从项目建议、可行性论证、系统分析、系统设计、开发和测试、安装调试、上线运行、人员培训、竣工验收、系统维护等全生命周期的实施时间计划安排。项目实施进度安排既要符合项目业主单位信息化建设现实需要,也应当充分考虑信息工程项目规模大小、系统复杂程度、技术局限、需求变化和资金成本等约束条件,合理计划项目实施进度。

制定项目实施进度,首先要确定项目关键任务节点或者重要里程碑,可以采用关键日期表、甘特图、关键路线法等技术手段来表达项目中关键任务的时间进度和它们之间的相互关系,确定关键任务与关键路线,利用时差不断地调整与优化关键任务和时间进度网络,以获得最短项目实施周期。

7．投资估算和资金筹措

项目投资估算是对拟建信息工程项目建设期所需固定资产投资和上线运行后所需运行维护资金进行估算,包括投资估算的有关说明、项目总投资估算、资金来源与落实情况、财政资金补贴方案等内容。投资估算的有关说明,需要阐明项目投资估算的主要依据,结合项目需求分析和本期项目建设方案,说明投资估算的基本原则等。

(1) 项目总投资估算中的固定资产投资通常包括以下几个方面

1) 建筑工程费用

包括信息(数据)中心楼宇建设、机房装修等费用,如果采用云服务模式则没有该项费用。

2) 设备购置费用

包括机房设备(动力电源、消防、空调、监控、门禁等)、网络设备、主机服务器、存储设备、网络安全设备、终端设备、系统软件、应用软件等购置费用,如果采用云服务模式则只有应用软件开发费,但需要增加云服务费用。

3) 安装工程费用

包括机房设备安装、综合布线和网络工程施工、主机存储等设备安装、硬件软件系统集成等费用,如果采用云服务模式则只有业主单位内部网络工程及综合布线费用。

4）其他费用

包括软件开发费、系统数据迁移费、人员培训费等。

（2）项目总投资估算中的运行维护资金通常包括以下几个方面

1）燃料动力费

包括维持信息系统运行的电费、备用电源的燃料费等。

2）网络通信费

包括数据链路租用费、互联网接入费、电话费等。

3）系统升级费

包括系统软件、应用软件升级费，网络安全设备系统软件和数据库升级费。

4）续保费

如主要设备和软件系统质量保证期满后，需要厂家或供应方继续提供维保的费用。

5）运维费用

包括自行运行维护的人员费用、材料费用、第三方运维费、云服务商的服务费等。

项目资金来源通常包括以下几方面

① 自筹资金或自有资金

项目建设单位自有资金，需要提供开户银行出具的单位资信证明或存款证明等资料，说明单位确实在银行有这笔存款。

② 银行贷款资金

需要说明拟贷款的银行及金额，单位在银行的信用等级，与贷款银行的贷款协议或意向等。

③ 财政资金

行政机关、事业单位信息工程项目资金主要来自于财政专项资金，需要说明项目经费纳入部门预算情况，财政部门初步意见等。

④ 社会资本

政府和社会资本合作的信息工程项目（3P）项目，部分项目资金为政府财政资金，部分项目资金为社会资本，需要说明 3P 项目合作的社会单位及出资意向、出资金额等。

财政资金补贴方案需要说明财政资金在项目中的用途，支付范围、支付方式、支付时间等，应当符合财政资金预算和支付的相关法律法规和管理办法。

8. 效益与风险分析

包括项目的经济效益和社会效益分析、项目风险与风险对策分析等内容。通常企业拟建设的信息工程项目，效益分析侧重于经济效益分析，注重经济上的投入产出比；政府机关和事业单位拟建设的信息工程项目，效应分析侧重于社会效益分析，注重于项目带来的管理和服务效率、质量提高。

（1）项目经济效益分析可从以下几个方面展开

1）项目直接经济收益

通过信息工程项目运营的商业模式、服务对象、服务规模、收费标准等，测算出系统上线后产生的直接经济效益。

2）效率提高产生的经济效益

包括项目运行后产品或服务数量的增加,生产周期的缩短等产生的经济效益。

3）成本降低产生的经济效益

包括生产物质、材料损耗的减少,资金占用降低,管理和商务成本降低,人力资源节约等产生的经济效益。

4）质量提高产生的经济效益

包括产品或服务质量提高后附加值的增加,由此带来的企业品牌影响力、市场竞争力提高后经营规模和市场规模扩大带来的经济效益。

（2）项目社会效益分析可从以下几个方面展开

1）提升决策、服务、治理能力

项目实施对提升科学决策、社会管理和公共服务等支撑业主单位履行职能,提高社会治理体系和治理能力现代化的影响和作用。

2）促进信息协同、共享、开放

项目实施对促进跨层级、跨部门、跨地区业务协同和信息共享,推进政务信息资源向社会公众开放等的影响和作用。

3）创新管理服务新模式、新业态

项目实施对于提高本行业、区域、领域信息化水平,促进管理和服务新模式、新业态发展的影响和带动作用。

4）促进产业转型升级提质增效

项目实施对促进技术进步、产业发展、就业等的影响以及促进产业转型升级提质增效。

（3）信息工程项目风险分析可从以下几个方面展开

1）需求变化的风险

按照马斯诺的需求层次理论,人们的需求总是从低级到高级不断产生,当低级需求得到满足的时候,高一级的需求就会产生,信息化建设同样如此,一个组织对信息化的需求也是从低级到高级,从局部到整体不断升华的过程,如果需求分析没有一定的前瞻性,项目立项建设就存在满足不了业务发展需要的风险。另外,改革进入了深水区,一些行政机关和事业单位的组织、工作职能不断发生变化,必然对信息化建设的需求带来影响,正在实施的信息工程项目就存在很大风险。

2）建设运营模式的风险

近年来新一代信息技术加快发展,云计算、大数据为信息化建设带来新理念、新方法、新模式,提供了强有力的技术支撑,如果继续采用传统的信息化建设模式,存在建设周期长、投资规模大、资源利用不充分、运营成本高等问题,有较大风险,采用云计算,公共云平台建设信息系统也存在网络安全、运营管理等其他方面的风险,需要业主单位根据自身信息化建设的需要和特点,分析不同建设运营模式带来的风险,选择最适合自己的信息工程项目建设模式。

3）网络安全风险

包括来自外部的入侵、攻击、窃密,内部的安全漏洞、管理缺陷等。

4）系统互联和数据共享的风险

信息系统互联互通、数据共享是信息化建设总的趋势,既要分析封闭式架构给系统互联和数据共享带来的困难,也要分析开放式架构可能带来的安全隐患。

《国家政务信息化项目建设管理办法》规定:"政务信息化项目原则上不再进行节能评估、规划选址、用地预审、环境影响评价等审批,涉及新建土建工程、高耗能项目的除外。因此,企业或其他单位的非政务类项目也可参照该管理办法,凡是不涉及新建土建工程、高耗能的信息工程项目,项目建议书中不再编制节能评估、规划选址、用地预审、环境影响评价等方面"。

信息工程项目建议书编制完成后,要经过同级项目主管部门或上级部门审批方可立项。使用财政资金建设的信息工程项目,项目业主单位组织编制项目建议书,报送项目审批部门(如各级政府的发展改革委员会),项目审批部门在征求相关部门意见,并委托专业咨询机构评估后审核批复。项目建设单位在编制项目建议书阶段还应专门组织项目需求分析,形成需求分析报告送项目审批部门组织专家提出咨询意见,作为编制项目建议书的参考。企业自筹资金建设的信息工程项目,视项目重要程度或投资规模,应当通过企业股东会或董事会研究批准后立项,并报发改、网信或工信部门备案;投资规模较小的项目,应当通过企业经理办公会等形式研究批准后立项。

4.2.2　可行性研究报告审批

1. 项目可行性研究及审批

信息工程项目可行性研究报告是拟建项目最终决策研究的文件,是在项目立项建议书通过审核或批准后,对项目立项的深化研究,重点研究论证投资决策的合理性,技术先进性和适应性,以及建设条件的可能性和可行性,从而为投资决策提供科学依据,是项目编制初步设计方案,纳入相关计划,列入财政资金预算或企业开支预算,向信贷部门提出贷款要求等的依据。

使用财政资金建设的信息工程项目,项目建设单位应依据项目建议书批复,招标选定或委托专业工程咨询机构编制项目可行性研究报告,报送项目审批部门,项目审批部门委托有资格的咨询机构评估后,对项目可行性研究报告审核批复。企业自筹资金建设的信息工程项目,投资规模较大的,项目可行性研究报告应当通过企业股东会或董事会研究批准后实施,并报发改、网信或工信部门备案;投资规模较小的项目,项目建议书和项目可行性研究报告可以合并。

2. 项目可行性研究报告主要内容(提纲)

1）项目概述

包括项目名称、项目建设单位及负责人和项目责任人、可行性研究报告编制单位、可行性研究报告编制依据、项目建设目标规模内容建设期、项目总投资及资金来源、经济与社会效益、相对项目建议书批复的调整情况、主要结论与建议等。

2）项目建设单位概况

包括项目建设单位与职能、项目实施机构与职责等。

3）需求分析和项目建设的必要性

包括与政务职能或单位业务相关的社会问题和政务目标分析、业务功能业务流程和业务量分析、信息量分析与预测、系统功能和性能需求分析、信息系统装备和应用现状与差距、项目建设的必要性等。

4）总体建设方案

包括建设原则和策略、总体目标与分期目标、总体建设任务与分期建设内容、总体设计方案等。

5）本期项目建设方案

包括建设目标规模与内容、标准规范建设内容、信息资源规划和数据库建设方案、应用支撑平台和应用系统建设方案、数据处理和存储系统建设方案、终端系统建设方案、网络系统建设方案、安全系统建设方案、备份系统建设方案、运行维护系统建设方案、其他系统建设方案、云服务平台选择方案（不采用云服务模式的还要有软硬件选型原则和详细软硬件配置清单、机房及配套工程建设方案等）以及相对项目建议书批复变更调整情况的详细说明等。

6）项目招标方案

包括招标范围、招标方式、招标组织形式等。

7）环保、消防、职业安全和卫生

包括环境影响分析、环保措施及方案（不涉及新建土建工程的项目，可不编写这两部分内容），消防措施、职业安全和卫生措施等。

8）节能分析

包括用能标准及节能设计规范、项目能源消耗种类和数量分析、项目所在地能源供应状况分析、能耗指标、节能措施和节能效果分析等（不涉及高耗能的项目，可不编写节能分析）。

9）项目组织机构和人员培训

包括领导和管理机构、项目实施机构、运行维护机构、技术力量和人员配置、人员培训方案等。

10）实施进度

包括项目建设期、实施进度计划等。

11）投资估算和资金来源

包括投资估算的有关说明、项目总投资估算、资金来源与落实情况、资金使用计划、项目运行维护经费估算等。

12）效益与评价指标分析

包括经济效益分析、社会效益分析、项目评价指标分析。

13）项目风险与风险管理

包括风险识别和分析、风险对策和管理等。

3．项目可行性研究报告编制要求

项目可行性研究报告应当比项目建议书更加深入细致。从《项目可行性研究报告》和《项目建议书》的结构和编制提纲来看，两者差别不大，但可行性研究报告每一项内容应当更深入细致、更有深度和广度，其内容以及数据必须真实可靠，所运用的资料、数据，都要经过反复核实，以确保内容的真实性。运用系统的分析方法，围绕影响项目的各种因素进行全面、系统的分析，既要做宏观的分析，又要做微观的分析。

可行性研究报告的项目建设目标、规模与内容更加精准。项目可行性研究应当运用定性分析和定量分析方法，全面掌握项目建设的现状和需求，对项目建设目标、规模与内容进行准确的细化、量化，每一条都有准确的定义（含义），都具有可操作性和可考核性。投资测算应该细致、准确，其误差一般不能超过项目实际投资的 10%。

4.2.3　项目初步设计方案和投资概算报告审批

项目建设单位依据项目审批部门或企业决策机构对项目可行性研究报告的批复，招标选定或委托具有相关专业资格的设计单位编制初步设计方案和投资概算报告，报送项目审批部门或企业决策机构，项目审批部门委托专门评审机构评审后审核批复，或企业决策机构批准后实施。

信息工程项目初步设计方案和投资概算报告通常包括以下几个方面的内容：

1．项目概述

包括项目名称、项目建设单位及负责人和项目责任人、初步设计方案和投资概算编制单位、初步设计方案和投资概算编制依据、项目建设目标规模内容建设期、总投资及资金来源、效益及风险、相对可行性研究报告批复的调整情况、主要结论与建议等。

2．项目建设单位概况

包括项目建设单位与职能、项目实施机构与职责。

3．需求分析

包括政务业务目标需求分析结论、系统功能指标、信息量指标、系统性能指标。

4．总体建设方案

包括总体设计原则、总体目标与分期目标、总体建设任务与分期建设内容、系统总体结构和逻辑结构等。

5．本期项目设计方案

包括建设目标规模与内容、标准规范建设内容、信息资源规划和数据库设计、应用支撑系统设计、应用系统设计、数据处理和存储系统设计、终端系统及接口设计、网络系统设计、安全系统设计、备份系统设计、运行维护系统设计、其他系统设计、系统配置及软硬件选型原则、系统软硬件配置清单、系统软硬件物理部署方案、机房及配套工程设计、环保、消防、职业安全卫生和节能措施的设计、初步设计方案相对可研报告批复变更调整情况的详细说明等。

6. 项目建设与运行管理

包括领导和管理机构、项目实施机构、运行维护机构、核准的项目招标方案、项目进度质量资金管理方案、相关管理制度。

7. 人员配置与培训

包括人员配置计划、人员培训方案。

8. 项目实施进度

项目从启动实施到验收交付等重要节点的时间安排。

9. 初步设计概算

包括初步设计方案和投资概算编制说明、初步设计投资概算书、资金筹措及投资计划等。

10. 风险及效益分析

包括风险分析及对策、效益分析。

4.2.4 项目审批的相关要求

项目审批部门或企业决策机构对信息工程项目的项目建议书、可行性研究报告、初步设计方案和投资概算的批复文件是项目建设的主要依据。批复中核定的建设内容、规模、标准、总投资概算和其他控制指标原则上应严格遵守。

项目可行性研究报告的编制内容与项目建议书批复内容有重大变更的,应重新报批项目建议书。项目初步设计方案和投资概算报告的编制内容与项目可行性研究报告批复内容有重大变更或变更投资超出已批复总投资额度10％,应重新报批可行性研究报告。项目初步设计方案和投资概算报告的编制内容与项目可行性研究报告批复内容有少量调整且其调整内容未超出已批复总投资额度10％,需在提交项目初步设计方案和投资概算报告时以独立章节对调整部分进行定量补充说明。

4.3 信息工程项目立项咨询

4.3.1 工程项目咨询的概念

工程项目咨询是指遵循独立、科学、公正的原则,运用工程技术、科学技术、经济管理和法律法规等多学科方面的知识和经验,为政府部门、项目业主及其他各类客户的工程建设项目决策和管理提供咨询活动的智力服务,包括前期立项阶段咨询、勘察设计阶段咨询、施工阶段咨询、投产或交付使用后的评价等工作。

工程咨询服务范围包括以下几方面：

1．规划咨询

包括总体规划、专项规划、区域规划及行业规划的编制。

2．项目咨询

包括项目投资机会研究、投融资策划，项目建议书（预可行性研究）、项目可行性研究报告、项目申请报告、资金申请报告的编制，政府和社会资本合作（PPP）项目咨询等。

3．评估咨询

各级政府及有关部门委托的对规划、项目建议书、可行性研究报告、项目申请报告、资金申请报告、PPP项目实施方案、初步设计的评估，规划和项目中期评价、后评价，项目概预决算审查，及其他履行投资管理职能所需的专业技术服务。

4．全过程工程咨询

采用多种服务方式组合，为项目决策、实施和运营持续提供局部或整体解决方案以及管理服务。

4.3.2　项目立项咨询的目的

信息工程项目立项咨询属工程项目咨询服务的一种，主要任务是帮助业主单位编制项目建议书、项目可行性研究报告、项目申请报告、资金申请报告等立项文件。信息工程项目通常包含建筑工程、电力工程、暖通工程、消防工程、网络通信工程、软件工程等多个工程领域，涉及到信息通信、网络安全、数据处理、人工智能、系统管理等多个学科，项目专业性强且十分复杂，项目业主单位一般不具备完成项目立项、建设和维护任务的全部能力，需要专业工程咨询机构提供相关服务。

项目业主单位如果自身技术能力强、信息化建设经验丰富，可以组织本单位工程技术人员和管理人员为主编制项目建议书，对把握不准的内容，如需求分析、建设方案等，可委托专业咨询机构或专家团队提供专项咨询服务。重大信息工程项目，或业主自身能力不足的，可委托专业工程咨询机构编制项目建议书。使用财政资金建设的信息工程项目，按照有关规定，项目建议书通过审批后，应当招标选定或委托专业工程咨询机构编制项目可行性研究报告。企业自筹资金建设的信息工程项目，可依据项目建议书的批复，自行组织或委托专业工程咨询机构编制项目可行性研究报告。

4.3.3　项目立项咨询的意义

委托专业工程咨询机构编制项目立项文件，能够保障立项文件的独立性、科学性和公正性。所谓独立性，是指工程咨询单位具有独立的法人地位，不受客户和其他方面偏好、意图的干扰，对自己完成的立项文件独立承担法律责任。所谓科学性，是指工程咨询的依据、方法和过程具有科学性，要求实事求是，了解并反映客观、真实的情况，据实比选、据理论证，不弄虚作假；符合科学的工作程序、咨询标准和行为规范，不违背客观规律；运用科学的理论、方法、知识和技术，使立项文件经得住时间和历史的检验，保障咨询成果可信、可靠、可用。所谓公正性,是指在工程咨询工作中,坚持原则,坚持公正立场。工程咨询是原则性、政策性很强的工作,既要忠实地为委托方服务,又不能完全以委托方满意度作为评价工作好坏的唯一标准。特别是对不符合宏观规划、政策的信息工程项目,要敢于提出并坚持不同意见,帮助委托方优化方案,甚至做出否定的咨询结论,这既是对国家、社会负责,也是对委托方负责。

4.3.4 项目立项咨询机构的选择

早在 1997 年,原国家计委颁布了《工程咨询单位持证执业管理暂行办法》,该办法规定,工程咨询单位必须以《工程咨询资格证书》为执业依据,并参照《证书》认定的资格等级、专业和服务范围从事相应的工程咨询业务。这一时期,信息工程项目立项咨询服务只能选择具有相应工程咨询资格等级的工程咨询公司承担。

随着国家投融资体制的深化改革,2017 年国家发改委发布实施了《工程咨询行业管理办法》,将工程咨询单位持证执业管理,改为工程咨询单位告知性备案管理。该管理办法规定,中国境内设立的从事工程咨询业务并具有独立法人资格的企业、事业单位,在全国投资项目在线审批监管平台上备案,备案的内容包括以下几方面:

1. 单位基本情况

包括企业营业执照(事业单位法人证书)、在岗人员及技术力量、从事工程咨询业务年限、联系方式等。

2. 专业范围

包括从事的工程咨询专业和服务范围。

3. 专业技术人员情况

包括备案专业领域的专业技术人员配备情况。

4. 成果简介

主要指非涉密的咨询成果简介等。

经过备案登记的咨询服务机构即可开展工程咨询服务。任何单位不得对资信评价设置机构数量限制,不得对各类工程咨询单位设置区域性、行业性从业限制,也不得对未参加或未获得资信评价的工程咨询单位设置执业限制。

按照现行管理制度,凡是在全国投资项目在线审批监管平台上备案的,且咨询专业包含电子、信息工程(通信、广电、信息化),咨询服务范围包含项目咨询的工程咨询机构,无论是否获得资信评价等级,均可承担信息工程立项咨询服务项目。项目业主单位可以根据拟建信息工程项目的投资规模、技术复杂程度、工程进度要求、资金筹措情况等综合因素,通过公开招标、竞争性谈判等多种方式,选择信誉良好、技术力量较强、专业对口、咨询成果丰硕的咨询机构承担项目立项咨询服务。

第5章 政府采购与招投标

工程项目在完成可行性研究、立项审批、总体方案审查及详细设计之后，必须选择一家优秀的承包商(包括集成商、开发商)来实施完成。选择承包商的过程是一个审慎而复杂的过程，既要严格遵守国家的相关法律法规，又必须严格按程序按步骤按要求执行；既要从众多的承包商中选择到最合适的承包商，又要确保整个选择过程公平公正公开。这就要求业主单位的项目管理人员必须深入学习、认真领会政府采购和招投标的有关法律法规、政策要求以及相关规范和标准，特别是要了解政府采购、招投标的程序和规则。本章将根据《中华人民共和国政府采购法》《中华人民共和国政府采购法实施条例》《中华人民共和国招标投标法》《中华人民共和国招标投标法实施条例》财政部《政府采购非招标采购方式管理办法》(第74号令)财政部《政府采购货物和服务招标投标管理办法》(第87号令)财政部《政府采购竞争性磋商采购方式管理暂行办法》(2014)214号文的规定和要求，介绍与工程项目发包承包和服务采购(招投标)的主要流程和具体做法。

5.1 基本概念

5.1.1 政府采购

政府采购是指各级国家机关、事业单位和团体组织，使用财政性资金采购依法制定的集中采购目录以内的或者采购限额标准以上的货物、工程和服务的行为。

政府采购工作涉及的角色包括政府采购管理部门、政府采购中心(集中采购机构)、政府采购代理机构、采购人、供应商等。包括以下几方面：

1. 政府采购管理部门

政府采购管理部门是指政府指定负责管理政府采购的部门，通常是由当地的财政部门作为政府采购主管部门负责政府采购的具体事宜。一般情况下财政部门会设立专门的政府采购办公室，具体负责政府采购政策的宣传和贯彻，研究制定政府采购政策在本区域的贯彻落实办法，审核审批所属区域政府部门、事业单位、团体组织使用财政资金的采购申请，协调解决本区域内与政府采购相关的问题和纠纷等。

2. 政府采购中心

政府采购中心是负责政府采购具体的办理与服务机构。目前，随着互联网＋政府公共服务的深入推进,许多地方已经将财政部门所属的采购中心与其他部门(包括交通、自然资源、水利、建设)的采购或招标机构合并组建成为政府公共资源交易与服务中心,具体承担政府公共资源(包括矿产资源、土地资源、基础设施及工程项目、大宗商品和服务)的采购等。其主要职责就是根据政府采购法规定,按照政府采购部门批准的采购计划和采购方案,受采购人的委托实施完成具体的采购任务。

3．政府采购代理机构

政府采购代理机构是指受政府采购管理部门的委托,具有实施招投标业务资质和能力,能够承担并实施完成采购人委托采购任务的专业机构。政府采购代理机构可以是政府采购中心,也可以是其他的专业招标机构。

4．采购人

采购人是指具有采购需求并经政府采购主管部门批准能够实施具体采购任务的国家机关、事业单位和团体组织。

5．供应商

供应商是指响应政府采购要求,向采购人提供货物、工程实施或者服务的法人、其他组织或者自然人。

参加政府采购活动的供应商应当同时具备以下条件:

(1) 具有独立承担民事责任的能力。

(2) 具有良好的商业信誉和健全的财务会计制度。

(3) 具有履行合同所必需的设备和专业技术能力。

(4) 有依法缴纳税收和社会保障资金的良好记录。

(5) 参加政府采购活动前三年内,在经营活动中没有重大违法记录。

(6) 法律、行政法规规定的其他条件。

6．采购目录

采购目录是指由省级以上人民政府公开发布的应当通过集中采购或采购限额标准的货物目录清单。

7．集中采购

集中采购是指采购人将列入集中采购目录的货物(项目或服务)委托集中采购机构代理采购或者进行部门集中采购的行为。

8．分散采购

分散采购是指采购人将采购限额标准以上的未列入集中采购目录的货物(项目或服务)自行采购或者委托采购代理机构代理采购的行为。

5.1.2 非政府采购

非政府采购是指不是国家机关、事业单位和团体组织的独立法人单位需要购买大宗商品、实施工程项目发包或服务采购的行为。根据中华人民共和国招标投标法,非政府采购也必须通过公开的招投标方式来完成采购任务。非政府采购通常委托具有资质的第三方招标代理机构实施采购,具有独立采购能力的采购者也可以自行组织采购,但其采购行为必须符合国家有关法律法规及政策要求。

5.1.3　招标投标

招标投标是指在市场经济条件下进行的大宗货物的买卖、工程建设项目的发包与承包,以及服务项目的采购与提供时,所采用的一种交易方式。在这种交易方式下,通常是由项目采购(包括货物的购买、工程的发包和服务的采购)的采购方作为招标方,通过发布招标公告或者向一定数量的特定供应商、承包商发出招标邀请等方式发出招标采购的信息,提出所需采购项目的性质及其数量、质量、技术要求,交货期、竣工期或提供服务的时间,以及对供应商、承包商的资格要求等招标采购条件,表明将选择最能够满足采购要求的供应商、承包商并与之签订采购合同的意向,由各有意提供采购所需货物、工程或服务的投标者报价及其他响应招标要求的条件,参加投标竞争。经招标方对各投标者的报价及其他的条件进行审查比较后,从中择优选定中标者,并与其签订采购合同。

1．招　标

招标是指为某项工程项目的建设或大宗商品的买卖、服务的采购,邀请愿意承包或交易的厂商出价以从中选择承包者或交易者的行为。

2．投　标

投标则是响应招标方的要求,在规定的时间、地点,在公证人员的监督下向招标方递交符合招标方所需的货物、工程、服务及其报价和相应条件,以供招标方选择的行为。

3．招投标的程序

一般是招标者刊登广告或有选择地邀请有关厂商,并发给招标文件,或附上图纸和样品;投标者按要求递交投标文件;然后在公证人的主持下当众开标、评标,以全面符合条件者为中标人;最后双方签订承包或交易合同。

4．招标代理机构

招标代理机构是指具有相应资质能够按照招投标法要求独立完成招投标任务的专业招标机构,招标机构通常是接受采购人的委托,主持实施招投标活动,帮助采购人选择并确定供应商。

5.1.4　政府采购行为

政府采购行为分为集中采购和分散采购两种,也可以采取集中采购和分散采购(自行采购)相结合的方式。集中采购和分散采购的采购程序、要求、方法是完全不同的。

1．确定采购属性

一般情况下当我们需要发生采购行为时,首先需要确定本次采购行为是否属于政府采购范围,如果属于政府采购范围,则必须按照政府采购法执行采购任务,不属于则按照招标投标法执行采购任务。其次如果属于政府采购范围,还要确定其采用哪种采购方式。

确定一个采购行为是否属于政府采购范围,依据《政府采购法》中的主要两个条件:第一采购人是否是国家机关、事业单位和团体组织;第二采购的资金是否是使用财政性资金。如果两个条件都符合,则属于政府采购范围,必须按照《政府采购法》实施采购任务。如果两个条件都不符合,则属于非政府采购范围,必须按照《招投标法》实施采购任务。如果采购人属于国家机关、事业单位或团体组织,但不是使用财政性资金采购,则应视同政府采购,应参照《政府采购法》实施采购任务。

2. 确定采购行为

确定一个采购行为是适用于集中采购还是分散采购,主要有两个标准。一是采购货物是否在政府集中采购目录中;二是采购金额的大小。

3. 集中采购的条件与要求

集中采购实行集中采购目录制,集中采购的范围由省级以上人民政府公布的集中采购目录确定。属于中央预算的政府采购项目,其集中采购目录由国务院确定并公布;属于地方预算的政府采购项目,其集中采购目录由省、自治区、直辖市人民政府或者其授权的机构确定并公布。此外,省、自治区、直辖市人民政府或者其授权的机构根据实际情况,可以确定分别适用于本行政区域省级、设区的市(县)级的集中采购目录和采购限额标准。纳入集中采购目录的政府采购项目,必须实行集中采购,并委托集中采购机构代理采购实施或者由部门集中采购。

采购人应首先从当地公布的集中采购目录清单中查找,自己拟采购的货物或商品是否在采购目录清单中,如果在目录清单中,则说明本次采购的商品适用集中采购,如果不在集中采购目录清单并且采购金额超出采购限额标准,则需要请示当地政府采购主管部门是否适用分散采购。

一般来说,通用、低值、易耗货物或商品属于集中采购范围。集中采购目录中的商品或货物一般已经由本级政府采购中心完成了采购行为,采购人只需与本级政府采购中心公布的供应商直接联系,完成采购任务。

4. 分散采购的条件与要求

不属于集中采购目录范围内的货物、服务或工程项目,预算金额达到分散采购限额标准的,属于本单位有特殊要求的项目,经本级人民政府政府采购主管部门批准,可以自行采购。信息工程项目特别是软件工程、应用系统、系统集成类项目,由于其技术的复杂性、知识的密集性、价格的不确定性等因素,一般都属于分散采购范围。

分散采购的预算金额未达到公开招标标准的,采购人可自行组织采购,也可委托政府采购代理机构采购。预算金额达到公开招标标准的项目,采购人应当委托政府采购代理机构或集中采购机构,在委托的范围内办理政府采购事宜。采购人依法委托采购代理机构办理采购事宜的,应当与采购代理机构签订委托代理协议,依法确定委托代理的事项,约定双方的权利义务。

本章重点介绍分散采购的主要采购方式的程序、流程、要点和注意事项。

5. 政府采购方式

政府采购项目无论是集中采购还是分散采购,其主要的采购方式只有单一来源、邀请招标、公开招标、竞争性谈判、竞争性磋商、询价采购六种方式。以下详细介绍每种方式的定义、适用范围、信息公示要求、操作注意事项、采购人注意事项、供应商注意事项等。

5.2　单一来源采购

单一来源采购也称直接采购,是指采购人向唯一供应商进行货物、服务的采购方式。这种采购方式最主要的特点是没有竞争性。

5.2.1　适用范围

符合下列情形之一的货物或者服务采购行为,可以依法采用单一来源方式采购。

(1) 只能从唯一供应商处采购的(属专利、首次制造、合同追加等)。

(2) 发生了不可预见的紧急情况不能从其他供应商处采购的。

(3) 必须保证原有采购项目一致性或者服务配套的要求,需要继续从原供应商处添购,且添购资金总额不超过原合同采购金额 10%。

在信息工程项目中,采用单一来源采购方式的比较多。这是因为许多软件工程、信息资源开发利用项目、应用系统,特别是行业应用项目仅有少数开发商具有同类项目开发能力(经验、成果),没有三家以上的企业可供选择,或者是应用系统由于迭代更新、升级的需要,启动实施新项目的时候,为了保持应用系统的连续性、系统性、稳定性和可靠性,在与已有开发商合作愉快有效的前提下,原则上还是希望继续与已有开发商进行合作,这样的采购方式将极大的减少项目失败或者降低应用效果的风险,否则有可能造成前期实施的项目被废弃或者在应用的过程中出现问题,而无法确定导致系统不能正常应用或者出现问题是哪一家开发商的责任。

5.2.2　采购工作流程

单一来源采购流程方面如图 5-1 所示。

1. 采购预算与申请

采购人编制采购预算,填写采购申请表并提出采用单一来源采购方式的理由,经上级主管部门审核后提交政府采购主管部门。其中,属于因货物或者服务使用不可替代的专利、专有技术(应用软件),或者公共服务项目具有特殊要求,导致只能从唯一供应商处采购的,且达到公开招标数额的货物、服务项目的,应当组织专业技术人员进行论

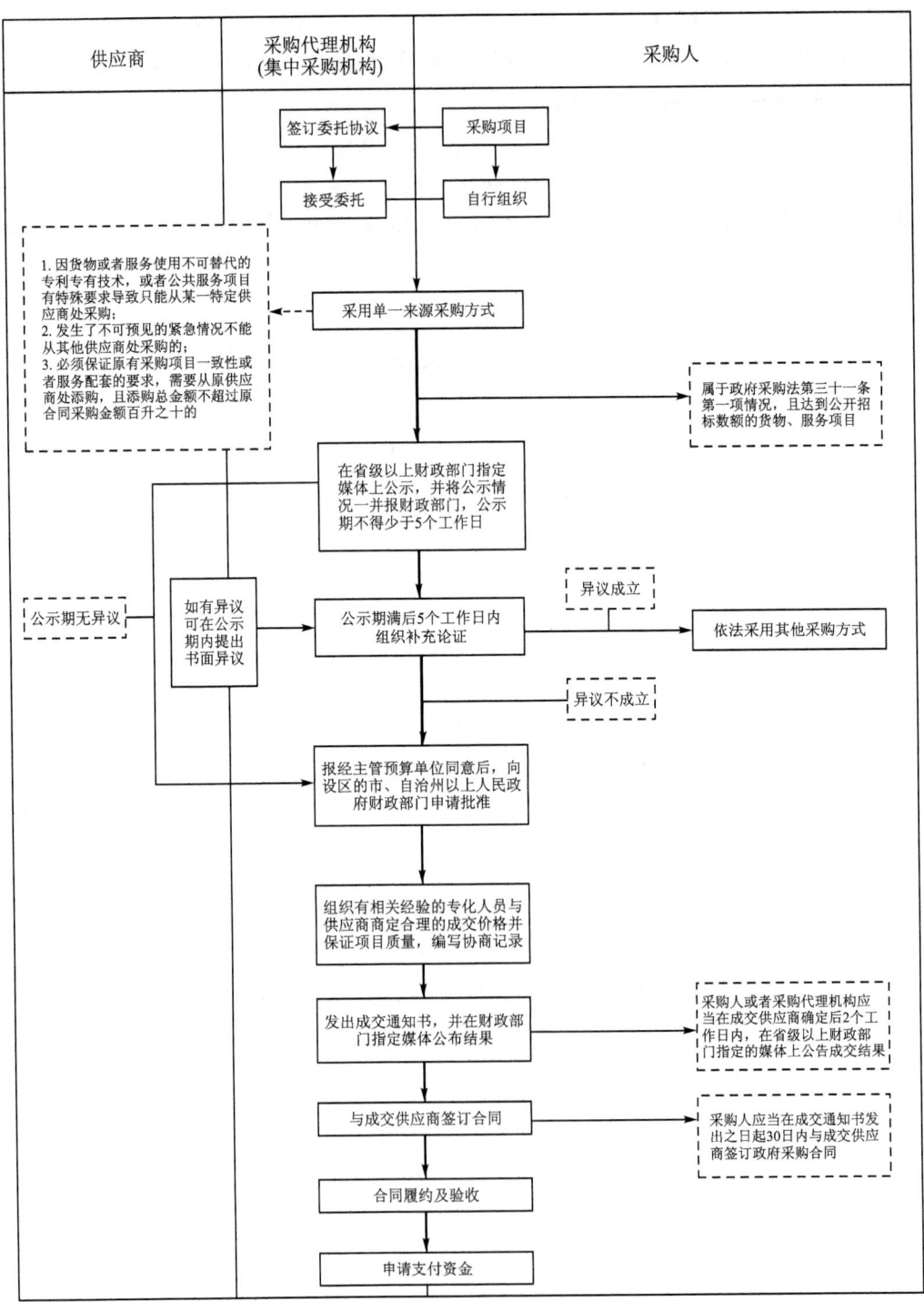

图 5-1 单一来源采购流程图

证并公示,公示情况一并报政府采购主管部门。

2．采购审批

政府采购主管部门根据采购项目及相关规定确定是否批准采用单一来源采购这一采购方式,并确定采购途径是委托采购还是自行采购。

3．确定代理机构

程序与公开招标的相同。

4．组建协商小组

由代理机构会同采购人组建协商小组。

5．协商、编写协商情况记录

采购小组与供应商协商。由于单一来源采购缺乏竞争性,在协商中应确保质量的稳定性、价格的合理性、售后服务的可靠性。由于经过了技术论证,因而,价格是协商的焦点问题,协商小组应通过协商帮助采购人获得合理的成交价并保证采购项目质量。协商情况记录应当由协商小组人员签字认可。对记录有异议的协商小组人员,应当签署不同意见并说明理由。

6．签发成交通知书

将协商确定的成交价格报采购人,经采购人确认后签发成交通知书。

5.2.3　采购信息公示及要求

符合单一来源采购范围并且达到公开招标数额的采购项目,拟采用单一来源采购方式的,采购人、采购代理机构在报本级政府采购主管部门批准之前,应当在省级以上财政部门指定媒体上进行公示,并将公示情况一并报政府采购主管部门。公示期不得少于 5 个工作日,公示内容包括以下几方面:

(1) 采购人、采购项目名称和内容。

(2) 拟采购的货物或者服务的说明。

(3) 采用单一来源采购方式的原因及相关说明。

(4) 拟定的唯一供应商名称、地址。

(5) 专业人员对相关供应商因专利、专有技术等原因具有唯一性的具体论证意见,以及专业人员的姓名、工作单位和职称。

(6) 公示的期限。

(7) 采购人、采购代理机构、财政部门的联系地址、联系人和联系电话。

这样要求的目的是证明,该采购项目确实是只有采购人、采购代理机构已经了解或掌握的供应商,也是在更大的范围寻找合适的供应商,避免由于采购人、采购代理机构的信息不完整、信息不对称,将符合条件的供应商遗漏。

5.2.4　注意事项

采用单一来源采购方式采购的项目,采购人、采购代理机构应当组织具有相关经验的专业人员与供应商商定合理的成交价格并保证采购项目质量。如果出现下列情形之一的,采购人或者采购代理机构应当终止采购活动,并发布项目终止公告、说明原因,重新开展采购活动。

(1) 因情况变化,不再符合规定的单一来源采购方式适用情形的。

(2) 出现影响采购公正的违法、违规行为的。

(3) 报价超过采购预算的。

一般来说选择单一来源采购方式都是不得已,是因为确实没有更多选择的情况下被迫采取这种采购方式。单一来源采购方式的优点是简单、便捷、快速;缺点是有可能造成价格偏高,特别是当供应商知道了项目预算价格后,会故意提价或要价。采购人在与供应商进行价格商谈及项目建设内容和质量时往往处于被动地位。

采购人、采购代理商应尽量在更大的范围内了解和掌握同类或相关领域的供应商(可以通过咨询行业专家、上级部门、其他地区同类项目的采购人),以争取更多的供应商参与采购项目的竞争,尽可能的避免采用单一来源采购方式。

采购项目发出单一来源采购公告后,任何供应商、单位或者个人对采用单一来源采购方式公示有异议的,可以在公示期内将书面意见反馈给采购人、采购代理机构,并同时抄送相关财政部门。采购人、采购代理机构收到对采用单一来源采购方式公示的异议后,应当在公示期满后5个工作日内,组织补充论证,论证后认为异议成立的,应当依法取消本次采购,另行采取其他采购方式;论证后认为异议不成立的,应当将异议意见、论证意见与公示情况一并报政府采购主管部门。采购人、采购代理机构应当将补充论证的结论告知提出异议的供应商、单位或者个人。

5.3 邀请招标

邀请招标也称选择性招标,是指采购人依法从符合相应资格条件的供应商中随机抽取3家以上供应商,并以投标邀请书的方式邀请其参加投标的采购方式。

5.3.1 适用范围

符合下列情形之一的货物或者服务,可以依法采用邀请招标方式采购:

(1) 具有特殊性,只能从有限范围的供应商处采购的。

(2) 采用公开招标方式的费用占政府采购项目总价值的比例过大的。

特殊性是指采购项目可能属于:一是涉及国家安全、国家秘密或者抢险救灾,适宜招标但不宜公开招标的;二是项目技术复杂或有特殊要求,或者受自然地域环境限制,只有少量潜在投标人可供选择的。

邀请招标能够按照项目需求特点和市场供应状态,有针对性地从已经掌握或了解的潜在投标人中,选择具有与招标项目需求匹配的资格能力、价值目标以及对项目重视程度均相近的投标人参与投标竞争,有利于投标人之间均衡竞争,并通过科学的评标标准和方法实现招标需求目标,招标工作量和招标费用相对较小,既可以省去招标公告和资格预审程序及时间,又可以获得基本或者较好的竞争效果。

采用邀请招标方式之前,必须对本行业潜在的供应商情况非常熟悉,但是邀请招标与公开招标相比,投标人数量相对较少,竞争开放度相对较弱;受采购人(招标人)在选择邀请对象前已知供应商(投标人)信息的局限性,有可能会影响应有的竞争效果,得不到最合适的投标人和获得最佳竞争效益。

采购人在确定知悉和了解,并已经对潜在的供应商进行了充分的技术交流和沟通,对潜在的供应商进行了实地的考察,对其已经实施过的同类项目的实施情况、运行和使用情况进行了全方位的考察了解,在此基础上还要确信自己在与潜在供应商沟通交流的过程中保持了公平公正,没有误导潜在供应商或让潜在供应商有不良想法,以保证每一个被邀请的投标人都有足够的信心参与竞争,避免潜在的供应商或被邀请的投标人感觉有虚假招标之嫌。

因此,依法应予公开招标的项目属于上列特殊性情形之一的,必须报请政府采购主管部门审批、核准或认定后,才可以采用邀请招标方式,在报请政府采购主管部门审批时,除应按要求提交相关的必要材料外,还应如实提供采购人对潜在供应商了解、掌握的情况汇报材料。

5.3.2　工作流程

邀请招标的工作流程有发布招标邀请、发放招标文件、资格预审、投标预备会、开标、评标(资格后审)、中标、合同谈判与签订。邀请招标流程如图 5-2 所示。

5.3.3　信息公示及要求

在邀请招标的整个招标过程中,至少有三个方面的信息需要在政府采购主管部门指定的媒体上,向社会发布公告。

1. 资格预审公告

采用邀请招标的项目,必须对拟邀请供应商的资格进行预审并予以公告。资格预审公告应当包括以下主要内容:

(1) 采购人及其委托的采购代理机构的名称、地址和联系方式。

(2) 采购项目的名称、预算金额,设定最高限价,还应当公开最高限价。

(3) 采购人的采购需求。

(4) 投标人的资格要求。

(5) 获取资格预审文件的时间期限、地点、方式。

(6) 提交资格预审申请文件的截止时间、地点及资格预审日期。

(7) 采购项目联系人姓名和电话。

资格预审公告的公告期限为 5 个工作日。公告期限自媒体最先发布公告之日起算。

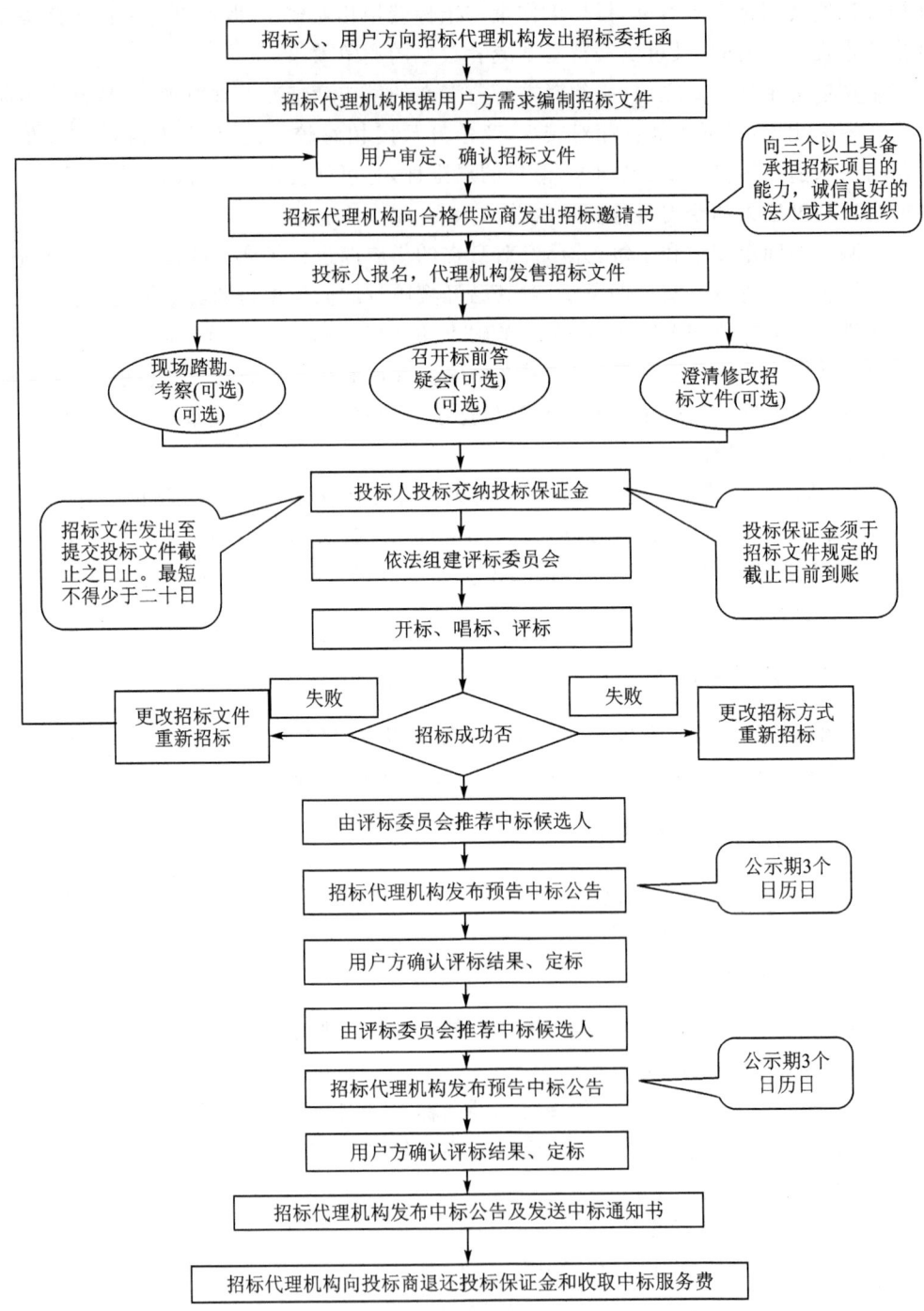

图 5-2 邀请招标流程图

2. 资格预审文件变更要求

采购人或者采购代理机构可以对已发出的资格预审文件进行必要的澄清或者修改,但不得改变采购标的和资格条件。澄清或者修改应当在原公告发布媒体上发布澄清公告。澄清或者修改的内容应做为招标文件、资格预审文件、投标邀请书的组成部分。

澄清或者修改的内容可能影响投标文件编制的,采购人或者采购代理机构应当在投标截止时间至少 15 日前,以书面形式通知所有获取招标文件的潜在投标人;不足 15 日的,采购人或者采购代理机构应当顺延提交投标文件的截止时间。

澄清或者修改的内容可能影响资格预审申请文件编制的,采购人或者采购代理机构应当在提交资格预审申请文件截止时间至少 3 日前,以书面形式通知所有获取资格预审文件的潜在投标人;不足 3 日的,采购人或者采购代理机构应当顺延提交资格预审申请文件的截止时间。

3. 中标公告要求

采购人或者采购代理机构应当自中标人确定之日起 2 个工作日内,在指定媒体上公告中标结果,招标文件应当随中标结果同时公告。

中标结果公告内容包括采购人及其委托的采购代理机构的名称、地址、联系方式,项目名称和项目编号,中标人名称、地址和中标金额,主要中标标的的名称、规格型号、数量、单价、服务要求,中标公告期限以及评审专家名单。

中标公告期限为 1 个工作日。邀请招标采购人采用书面推荐方式产生符合资格条件的潜在投标人的,还应当将所有被推荐供应商名单和推荐理由随中标结果同时公告。

5.3.4 注意事项

1. 供应商选择

采用邀请招标方式的,采购人或者采购代理机构应当通过以下方式产生符合资格条件的供应商名单,并从中随机抽取 3 家以上供应商向其发出投标邀请书。

(1) 发布资格预审公告征集。

(2) 从省级以上人民政府政府采购主管部门建立的供应商库中选取。

(3) 采购人书面推荐。

采用第一种方式产生符合资格条件供应商名单的,采购人或者采购代理机构应当按照资格预审文件载明的标准和方法,对潜在投标人进行资格预审。

采用第二种或者第三种方式产生符合资格条件供应商名单的,备选的符合资格条件供应商总数不得少于拟随机抽取供应商总数的两倍。随机抽取是指通过抽签等能够保证所有符合资格条件供应商机会均等的方式选定供应商。随机抽取供应商时,应当有不少于两名采购人的工作人员在场监督,并形成书面记录,随采购文件一并存档。投标邀请书应当同时向所有受邀请的供应商发出。

2．资格预审文件编制要求

采购人或者采购代理机构应当根据采购项目的特点和采购需求编制资格预审文件。资格预审文件应当包括以下主要内容：

（1）资格预审邀请。

（2）申请人须知。

（3）申请人的资格要求。

（4）资格审核标准和方法。

（5）申请人应当提供的资格预审申请文件的内容和格式。

（6）提交资格预审申请文件的方式、截止时间、地点及资格审核日期。

（7）申请人信用信息查询渠道及截止时点、信用信息查询记录和证据留存的具体方式、信用信息的使用规则等内容。

（8）省级以上政府采购主管部门规定的其他事项。资格预审文件应当免费提供。

邀请招标的其他工作流程和要求，包括开标、评标、中标等与公开招标的流程和要求一样，可参考公开招标方式相应流程及要求。

5.4　公开招标

公开招标是政府采购的主要采购方式，是指采购人按照法定程序，通过发布招标公告，邀请所有潜在的不特定的供应商参加投标，采购人通过某种事先确定的标准，从所有投标供应商中择优评选出中标供应商，并与之签订政府采购合同的一种采购方式。

公开招标的方式体现了市场机制公开信息、规范程序、公平竞争、客观评价、公正选择以及优胜劣汰的本质要求。

公开招标因为投标人较多、竞争充分，且不容易串标、围标，有利于招标人从广泛的竞争者中选择合适的中标人并获得最佳的竞争效益。

5.4.1　适用范围

政府集中采购限额标准以上的项目采购，限额标准由当地集中采购目录规定。公开招标是政府采购的主要采购方式。

5.4.2　招标流程

1．采购项目报批

准备拟采购项目的相关材料，报请政府采购主管部门审核批准。

2．确定采购代理机构

根据政府采购主管部门的批复，应首先选择政府采购中心作为采购代理机构，如果采购中心无法承担,则选择具有良好资信的招标机构作为采购代理机构,并与其签订招标代理协议,委托代理内容、确定采购需求。

3．发布招标公告

编制招标文件,确定标的,发布采购公告或发出投标邀请。

4．资格预审

投标资格预审,对获取资格预审文件并提交资格预审申请文件的潜在投标人进行资格审查。

5．投　标

投标是指投标人通过资格预审接到招标通知后,根据招标通知的要求填写招标文件,并将其送交采购代理机构的行为。

在这一阶段,投标商所进行的工作主要有:申请投标资格、购买标书、考察现场、办理投标保函、算标、编制和投送标书等。

6．开　标

开标是采购代理机构在预先规定的时间和地点将投标人的投标文件正式启封揭晓的行为。开标由采购代理机构组织进行,但需邀请投标商代表、公证人员、采购人参加。

在这一阶段,采购代理机构要按照有关要求,逐一揭开每份标书的封套,开标结束后,还应由开标组织者编写一份开标会纪要。

7．评　标

评标是采购代理机构根据招标文件的要求,对所有的标书进行审查和评比的行为。评标是采购方的单独行为,由采购代理机构组织进行。

在这一阶段,采购人要进行的工作主要有:审查标书是否符合招标文件的要求和有关规定,组织人员对所有的标书按照一定方法进行比较和评审,就初评阶段被选出的几份标书中存在的某种问题要求投标人加以澄清,最终评定并写出评标报告等。

8．决　标

决标也即授予合同,是采购代理机构决定中标人的行为。决标是采购代理机构的单独行为,但需由采购人或其他人一起进行裁决。

在这一阶段,采购代理机构的工作有:决定中标人,通知中标人其投标已经被接受,向中标人发授标意向书,通知所有未中标的投标人,并向他们退还投标保函等。

9．签定合同

采购人(招标人)将合同授予中标人,双方签署合同。

在这一阶段,双方对标书中的内容进行确认,并依据标书签订正式合同。公开招标流程如图 5 - 3 所示。

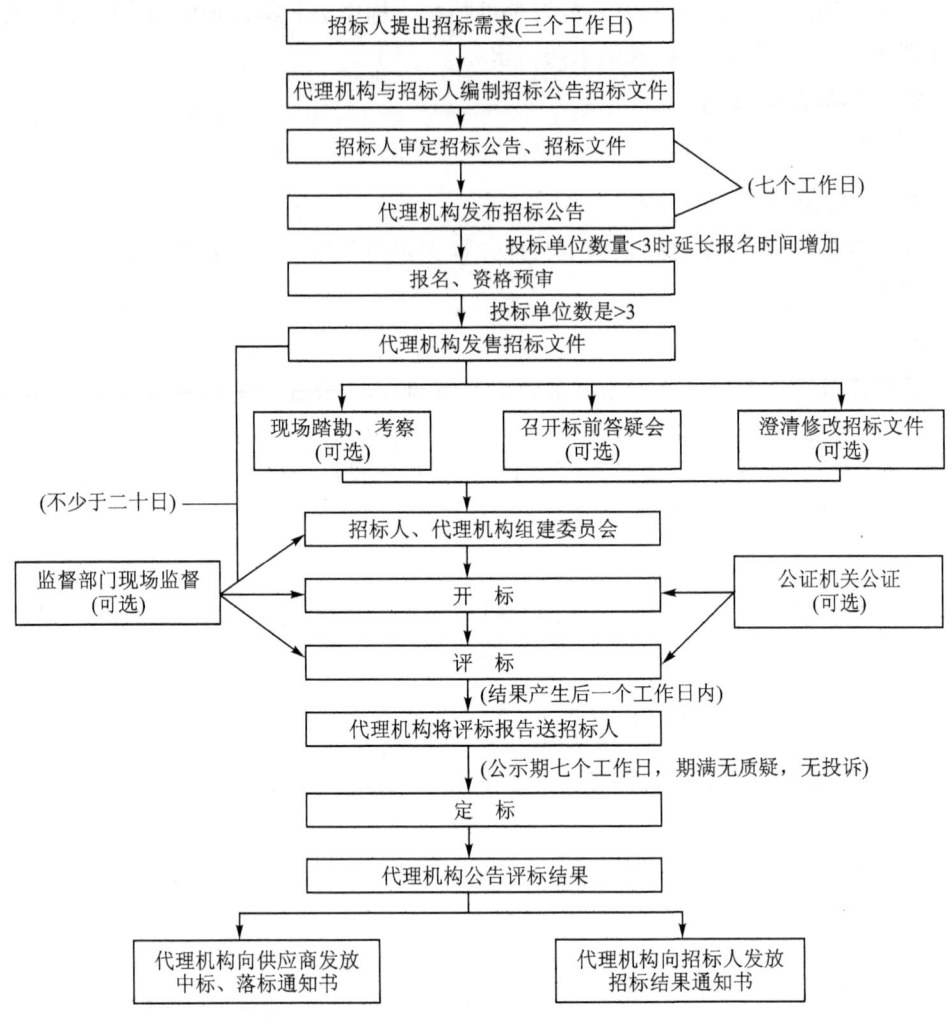

图 5-3　公开招标流程图

5.4.3　信息公示要求

公开招标要在省级以上政府采购主管部门指定的媒体上,向社会发布招标公告。

1．公告内容

公开招标公告应当包括以下主要内容:

(1) 采购人及其委托的采购代理机构的名称、地址和联系方式。

(2) 采购项目的名称、预算金额,设定最高限价的,还应当公开最高限价。

(3) 采购人的采购需求。

(4) 投标人的资格要求。

(5) 获取招标文件的时间期限、地点、方式及招标文件售价。

（6）公告期限。

（7）投标截止时间、开标时间及地点。

（8）采购项目联系人姓名和电话。

2. 公告发布期限

招标公告的公告期限为 5 个工作日。公告期限自媒体最先发布公告之日起算。采购人或者采购代理机构应当按照招标公告、资格预审公告或者投标邀请书规定的时间、地点提供招标文件或者资格预审文件，提供期限自招标公告发布之日起计算不得少于 5 个工作日。提供期限届满后，获取招标文件的潜在投标人不足 3 家的，可以顺延提供期限，并予公告。公开招标进行资格预审的，招标公告和资格预审公告可以合并发布，招标文件应当向所有通过资格预审的供应商提供。

3. 招标文件澄清或者修改

采购人或者采购代理机构可以对已发出的招标文件、资格预审文件、投标邀请书进行必要的澄清或者修改，但不得改变采购标的和资格条件。澄清或者修改应当在原公告发布媒体上发布澄清公告。

澄清或者修改的内容应作为招标文件、资格预审文件、投标邀请书的组成部分。澄清或者修改的内容可能影响投标文件编制的，采购人或者采购代理机构应当在投标截止时间至少 15 日前，以书面形式通知所有获取招标文件的潜在投标人；不足 15 日的，采购人或者采购代理机构应当顺延提交投标文件的截止时间。澄清或者修改的内容可能影响资格预审申请文件编制的，采购人或者采购代理机构应当在提交资格预审申请文件截止时间至少 3 日前，以书面形式通知所有获取资格预审文件的潜在投标人；不足 3 日的，采购人或者采购代理机构应当顺延提交资格预审申请文件的截止时间。

4. 中标结果公示

采购人或者采购代理机构应当自中标人确定之日起 2 个工作日内公告中标结果，招标文件应当随中标结果同时公告。

中标结果公告内容应当包括采购人及其委托的采购代理机构的名称、地址、联系方式，项目名称和项目编号，中标人名称、地址和中标金额，主要中标标的的名称、规格型号、数量、单价、服务要求、中标公告期限以及评审专家名单。

中标公告期限为 1 个工作日。邀请招标采购人采用书面推荐方式产生符合资格条件的潜在投标人的，还应当将所有被推荐供应商名单和推荐理由随中标结果同时公告。

在公告中标结果的同时，采购人或者采购代理机构应当向中标人发出中标通知书；对未通过资格审查的投标人，应当告知其未通过的原因；采用综合评分法评审的，还应当告知未中标人的评审得分与排序。

5.4.4 评标委员会

1. 评标委员会组成

评标委员会由采购人代表和评审专家组成，成员人数应当为 5 人以上单数，其中评审专家不得少于成员总数的三分之二。采购项目符合下列情形之一的,评标委员会成员人数应当为 7 人以上单数,包括以下几方面:

（1）采购预算金额在人民币 1000 万元以上。

（2）技术复杂。

（3）社会影响较大。

采购人或者采购代理机构应当从省级以上政府采购主管部门设立的政府采购评审专家库中,通过随机方式抽取评审专家。

对技术复杂、专业性强的采购项目,通过随机方式难以确定合适评审专家的,经政府采购主管部门同意,采购人可以自行选定相应专业领域的评审专家。除以上情况外,评审专家对本单位的采购项目只能作为采购人代表参与评标。

采购代理机构工作人员不得参加由本机构代理的政府采购项目的评标。

需要说明的是政府采购主管部门建立的专家库的质量非常重要。专家库应当定期更新,尽可能地把本区域的专家纳入到专家库中,否则由于信息技术日新月异,更新发展快,特别是细分领域很广,虽然都属于信息技术范围,但依然跨度很大,如工业控制系统、机房工程、应用软件系统等,容易出现专家名不副实的情况,不同细分领域的专家跨界评审将会影响评标的质量,尤其是市级（设区）及其以下的区域,专业人才特别是高级专家比较少,跨界专家会比较多,建议在抽取专家时一定要详细询问其所熟悉专业技术领域,避免出现一些貌似熟悉而实际上不是很懂的专家,参加一些涉及多个领域技术内容的项目评审,致使潜在的优秀投标人被淘汰的情况发生。

政府采购主管部门应该对其建立的专家库中的专家进行业务能力考核,对其每次参加评标活动的能力、水平、表现情况进行评价,对不称职、不合格的专家应及时更新,对社会上反映较好、确实有能力、有水平的专家,特别是一些年轻专家要及时纳入专家库中,同时要适度提高评标专家费,避免有能力有水平的专家不愿意参加评标活动。

评标中因评标委员会成员缺席、回避或者健康等特殊原因导致评标委员会组成不符合规定的,采购人或者采购代理机构应当依法补足后继续评标。被更换的评标委员会成员所做出的评标意见无效。无法及时补足评标委员会成员的,采购人或者采购代理机构应当停止评标活动,封存所有投标文件和开标、评标资料,依法重新组建评标委员会进行评标。原评标委员会所做出的评标意见无效。采购人或者采购代理机构应当将变更、重新组建评标委员会的情况予以记录,并随采购文件一并存档。

2. 评标委员会职责

评标委员会负责具体评标事务,并独立履行下列职责:

（1）审查、评价投标文件是否符合招标文件的商务、技术等实质性要求。

（2）要求投标人对投标文件有关事项做出澄清或者说明。

（3）对投标文件进行比较和评价。

（4）确定中标候选人名单,以及根据采购人委托直接确定中标人。

（5）向采购人、采购代理机构或者有关部门报告评标中发现的违法行为。

评标委员会应当对符合资格的投标人的投标文件进行符合性审查,以确定其是否满足招标文件的实质性要求。对于投标文件中含义不明确、同类问题表述不一致或者有明显文字和计算错误的内容,评标委员会应当以书面形式要求投标人做出必要的澄清、说明或者补正。

投标人的澄清、说明或者补正应当采用书面形式,并加盖公章,或者由法定代表人或其授权的代表签字。投标人的澄清、说明或者补正不得超出投标文件的范围或者改变投标文件的实质性内容。

评标委员会应当按照招标文件中规定的评标方法和标准,对符合性审查合格的投标文件进行商务和技术评估,综合比较与评价。

3．不得评标的情况

公开招标采购限额标准以上的采购项目,投标截止后投标人不足 3 家或者通过资格审查或符合性审查的投标人不足 3 家的,除采购任务取消情形外,按照以下方式处理:

（1）招标文件存在不合理条款或者招标程序不符合规定的,采购人、采购代理机构改正后依法重新招标。

（2）招标文件没有不合理条款、招标程序符合规定,需要采用其他采购方式采购的,采购人应当依法报政府采购主管部门批准。

公开招标采购项目开标结束后,采购人或者采购代理机构应当依法对投标人的资格进行审查。合格投标人不足 3 家的,不得评标。

评标委员会发现招标文件存在歧义、重大缺陷导致评标工作无法进行,或者招标文件内容违反国家有关强制性规定的,应当停止评标工作,与采购人或者采购代理机构沟通并作书面记录。采购人或者采购代理机构确认后,应当修改招标文件,重新组织采购活动。

4．特殊情况处理

评标结果汇总完成后,除下列情形外,任何人不得修改评标结果:
（1）分值汇总计算错误的。
（2）分项评分超出评分标准范围的。
（3）评标委员会成员对客观评审因素评分不一致的。
（4）经评标委员会认定评分畸高、畸低的。

评标报告签署前,经复核发现存在以上情形之一的,评标委员会应当当场修改评标结果,并在评标报告中记载;评标报告签署后,采购人或者采购代理机构发现存在以上情形之一的,应当组织原评标委员会进行重新评审,重新评审改变评标结果的,书面报告本级财政部门。

投标人对此情形提出质疑的,采购人或者采购代理机构可以组织原评标委员会进行重新评审,重新评审改变评标结果的,应当书面报告本级财政部门。

5.4.5　采购人注意事项

招标文件、资格预审文件的内容不得违反法律、行政法规、强制性标准、政府采购政

策,或者违反公开透明、公平竞争、公正和诚实信用原则。因此采购人在政府采购活动中,特别注意以下几方面的问题:

1. 落实政策

采购人应当在货物服务招标投标活动中落实节约能源、保护环境、扶持不发达地区和少数民族地区,促进中小企业发展等政府采购政策。

2. 合理制定需求

采购人应当对采购标的的市场技术或者服务水平、供应、价格等情况进行市场调查,根据调查情况、资产配置标准等科学、合理地确定采购需求,进行价格测算。采购需求应当完整、明确,包括以下几方面内容:

(1) 采购标的需实现的功能或者目标,以及为落实政府采购政策需满足的要求。

(2) 采购标的需执行的国家相关标准、行业标准、地方标准或者其他标准、规范。

(3) 采购标的需满足的质量、安全、技术规格、物理特性等要求。

(4) 采购标的的数量、采购项目交付或者实施的时间和地点。

(5) 采购标的需满足的服务标准、期限、效率等要求。

(6) 采购标的的验收标准。

(7) 采购标的的其他技术、服务等要求。

采购人根据价格测算情况,可以在采购预算额度内合理设定最高限价,但不得设定最低限价。

3. 合理制定资格及评审因素

采购人、采购代理机构不得将投标人的注册资本、资产总额、营业收入、从业人员、利润、纳税额等规模条件作为资格要求或者评审因素,也不得通过将除进口货物以外的生产厂家授权、承诺、证明、背书等作为资格要求,对投标人实行差别待遇或者歧视待遇。

4. 是否接受联合体投标

采购人或者采购代理机构应当根据采购项目的实施要求,在招标公告、资格预审公告或者投标邀请书中载明是否接受联合体投标。如未载明,不得拒绝联合体投标。

5. 重要参数要求

对于不允许偏离的实质性要求和条件,采购人或者采购代理机构应当在招标文件中规定,并以醒目的方式标明。

6. 评标方法

评标方法分为最低评标价法和综合评分法。

最低评标价法是指投标文件满足招标文件全部实质性要求,且投标报价最低的投标人为中标候选人的评标方法。技术、服务等标准统一的货物服务项目,应当采用最低评标价法。采用最低评标价法评标时,除了算术修正和落实政府采购政策需进行的价格扣除外,不能对投标人的投标价格进行任何调整。

综合评分法是指投标文件满足招标文件全部实质性要求,且按照评审因素的量化指标评审得分最高的投标人为中标候选人的评标方法。

7. 评审因素设定

评审因素的设定应当与投标人所提供货物服务的质量相关,包括投标报价、技术或者服务水平、履约能力、售后服务等。

资格条件不得作为评审因素。评审因素应当在招标文件中规定。

评审因素应当细化和量化,且与相应的商务条件和采购需求对应。商务条件和采购需求指标有区间规定的,评审因素应当量化到相应区间,并设置各区间对应的不同分值。

货物项目的价格分值占总分值的比重不得低于 30%;服务项目的价格分值占总分值的比重不得低于 10%。执行国家统一定价标准和采用固定价格采购的项目,其价格不列为评审因素。价格分应当采用低价优先法计算,即满足招标文件要求且投标价格最低的投标报价为评标基准价,其价格分为满分。其他投标人的价格分统一按照下列公式计算:

$$投标报价得分=(评标基准价/投标报价)\times 100$$
$$评标总得分=F_1\times A_1+F_2\times A_2+\cdots\cdots+F_n\times A_n$$

F_1、$F_2\cdots\cdots F_n$ 分别为各项评审因素的得分;A_1、$A_2\cdots\cdots A_n$ 分别为各项评审因素所占的权重($A_1+A_2+\cdots\cdots+A_n=1$)。

评标过程中,不得去掉报价中的最高报价和最低报价。

因落实政府采购政策进行价格调整的,以调整后的价格计算评标基准价和投标报价。

8. 评标结果的确定

采用最低评标价法的,评标结果按投标报价由低到高顺序排列。投标报价相同的并列。投标文件满足招标文件全部实质性要求且投标报价最低的投标人为排名第一的中标候选人。

采用综合评分法的,评标结果按评审后得分由高到低顺序排列。得分相同的,按投标报价由低到高顺序排列。得分且投标报价相同的并列。投标文件满足招标文件全部实质性要求,且按照评审因素的量化指标评审得分最高的投标人为排名第一的中标候选人。

采购代理机构应当自评审结束之日起 2 个工作日内将评审报告送交采购人。采购人应当自收到评审报告之日起 5 个工作日内在评审报告推荐的中标或者成交候选人中按顺序确定中标或者成交供应商。

9. 其他注意事项

在公开招标过程中容易出现问题的可能在以下环节,应特别引起重视并予以克服。

(1)编制招标文件时可能出现的问题

招标文件是采购人采购货物或服务的依据,对采购货物和服务要有明确而具体的规格、型号、数量、质量的要求。但是绝对不能将采购货物的技术指标确定的过分细致和具体,尤其信息工程中的计算机、服务器、网络路由器、交换机等,这些设备的技术指标、性能参数没有统一的标准,各个生产商的技术指标和性能参数都没有可比性,如果列的过细或过于具体则容易产生排他性,既违反了相关的法律法规,也不利于形成竞争,由于这些技术指标、性能参数比较多,往往容易被采购人忽视,而成为个别企业通过不当手段钻空子,暗中设置技术壁垒,影响采购效果。

比较好的处理方法是,货物(设备、商品、产品)只选一些关键的重要指标并且各个生产厂家都具备的。性能指标应选择三家以上厂商都有的并取下限。此外,审核把关人员还应将有关技术指标、性能参数咨询有关设备供应商,确认没有排他性。

(2)确定商务评分和技术评分比例时可能出现的问题

在评分因素中,通常分为商务部分和技术部分。其中商务评分包括价格分值和其他商务部分的分值。信息工程项目特别是软件系统、应用系统等技术复杂、技术含量高,对潜在供应商的要求不仅是在本领域有较强的技术实力,还应该有相应的开发成果和应用案例,因此确定合理的商务分值与技术服务分值的比例对评标结果的影响非常重要,其中价格分值考虑的主要因素是采购项目预算是否充足(在考察调研同类、同等规模、同样应用场景与范围的项目基础上测算的平均价格),以及采购项目技术应用成熟度和对风险的承受力。若前者是主要因素则价格分值比例可大点,但不能大于30%;若后者是主要因素,则技术分值的比例应大点,但也不能大于90%。

(3)在评审因素量化过程中可能出现的问题

评审因素的量化主要是指衡量或评价投标人的技术实力、诚信力、资信力、服务能力以及对标书的响应程度、技术方案的可信度等。

在商务部分中除了价格分值外,其他的商务分值应考虑的因素主要是能力、实力、资信、诚信、业绩等。需要说明的是,为降低门槛、防止设立投标限制条件,国家已经取消了很多由行业部门或专业机构评定的资质、资格等证书要求。

但是有一些确实能够表明企业在某一方面能力、实力、水平的证书也可以作为评分因素。比如对于软件企业具有 CMMI 能力证书、大数据 DCMM 能力证书、运行维护 ITSS 证书等视采购项目的需求可以给予一定的分值。不过在投标人资格预审阶段应该对所有潜在投标人的商务条件进行评估,哪些因素可以作为评标因素,应尽量反映出差异,但也不能有倾向性的嫌疑,因为在竞争激烈的招投标过程中,往往可能很小的分值差距就决定了胜负。

在技术标部分评分因素的灵活性比较大,视具体项目对特定技术的要求(如规模大小、技术复杂性)而定,评分因素一般分为一级,如果认为有必要也可以分为二级或三级。

一级评分因素主要有技术方案的科学性、合理性、规范性、完整性、先进性、可靠性,项目实施的可能性,实施团队能力、进度安排、培训方案、服务响应、软硬件配置方案、讲标和答疑等。

二级评分因素则视具体项目而定,其评分因素应更有针对性。

建议评分因素不宜过多过细,评分因素如果过多过细不仅大大增加了专家评判的工作量,也增加了评判的难度,其结果可能会适得其反。由于一般情况下公开招标投标的企业比较多,而软件类的项目投标书内容都较多,在短时间内评标专家很难消化吃透投标书的全部内容,有可能根本就没有办法按你确定的评分因素去评判

（4）商务标和技术标评判过程中应注意的事项

评标是整个招投标环节中最重要的环节,也是最容易出问题的环节。因此严格掌控评标环节是确保招标成功取得预期目标的关键。

1）召开标前会

采购人、采购代理机构在开标前应组织相关人员召开标前会。在标前会召开之前,采购人代表、采购代理机构应共同向采购人上级机关或主管领导以及政府采购主管部门进行汇报,并确定评标时间、地点、评标会期、是否要求监督人员和公证人员参与等。参加标前会的人员除采购人代表和采购代理机构的工作人员外,还应有监督人员、公证人员以及其他相关人员。会议的主要内容包括以下几方面:

① 通报本次招标的准备情况。

② 确定会议的议程和流程。

③ 确定每个环节的责任人,明确每个人的职责、任务,负责的事项。

④ 确定评标会具体的时间、地点、会期。

⑤ 学习有关的法律法规及政策文件、强调纪律要求。

2）抽取专家

评标专家的抽取是在监督人员、公证人员的监督下,由采购代理机构工作人员从政府采购主管部门建立的专家库中随机抽取。抽取的时间取决于评标会的方式,如果是在采购代理机构评标并且评标会会期预计在一天以内,则在评标会当日抽取,由专家在规定的时间内自行前往。如果是在特定场所召开并且评标会会期预计超过一天以上,则应提前抽取专家,专家应在规定的时间到指定的地点报到,然后实行全封闭管理,并且不得相互交流。

3）召开标前专家会

为确保评标质量,一般可在开标期间（可同时进行）由采购人、采购代理机构共同组织召开评标专家会。参加人员除全体专家外,还应有采购人、采购代理机构及监督人员。会议的主要内容包括以下几方面:

① 向专家通报采购项目的基本情况。

② 向专家介绍采购项目的技术要求、质量要求、应用需求等。

③ 向专家介绍评标办法、评分要求。

④ 向专家提出纪律要求。

⑤ 解答专家疑问。

4）评　标

① 必须要有充裕的评标时间

评标工作是一项繁重的脑力劳动和技术活,要在短时间内对众多的投标书对应标

书进行符合性以及对投标人的能力、水平、质量做出评判是非常不容易的。因此应尽量地给评标专家以充裕的时间并协助他们更好地了解投标书的要点和精髓。由于软件类、信息资源开发类和系统集成类采购项目的投标书一般都在几百页以上,投标人又多,建议这一类采用公开招标的项目,评标会期至少一天以上,大型复杂重要的采购项目评标会期应该更长。但是我们发现目前在很多地方,即使这一类的项目评标时间也仅有几个小时,试想在这样短的时间内专家们怎么可能把几十本几百页的标书看完?更不可能进行对比判断,这种情况下评判的结果可想而知。

② 应允许讲标和答疑

建议对于技术含量高、大型、复杂、重要的采购项目应允许投标人讲标,即每一个投标人都给予一定的时间(1 小时左右)向评标专家详细介绍其技术方案、实施要点等关键问题。并允许专家质询有关问题,对质询的问题和答疑应记录并由投标人签字确认。所有投标人讲标完毕后评标专家再审阅标书并可以继续向投标人质疑,投标人必须答疑。至此评标专家根据其的理解和判断对每一个投标人的标书做出评判。在此期间评标专家不得互相交流、讨论、争执。

③ 尽可能减少评标专家的工作量

为减轻评标专家的工作量,可以请采购代理机构的工作人员根据评标规则和评标因素的评分标准对商务部分的分值进行计算,并将计算结果提供评标专家参考,评标专家可以直接采用也可以自己独立计算。

(5) 其他问题

在招投标的过程中总有一些潜在投标人会想方设法获取投标人的相关信息,并采取一些非法手段打压竞争对手,以期取得竞争优势。作为采购人应尽可能避免这种情况发生。但是作为初涉信息工程项目管理的人员,与那些久经沙场的销售经理相比,还是会略逊一筹。在招投标过程中,除了会发生弃标、废标的现象,还有一些很难发现的串标、陪标等隐形问题。

1) 出现弃标

弃标一般是指中标人由于自身的原因,向采购人、采购代理机构提出放弃中标资格的行为,也称退标。弃标必须有正当合理合法的理由,否则后果严重。弃标的后果是没收全部保证金,情节严重的要赔偿损失,且在一定的时间内不允许再参加当地的政府采购。中标人必须以正式书面的形式通知采购人、采购代理机构。

2) 出现废标

废标是指在公开招标中出现报名参加或实质性响应的供应商不足三家、存在影响采购公正的违法违规行为、投标报价均超过预算、因重大变故采购任务取消的情形时,采购人、采购代理机构决定全部投标无效的处理。

3) 出现串标

串标即串通投标,也称围标。是指几个投标人之间相互约定,一致抬高或压低投标报价进行投标,通过限制竞争,排挤其他投标人,使某个利益相关者中标,从而谋取利益的手段和行为。

4）出现陪标

陪标也是串标的一种,是指某一投标人本意并不想投标,但应有竞争比较优势投标人的邀请参与投标,并在供货服务的价格性能指标上按照邀请人的授意确定,意图帮助邀请人提高中标的概率。

10．合同签订

采购人自中标通知书发出之日起 30 日内,按照招标文件和中标人投标文件的规定,与中标人签订书面合同。所签订的合同不得对招标文件确定的事项和中标人投标文件作实质性修改。采购人不得向中标人提出任何不合理的要求作为签订合同的条件。但在签订合同之前,在不违反招标书和投标书原则的前提下,可以就具体的商务条款和技术要求进行谈判,以便进一步明确或约定在标书中没有体现而对采购项目实施又非常重要的事项。政府采购合同包括采购人与中标人的名称和住所、标的、数量、质量、价款或者报酬、履行期限及地点和方式、验收要求、违约责任、解决争议的方法等内容。采购人与中标人根据合同的约定依法履行合同义务。

5.4.6　供应商注意事项

1．投标响应

投标人应当按照招标文件的要求编制投标文件。投标文件应当对招标文件提出的要求和条件做出明确响应。

2．投标时间

投标人应当在招标文件要求提交投标文件的截止时间前,将投标文件密封送达投标地点。采购人或者采购代理机构收到投标文件后,应当如实记载投标文件的送达时间和密封情况、签收保存,并向投标人出具签收回执。任何单位和个人不得在开标前开启投标文件。逾期送达或者未按照招标文件要求密封的投标文件,采购人、采购代理机构应当拒收。投标人在投标截止时间前,可以对所递交的投标文件进行补充、修改或者撤回,并书面通知采购人或者采购代理机构。补充、修改的内容应当按照招标文件要求签署、盖章、密封后,作为投标文件的组成部分。

3．分包要求

投标人根据招标文件的规定和采购项目的实际情况,拟在中标后将中标项目的非主体、非关键性工作分包的,应当在投标文件中载明分包承担主体,分包承担主体应当具备相应资质条件且不得再次分包。

4．投标文件报价出现前后不一致情况的处理

投标文件报价出现前后不一致的,除招标文件另有规定外,按照下列规定修正:

（1）投标文件中开标一览表(报价表)内容与投标文件中相应内容不一致的,以开标一览表(报价表)为准。

（2）大写金额和小写金额不一致的,以大写金额为准。

（3）单价金额小数点或者百分比有明显错位的,以开标一览表的总价为准,并修改单价。

（4）总价金额与按单价汇总金额不一致的,以单价金额计算结果为准。同时出现两种以上不一致的,按照前款规定的顺序修正。修正后的报价按照×××办法第五十一条第二款的规定:"条款内容……"经投标人确认后产生约束力,投标人不确认的,其投标无效。

5. 对评审的响应

评标委员会认为投标人的报价明显低于其他通过符合性审查投标人的报价,有可能影响产品质量或者不能诚信履约的,应当要求其在评标现场合理的时间内提供书面说明,必要时提交相关证明材料;投标人不能证明其报价合理性的,评标委员会应当将其作为无效投标处理。

6. 投标无效的情况

投标人存在下列情况之一的,投标无效:

（1）未按照招标文件的规定提交投标保证金的。

（2）投标文件未按招标文件要求签署、盖章的。

（3）不具备招标文件中规定的资格要求的。

（4）报价超过招标文件中规定的预算金额或者最高限价的。

（5）投标文件含有采购人不能接受的附加条件的。

（6）法律、法规和招标文件规定的其他无效情形。

7. 不得串标

投标人应当遵循公平竞争的原则,不得恶意串通,不得妨碍其他投标人的竞争行为,不得损害采购人或者其他投标人的合法权益。有下列情形之一的,视为投标人串通投标,其投标无效:

（1）不同投标人的投标文件由同一单位或者个人编制。

（2）不同投标人委托同一单位或者个人办理投标事宜。

（3）不同投标人的投标文件载明的项目管理成员或者联系人员为同一人。

（4）不同投标人的投标文件异常一致或者投标报价呈规律性差异。

（5）不同投标人的投标文件相互混装。

（6）不同投标人的投标保证金从同一单位或者个人的账户转出。

8. 不得无故放弃中标

中标通知书发出后,采购人不得违法改变中标结果,中标人无正当理由不得放弃中标。

5.5　竞争性谈判

竞争性谈判是指谈判小组与符合资格条件的供应商就采购货物、工程和服务事宜进行谈判，供应商按照谈判文件的要求提交响应文件和最后报价，采购人从谈判小组提出的成交候选人中确定成交供应商的采购方式。

5.5.1　适用范围

采购人、采购代理机构采购以下货物、工程和服务之一的，可以采用竞争性谈判、单一来源采购方式采购，采购货物的，还可以采用询价采购方式采购：

（1）依法制定的集中采购目录以内，且未达到公开招标限额标准的货物、服务。

（2）依法制定的集中采购目录以外、采购限额标准以上，且未达到公开招标限额标准的货物、服务。

（3）达到公开招标数额标准、经批准采用非公开招标方式的货物、服务。

（4）按照招标投标法及其实施条例必须进行招标的工程建设项目以外的政府采购工程。

达到公开招标限额标准的货物、服务采购项目，拟采用非公开招标采购方式的，采购人应当在采购活动开始前，报经主管预算单位同意后，向设区的市、自治州以上人民政府政府采购主管部门申请批准。

符合下列情形之一的采购项目，可以采用竞争性谈判方式采购：

（1）招标后没有供应商投标或者没有合格标的，或者重新招标未能成立的。

（2）技术复杂或者性质特殊，不能确定详细规格或者具体要求的。

（3）非采购人所能预见的原因或者非采购人拖延造成采用招标所需时间不能满足用户紧急需要的。

因艺术品采购、专利、专有技术或者服务的时间、数量事先不能确定等原因不能事先计算出价格总额。公开招标的货物、服务采购项目，招标过程中提交投标文件或者经评审实质性响应招标文件要求的供应商只有两家时，采购人、采购代理机构报经本级政府采购主管部门批准后可以与该两家供应商进行竞争性谈判采购，采购人、采购代理机构应当根据招标文件中的采购需求编制谈判文件，成立谈判小组，由谈判小组对谈判文件进行确认。

5.5.2　主要程序和流程

1. 采购预算与申请

采购人编制采购预算，提出采用竞争性谈判的理由，经上级主管部门审核后提交政府采购主管部门审批。

2．采购审批

政府采购主管部门根据采购项目及相关规定审核批复是否同意采用竞争性谈判采购方式,并确定采购途径是委托采购还是自行采购。

3．代理机构的选定

程序与公开招标的相同。

4．组建谈判小组

由采购代理机构会同采购人商定,邀请相关专家组建谈判小组。

5．编制谈判文件

谈判文件应明确谈判程序与内容、合同草案条款以及评定成交的标准等事项。

6．确定参与谈判的供应商名单

谈判小组根据采购需求,从符合相应资格条件的供应商名单中确定并邀请不少于三家的供应商进行谈判。若公开招标的采购项目,招标过程中提交投标文件或者经评审实质性响应招标文件要求的供应商只有两家时,采购人、采购代理机构经本级财政部门批准后,可以与响应招标文件要求的这两家供应商以竞争性谈判的方式完成采购任务。

7．谈　判

谈判小组所有成员集中与每一个被邀请的供应商分别进行谈判。在谈判中任何一方不得透露与谈判有关的其他供应商的技术资料、价格和其他信息。若谈判文件有实质性变动,谈判小组应以书面形式通知所有参加谈判的供应商。可以按照供应商提交投标文件的逆序或以抽签的方式确定谈判顺序。

8．确定成交供应商

谈判结束后,谈判小组应要求所有参加谈判的供应商在规定时间内进行最后报价,采购人从谈判小组提出的成交候选人中根据符合采购需求、质量和服务相等且报价最低的原则确定成交供应商,并将结果通知所有参加谈判的未成交的供应商。要求供应商尽早报价有助于防止串标。

9．评审公示

公示内容包括成交供应商名单、谈判文件修正条款、各供应商报价、谈判专家名单。

10．发出成交通知书

公示期满无异议,即可发出成交通知书。

11．合同签订

采购人与供应商正式签订采购合同。竞争性谈判流程如图 5－4 所示。

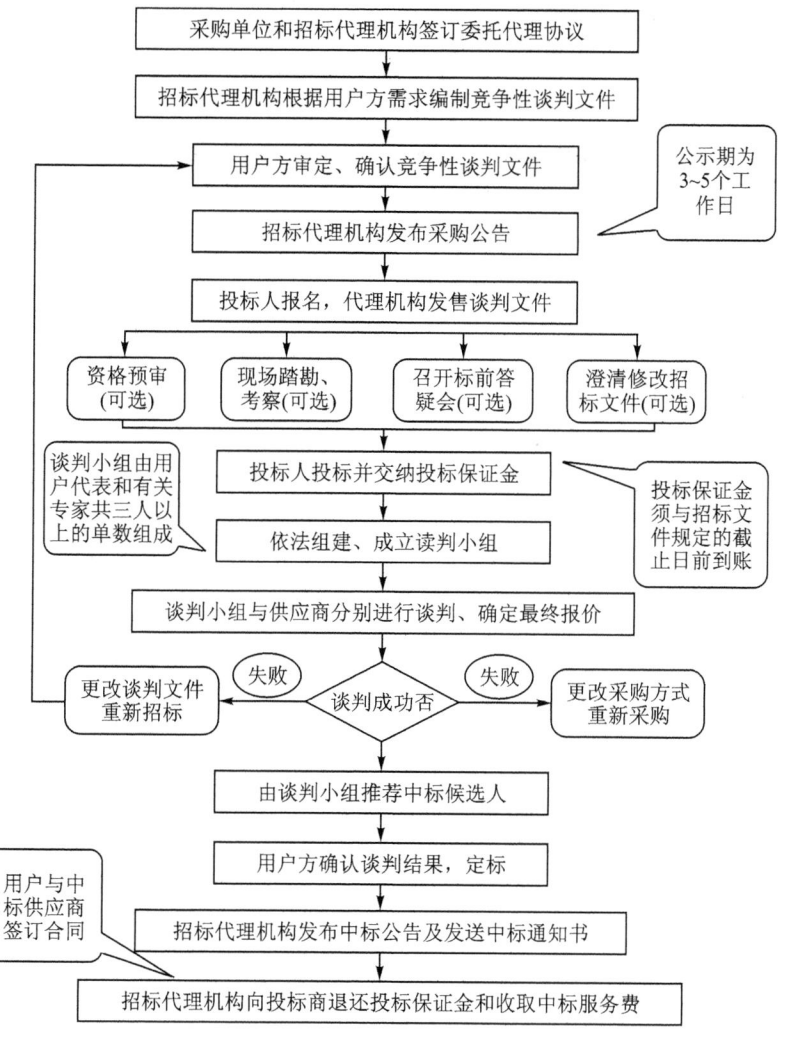

图 5-4 竞争性谈判流程

5.5.3 信息公示要求

1. 公告时限

从谈判文件发出之日起至供应商提交首次响应文件截止之日止不得少于 3 个工作日。提交首次响应文件截止之日前,采购人、采购代理机构或者谈判小组可以对已发出的谈判文件进行必要的澄清或者修改,澄清或者修改的内容作为谈判文件的组成部分。澄清或者修改的内容可能影响响应文件编制的,采购人、采购代理机构或者谈判小组应当在提交首次响应文件截止之日 3 个工作日前,以书面形式通知所有接收谈判文件的供应商,不足 3 个工作日的,应当顺延提交首次响应文件截止之日。

2.谈判结果公告时限

采购人或者采购代理机构应当在成交供应商确定后2个工作日内,在省级政府采购主管部门指定的媒体上公告成交结果,同时向成交供应商发出成交通知书,并将竞争性谈判文件、询价通知书随成交结果同时公告。成交结果公告应当包括以下内容:

(1)采购人和采购代理机构的名称、地址和联系方式。

(2)项目名称和项目编号。

(3)成交供应商名称、地址和成交金额。

(4)主要成交标的的名称、规格型号、数量、单价、服务要求。

(5)谈判小组、询价小组成员名单及采购人员名单。

采用书面推荐供应商参加采购活动的,还应当公告采购人和评审专家的推荐意见。

5.5.4 注意事项

1.谈判小组组成

竞争性谈判小组由采购人代表和评审专家共3人以上单数组成,其中评审专家人数不得少于竞争性谈判小组成员总数的2/3。评审专家不得由采购人或采购代理人担任。达到公开招标数额标准的采购项目,或者达到招标规模标准的政府采购工程,竞争性谈判小组应当由5人以上单数组成。

2.实质性响应评审

谈判小组应当对响应文件进行评审,并根据谈判文件规定的程序、评定成交的标准等事项与实质性响应谈判文件要求的供应商进行谈判。未实质性响应谈判文件的响应文件按无效处理,谈判小组应当告知有关供应商。

3.平等性要求

谈判小组所有成员应当集中与单一供应商分别进行谈判,并给予所有参加谈判的供应商平等的谈判机会。

4.需求变动处理

在谈判过程中,谈判小组可以根据谈判文件和谈判情况实质性变动采购需求中的技术、服务要求以及合同草案条款,但不得变动谈判文件中的其他内容。实质性变动的内容,须经采购人代表确认。对谈判文件做出的实质性变动是谈判文件的有效组成部分,谈判小组应当及时以书面形式同时通知所有参加谈判的供应商。供应商应当按照谈判文件的变动情况和谈判小组的要求重新提交响应文件,并由其法定代表人或授权代表签字或者加盖公章。由授权代表签字的,应当附法定代表人授权书。供应商为自然人的,应当由本人签字并附身份证明。

5.最终报价处理

谈判文件能够详细列明采购标的的技术、服务要求的,谈判结束后,谈判小组应当要求所有继续参加谈判的供应商在规定时间内提交最后报价,提交最后报价的供应商不得少于 3 家。谈判文件不能详细列明采购标的的技术、服务要求,需经谈判由供应商提供最终设计方案或解决方案的,谈判结束后,谈判小组应当按照少数服从多数的原则投票推荐 3 家以上供应商的设计方案或者解决方案,并要求其在规定时间内提交最后报价。最后报价是供应商响应文件的有效组成部分。

6. 成交确认

采购代理机构应当在评审结束后 2 个工作日内将评审报告送采购人确认。采购人应当在收到评审报告后 5 个工作日内,从评审报告提出的成交候选人中,根据质量和服务均能满足采购文件实质性响应要求且最后报价最低的原则确定成交供应商,也可以书面授权谈判小组直接确定成交供应商。采购人逾期未确定成交供应商且不提出异议的,视为确定评审报告提出的最后报价最低的供应商为成交供应商。

5.5.5　采购人注意事项

1. 谈判文件编制要求

谈判文件应当根据采购项目的特点和采购人的实际需求制定,并经采购人书面同意。采购人应当以满足实际需求为原则,不得擅自提高经费预算和资产配置等采购标准。谈判文件、询价通知书不得要求或者标明供应商名称或者特定货物的品牌,不得含有指向特定供应商的技术、服务等条件。

2. 合同签订

采购人与成交供应商应当在成交通知书发出之日起 30 日内,按照采购文件确定的合同文本以及采购标的、规格型号、采购金额、采购数量、技术和服务要求等事项签订政府采购合同。采购人不得向成交供应商提出超出采购文件以外的任何要求作为签订合同的条件,不得与成交供应商订立背离采购文件确定的合同文本以及采购标的、规格型号、采购金额、采购数量、技术和服务要求等实质性内容的协议。

3. 履约验收

采购人或者采购代理机构应当按照采购合同规定的技术、服务等要求组织对供应商履约的验收,并出具验收书。

验收书应当包括每一项技术、服务等要求的履约情况。大型或者复杂的项目,应当邀请国家认可的质量检测机构参加验收。验收方成员应当在验收书上签字,并承担相应的法律责任。

5.5.6　供应商注意事项

1. 响应文件编制要求

供应商应当按照谈判文件的要求编制响应文件,并对其提交的响应文件的真实性、合法性承担法律责任。

2. 响应文件递交

供应商应当在谈判文件要求的截止时间前,将响应文件密封送达指定地点。在截止时间后送达的响应文件为无效文件,采购人、采购代理机构或者谈判小组、询价小组应当拒收。供应商在提交响应文件截止时间前,可以对所提交的响应文件进行补充、修改或者撤回,并书面通知采购人、采购代理机构。补充、修改的内容作为响应文件的组成部分。补充、修改的内容与文件不一致的,以补充、修改的内容为准。

3．谈判响应

谈判小组在对响应文件的有效性、完整性和响应程度进行审查时,可以要求供应商对响应文件中含义不明确、同类问题表述不一致或者有明显文字和计算错误的内容等做出必要的澄清、说明或者更正。供应商的澄清、说明或者更正不得超出响应文件的范围或者改变响应文件的实质性内容。

谈判小组要求供应商澄清、说明或者更正响应文件应当以书面形式做出。供应商的澄清、说明或者更正应当由法定代表人或其授权代表签字或者加盖公章。由授权代表签字的,应当附法定代表人授权书。供应商为自然人的,应当由本人签字并附身份证明。

4．不能拒签合同

除不可抗力等因素外,成交通知书发出后,采购人改变成交结果,或者成交供应商拒绝签订政府采购合同的,应当承担相应的法律责任。

成交供应商拒绝签订政府采购合同的,采购人可以按照相关法律法规确定其他供应商作为成交供应商并签订政府采购合同,也可以重新开展采购活动。拒绝签订政府采购合同的成交供应商不得参加对该项目重新开展的采购活动。

5.6　竞争性磋商

竞争性磋商采购方式是指采购人、政府采购代理机构通过组建竞争性磋商小组(以下简称磋商小组)与符合条件的供应商就采购货物、工程和服务事宜进行磋商,供应商按照磋商文件的要求提交响应文件和报价,采购人从磋商小组评审后提出的候选供应商名单中确定成交供应商的采购方式。

竞争性磋商与竞争性谈判的主要区别是：在详细评审阶段中,前者依据得分从高到低确定成交供应商的排序,后者依据报价从低到高确定成交供应商的排序。

5.6.1　适用范围

符合下列情形的项目,可以采用竞争性磋商方式开展采购,政府购买服务项目：

(1) 技术复杂或者性质特殊,不能确定详细规格或者具体要求的。

(2) 因艺术品采购、专利、专有技术或者服务的时间、数量事先不能确定等原因不能事先计算出价格总额的。

(3) 市场竞争不充分的科研项目,以及需要扶持的科技成果转化项目。

（4）按照招标投标法及其实施条例必须进行招标的工程建设项目以外的工程建设项目。

另外,达到公开招标数额标准的货物、服务采购项目,拟采用竞争性磋商采购方式的,采购人应当在采购活动开始前,报经主管预算单位同意后,依法向设区的市、自治州以上人民政府政府采购主管部门申请批准。

5.6.2　采购工作流程

竞争性磋商的工作流程与竞争性谈判的工作流程基本相同。

5.6.3　信息公示要求

1. 内容要求

采购人、采购代理机构应当在省级以上人民政府政府采购主管部门指定的政府采购信息发布媒体发布竞争性磋商公告。竞争性磋商公告应当包括以下主要内容:

（1）采购人、采购代理机构的名称、地点和联系方式。

（2）采购项目的名称、数量、简要规格描述或项目基本概况介绍。

（3）采购项目的预算。

（4）供应商资格条件。

（5）获取磋商文件的时间、地点、方式及磋商文件售价。

（6）响应文件提交的截止时间、开启时间及地点。

（7）购项目联系人姓名和电话。

2. 公告时限

从磋商文件发出之日起至供应商提交首次响应文件截止之日止不得少于 10 日。磋商文件售价应当按照弥补磋商文件制作成本费用的原则确定,不得以营利为目的,不得以项目预算金额作为确定磋商文件售价依据。

磋商文件的发售期限自开始之日起不得少于 5 个工作日。提交首次响应文件截止之日前,采购人、采购代理机构或者磋商小组可以对已发出的磋商文件进行必要的澄清或者修改,澄清或者修改的内容作为磋商文件的组成部分。

澄清或者修改的内容可能影响响应文件编制的,采购人、采购代理机构应当在提交首次响应文件截止时间至少 5 日前,以书面形式通知所有获取磋商文件的供应商;不足 5 日的,采购人、采购代理机构应当顺延提交首次响应文件截止时间。

3. 成交结果时限

采购人或者采购代理机构应当在成交供应商确定后 2 个工作日内,在省级以上政府采购主管部门指定的政府采购信息发布媒体上公告成交结果,同时向成交供应商发出成交通知书,并将磋商文件随成交结果同时公告。

5.6.4 注意事项

1. 磋商小组组成要求

磋商小组由采购人代表和评审专家共 3 人以上单数组成,其中评审专家人数不得少于磋商小组成员总数的 2/3。采购人代表、采购代理人不得以专家的身份参加本部门或本单位或本代理机构采购的项目评审。

采用竞争性磋商方式的政府采购项目,评审专家应当从政府采购评审专家库内相关专业的专家名单中随机抽取。对于一些特殊采购项目,由于情况特殊(技术复杂、新技术类)通过随机方式难以确定合适的评审专家,经政府采购主管部门批准同意,可以自行选定评审专家。技术复杂、专业性强的采购项目,评审专家中应当包含 1 名法律专家。

2. 磋商小组独立评审要求

磋商小组成员应当按照客观、公正、慎重的原则,根据磋商文件规定的评审程序、评审方法和评审标准进行独立评审。未实质性响应磋商文件的响应文件按无效响应处理,磋商小组应当告知提交响应文件的供应商。磋商文件内容违反国家有关强制性规定的,磋商小组应当停止评审并向采购人或者采购代理机构说明情况。

3. 公平性要求

磋商小组所有成员应当集中与单一供应商分别进行磋商,并给予所有参加磋商的供应商平等的磋商机会。

4. 需求变动处理

在磋商过程中,磋商小组可以根据磋商文件和磋商情况实质性变动采购需求中的技术、服务要求以及合同草案条款,但不得变动磋商文件中的其他内容。实质性变动的内容,须经采购人代表确认。对磋商文件做出的实质性变动是磋商文件的有效组成部分,磋商小组应当及时以书面形式同时通知所有参加磋商的供应商。

供应商应当按照磋商文件的变动情况和磋商小组的要求重新提交响应文件,并由其法定代表人或授权代表签字或者加盖公章。由授权代表签字的,应当附法定代表人授权书。供应商为自然人的,应当由本人签字并附身份证明。

5. 最后报价

磋商文件能够详细列明采购标的的技术、服务要求的,磋商结束后,磋商小组应当要求所有实质性响应的供应商在规定时间内提交最后报价,提交最后报价的供应商不得少于 3 家。磋商文件不能详细列明采购标的的技术、服务要求,需经磋商由供应商提供最终设计方案或解决方案的,磋商结束后,磋商小组应当按照少数服从多数的原则投票推荐 3 家以上供应商的设计方案或者解决方案,并要求其在规定时间内提交最后报价。最后报价是供应商响应文件的有效组成部分。符合本办法第三条和第四条情形的,提交最后报价的供应商可以为 2 家。

6．综合评分

经磋商确定最终采购需求和提交最后报价的供应商后,由磋商小组采用综合评分法对提交最后报价的供应商的响应文件和最后报价进行综合评分。磋商文件中没有规定的评审标准不得作为评审依据。评审时,磋商小组各成员应当独立对每个有效响应的文件进行评价、打分,然后汇总每个供应商每项评分因素的得分。项目评审过程中,不得去掉最后报价中的最高报价和最低报价。

7．成交候选供应商产生

磋商小组应当根据综合评分情况,按照评审得分由高到低顺序推荐 3 名以上成交候选供应商,并编写评审报告。市场竞争不充分的科研项目,以及需要扶持的科技成果转化项目可以推荐 2 家成交候选供应商。评审得分相同的,按照最后报价由低到高的顺序推荐。评审得分相同且最后报价相同的,按照技术指标优劣顺序推荐。

8．成交供应商确定

采购代理机构应当在评审结束后 2 个工作日内将评审报告送采购人确认。采购人应当在收到评审报告后 5 个工作日内,从评审报告提出的成交候选供应商中,按照排序由高到低的原则确定成交供应商,也可以书面授权磋商小组直接确定成交供应商。采购人逾期未确定成交供应商且不提出异议的,视为确定评审报告提出的排序第一的供应商为成交供应商。

9．特殊情况处理

除资格性检查认定错误、分值汇总计算错误、分项评分超出评分标准范围、客观分评分不一致、经磋商小组一致认定评分畸高、畸低的情形外,采购人或者采购代理机构不得以任何理由组织重新评审。采购人、采购代理机构发现磋商小组未按照磋商文件规定的评审标准进行评审的,应当重新开展采购活动,并同时书面报告本级财政部门。采购人或者采购代理机构不得通过对样品进行检测、对供应商进行考察等方式改变评审结果。

5.6.5 采购人注意事项

1．磋商文件编制要求

磋商文件应当根据采购项目的特点和采购人的实际需求制定,并经采购人书面同意。采购人应当以满足实际需求为原则,不得擅自提高经费预算和资产配置等采购标准。磋商文件不得要求或者标明供应商名称或者特定货物的品牌,不得含有指向特定供应商的技术、服务等条件。磋商文件应当包括供应商资格条件、采购邀请、采购方式、采购预算、采购需求、政府采购政策要求、评审程序、评审方法、评审标准、价格构成或者报价要求、响应文件编制要求、保证金交纳数额和形式以及不予退还保证金的情形、磋商过程中可能实质性变动的内容、响应文件提交的截止时间、开启时间及地点以及合同草案条款等。

2. 制定综合评分表

综合评分法评审标准中的分值设置应当与评审因素的量化指标相对应。综合评分法货物项目的价格分值占总分值的比重（即权值）为 30%～60%，服务项目的价格分值占总分值的比重（即权值）为 10%～30%。综合评分法中的价格分统一采用低价优先法计算，即满足磋商文件要求且最后报价最低的供应商的价格为磋商基准价，其价格分为满分。其他供应商的价格分统一按照下列公式计算：磋商报价得分＝（磋商基准价/最后磋商报价）×价格权值×100。

3. 合同签订

采购人与成交供应商应当在成交通知书发出之日起 30 日内，按照磋商文件确定的合同文本以及采购标的、规格型号、采购金额、采购数量、技术和服务要求等事项签订政府采购合同。采购人不得向成交供应商提出超出磋商文件以外的任何要求作为签订合同的条件，不得与成交供应商订立背离磋商文件确定的合同文本以及采购标的、规格型号、采购金额、采购数量、技术和服务要求等实质性内容的协议。

5.6.6 供应商注意事项

1. 响应文件编制要求

供应商应当按照磋商文件的要求编制响应文件，并对其提交的响应文件的真实性、合法性承担法律责任。

2. 响应文件递交要求

供应商应当在磋商文件要求的截止时间前，将响应文件密封送达指定地点。在截止时间后送达的响应文件为无效文件，采购人、采购代理机构或者磋商小组应当拒收。供应商在提交响应文件截止时间前，可以对所提交的响应文件进行补充、修改或者撤回，并书面通知采购人、采购代理机构。补充、修改的内容作为响应文件的组成部分。补充、修改的内容与响应文件不一致的，以补充、修改的内容为准。

3. 磋商响应

磋商小组在对响应文件的有效性、完整性和响应程度进行审查时，可以要求供应商对响应文件中含义不明确、同类问题表述不一致或者有明显文字和计算错误的内容等做出必要的澄清、说明或者更正。供应商的澄清、说明或者更正不得超出响应文件的范围或者改变响应文件的实质性内容。

磋商小组要求供应商澄清、说明或者更正响应文件应当以书面形式做出。供应商的澄清、说明或者更正应当由法定代表人或其授权代表签字或者加盖公章。由授权代表签字的，应当附法定代表人授权书。供应商为自然人的，应当由本人签字并附身份证明。

4. 合同绝签处理

成交供应商拒绝签订政府采购合同的，采购人可以从评审报告提出的成交候选供应商中,按照排序由高到低的原则确定成交供应商,也可以重新开展采购活动。拒绝签订政府采购合同的成交供应商不得参加对该项目重新开展的采购活动。

5.7　询价采购

询价采购是指询价小组向符合资格条件的供应商发出采购货物询价通知书,要求供应商一次性报出不得更改的价格,采购人从询价小组提出的成交候选人中确定成交供应商的采购方式。这种采购方式大多适用于质量有共识的一般货物、商品的采购,在信息工程项目招投标中极少使用,在此就不再赘述。

以上介绍了常用的招投标方式,究竟哪一种招标方式更适合具体的采购项目呢,要视项目的具体情况而定。特别是项目的重要性、复杂性、紧迫性以及投资预算规模大小等诸多因素。

一般来说,单一来源采购的项目大都是潜在的供应商稀缺,几乎没有选择性。这种采购方式,通常是在项目非上不可,潜在的供应商经过充分考察论证,确实具备实施项目的能力、条件和基础,投资预算许可、双方确有合作诚意的情况下采用;而邀请招标和公开招标的差别在于:公开招标所花时间长、所需费用高、工作量大,可选择的范围广,适用于项目投资规模较大,技术含量一般,潜在供应商较多的采购项目,而邀请招标更适合于时间紧迫、投资预算较小的采购项目;邀请招标、竞争性谈判和竞争性磋商都是信息工程项目(特别是软件系统、数字化项目、智慧应用项目、应用系统的开发等)常用的采购方式,由于其技术复杂、涉及的知识面广、工期紧、潜在的供应商(开发商)少等因素更适合采用邀请招标或竞争性磋商。邀请招标更适合第一次采购并且潜在供应商比较明确的情况下采用,而竞争性谈判则更适合于在已实施项目基础上扩展、增加的或时间紧迫的项目;而竞争性谈判和竞争性磋商的主要差别是前者侧重于价格谈判,后者更侧重于技术的磋商。

5.8　政府采购及招投标注意事项

政府采购的目的是采购人希望通过招投标的方式选择到最合适的潜在供应商(承包商、开发商),以确保安全、可靠、质优价廉的实现项目建设目标。因此,政府采购的质量、水平以及招标投标活动是否公平、公开、公正和合理合法,将直接关系到工程项目的成败。政府采购以及招标投标政策性强、环节多程序复杂,人为因素影响较大。因此,国家为规范政府采购和招标投标活动的各项行为,制定了一系列的法律法规,出台了一系列的相关政策,对政府采购及招标投标活动的程序、步骤、内容及参与人的职责做了详细的规定和要求,但仍然会有相关人员钻政策、法规的漏洞,通过一些不法行为或手段来达到获取投标竞争优势的目的。

招标投标是信息工程项目在政府采购中选择供应商的主要方式。在项目采购招标投标的过程中,由于利益的使然或驱动,无论是采购人、采购代理人还是供应商,都有可能利用招标投标环节或程序上的漏洞,通过一些不当行为,为自己谋取利益,从而影响招投标的结果。因此,作为采购单位的项目负责人必须以高度的使命感、强烈的责任心和敬畏之心,本着对国家负责、对单位负责、对项目负责和对自己负责的精神,认真履职尽职,切实把好关负好责,不给任何人以任何机会,使整个招投标活动干干净净,为项目的成功实施奠定一个良好的基础。

5.8.1 采购人是确保采购质量的关键

采购人是实施政府采购的主体,承担着项目采购的主要责任。作为信息工程项目的负责人自然也是项目的采购人,在既不熟悉信息工程项目,又对政府采购及招投标不甚了解的情况下,去具体负责与政府采购主管部门及采购代理机构对接,参与并决策招投标活动中的一些重大事项,确实会有一些压力。但只要我们遵纪守法、严格执行政策,切实做到公平公开公正,自觉接受监督,就一定能顺利完成项目的招投标任务。

1. 严格执行法律法规和相关政策

认真学习政府采购及招投标的法律法规、掌握了解国家和各级政府关于政府采购的政策、规范、标准和规定,对政府采购和招投标的程序、流程、适用范围、适用对象、适用条件及规则,必须熟悉、了解和掌握。以便能够准确判断出本次项目应该采用什么样的政府采购方式,应该适合采用什么样的招标方式,应该注意什么事项等;

2. 规范工作流程

不管项目大小(投资预算),在项目启动实施政府采购和招投标的整个过程中,无论是与政府采购主管部门、采购代理机构还是供应商对接、沟通、交流都应不少于两个人(特别是与供应商交流沟通,绝不私下或个别与供应商沟通,也不在除办公室以外的场合做正式的沟通)并做好记录。凡是能用文字的最好以书面的形式进行对接沟通(请示、报告、函)。做好工作日志,可能的情况下,一些重要的活动或沟通交流应进行录音录像。

3. 加强纪检监督

投资预算较大、技术复杂、难度较大的项目应请求同级单位的纪检监察部门全程监督,邀请公证机关参与一些重要环节的活动并予以公证。

4. 公正公开

不要被任何人员的意见左右(任何人的建议意见最多只能作为参考),所有与项目采购活动相关的行为都必须按规定、按程序走流程。

5. 了解掌握相关知识

在正式确定招标方式之前,应尽可能了解熟悉项目所涉及的技术、同类项目在其他区域的应用情况、同类项目潜在供应商(开发商)的情况,尤其是了解掌握同类项目在开发应用中应特别注意的事情等。

6. 发挥好采购代理机构的作用

保持与采购代理机构的经常性沟通,应严格按照招投标法及相关法律法规履行各自的职责,不能将所有工作全部委托或交给采购代理机构,对采购代理机构的相关工作应进行监督,发现问题应及时纠正。

7. 严把专家关

对不称职、不合格、不专业或应回避的专家应及时提出并按相关法律法规予以调整,对专家评分有明显不合理的情况应根据相关法律法规进行处理。

8. 增加招标信息的公开性和透明度

招标信息越透明、越公开则越有利于增强潜在供应商参与投标的信心。对于投标人来说,招标信息的公开、透明与否意味着招投标能否公平公正,面对一个有可能做不到公平公正的招投标活动,有实力但与采购人缺乏沟通交流的供应商就会怀疑招投标的公平性,而给一些实力并不强但与采购人有良好关系的供应商以机会,甚至有些供应商往往利用这种信息的不对称,对一些竞争对手采取威逼利诱的方式,迫使其要么放弃投标要么成为陪标者,使其利益达到最大化。

9. 编制好招标书

招标书是采购人采购项目的主要依据,也是投标人投标的依据和专家评标的依据。因此,标书对采购项目的功能要求、技术参数、性能指标等,描述、定义十分重要,应尽可能的邀请前期参与项目咨询或可行性研究、总体技术方案编制单位协作编制标书,一般不要请潜在的投标人参与编写,标书编写完成后一定要请有关专家严格把关审查,无论是商务部分还是技术部分的要求都必须逐字逐句审核,因为任何一点误差都有可能影响招标的结果,而许多违纪违规者就是通过在标书中设置障碍而为自己赢得竞争优势,把竞争者排除在外。

10. 科学设定综合评分法的评分因素

公开招投标是一种竞争十分激烈的采购方式,竞争结果是惨烈的,有时候可能就是一分甚至是零点几分之差,因此评分因素的设定不仅直接影响最后的评判结果,也是违纪违规者重点关注的方面。无论是商务部分还是技术部分的评分因素都要侧重突出对项目实施的质量、能力、水平、技术的影响,而不宜考虑哪些对项目实施的质量、能力、水平、技术影响不大或无关紧要的因素。

5.8.2 严把采购代理机构的关口

采购代理机构作为专业招标机构,具有非常丰富的经验,但正因为此,往往容易出现问题。

(1)认真签订招标代理委托书(招标代理合同),明确委托事项和授权范围。招标代理合同的主要内容包括:采购人和招标机构各自的责权利、委托招标采购的标的和要求、采购的周期、定标的程序和招标机构收费办法等。其中需要特别强调定标程序。

（2）定标程序关系到赋予招标机构权限范围和招标机构所承担的责任。定标程序有以下几种：

① 委托招标机构评出优选方案，排出前三名的顺序，由采购人最终确定中标商。

② 采购人委托评标委员会负责定标。

③ 采购人委托招标机构负责定标。

④ 招标机构提出中标的意见，经采购人同意后报有关主管机关最终确定中标商。由于不同的定标程序授权的范围不同，有关各方承担责任的大小也不一样。因此，委托方和招标机构在开始招标前，必须明确定标程序。

（3）严格监督采购招标的流程，特别是重要环节重要流程不能省略、疏忽、遗漏、变通，更不能出现漏洞。

（4）严格控制招投标相关信息的传递，招投标活动所有节点的工作都应有采购人参加，招标代理机构不宜独立开展。

（5）采购人在开标前应了解政府采购主管部门建立的专家库情况，特别是在专家库中采购项目所属专业领域的专家构成情况（应有一定的数量），如果没有或数量不足的情况下如何补充专家，必须事先研究确定（在不违反相关法律法规的情况下），确保抽到的专家符合专业要求并能够参加评标。

（6）在编制标书、制定评分规则、确定评分因素等方面要严格把关，认真审核，确保没有倾向性或导向性，更不能有排他性。采用公开招标方式，评标时必须要给专家充足的评标时间，并必须要有投标人的讲标环节、答疑环节。原则上应先请专家审阅标书，再由投标人讲标、答疑，然后专家评标。但不能以时间紧，保密措施无法保证等理由匆忙仓促评标。

5.8.3 投标人可能出现的问题

虽然招投标有严格的法律法规、政策要求和严谨的规则、程序，但是一些潜在的投标人或供应商总会想方设法投机钻营，试图为自己创造机会，赢得竞争优势，以获取中标机会。因此采购人一定要有犀利的眼光、敏锐的洞察力，及时发现问题和可疑现象，及时化解问题消除不良影响，确保招标取得圆满成功。个别投标人可能的一些不良行为有：

1. 套取招标信息

个别投标人或潜在供应商利用与采购人或采购代理机构已有的关系，套取采购项目相关的招标信息，如评分办法、评分因素、标的、专家信息以及其他投标企业的信息等。

2. 散布虚假信息

个别投标人或潜在供应商利用与采购人已有的业务合作关系，向其他潜在的投标人或供应商散布虚假信息，致使潜在投标人或供应商失去信心，或误导潜在投标人及供应商,使其获得竞争优势。如果一个采购项目在公开招标信息发出之后,响应标书的供应商比预期的要少得多,或者在邀请招标时被邀请的一些投标人不够积极,说明招标信息的公开性或透明度不够,也可能有潜在的投标人在搞小动作,应迅速查明原因并及时发布相关信息。

3. 影响制定招标方案

个别投标人或潜在供应商利用与采购人已有的业务合作关系,以提供免费咨询服务、帮助采购人编制标书等方式,向采购人推荐相关的技术、设备甚至案例等,影响采购人制定招标方案和评分因素、评分办法的确定等。

4. 收买专家

将评标专家作为投标人或潜在供应商的代理人,是投标人或潜在供应商赢得中标机会最简洁最有效的方式。因此,投标人或潜在供应商往往会通过各种途径获取潜在评标专家的信息,或通过代理人向采购人、采购代理机构推荐评标专家,拉拢、腐蚀、收买专家为自己服务。

5. 串标陪标

串标、陪标在公开招标、邀请招标、竞争性谈判等招标方式中都有可能发生。通常情况下,有可能是采购人或采购代理机构共同操作,在貌似合理合法的招投标过程中实现了由既定投标人中标的目的。出现以下情况有可能有串标陪标的行为:

(1)在投标人中,有一个或多个投标人在招标过程中从未与采购人进行技术交流,但价格明显高于其他投标人。

(2)在投标人中,有一个或多个投标人的投标书粗制滥造,极不认真,但价格明显高于其他投标人。

(3)在投标人中,有一个或多个投标人的投标书的内容相似或相近,但价格明显高于其他投标人。

(4)在投标人中,有一个或多个投标人在开标及评标时仅有一般普通人员到场,讲标或答疑时明显准备不足。

第6章 信息工程项目管理

信息工程项目管理既有与传统工程项目管理相同的共性,也有其许多的特殊性。作为业主或项目建设单位的管理者,除需要了解一般的项目管理理念、管理方法、管理手段等之外,还需要了解掌握作为业主自身需要的特殊管理要求。本章首先介绍项目管理的一般概念及基本方法、要求,然后介绍信息工程项目管理和业主管理者的基本要求。

6.1 工程项目管理概述

6.1.1 项目的基本概念

1. 项目定义

项目定义是指一个组织为实现自己既定的目标,在一定的时间、人员和资源约束条件下,所开展的具有一定独特性的一次性活动,如图 6-1 所示。

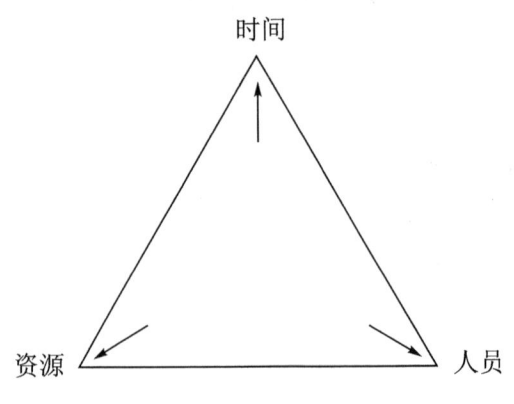

图 6-1 项目的三要素

2. 项目的特点

（1）时限性

时限性是指每一个项目都有自己明确的时间起点和终点,都是有始有终的。

（2）制约性

制约性是指每个项目都在一定程度上受客观条件的制约。最主要的制约是资源和能源以及知识、技术的制约。

（3）独特性

每一个项目的属性和过程都是不同的、独特的。

（4）其他特性

每一个项目的结果都具有不可挽回性，每一个项目的实施都具有临时性和开放性，每一个项目的管理都具有不确定性（风险性）等。

信息工程特别是软件工程和信息资源开发利用工程项目的管理与传统的工程项目管理有一定的区别，主要表现以下几方面：

1）信息工程的许多项目主要是技术的选择、知识的应用、用户的合作、应用场景的结合，而传统工程项目主要是资源、能源的供给配置、人员的组织协调、材料的消耗加工、设备的安装调试、环境的整治改善等。

2）信息工程项目管理人员基本都是 IT 知识丰富的年轻工程师，项目团队成员绝大部分也都是较为年轻的专业技术人员，而传统工程项目的管理人员大部分是资历深、经验丰富的老工程师，项目团队成员大部分是技术工人为主，这就决定了两者在管理方式和管理方法上的不同。

3. 项目与非项目工作的区别

项目的特殊性是因为它与非项目工作有很大的区别，主要区别如表 6-1 所列。

表 6-1 项目与非项目工作的区别

类 别	项 目	非项目
时间限制	明确	不明确
生命周期	完整	不完整
过程控制	风险管理	经验管理
可重复性	不可重复	可重复
实施团队	临时性	稳定的

4. 项目的生命周期

每一个项目从开始到结束，都有一个完整的生命周期，如图 6-2 所示。

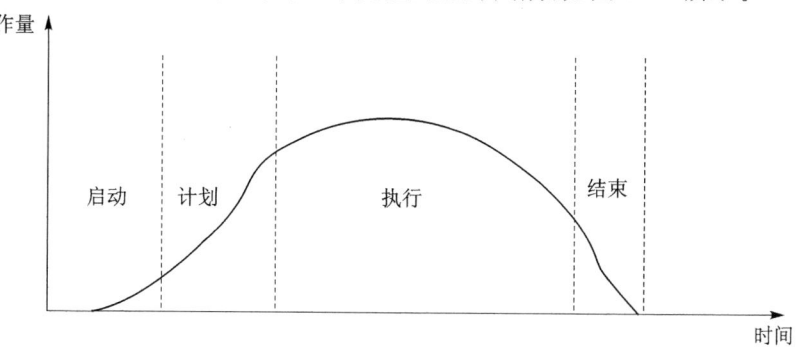

图 6-2 项目生命周期

5.项目各阶段的主要工作

项目的每一个阶段都有非常明确而具体的工作要求,如表6-2所列。

表6-2 项目各个阶段的工作要求

阶　段	工　作	具体任务
启动阶段	确立项目及最终可交付成果	项目识别、需求确认及项目立项
计划阶段	根据目标选定最佳的方案	确定项目计划书,工作范围并进行工作分解; 估算各个活动的所需时间、费用,做好进度和人员安排;建立质量保证体系
执行阶段	协调人员和其他资源执行计划	实施计划;进行进度控制、费用控制和质量控制;采购项目所需要的资源;合同管理
收尾阶段	项目结束或失败后进行的收尾工作	提交最终可交付成果;质量验收;费用决算和审计;项目资料整理与验收;项目交接与清算

6.项目相关人员

项目相关人员指与项目有关的人员。一般情况下,项目相关人员包括高级管理团队、各部门负责人(项目组上级相关部门)、项目经理、项目团队、客户、供应商。

项目管理者应对项目相关人员的角色有深刻的认识,这样才能得到更多的资源和支持,有利于提高项目的成功率。

6.1.2 项目管理

1.项目管理的定义

项目管理就是以项目为对象,由项目团队对项目进行高效率地计划、组织、控制、协调和实施,以实现项目目标的过程。

2.项目管理的特点

1)科学性

科学性主要表现在项目管理过程的规范化、精细化和数据化。

2)复杂性

复杂性包括复杂的管理方法和实施过程。

3)专业的团队

项目管理的实现需要组建以项目经理为代表的项目管理团队,每一个项目都需要成立由相关人员组成的专门团队来完成项目的实施。项目管理团队的大小或人员的多少取决于项目的重要性、复杂性及其规模大小。小的管理团队也许只有2～3个人,大的团队也许会有几百人,也可以将大的管理团队分解成若干个小团队。

3．项目管理的管理内容

一个完整的项目管理通常由整体管理、团队管理（人力资源管理）、沟通管理、进度管理、费用管理、质量管理、采购管理、范围管理、风险管理9部分组成。其中，团队管理（人力资源管理）、沟通管理是基本任务，进度管理、费用管理、质量管理分别对应项目的时间、费用和目标，是项目管理的主要任务。对于一个具体的管理团队所涉及的管理工作要视项目的重要性、复杂性、紧迫性以及规模大小而定。小的管理团队可能不需要划分得这么细，但这些内容都不可或缺。这里重点介绍团队管理、沟通管理、进度管理、费用管理、质量管理、风险管理六个部分。

4．项目管理主要工作的构成、过程和关系

项目管理的主要工作可以分为五部分，分别是启动、计划、执行、控制和结束。各部分的工作过程如图6－3所示。

1）启　动

启动是指项目正式开始实施阶段的工作，包括项目开工前的各项准备工作，项目团队的相互熟悉了解、与业主的沟通交流、与上级部门的沟通交流、与客户及供应商的沟通交流等，开工仪式的准备工作等。

2）计　划

计划是指为确保项目的顺利实施，项目管理团队对项目所涉及的资源（包括设备、材料、物资、人员、场地、环境）及能源根据项目

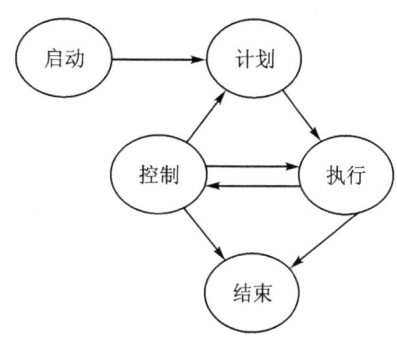

图6－3　项目管理各部分的工作过程

确定的工期进行安排、部署、分配、组织、统筹、协调并制定出详细具体的可供执行的方案。计划在执行的管理中根据控制情况需要不断地调整和修订。

3）执　行

执行是指项目管理团队根据计划组织实施项目的过程。

4）控　制

控制是指项目管理团队在执行计划实施项目的过程中，不断地监督检查项目是否按照计划在实施项目。如果发现资源、能源的消耗与实施内容或时间节点不符或有较大误差时，必须客观地、实事求是地、科学地分析发生这种问题的原因，并提出有效的、可行的解决方案，再对原计划进行修订形成新的可以指导后续工作的计划。控制工作贯穿于项目实施的整个过程。

5）结　束

结束是指项目在最后完工阶段的工作，包括项目的各项收尾工作、资料文档的整理、项目的预决算及费用结算、质量评定、各项检验检测、试运行、验收等。

项目管理各部分的工作关系如图6－4所示。

由图6－4可以看出，启动、结束两部分的工作仅存在于项目生命周期的开始、结束

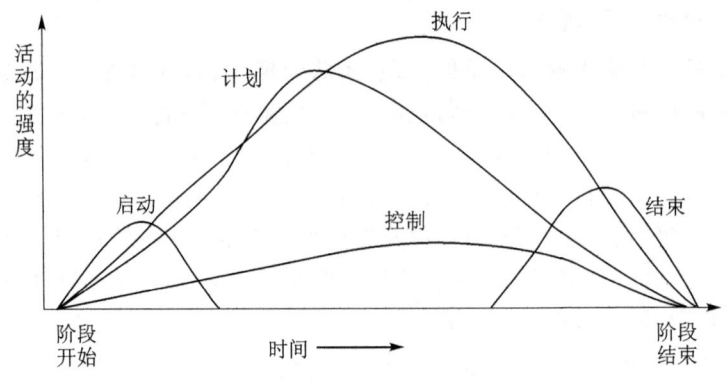

图 6-4 项目管理各部分的工作关系

阶段,计划、执行和控制部分的工作则贯穿于项目整个生命周期。其中,计划工作的活动强度在项目生命周期的计划阶段达到最大,执行工作的活动强度在项目生命周期的执行阶段达到最大。控制工作虽贯穿于项目整个生命周期,但因工作强度比较小,容易被项目管理人员忽视,给项目造成较大损失。

6.2 团队管理

6.2.1 项目团队

项目团队是指为实现一个具体项目的目标,将一组个体成员组织起来形成一个相互配合、相互支持、共同工作的团队。

1. 项目团队的特点

(1)项目团队是为完成特定的项目而设立的专门组织,它具有很强的目的性。

(2)项目团队是一种一次性临时组织。

(3)项目团队由项目工作人员、项目管理人员和项目经理构成。

(4)项目团队强调的是团队精神和团队合作。

(5)项目团队的成员在一些情况下,需要同时接受双重领导(业务、人力资源、物料采购供应等分管领导)的安排。

2. 项目团队的发展阶段

项目团队从形成到解散一般会经历以下五个阶段:

1）形成阶段

组织成立团队的阶段。

2）震荡阶段

团队刚组建完成,团队成员处在相互了解、相互认识和相互配合的阶段。

3）规范阶段

经过一段时间的磨合和配合,团队全体成员对项目目标以及团队的使命、任务有了统一的认识,形成了相互适应的交流方式,可以密切配合达到默契的阶段。

4）辉煌阶段

在团队成员共同努力下,团队成员之间相互鼓励、相互支持,项目实施顺畅并按计划顺利推进,各项工作有序推动。这是团队成员成就感、获得感比较强的阶段。

5）解散阶段

项目实施顺利完成,项目目标已经实现,团队工作结束,团队成员相互告别再各自进入新的工作。

3. 各阶段的团体情绪特点及重点工作

1）形成阶段

在这个阶段,团队成员的情绪特点是激动、希望、怀疑、焦急和犹豫,在心理上处于一种极不稳定的阶段。

项目经理的主要工作是为整个团队明确方向、目标和任务,为每个人确定职责和角色。

2）震荡阶段

在这个阶段,团队成员的情绪特点是紧张、挫折、不满、对立和抵制。

项目经理的主要工作是积极应付和解决出现的各种问题和矛盾,容忍不满的出现,解决冲突,协调关系,消除团队中的各种震荡因素。

3）规范阶段

在这个阶段,团队成员的情绪特点是信任、合作、忠诚、友谊和满意。

项目经理的主要工作是对项目团队成员所取得进步予以表扬,积极支持项目团队成员的各种建议和参与,努力规范整个团队的行为和全体团队成员的行为。

4）辉煌阶段

在这个阶段,团队成员的情绪特点是开放、坦诚、依赖、团队的集体感和荣誉感。

项目经理的主要工作是积极放权,以使项目团队成员更多地进行自我管理和自我激励;及时公告项目的进程、表彰先进的团队成员,努力帮助项目团队完成项目计划,实现项目的目标。

5）解散阶段

在这个阶段,项目经理要表达谢意并为每一位成员提交书面的总结报告。

4. 高效项目团队的特征

一个团结、协作、效率、成功的项目团队通常具有如图 6-5 所示的特征。

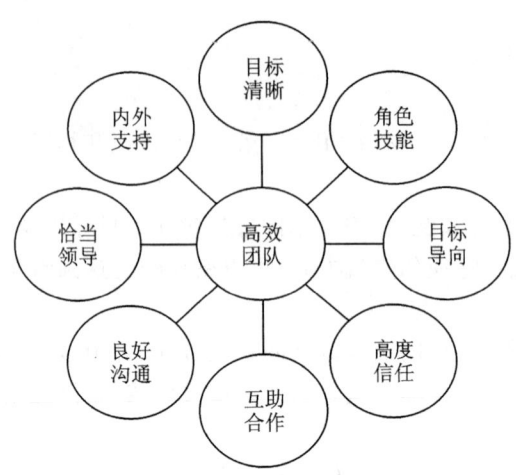

图 6 - 5　优秀项目团队的特征

6.2.2　项目经理

项目经理既是项目团队的领导者,也是实施项目的总负责人,需要对项目质量、进度、成本、安全全权负责,需要协调处理项目实施过程中发生的各种问题和所有事务性的工作。因此,必须要有较强的号召力、影响力、沟通交流能力、组织协调能力、危机应变处置能力和管理技能。不同的行业对项目经理都有一定的执业资质要求。在信息化建设领域要求信息工程项目经理经过行业协会培训,并通过相应的考核,获得 IT 项目经理或 IT 项目高级经理证书。

项目经理既是实施项目的决策人、管理者,也是实施项目的组织者、合作者,又是实施项目的控制者、评价者。

项目经理是一个非常重要的角色,其能力强弱、素质高低将直接关系到项目实施的成败。一个优秀的项目经理应该是一个一专多能并且具备较强创新能力的综合型人才。一是要有一定的专业知识,能够与团队成员和项目相关人员就一些专业性、技术性的问题进行沟通交流,特别是信息工程项目经理,更必须具备 IT 的基本知识和 IT 工程项目的管理实践经验;二是要有一定的管理知识,尤其是要掌握管理学、经济学、技术经济学、系统工程与运筹学、组织行为学、财务管理等方面的知识;三是要有一定的应用知识,具备较为广博的知识面。除此之外,项目经理还应具备以下能力:

1. 决策能力

决策能力是指其在项目的实施过程中,针对项目出现的各种问题、重大事项的选择判断和处理的能力。

2. 计划能力

计划能力是指其运用自己的知识、经验和技能快速熟悉项目所涉及的所有合同与技术文件,研究制定实施项目的方案和计划,对项目的工作程序、预算、进度、资源、组织、实施和控制进行安排部署的能力。

3．组织能力

组织能力是指涉及团队的组织结构、配备团队成员以及确定团队工作范围的能力。

4．领导能力

领导能力是指其通过自身的领导艺术，能够最大程度地发挥整个团队中每一位成员自身潜力的能力。

5．协调能力

协调能力是指其正确处理项目各方面关系，解决各种矛盾的能力。

6．创新能力

创新能力是指其在率领团队实施具体项目的过程中，针对项目的特点在组织结构、任务分工、资源配置、资金使用等各个方面敢于突破传统的束缚，以对问题的敏感性、思维的流畅性和灵活性对问题进行重新认识，并以新的方式解决和处理问题的能力。

7．激励能力

激励能力是指其调动团队每一位成员积极性的能力。

8．沟通能力

沟通能力是指与项目团队其他人员进行有效沟通信息的能力，包含其表达能力、倾听能力和设计能力(形象设计、动作设计、环境设计)等。沟通能力不仅仅体现在项目经理外在的表现能力，也是其内在个人素质、修养的体现。良好的沟通能力体现在沟通行为恰如其分、沟通方式灵活技巧，高效率地实现沟通的目的，达到沟通的目标。

9．人际交往能力

人际交往能力是指项目经理与项目团队成员、项目相关人员交往及适应的能力，包括表达理解判断能力、人际融合能力和解决问题的能力。

6.3 沟通管理

6.3.1 沟通管理的基本概念

1．沟 通

沟通是指人与人、人与群体之间思想与感情传递和反馈的过程。在项目管理中沟通是指把项目管理团队中的成员或与团队相关的人员联系在一起，以实现共同目标的手段。

2．沟通管理

沟通管理是指为了确保项目信息准确、合理地收集和传输，并能得到及时正确处理而实施的管理措施。其目的是要保证项目信息及时、准确地提取、收集、传播、存储以及最终进行处理,保证项目组织内部的信息畅通。沟通管理是创造和提升项目管理团队精神,完成项目管理根本目的的主要方式和工具。

3. 沟通对象

沟通对象是指沟通的客体,即信息的接收者,包括个体或者是团体。项目经理的沟通对象包括项目团队成员、项目组上级单位的相关人员、业主单位的相关人员、供应商、合作单位的相关人员及与项目相关的其他人员。

4. 沟通模式

沟通模式是指人与人在社会生活中的沟通方式、信息输出者、接收者在信息传递的过程中表现出内在情感的方式。情感沟通模式主要有讨好型、指责型、超理智型、打岔型、一直型等。不同的沟通模式适应于不同的人、不同的对象、不同的问题、不同的环境。沟通模式主要因素包括信息输出者、信息接收者、信息、渠道等。

5. 沟通方式

沟通方式是指信息传递的双方采取信息传递的形式,主要有以下几种方式:

1) 正式沟通和非正式沟通

正式沟通是通过项目管理团队规定的沟通渠道,进行信息传递和交换的方式,如项目例会、项目计划、项目报告、合同和协议、团队与业主及合作单位往来公函等。

非正式沟通是通过正式沟通渠道以外进行的信息传递和交换方式,如茶余饭后的聊天等。

2) 垂直沟通和水平沟通

垂直沟通分为上行沟通和下行沟通,均属于上下级之间的沟通方式。下行沟通一般是项目经理部署、安排工作、了解情况等,上行沟通一般是团队成员向项目经理反映问题、申请和汇报工作等。

平行沟通是项目经理与合作伙伴、业主单位以及团队成员之间的沟通方式。

3) 单向沟通和双向沟通

单向沟通是在沟通的过程中,只有信息输出者向信息接收者输出信息,是单一方向的,没有信息的反馈,如报告、汇报等。

双向沟通是在沟通的过程中,信息的输出者和信息的接受者要不断地变换角色,通过"输出-反馈-再输出-再反馈",直到沟通完成,如项目例会、技术交流会、商业洽谈等。

4) 语言沟通和非语言沟通

语言沟通就是通过语言、文字、图形、表格、数字等形式进行信息沟通。

非语言沟通通过动作、表情、语调、手势等语言沟通以外的形式进行信息沟通。

5) 书面沟通和口头沟通

书面沟通就是采用书面形式进行的信息沟通,比如通知、信件(电子邮件、短信、微信)授权书、实施方案等。

口头沟通就是以口头表达方式进行的信息沟通,如谈话、聊天、演讲等。

6）对内沟通和对外沟通

对内沟通是项目管理团队内部进行的信息沟通。

对外沟通是项目管理团队与业主、供应商、合作伙伴以及其他项目管理团队等平等主体为合作而进行的信息沟通。

内外是相对的,是对具体的管理团队而言。

7）单独沟通和集体沟通

单独沟通是团队成员之间、两个团队之间或项目管理团队与业主、供应商、合作伙伴之间一对一的信息沟通方式。

集体沟通就是项目管理团队全部成员或大多数成员、项目相关各方全部或绝大部分参与交流的一种信息沟通方式。

6. 沟通渠道

沟通渠道是指信息源(信息输出者)传递信息的载体或途径。在项目管理中就是项目管理团队内部之间或与项目相关人员(团队)进行信息传递的媒介物。沟通渠道也可以分为正式非正式的、个人非个人等,包括会议类(报告会、例会、技术交流会、商务洽谈会等)、通信类(电话、邮件、微信、微博、短信以及其他社交平台类等)、媒介类(报纸、广播、电视、多媒体等)等。

7. 沟通设计

沟通设计是指沟通的主导者(信息输出者)在沟通之前为保证沟通取得预期的效果而对沟通方式、沟通方法、沟通渠道、沟通时间、沟通地点、沟通环境、沟通范围、沟通技巧以及自身形象的综合考虑与确定。

8. 沟通机制

沟通机制是指为了有效的、持续的、及时的信息沟通而建立的一整套制度,以确保项目团队信息畅通,包括例会机制、请销假机制、信息发布机制、会议纪要机制、问题处理机制等。建立沟通机制的目的是保障不同的信息要采用不同的沟通方式不同的沟通渠道向不同的沟通对象传递,使得沟通准确、及时、有效。

6.3.2 沟通管理的基本原则

沟通交流是一门艺术,需要恰当的沟通方式和技巧。一场好的沟通交流能够使沟通交流的双方化解矛盾、消除误解、取得信任、形成共识,反之则会激化矛盾、加深误会、增加隔阂、形成对立。沟通管理的基本原则有以下几方面:

1. 公开性原则

公开性原则是指在同一个团队沟通管理的过程中,沟通管理的方式、方法、渠道及其沟通的内容要求必须公开。即应当对参与沟通的个人和团队全体成员都要全面公开。

公开性指的不是团队所有的信息都必须公开,而是指沟通管理的规则、方式、方法、渠道、内容要求必须公开;若没有公开的沟通管理规则,正确的沟通行为过程就会失去方向和指引。

2．简捷性原则

沟通管理的简捷性原则体现在以下两个层面：

1）简单明了原则

沟通的具体方式、方法设计应当尽量简单明了，以便于所有沟通成员掌握和运用。简捷主要是指具体的沟通方式、方法要简捷。

2）最短路径原则

沟通管理应当采用最短沟通渠道或路径进行沟通。渠道简捷的目的主要是提高信息的传递速度，以减少渠道环节降低信息损耗或变形失真的可能性。

沟通管理的简捷性也包括沟通内容的编码简捷性和解码简捷性，防止将简单的管理信息人为复杂化，致使沟通双方无法准确互相理解。沟通管理的简捷性要求体现在沟通管理的整个沟通模式里。因此，沟通管理的简捷性应该是团队沟通管理总体模式的简捷性。

3．明确性原则

明确性原则是指沟通管理在公开性的基础上，必须将沟通的各项事项，如渠道的结构、沟通的时间要求、地点要求、内容要求、频率要求等，进行明确、清晰的告示，要尽量避免含糊不清。其目的在于使全体沟通成员准确理解团队所期望的沟通管理要求，明白他们在沟通中所担当的角色，即他们所应当履行的沟通职责和义务，从而最大限度地排除沟通成员对沟通要求的模糊和误解，保证沟通管理能够顺畅高效地进行，顺利达到沟通管理的预期目标。

明确性原则要求团队管理者与被管理者修炼和提高准确分辨、总结、表达、传递管理信息的能力。管理信息的沟通尽量做到言简意赅、深入浅出，便于信息接收者准确把握自己所传递信息的真实内在意义。

4．适度性原则

适度性原则是指沟通管理的渠道设置及沟通频率不能太多，也不能太少，而应当根据团队具体业务与管理的需要，适度适当，以达到管理目的为基准。

5．针对性原则

针对性原则是指所有沟通管理的活动与过程设计，都是为了解决团队管理中某些具体问题，支持、维护团队正常高效运行而设置的，每一项沟通管理活动都有其明确合理的针对性。

设置团队沟通管理模式时，必须充分考虑到团队的实际情况，所设置和采用的沟通管理模式必须切合该团队的管理实际需要，团队沟通管理的设置必须有针对性。

团队沟通管理模式里面的具体沟通渠道、方式、内容等的设计，也必须要具有明确的针对性。即必须考虑到企业设计这一沟通渠道、沟通内容的目的是什么，是为了完成团队管理中的哪项工作，达到哪个目的。

6．同步性原则

同步性原则是指在沟通管理的过程中，沟通双方或多方应当全部进入沟通系统和沟通角色,沟通必须是双向的交流过程,而不应当是单向或其中一方信息处于封闭或半封闭状态。也就是说,成功的沟通管理必须是在沟通主体之间互动的,双方处于平等交流地位的沟通。即双方均应当对沟通同时具有适当、及时、同步的反应;互相理解,充分把握住了对方所传达信息的意义。

沟通管理的同步性并不纯粹或主要指沟通在时间上的同步性,而是指沟通管理双方或多方应该适时进入角色,相互进行信息传送与反馈,强调的是其行为过程的互动性和沟通角色的同步性。

7. 完整性原则

沟通管理的完整性原则强调的是沟通管理过程的完整无缺。团队在设置沟通管理模式时,必须注意使每一个沟通管理行为过程均要素齐全,环节齐全,尤其是不能缺少必要的反馈过程。

在团队管理实践中,沟通管理会出现一些不完整情形:

1)信息发送者不明确

没有信息发送者或信息发送者不明。

2)信息发送渠道不明确

没有传递的沟通渠道,信息发送者不知道什么渠道可以向接受者发送信息。

3)信息接收者不明确

接受者不明,到底信息应该发给谁,没有明确方向。

4)沟通方式不明确

有渠道,有发送者,有接受者,但没有设定的具体沟通方式,如本来应该通过电话沟通的,却采用信件沟通,原因是团队没有规定打电话即可。

5)一些其他情形

沟通管理过程不完整,如缺乏反馈,就会使原本设想的很好的沟通管理受阻,团队的管理和管理者不利。

8. 连续性原则

连续性原则是指大多数沟通管理行为过程,尤其是例行日常沟通管理活动,并非一次沟通就可以一劳永逸地完成沟通工作任务,而是要通过反反复复多次的沟通,才能较好地履行和完成沟通管理的工作职责。连续性是团队管理工作本身所具有的客观属性,作为管理的重要表现方式,沟通管理自然也具有这一客观属性。

连续性原则要求团队在进行沟通管理时注意以下三个方面:

(1)沟通管理在时间上的连续性。

(2)沟通管理在方法、方式、启动等沟通模式上的连续性。

(3)沟通内容上的连续性。

9. 效率性原则

沟通管理的效率体现在沟通的各个要素与环节上。

所有沟通管理的要素与环节的效率,最后都反映到整个沟通活动上来,构成了团队进行沟通管理活动的总效率。

6.3.3 沟通管理的模型

我们可以通过建立沟通管理的模型来认知沟通管理的过程,如图6-6所示。

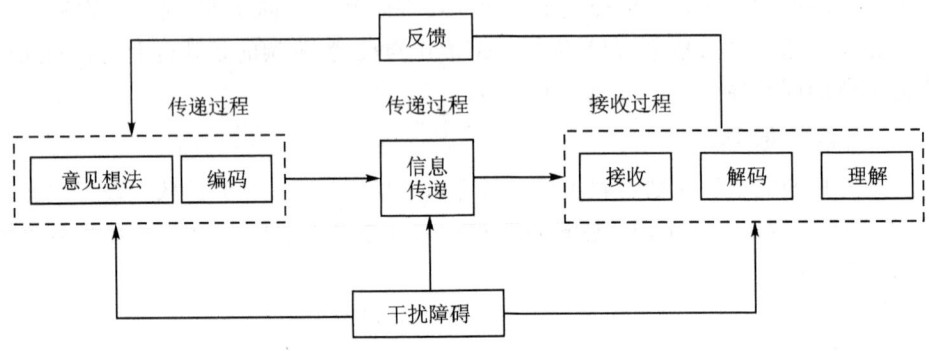

图6-6 项目沟通管理模型

6.3.4 沟通管理的主要方式方法

沟通中的方式方法是多种多样的,运用时要随机制宜,因人而定。

1．发布指示、公告

(1) 指示的方法

指示作为一个领导的方法,可以理解为上级的指令,具有强制性。它要求在一定的环境下执行任务或停止工作,指示的内容与项目目标密切关联,并且指示发布者和指示接收者一定是直接的上下级关系,不宜越级或跨级指示。公告是指信息发布者向所属团队全体人员及其相关人员以适当的媒介(报纸、广播、墙报等方式)、公开告知有关事项、要求的告示。

(2) 指示的方式

指示的方式方法应视项目管理的具体情况而定,一般应有以下几种方式:

1) 一般的或具体的指示

取决于主管人员对项目相关环境的预见能力以及下级的响应程度。对情况熟悉的管理人员应采用具体的指示,对环境不可预见情况多采用一般的指示。

2) 书面的或口头的指示

取决于上下级之间关系的持久性、信任程度以及避免指示的重复等。

3) 正式或非正式的指示

取决于指示的重要性及迫切性。通常情况下,非正式的方式用来启发下级,正式的书面或口述的方式用来命令下级。

2．会 议

会议是指由项目相关人员或全部人员在同一时间同一地点(视频除外)共同出席并

进行信息交互传递的方式。

（1）会议的作用

1）会议中的信息交流能在人们的心理上产生影响。

2）会议可以集思广益。

3）会议可以使参会人员了解共同目标以及自己的工作与他人工作的关系,使之更好地确定自己工作目标,明确自己怎样为团队做出贡献。

4）通过会议可以对每一位与会者产生一种约束力。

5）通过会议能发现人们未注意到的问题,进而认真地考虑和研究。

（2）会议的种类

主要包括工作汇报会、讨论会、研究会、座谈会、交流会、报告会等。

3．个别交谈

是指领导者用正式或非正式的形式,在团队内外,同团队成员之间进行的个别交流,征询谈话对象对团队中存在的问题或缺陷提出自己的看法,对其他人或相关人员及自己的意见。

4．团队内部沟通的其他方式

团队内部沟通的其他方式包括团队内部刊物、墙报、员工手册、意见箱、宣传资料、标语和公告、调查问卷、声像、微信群、QQ 群等内部沟通制度。

6.3.5　沟通管理技巧与常见问题

1．沟通技巧

沟通效果取决于沟通的方式方法,也需要好的沟通艺术和沟通技巧。最重要的是要开诚布公、推心置腹、设身处地,要有尊重、合作、服务、赏识、分享的心态,还要注意观察了解对方的反应和反馈,把握好度。要让对方感受到你诚心诚意、想法与期待,要平等相待、互相尊重,切忌批评、抱怨、责备、攻击,既要表达清楚阐述正确的信息,也不能给对方错误的印象误解你信息;既要深入浅出,也要求同存异。

2．常见问题

1）想当然、我以为的错误

错误地判断或理解了对方反馈的信息。以为沟通过,对方就清楚了;以为对方没有反馈就认同了没有意见了等。

2）不敢越级沟通,不敢与高层直接沟通

项目经理是一个特殊的层级,在项目实施的过程中遇到的问题、碰到的困难可能需要超越一定层级与主管领导沟通,如果有这样的沟通障碍就有可能耽误时间,影响到困难或问题的解决。

3）害怕被拒绝

由于个人性格或缺乏信心,有了好的想法、建议、意见不能及时与项目相关人员或团队成员沟通,贻误时机。

4）缺乏沟通计划

沟通缺乏计划，临时确定沟通对象、沟通时间、沟通地点、沟通内容，导致沟通对象不能准时、没有准备或不能参加，影响沟通效果和效率。

5）缺乏适当的沟通方式和沟通技巧

不了解沟通对象、不注意沟通方式、不讲究沟通技巧都有可能导致沟通失败，所以在沟通之前应该根据沟通对象针对具体的沟通内容确定采用何种沟通方法和沟通技巧。

6.4　项目进度管理

是指采用科学的方法确定项目进度目标，编制经济合理的进度计划和资源配置计划，并据以监督检查项目进度计划的执行情况；当项目实际执行情况与计划进度不一致时，及时分析原因找出问题，采取必要措施对原项目进度计划进行修正或调整，在与质量、费用目标协调的基础上实现项目的工期目标。项目进度管理的目的就是要使项目实现最优工期，多快好省地完成任务。

项目进度管理是项目管理的重要内容，其与项目投资管理、质量管理同为项目管理的重要组成部分，也是确保项目工期完成以及合理配置资源、节约项目成本的重要举措之一。进度管理的主要内容包括进度计划编制和进度计划的执行。

6.4.1　进度计划的编制

编制项目进度计划首先要对项目进行详细的结构分析，系统地分析研究整个项目的结构、构成以及各部分之间的关系，包括所有可能的实施过程和细节，结构分析要越细越好。项目结构分解的常用工具是工作分解结构 WBS（Work Breakdown Structure）原理，通过项目 WBS 将项目分解成相对独立的、内容单一的、易于成本核算与考核监督的项目单元，能够明确各单元之间的逻辑关系与工作关系，且可以具体地落实到相应的责任者，并有利于各部门、各专业的协调。

1. 进度计划编制的依据

项目进度计划编制的主要依据是项目的目标范围、工期要求、项目特点、项目的内外部条件、项目的结构分解单元、项目对各项工作的时间估计、项目的资源供应情况等。进度计划要与费用、质量、安全等目标协调，还要充分考虑客观条件和风险预计，确保项目目标能够实现。

2. 进度计划编制考虑的因素

项目进度计划编制考虑的主要因素是项目规模的大小、难易和复杂程度；项目的紧迫程度；项目所涉及的环境、条件和基础；项目所涉及资源能源可能的供给情况；对项目所涉及相关技术了解、掌握情况，项目团队及相关人员的技术水平和能力，业主（项目建设单位)的配合情况、资金筹措情况等。

3．进度计划编制的工具

项目进度计划编制的主要工具是网络计划图和横道图,通过绘制网络计划图,确定关键路线和关键工作。根据总进度计划,制定出项目资源配置计划、费用计划、资金使用计划,再把这些计划分解到年、季、月等各个阶段,依此作为项目实施和控制过程的依据。

6.4.2 进度计划编制的主要步骤

1．工作结构的分解(WBS)

工作分解结构就是将一个具体的项目,按一定的原则进行分解。具体的分解方法就是将项目分解成一个个任务,再将每一个任务分解成一项项具体的工作,再把每一项工作分配到每一个人的具体活动中,直到分解不下去为止。项目工作结构分解如图 6-7 所示。

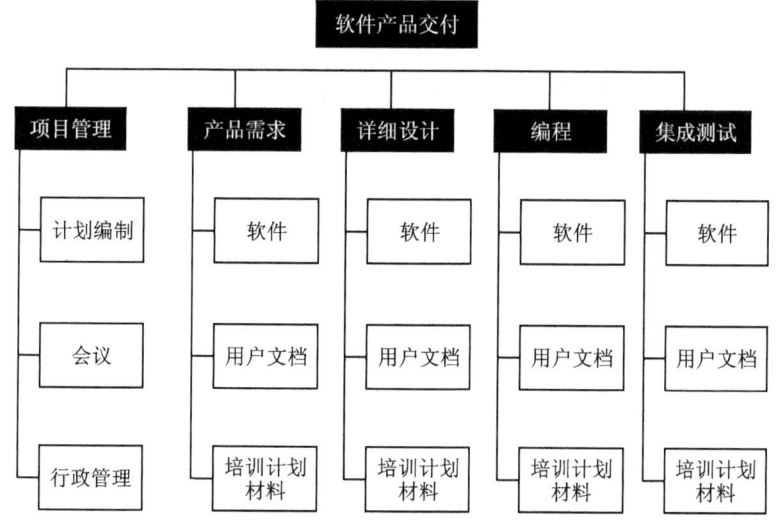

图 6-7　项目工作结构分解图

2．确定责任矩阵

责任矩阵就是将工作分解结构中工作细目的个人责任用表格方式表示的方法。一般在矩阵纵列列出项目中各项细节工作任务,在横排列出项目相关人员的名称,在其交叉格内表明每个人的角色,如图 6-8 所示。

3．确定时序

时序是指工作分解结构中每一个具体细节工作要求的工作时间顺序。

4．确定工序

工序是指工作分解结构中每一个具体细节工作相互之间的工作顺序。

工　作	A	B	C	D	E	F	…
调研	S	R	A	P	P		
准备	S		A	P		P	
计划	S		R	A	I		P
监理实施		R	S	A		P	P
结束			S	P	I	A	P

注：P=参加；A=负责；R=审查；I=提供资料；S=签署。

图 6 - 8　责任矩阵图

5．费用预算分解

费用预算分解就是指根据工作分解结构的情况,结合资源供给、各种材料费用单价及人工工资、设备使用费用计费标准将项目的总预算分解到每一个子项目、任务和工作中。

6．绘制甘特图

甘特图是指以图的方式将工作分解结构中所有的细节工作按照时序和工序来表示任务与时间的关系,也称项目工作进度横道图,也称甘特图,如图 6 - 9 所示。其中,横轴表示时间,纵轴表示细目,线条表示实施期间计划和实际完成的情况。

甘特图						
任务	第一周	第二周	第三周	第四周	第五周	第六周
计划阶段						
需求分析						
规格说明						
软件设计						
软件实现						
单元测试						
集成测试						
确认测试						

图 6 - 9　甘特图

7．确定关键路径

关键路径是指项目从开始到结束用时最长的逻辑路径,也就是将项目从开始到结束中所有并行(包括单一任务)任务中用时最长的任务连接起来所形成的工作路径。其所需要的时间也就是项目的总工期。由于关键路径决定项目的工期,因此必须重点关注,优化关键路径是缩短项目总工期的有效办法。关键路径是通过计算每个工作包的最早时间、最迟时间和自由差得到的,需要注意的是关键路径有可能有多条,如图 6 - 10 所示。

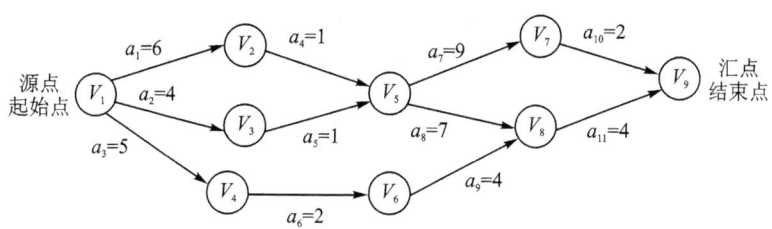

图 6 - 10　关键路径示意图

8. 关键路径的计算

图 6 - 10 中共有 11 项工作任务,每项工作任务用 a_i 表示,共有 9 个工作节点(工作的交汇点),每个工作节点用 V_i 表示。其中,V_1 表示项目开始(启动)点,V_9 表示项目结束点。每项工作所需要的时间用 $a_i = x$ 表示,如 $a_1 = 6$ 表示 a_1 项工作需要 6 个时间单位。

1)最早时间

最早时间分为:分为最早开始时间和最早结束时间。最早开始时间是指本项工作最早可能开始启动的时间。最早结束时间是指本项工作最早可能结束的时间。

最早开始时间、最早结束时间计算公式如下:

最早开始时间 ES＝MAX{前一项工作结束的时间 EF}(第一项工作的最早开始时间 ES＝0);如 a_8 项工作的最早开始时间应该取 a_4 项工作和 a_5 项工作最后的结束时间,即 a_8 的最早开始时间应该是 $a_8(ES)＝MAX\{7,5\}＝7$

最早结束时间 EF＝ES＋当前工作需要的时间(工期)

$$a_8 项工作的最早结束时间 a_8(EF)＝7＋7＝14$$

2)最迟时间

最迟时间分为最迟开始时间、最迟结束时间。最迟开始时间是指本项工作最迟可能开始启动的时间。最迟结束时间是指本项工作最迟可能结束的时间。

计算公式如下:

最迟结束时间 LF＝MIN{下一项工作的开始时间 LS}(最后一项工作的结束时间 LF＝项目的工期)。

如 a_5 项工作的最迟结束时间应该取 a_7 项工作和 a_8 项工作最迟可能开始的时间,即 a_5 的最早开始时间应该是 $a_5(LF)＝MIN\{11,11\}＝11$

$$最迟开始时间 LS＝LF—当前活动的工期$$

$$a_5 项工作最迟开始时间 a_5(LS)＝11-1＝10$$

3）自由差

自由差分为总时差、工作包时差,计算公式如下:

项目总时差＝最后完成时间 LF—最早完成时间 EF(第一个工作包或最后一个工作包)或＝最早开始时间 LS—最早完成时间 ES(第一个工作包或最后一个工作包)

工作包时差＝LF—EF(每一个工作包的)或

            ＝LS—ES(每一个工作包的)

本列中的关键路径有两条,分别是:

$$a_1 \rightarrow a_4 \rightarrow a_7 \rightarrow a_{10} \text{ 和 } a_1 \rightarrow a_4 \rightarrow a_8 \rightarrow a_{11}$$

本项目总的工期是 18。

6.4.3 进度计划调整

当计划工期超过项目规定的工期后,就要对计划进行调整。调整围绕关键路径展开,遵循就近、就工作时长、就增加费用低等原则进行。经过调整后,计划工期的时间少于项目规定工期,项目计划编制工作就结束了。

6.4.4 进度计划控制

进度计划控制管理是采用科学的方法确定进度目标,在执行或实施进度计划的过程中,由于资源供应特别是信息工程项目涉及用户的配合支持、技术抉择、知识应用等不确定因素以及其他的干扰因素的影响,这些因素或原因有主观的、客观的,但都有可能使计划的实施不能完全实现,因此必须及时调整计划。所以在项目实施的过程中必须及时掌握了解计划的执行情况,并与计划进行对比分析,找出问题和原因,采取有效措施,及时调整计划进度,使项目能够按照预定的目标进行,确保项目目标的实现。因此,进度计划控制是动态的、全过程。

进度计划控制的常用方法有甘特图法、S曲线法、列表法、前锋线法、香蕉线法。

1. 甘特图法

利用甘特图进行进度控制,一般首先要画出项目计划进度的甘特图如图 6－11 所示,然后将进度计划检查日期标注在图形相应日期的下方,再将检查收集到的实际进度数据和资料标注在原进度计划的下方,一般用深黑线表示,最后就可以通过观察图形比较分析项目进度的偏差。

2. S曲线法

S曲线法是表示项目进度落差状况非常直观的一种图形表示方法,如图 6－12 所示。这种方法将项目的计划进度与实际进度都画在同一个坐标系中,将两者之间时间和进展的差距直接反应出来,有利于项目管理者进行进度控制策略的制定和实施。

3. 列表法

列表法要求项目管理者记录下项目进行检查的日期,并记录正在进行的工作名称以及这项工作已经开始的时间,然后列在表格内计算有关的时间参数,并根据项目活动

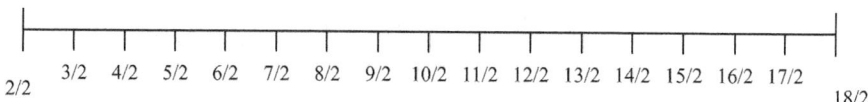

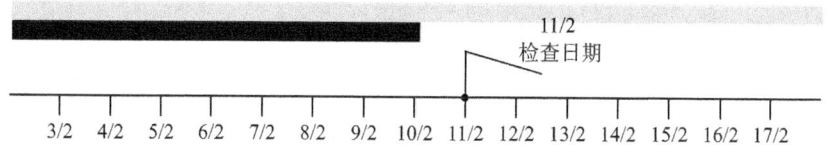

图 6 - 11　计划进度控制甘特图法

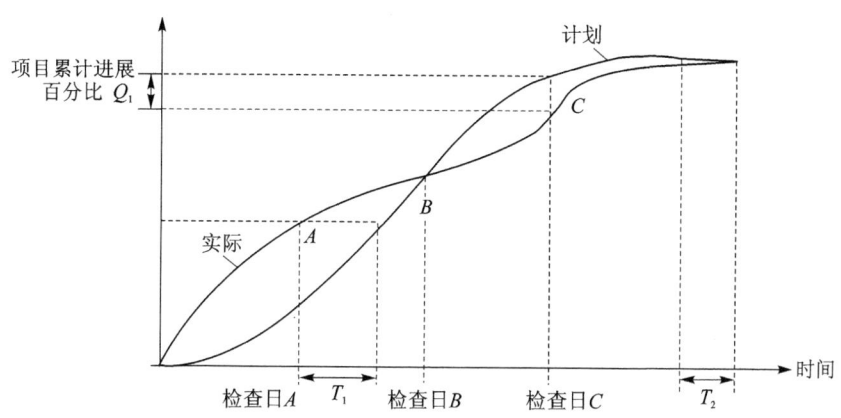

图 6 - 12　进度计划控制 S 曲线法

总时差的变化来判断项目进度是提前还是拖后的一种方法,如图 6 - 13 所示。

工作 名称	检查计划时尚需 工作天数 T_1	至计划最迟完成时间 的尚需作业天数 T_2	原有 总时差 T	尚有总时 差 T_3	情况说明
A	2	4	4	2	实际进度拖后2天, 但是项具总工期不变
B	3	6	2	3	实际进度提前一天
C	3	2	1	-1	实际进度拖后一天 影响项目总工期
D	3	3	0	0	实际进度与进度计划 一致

图 6 - 13　进度计划控制列表法

4. 前锋线法

前锋线法是一种利用时标网络图来检查项目进度偏差的进度计划控制方法,即在项目的时标网络图上,从计划检查的时标坐标点出发,用点划线依次连接各项活动的实际进展位置点形成折线,如图 6 - 14 所示。

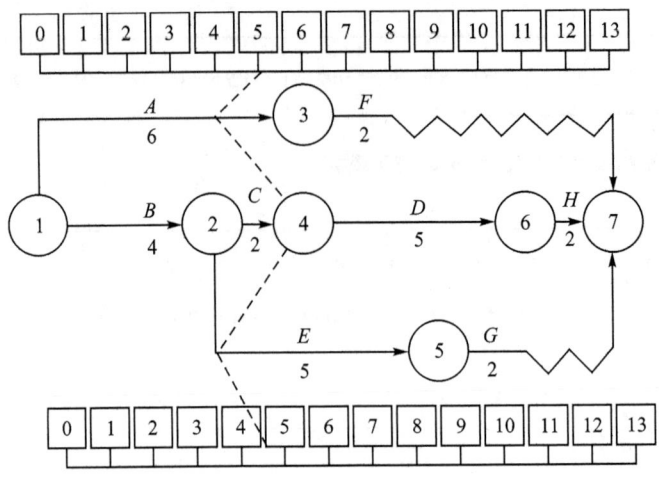

图 6-14   进度计划控制前锋线法

5. 香蕉线法

香蕉线法是由项目的两条时间曲线（ES 曲线和 LS 曲线）组成的闭合曲线，如图 6-15 所示。由于形状类似香蕉就称为香蕉线。

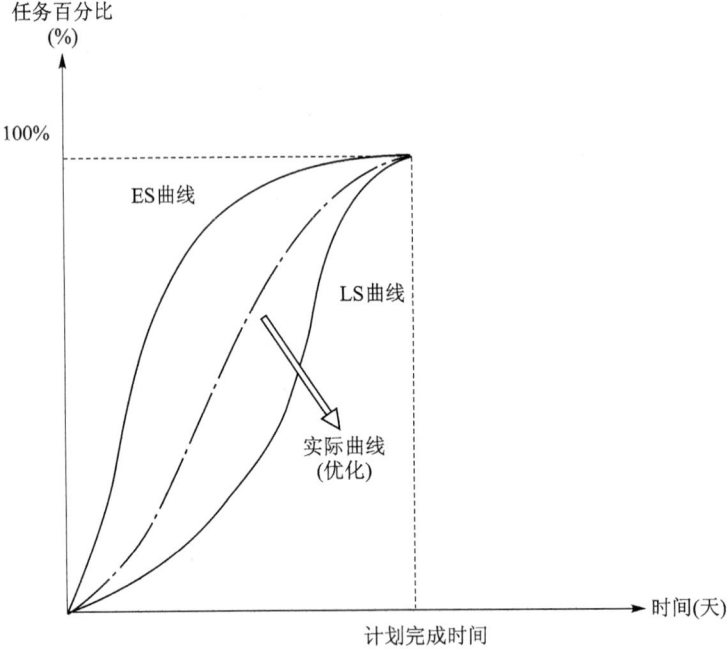

图 6-15   进度计划控制香蕉线法

6.5　项目费用管理

项目的费用管理是指在项目确定的预算范围内,在项目实施期间科学合理地使用和分配资金,确保项目保质按期完成,达到项目预期的目标。费用管理包括费用估计、费用预算、费用控制。

6.5.1　费用估计与预算

费用估计是指预估完成项目各项工作任务所需资源的(人、材料、设备)等费用的近似值,主要是根据当地市场价格以及历史走势和计划工期范围内可能的价格,同时还要考虑材料及设备的品牌、质量和人力资源的要求等。费用估计的依据主要是工作分解结构 WBS、资源需求计划、资源价格、工作时间和历史信息等。费用估计通常是由项目管理人员掌握和使用的。

费用预算则是将费用估计提交给财务管理部门,并将估算结果,给每一个独立工作项目分配全部的各项费用,以便做出资金使用计划,并得出项目执行的费用基线,如图 6 - 16 所示。费用预算包括直接人工费用、材料设备及消耗品费用、辅助服务费用等。

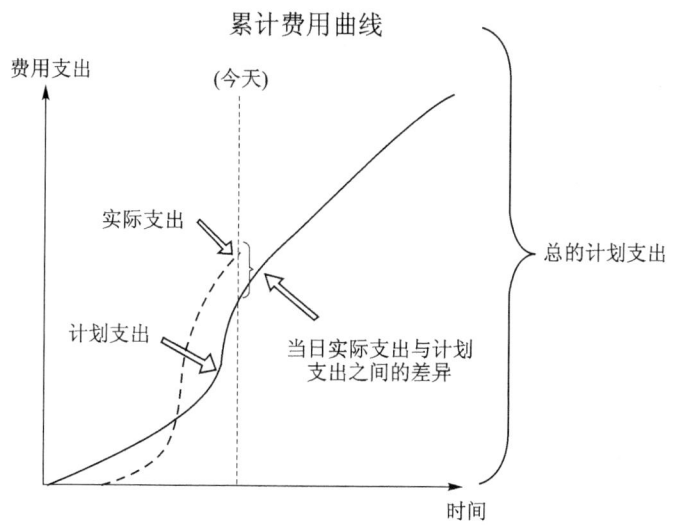

累计费用曲线

图 6 - 16　费用基线图

常用费用估计和费用预算的方法有参数模型法、类比法、专家估算法。

1. 参数模型法

参数模型法是将项目的特征参数作为预测项目费用数学模型的基本参数,模型可能是简单的,也可能是复杂的,如软件开发费用的模型通常需要许多独立的因素加以描述,而建筑费用的估计通常只需要建筑面积一个简单函数,即每平米造价多少即可。

2. 类比法

类比法通常是与已经实施过的类似项目相比较来估计本期项目的费用。在类比的时候一定要同时考虑两个项目的类型、实施地点、环境等相关因素,对信息工程特别是软件工程则要考虑其规模、难度、复杂性和人员情况。类比法一般适用于具有多个同类项目实施经验的专家。

3. 专家评估法

专家评估法通常是同行业、同领域并且有丰富实践经验的专家根据其对项目的熟悉和了解情况及以往的经验对项目费用的估计,一般请两个以上的专家进行评估,然后综合评估结果作为最终的估算。

以上三种估算方法各有所长,其适用情况也不一定相同,也可以将三种方法结合起来使用。其各自优缺点如表 6-3 所列。

表 6-3　三种费用预算方法应用范围及优缺点比较表

预算方法	应用范围	优　点	缺　点
参数模型法	生产开发	应用简单,成本低,统计数据基础可以提供期望值和预期范围 在详细设计和项目计划之前可以用于设备或系统	需要建立参数成本关系具体系统或系统硬件功能的频度有限 依赖于数据的质量和数量,受有限的数据和独立变量的影响
类比法	采购 生产开发项目计划	相对简单 成本低 强调增量项目和生产变化,相似系统的准确性高	要求类似的生产和项目数据;技术应用范围狭窄;可能只限于相同公司的系统的设备
专家估算法	所有的项目阶段	当数据不足/参数成本关系和项目生产定义不足时也可以应用	容易产生偏见 产品和项目的复杂性增加会降低估算的精度 主要的估算不是定量的

6.5.2　费用控制

费用控制就是要保证各项工作都在其各自的预算范围内进行。费用控制最重要的就是关心影响和改变费用线的各种因素,以确定费用线是否改变、是否有必要调整实际的费用。因此在项目实施的过程中,规定项目团队各个成员定期上报费用,再由控制部门对费用进行审核,以保证各种支出的合法性。一般通过在每个检查节点用实际费用和计划费用进行比较,根据比较结果采取相应的措施。为提高判断的科学性,在项目管理里引入盈余量费用,在实际的费用控制过程中,将盈余量费用和计划费用、实际费用进行比较,进而得出时间超期、费用超期的判断,并据此采取相应的措施;采用这种方法比仅用实际费用和计划费用更精细、更准确。

盈余量费用(BCWP)＝计划费用×完成百分比,完成百分比由项目经理实地测量后得到。

如果盈余量费用(BCWP)超过计划费用(BCWS),表明工作包在这个检查周期内工期超期,给项目带来很大风险,必须采取相应措施降低项目工期超期风险。

费用控制的内容是监控费用执行情况,以确定与计划的偏差;确定所有发生的变化都记录在费用线上;避免无效的、不正确的以及不合理的变更反映到费用线上。

6.6　项目质量管理

6.6.1　质量管理的概念

项目质量是指项目作为一次性的特殊活动,其在整个实施过程中,由工作分解结构反映出的项目范围内所有的阶段、子项目、项目工作单元的工作程序和工作流程、工作要求均按照相关各方确认的标准、规范的符合性,其最终形成的成果或实现的目标与各相关方所确定的目标的符合性。项目质量含有两个属性:一个是项目作为一项最终产品,质量体现在其性能或者使用价值上,即项目的产品质量;另一个就是这个产品生产过程的质量,即项目的工作质量,工作质量是产品质量的保证,它反映了与产品质量直接有关的工作对产品质量的保证程度。

项目质量管理是指为保障和提高项目质量,运用一整套质量管理体系、手段和方法进行系统的管理活动。项目质量管理把组织的质量政策应用于规划、管理、控制项目等质量要求,以满足相关方目标的各个要求。项目质量管理包括规划质量管理、管理质量、控制质量,如图6-17所示。

项目质量管理不能等同于企业质量管理,两者最大的区别是项目质量是由项目过程的一次性、项目产品的独特性和项目交付物的逐步形成特征决定的。企业质量

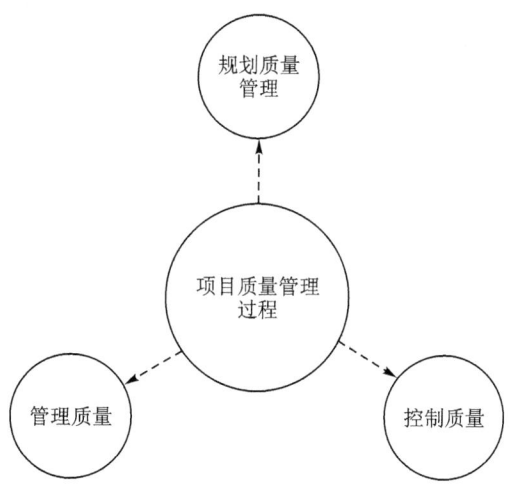

图6-17　质量管理过程

管理常用的 ISO 9001 标准或者软件企业 CMMI 标准主要是针对企业在经营管理中的具有重复性的要素或过程。实施 ISO 9001 质量管理体系标准的目的是企业通过持续的改进活动,不断发现过程误差、系统误差和纠正过程误差、系统误差,从而持续地改善过程输出的质量。而项目管理中全部是一次性过程或要素,故项目的质量管理核心是

过程输出阶段结果的验证和预防措施的制定和实施。因为项目的有些质量缺陷并没有采取纠正措施的机会,或者质量缺陷的后果是毁灭性的。ISO 9001 提供的是企业的质量管理体系模式,其中只有质量计划要素(ISO 9001:1994)或产品实现策划过程(ISO 9001:2000)涉及项目质量管理。

6.6.2 管理的基本原理

项目质量管理主要可归纳为七大原理,分别为系统原理、PDCA 循环原理、全面质量管理原理、质量控制原理、质量保证原理、合格控制原理和监督原理,如图 6-18 所示。

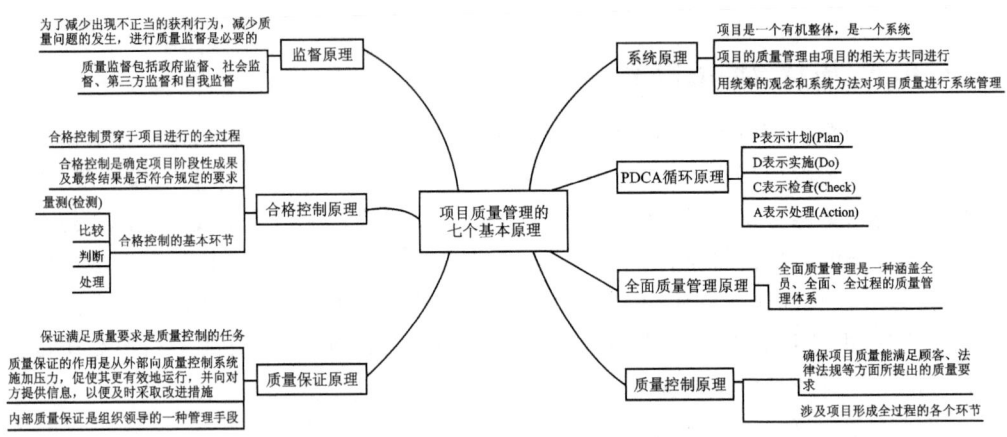

图 6-18 项目质量管理的七个基本原理

1. 系统原理

项目质量管理的对象是项目,项目由不同的环节、不同的阶段、不同的要素所组成,项目的各环节、各阶段、各要素之间存在着相互矛盾、相互统一的关系;项目具有众多目标,既有总目标,又有子目标,总目标之间、总目标与子目标之间、子目标与子目标之间同样存在着相互矛盾又相互统一的关系。可见,项目是一个有机整体,是一个系统。从项目质量管理的主体来看,项目的质量管理是由项目的相关方共同进行的。项目的各个相关方也存在着相互矛盾又相互统一的关系。无论是从项目质量管理的主体还是从管理的客体来讲,都是一个完整的体系。因此,在项目质量管理的过程中,应运用系统原理进行系统分析,用统筹的观念和系统方法对项目质量进行系统管理,从而使项目总体达到最优。

2. PDCA 循环原理

在项目质量管理过程中,无论是对整个项目的质量管理,还是对项目的某一个质量问题所进行的管理,都需要经过从质量计划的制定到组织实施的完整过程。即首先要提出目标,也就是质量达到的水平和程度,然后需要根据目标制定计划,这个计划不仅包括目标,而且还包括为实现项目质量目标而需要采取的措施。计划制定后,就需要组织实施。在实施的过程中需要不断检查,并将检查结果与计划进行比较,根据比较的结果对项目质量状况做出判断。针对质量状况分析原因并进行处理。这个过程可归纳为 PDCA 循环。这里的 P 表示计划(Plan)、D 表示实施(Do)、C 表示检查(Check)、A 表示处理(Action)。

3. 全面质量管理原理

全面质量管理是指质量管理的范围不仅限于产品质量本身,而是包含质量管理的各个方面,即将质量管理工作从生产扩大到设计、研制、生产准备、材料采购、生产制造、销售和服务等各个环节;将产品质量扩大到工序质量、工作质量和管理质量。所以,全面质量管理是一种涵盖全员、全面、全过程的质量管理体系。

4. 质量控制原理

质量控制的目标就是确保项目质量能满足客户、标准、规范等方面所提出的质量要求。质量控制的范围涉及项目形成全过程的各个环节。

项目质量控制的工作内容包括了技术和活动,即包括专业技术和管理技术两方面。围绕着质量环的每一阶段的工作,应对影响项目质量的人员、机械、材料、方法、环境因素进行控制,并对质量活动的成果进行分阶段验证,以便及时发现问题,查明原因,采取相应的纠正措施,防止质量问题的再次发生,并使质量问题在早期得以解决,以减少经济损失。因此,质量控制应贯彻预防为主与检验把关相结合的原则。同时,为了保证每项质量活动的有效性,质量控制必须对干什么、为何干、怎样干、谁来干、何时干、何地干等做出规定,并对实际质量活动进行监控。

5. 质量保证原理

项目的质量保证致力于提供质量要求会得到满足的信任。保证满足质量要求是质量控制的任务,就项目而言,用户不提质量保证的要求,项目实施者仍应进行质量控制,以保证项目的质量满足用户的需要。

要使用户能"信任",项目实施者应加强质量管理,完善质量体系,对项目应有一套完善的质量控制方案、办法,并认真贯彻执行,对实施过程及成果应进行分阶段验证,以确保其有效性。在此基础上,项目实施者应有计划、有步骤地采取各种活动和措施,使用户能了解其实力、业绩、管理水平、技术水平以及对项目在设计、实施各阶段主要质量控制活动和内部质量保证活动的有效性,使对方建立信心,相信完成的项目能达到所规定的质量要求。

6. 合格控制原理

在项目实施过程中,为保证项目或工序质量符合质量标准,及时判断项目或工序质量合格状况,防止将不合格品交付给用户或使不合格品进入下一道工序,就必须借助于某些方法和手段来检测项目或工序的质量特性,并将测得的结果与规定的质量标准相比较,从而对项目或工序做出合格、不合格或优良的判断(称为合格性判断);如果项目或工序不合格,还应做出适用或不适用的判断(称为适用性判断),这一过程就称为合格控制。合格控制贯穿于项目进行的全过程。

7. 监督原理

项目质量监督工作的基本环节是：量测（检测）、比较、判断和处理。

作为独立的项目实施方，其质量行为始终受到实现最大利润这一目标的制约。这种最大利润是在保证和提高项目质量或服务质量的前提下，通过提高工作效率取得，还是通过偷工减料、降低质量获得，这显然是两种完全不同的利润获得方式，前者是正当的，后者是不正当的。为了减少出现不正当的获利行为，减少质量问题的发生，就有必要进行质量监督。

6.6.3　质量管理技术

项目的质量管理工作是一个系统过程，在实施过程中必须创造必要的资源条件，使之与项目质量要求相适应，如图 6-19 所示。项目实施团队及相关单位要保证工作质量和项目质量，须实行业务工作程序化、标准化和规范化。支持质量部门独立地、有效地行使职权，对项目实施全过程实行质量控制。

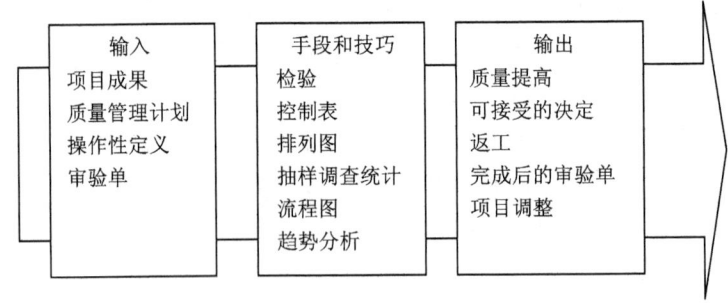

图 6-19　项目质量管理技术图

在项目实施过程中，为达到预期的项目质量和工作质量要求，要对与管理有关的重复性事务和概念进行规定并形成系列的质量管理文件。

1. 质量保证大纲

质量保证大纲主要包括按项目的特点和有关部门对质量的要求，提出明确的质量指标要求；明确规定工艺技术、计划、质量和物资部门的质量责任；确定各实施阶段的工作目标；针对项目特点和实际的实施能力，提出质量控制点和需要进行特殊控制的要求、措施、方法及其相应的完成标识和评价标准；对设计、工艺和项目质量评审要有明确规定。

2. 质量工作计划

质量工作计划是对特定的项目、服务、合同规定专门的质量措施、资源和活动顺序的文件。其主要内容包括实现的质量目标；应承担的工作项目、要求、责任以及完成的时间等；在计划期内应达到的质量指标和用户质量要求；计划期内质量发展的具体目标、分段进度、实现的工作内容、项目实施准备工作、重大技术改进措施、检测及技术开发等。

3．技术文件

技术文件是设计文件、工艺文件、研究试验文件的总称,是项目实施的依据和凭证。成套技术文件应完整、准确、协调、一致。也就是说,实际文件与项目技术文件状态一致,工艺文件与项目实施实际一致,研究试验文件与项目实际过程一致。成套技术文件的完整性应根据项目和工作的性质、复杂程度、研制阶段区别对待。

6.6.4 项目质量计划

项目质量计划是指为确定项目应该达到的质量标准和如何达到这些项目质量标准,而做的项目质量的计划与安排。项目质量计划是质量策划的结果之一。它规定与项目相关的质量标准,由谁及何时应使用哪些程序和相关资源来满足这些标准。项目质量计划管理包括项目质量计划、项目质量工作说明、质量核检清单以及可用于其他管理的信息。制定质量计划的目的是确保项目的质量标准能够完整实现。项目质量管理计划主要说明项目管理组织为实施其制定的质量方针和质量目标而进行的职责、权限分配,质量检验、报告、审核,编辑质量管理文件的管理行动。

1．项目质量管理计划

主要包括以下几方面内容:

（1）项目质量目标在项目承担单位内部能够得到理解和贯彻落实。

（2）为实现项目质量目标提供必需的、充分的、适宜的资源。

（3）为实现项目承担单位对质量承诺而采取的措施。

（4）改进工作质量以满足上级主管部门的要求,提高满意度。

（5）实现项目质量持续改进的措施。

（6）实现有效沟通的措施。

（7）随项目进展而进行更改和完善项目质量计划所形成文件的程序。

2．项目质量计划制定

质量管理计划描述的是项目质量管理体系,即实施质量管理所需要的组织结构、责任、程序、过程和资源。质量管理计划根据质量规划得到,其内容包括质量方针、质量目标、界定说明和项目描述。项目的质量方针是由高层管理部门提出的关于质量的意图和方针,此政策应该描述质量目标、质量层次、执行政策以及项目组中各成员的责任。项目的质量方针主要包括一个总的提纲、明确合理的责任分工和权限,以及一个严密的管理程序,并为项目配备训练有素的人力和相应的设备。完整统一的纲领能够使所有的员工在它的指导下工作,在保证工作质量的前提下,保证产品质量。

规范化的管理程序用来指挥各项业务活动,能保证项目有秩序地进行。员工在上岗之前必须进行培训,只有保证员工的质量才能保证项目的质量。

质量的目标由一些特殊的目标组成,必须认真制定质量目标,不切实际的目标只能导致项目的失败。在定义质量目标时,必须做到目标可以实现,目标易于理解,目标尽量详细,目标要有一定的基准。

项目的界定说明是项目立项时将项目的可交付成果记录下来的项目目标文件。随着项目的进展,该说明可能细化或者修改。项目的界定说明应该包括项目论证文件、项目的最后成果和项目的质量目标。

项目描述按照项目立项时确定的产品说明为基础,随着项目发展阶段逐渐深化、细化,直至包含技术问题的细节和影响质量的其他问题。

项目的质量管理计划是由项目经理和项目组成员共同制定的。在编制过程中,需要识别组织内外所有的项目利益相关人,考虑他们的意见,制定设计过程来满足用户的需求;同时,组织也要对不断变化的客户的需求做出反应,以保证程序工作正常,满足质量目标。项目质量计划的制定通常是依据上述原则,通过一定的手段和技巧,得到具体的质量计划,如图 6 - 20 所示。

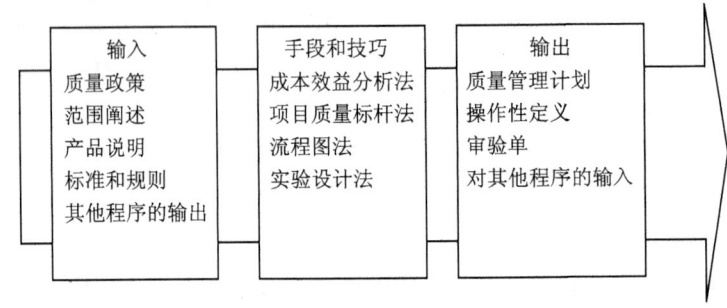

图 6 - 20　项目质量计划制定

(1) 项目质量计划制定的依据(输入)

1) 质量策略

项目业主及相关方对项目所确定的或制定的所有质量要求、政策和方针。

2) 范围阐述

项目目标说明和项目任务范围的说明,要清晰地说明为完成既定特性和功能的项目产出物而必须开展的工作以及开展这些项目工作的具体要求。

3) 产品说明

项目产出物全面、详细的说明。

4) 标准和规则

必须充分考虑到与项目质量相关的国家和行业的标准、规则以及国家的有关规定要求。

5) 其他程序的输出

除范围描述和产出物描述之外其他项目管理方面的要求,以及与项目质量制定有关的信息。

(2) 质量计划制定的方法(手段和技巧)

常用的质量计划制定的方法或者手段与技巧有成本收益分析法、质量标杆法、流程图法和实验设计法等。

1）成本收益分析法

成本收益分析法也叫经济质量法，它要求在制定项目质量计划时必须同时考虑项目质量的经济性，是通过比较项目质量投入的全部成本与产出的全部效益来评估项目质量计划压制的一种方法。

2）项目质量标杆法

质量标杆法是指利用其他同类项目已经实施或计划的项目质量管理结果或计划，作为本项目的质量比照目标，通过对比再结合本项目的质量目标要求制定出来的本项目质量计划。

3）流程图法

流程图法是用于表达一个项目的工作流程和项目不同部分之间相互联系，通常用于分析和确定项目实施的过程，同时它也是一种项目质量计划的有效方法。

4）实验设计法

运用实验设计质量是一种计划安排的分析技术，它有助于识别在多种变量中何种变量对项目成果的影响最大，从而找出影响项目质量的关键因素以指导项目质量计划的编制。

（3）质量计划的成果（输出）

质量计划的输出是依据质量计划的输入，经过采用一定的质量计划制定方法确定出项目具体详细的质量管理计划、具体的操作说明和检查表格。

质量管理计划主要描述项目管理组织如何实施其质量政策、方针，具体包括对组织结构、责任、方法、步骤及资源等实施质量管理，提供了对整个项目进行质量控制、质量保证及质量改进的基础。

具体操作说明是指对于一些特殊条款需要附加的操作说明，包括对它们的解释及在质量控制过程中如何度量的问题。

检查表格是一种用于对项目执行情况进行分析的工具。

6.6.5 项目质量控制

项目质量控制是指在项目实施的整个过程中，对每一个阶段每一个子项目（或任务、工作）进行监督和管理，将实施的结果与事先制定的质量标准进行比较，找出存在的问题和差距，分析研究形成差距和出现问题的原因，是监督项目的实施结果并加以改进。

1. 项目质量控制的依据

项目质量控制的主要依据是项目质量计划、项目质量工作说明、项目质量控制标准与要求和项目质量的实际结果。

2. 项目质量控制的方法和工具

1）核减清单法

核减清单是指对项目实施过程中将那些经过监督检查完全符合预先制定的质量标准的子项目或任务、工作逐一排除的方法。它是项目质量控制中的一种独特的结构化质量控制方法。

2）质量检验法

质量检验法是指在项目实施过程中采用检验、检测、测量、测试的方式来保证工作结果与质量要求相一致的质量控制方法。

3）控制图法

控制图法是有效数据建立控制界限，如果项目实施过程中不受异常原因的影响，在项目实施过程中观察得到的数据就不会超出其界限。这种方法是建立在统计质量管理方法基础之上的，是开展项目质量控制的一种图示方法，如图 6-21 所示。

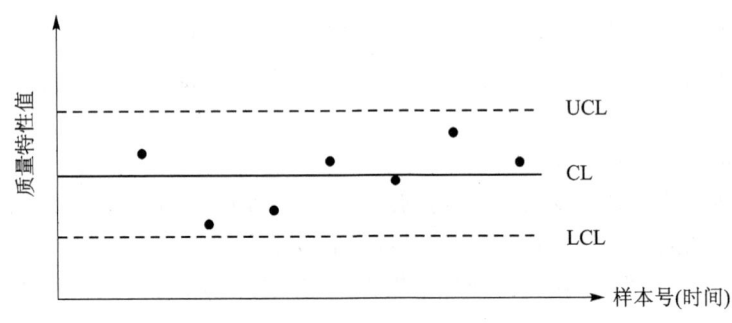

图 6-21　质量控制图

4）帕雷斯图法

帕雷斯（Pareto）图法又叫排列图法，是一种表明"关键的少数和次要的多数"关系的一种统计图表。它将有关质量问题的要素进行分类，从而找出"重要的少数"（A 类）和"次要的多数"（B 类），以便对这些要素采取 ABC 分类管理的方法。这是质量控制中常用的一种方法，如图 6-22 所示。

5）统计样本法

统计样本法是指选择一定数量的样本进行检验，从而推断总体的质量情况，以获得质量信息和开展质量控制的方法。

6）流程图法

流程图法是指在项目质量控制过程中，有关分析项目质量问题发生在项目流程的环节、造成这些质量问题的原因以及这些质量问题发展、形成的过程的一种方法。

7）趋势分析法

趋势分析法是指使用各种预测分析技术来预测项目质量未来发展趋势和结果的一种质量控制方法。

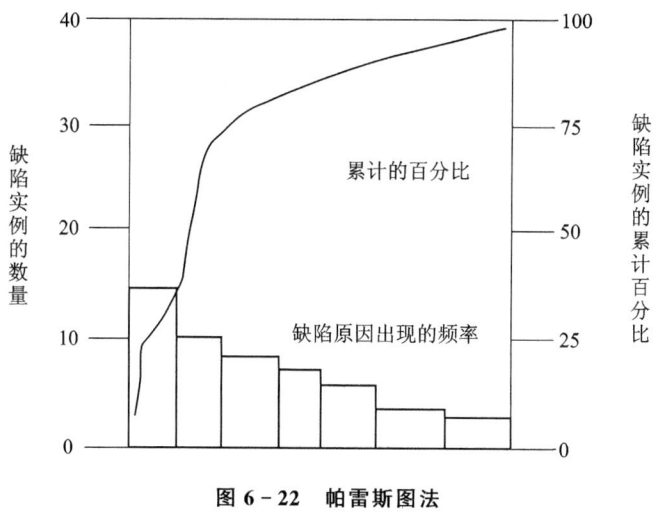

图 6 - 22　帕雷斯图法

3. 项目质量控制结果

项目质量控制结果是指项目质量控制和质量保障工作所形成的综合结果,是项目质量管理全部工作的综合结果。主要内容包括:

1)项目质量的改进

通过项目质量管理与控制所带来的项目质量的提高,是项目质量控制和保障工作共同作用的结果,也是项目质量控制最为重要的成果。

2)项目质量的接受

项目质量的接受是指项目的一项工作或全部工作已经完成并达到了项目质量要求。它包括两个方面:一是指项目质量控制人员根据项目质量标准对已完成的项目结果进行检验检测后对该项结果所做出的接受和认可;二是指项目业主或代理人根据项目总体质量标准对已完成项目的工作结果进行检验检测后做出的接受和认可。

3)项目返工

返工是指在项目质量控制中发现某些工作存在质量问题并且其工作结果无法接受时,采取将有缺陷或不符合质量标准的项目工作结果重新变为符合质量要求的一种工作。

4)核验结束清单

就是将已经完成了核捡的工作清单记录作为项目质量控制报告的一部分,并作为历史信息使用,以便对下一步项目质量控制所做的调整和改进提供依据和信息。

5)项目调整和变更

项目调整和变更是指根据项目质量控制的结果和面临的问题(一般是比较严重的,或事关全局性的项目质量问题),或者是根据项目的各相关利益者提出的项目质量变更要求,对整个项目的过程或活动所采取的调整、变更和纠偏行动。

6.7 项目风险管理

6.7.1 风险管理的基本概念

1. 风险的基本概念

风险是指在给定的情况下和特定的时间内,实际发生的结果与预期目标之间的差异程度。

项目风险是指可能导致项目无法达到预定目标的不确定性或者对项目实施带来不利影响的可能性。

风险具有其客观性,其存在或发生是不以个人意志为转移的。同时其还有不确定性,也就是说风险有多大、何时何地发生都是不确定的。但风险还有其可变性,就是在一定的条件下(自然的或人为的)风险是可以转化的。

项目风险管理是指对项目风险进行识别、度量、应对、监控和处理的系统的管理过程。在这个过程中,通过风险管理尽可能地将积极因素产生的影响最大化并使消极因素产生的影响最小化。风险管理的主要内容有风险识别、风险量化、风险对策和风险控制等。

项目风险管理贯穿于项目的全生命周期,也是动态循环的管理过程,如图 6-23 所示。

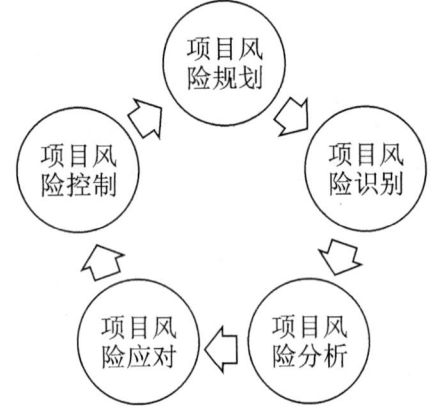

图 6-23 项目风险管理流程图

2. 风险的分类

(1) 按风险的后果分为纯粹风险和投机风险

① 纯粹风险是指风险发生的结果只有损失或没有损失两种情况,但绝不会带来利益。

② 投机风险是指风险发生的结果可能有损失、没有损失和获得一定利益三种情况。

(2) 按风险来源分为自然风险和人为风险

① 自然风险。

自然风险是指由于自然的或不可抗力导致财产损毁或人员伤亡而产生的风险,如洪水、风暴、地震等。

② 人为风险。

人为风险是指由于人为因素导致财产损毁和人员伤亡而产生的风险。人为风险又可细分为行为风险、政治风险、经济风险、技术风险和组织风险等。

（3）按风险的形态分为静态风险和动态风险

① 静态风险。

静态风险是指由于自然因素或人为因素导致的风险。从发生的后果来看，静态风险多属于纯粹风险。

② 动态风险。

动态风险是指由于人类需求的改变、制度的改进和政治、经济、社会、科技等环境的变迁导致的风险。从发生的后果来看，动态风险既可属于纯粹风险，又可属于投机风险。

（4）按风险可否管理分可管理风险和不可管理风险

① 可管理风险。

可管理风险是指用人的智慧、知识等可以预测、控制的风险。

② 不可管理风险。

不可管理风险是指用人的智慧、知识等无法预测也无法控制的风险。

（5）按风险的影响范围分局部风险和总体风险

① 局部风险。

局部风险是指由于某个特定因素导致的风险，其产生的影响范围较小。

② 总体风险。

总体风险影响范围大，其风险因素往往无法加以控制，如经济、政治等因素。

（6）按风险后果的承担者分类

按风险后果的承担着可以分为政府风险、投资方风险、业主风险、承包商风险、供应商风险和担保方风险等。

（7）按风险对目标的影响分类

按风险对目标的影响可以分为工期风险、费用风险、质量风险、市场风险、信誉风险、人身伤亡风险、安全风险、工程或设备的损坏风险、法律责任风险等。

6.7.2　项目风险规划

1．风险规划的目的

项目风险规划为项目的风险管理提供完整的行动纲领，确定如何在项目实施中进行风险管理，并确定项目风险管理计划。

2．风险规划的依据

项目风险规划的制定依据是风险管理政策、项目范围说明书、项目规定的任务和责任、项目利害关系人的风险容忍度、项目管理计划、项目的工作分解结构。

3．风险规划制定的方式

项目风险规划的制定方式是召开风险计划会议，项目的相关人直接参与到计划的制定之中,各抒己见、互相协商沟通,制定出最终的风险管理计划。

4.项目风险规划的内容

(1)确定风险管理的方法、工具及资源。

(2)明确风险管理活动中人员的职责和角色定位。

(3)界定项目生命周期中风险管理过程的各个阶段,以及风险管理过程评价、控制和变更的周期、频率。

(4)对风险的评估及量化。

(5)明确风险的抑制策略以及相关责任人员及实施时间。

(6)规定风险管理各个过程中应汇报的内容、范围、渠道以及方式。

(7)明确对风险管理的跟踪方法。

(8)明确项目风险管理后评估的内容、范围。

5.风险规划的成果

项目风险规划的成果是风险管理计划,包括风险管理方法、风险管理时间计划和风险管理计划说明等,并明确给出风险因素识别一览表、风险可能出现的概率及损失估计、风险管理重点、风险防范对策和风险管理责任等。

6.7.3 项目风险识别

项目风险识别是项目经理或是其他相关领域技术专家,通过对项目本身、项目使用者和项目客户的全面调查,识别可能对项目产生影响的风险因素,以及这些因素的特征和可能会给项目带来的影响。

项目风险识别的依据包括项目的计划文件信息和项目的历史资料(项目的历史资料、商业历史数据库和项目团队的经验)。

项目风险识别的方法:主观角度(假想分析法、头脑风暴法、德尔菲法和 SWOT 分析法)和客观角度(系统分解法、核对表法和流程图法)。

项目风险识别的成果是给出项目项目的风险因素、项目可能发生的潜在的风险事件以及风险征兆。

6.7.4 项目风险分析

项目风险分析是对项目风险进行的综合分析,并依据风险对项目目标的影响程度进行项目风险分级排序的过程。通过系统分析和综合权衡项目风险的各种因素,综合评估项目风险的整体水平。

1.风险分析的依据

项目风险分析的依据包括风险管理计划、风险识别的成果、项目进展情况、项目类型与数据的准确性和可靠性。

2．项目分析分为定性分析、定量分析

（1）定性分析方法

1）风险等级评分法

将项目风险发生概率和影响后果的严重程度有机结合起来，并通过对两者的分析，将风险划分为高风险、低风险和中等风险，并根据不同类别选取措施，如图 6 - 24 所示。

2）专家分析法

利用历史资料和经验进行风险非量化分析的方法。这种方法主要依靠专家自身的经验对项目的成本、进度、质量和技术等几个方面的风险进行分析。虽然这种风险在某种程度上是一种主观判断方法，但是却是比较可靠的，因为专家一般都拥有比较可靠的经验数据。因此，对于一些大型复杂的项目，为了节约资源和时间，有时可以采取这种方式进行风险分析。

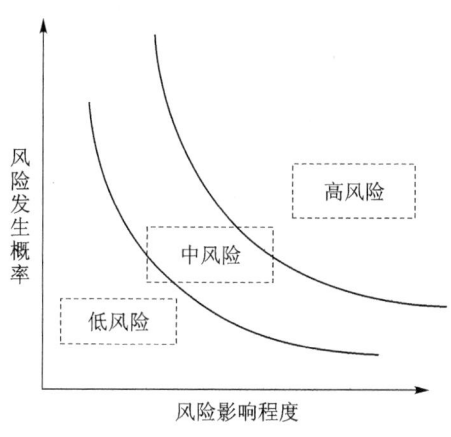

图 6 - 24　项目风险等级评分法

3）因果分析法

通过对于风险的结果和风险产生的原因进行逐层分析，绘出风险因果分析图进行风险分析的方法，如图 6 - 25 所示。

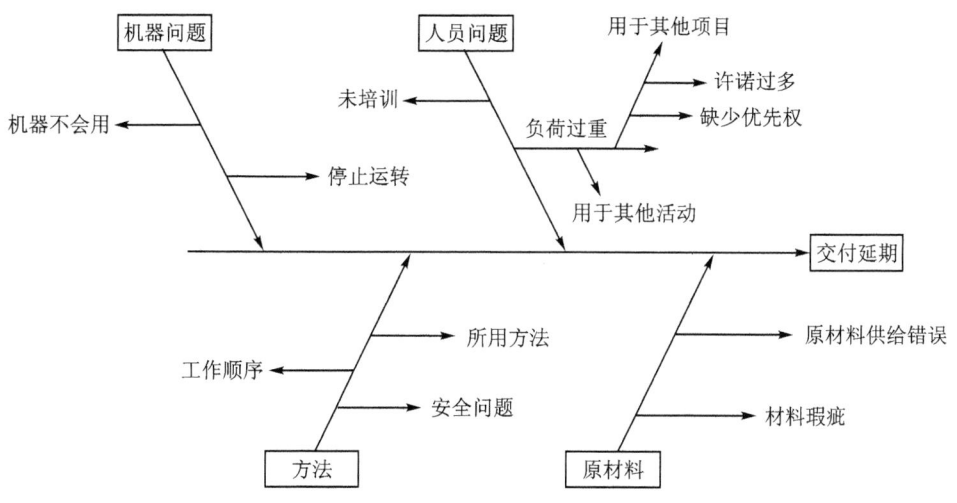

图 6 - 25　项目风险因果分析法

（2）定量分析

1）损失期望值法

这种方法首先要分析和估计出项目风险发生的概率和风险给项目带来的合理损失，将两者相乘得出项目的期望损失额，并据此推断度量项目风险的大小。

141

项目风险损失值一般是项目风险发生概率与项目损失估计相乘的结果,即:

$$E = \sum_{n=1}^{i} (Pi \cdot Si)$$

式中,E 是项目风险损失期望值,i 是项目第 i 种可能风险种类,P 是项目风险发生的概率,S 是项目风险损失的大小。

2)敏感性分析法

敏感性分析法是分析项目风险对项目影响程度的方法,是在假定其他风险影响因素都处在正常水平的情况下,分析某个风险影响因素的变化对项目的目标和收益的影响程度如图 6 – 26 所示。

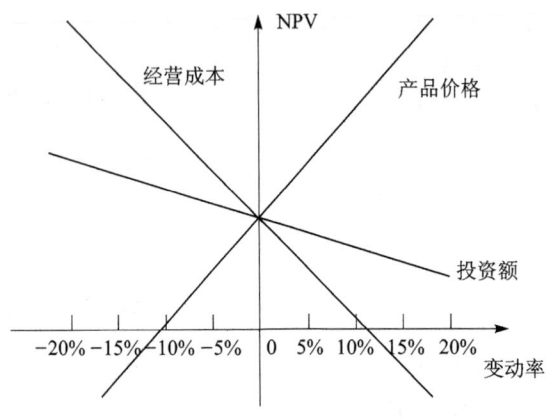

图 6 – 26　敏感性分析法

3)决策树分析法

利用树形图来描述各种可能性因素对项目造成的影响程度,是一种将复杂问题简单化的方法,如图 6 – 27 所示。

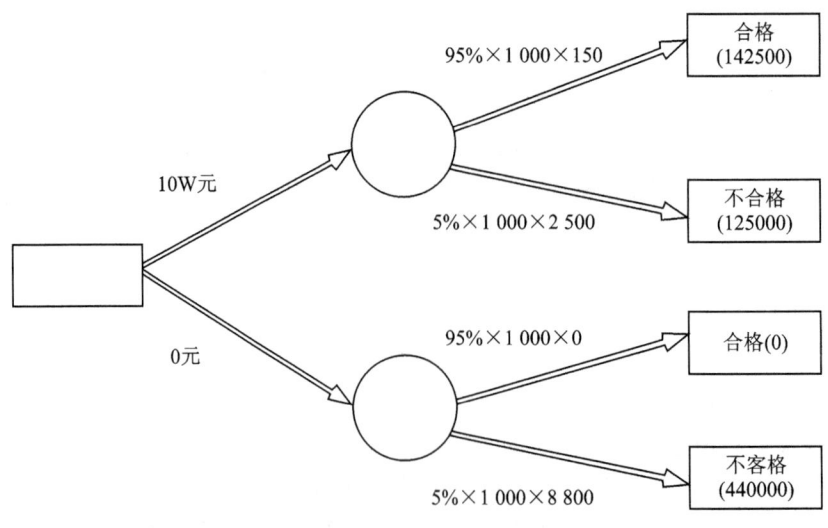

图 6 – 27　决策树分析法

142

4）蒙特卡罗法

通过模拟仿真系统对影响项目的各个潜在风险因素以及相应产生的影响进行模拟，通过系统给出的项目风险概率分布和损失大小的分布规律量化风险。蒙特卡罗方法进行项目风险分析的具体操作步骤：风险量化、建立模型、依据模型计算概率分布、修正生成的概率模型、计算风险评价值并评估风险状况。

6.7.5　项目风险应对

项目风险应对是对项目风险提出处置意见和办法的过程。

项目风险应对的依据包括风险管理计划、风险排序、风险主体和一般风险应对等。

项目风险应对方法包括规避风险、转移风险（保险和担保、合同条款）和风险自留等。

项目风险应对方法选用的影响因素：项目风险的特征、项目管理者的风险偏好、项目自身抵抗风险的能力、潜在报酬。

6.7.6　项目风险监控

项目风险监控是一个系统风险追踪过程，是指在整个项目过程中根据项目风险管理计划和项目实际发生的风险和项目发展变化所开展的各种监督和控制活动。

项目风险监控的依据包括风险管理应对计划和项目实际的发展状况。

项目风险监控的过程如图6-28所示。

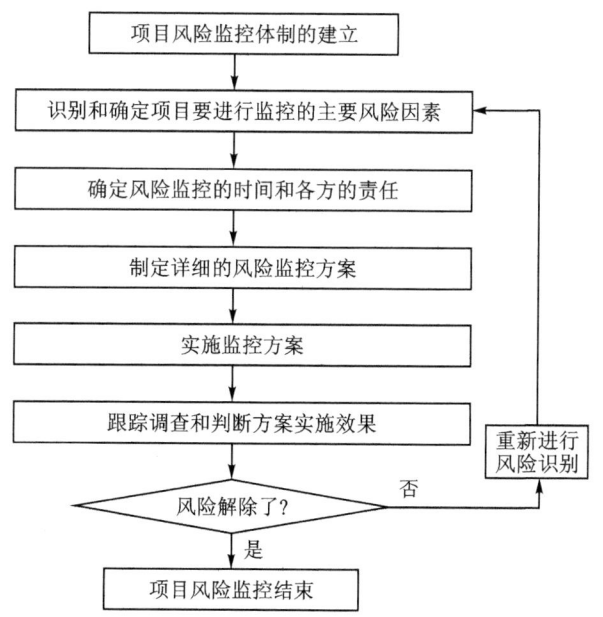

图6-28　项目风险监控过程图

6.8 软件工程项目管理

前面所述的管理知识应该是工程项目管理的基本知识,由于信息工程项目特别是软件工程和信息资源开发利用项目的特殊性,其在项目管理的过程中会有一些特殊需求。为此,本节主要介绍应用软件系统开发过程中的管理问题。

6.8.1 软 件

软件是指与计算机系统操作有关的计算机程序(代码)、规程、规则以及可能有的文件、文档及数据。

1. 软件的特点

(1)软件是无形的,没有物理形态,只能通过运行状况来了解其功能、特性和质量。

(2)软件渗透了大量的脑力劳动,人的逻辑思维、智能活动和技术水平是软件产品的关键。

(3)软件不会像硬件一样老化磨损,但存在缺陷维护和技术更新。

(4)软件的开发和运行必须依赖于特定的计算机系统环境,对于硬件有一定的依赖性。

(5)软件具有可复用性,软件开发出来很容易被复制,从而形成多个副本。副本和正本具有完全相同的使用价值。

2. 软件的分类

按应用范围划分,软件可以分为系统软件、应用软件。

(1)系统软件

是负责管理计算机系统中各种独立的硬件,使得它们可以协调工作。系统软件使得计算机使用者和其他软件将计算机当作一个整体而不需要顾及到每个硬件是如何工作的。

系统软件又可以分为操作系统软件和支撑软件。

1)操作系统

操作系统是一种管理计算机硬件与软件资源的程序,同时也是计算机系统的内核与基石。操作系统身负诸如管理与配置内存、决定系统资源供需的优先次序、控制输入与输出设备、操作网络与管理文件系统等基本事务。操作系统还提供一个让使用者与系统交互的操作接口。

2)支撑软件

支撑软件是支撑各种应用软件的开发与维护的软件,又称为软件开发环境(SDE)。它主要包括环境数据库、各种接口软件和一系列基本的工具软件(比如编译器、数据库管理、存储器格式化、文件系统管理、用户身份验证、驱动管理、网络连接等方面的工具软件）。

（2）应用软件

应用软件是指为某种特定的用途而被开发的软件。它可以是一个特定的程序，比如一个图像浏览器；也可以是一组功能联系紧密，可以互相协作的程序的集合，比如微软的 Office 软件；也可以是一个由众多独立程序组成的庞大的软件系统，比如数据库管理系统等。

应用软件范围广、种类多，既包括为解决各行各业应用需求而开发的软件系统，也包括诸如智慧城市、智慧交通、智慧旅游、智慧医疗等方面应用系统，还包括实现大数据、云计算、物联网、人工智能、区块链等需求而开发的软件系统。

6.8.2　软件工程项目管理

软件工程是指应用计算机科学、数学、逻辑学及管理科学等原理，以工程化的方式和原则以及较经济的手段进行软件开发的全部活动。其目标是提高质量、降低成本和改进算法并能使其结果可以在计算机上安全可靠稳定的运行。

1. 软件项目管理

软件项目是一种特殊的项目，它是指为了实现一个特定的软件产品、应用服务和开发任务而进行的一项特殊的工作或活动，它除了具有一般项目的基本特征之外，还具有软件项目的特殊性。

软件项目管理是指为了使软件项目能够按照预定的成本、进度、质量顺利完成，而对人员（People）、产品（Product）、过程（Process）和项目（Project）进行分析和管理的活动。软件项目管理应先于项目的任何技术活动之前开始，并且贯穿于软件的整个生命周期。

（1）软件项目管理的目的

软件项目管理是为了使软件项目在整个生命周期（从分析、设计、编码到测试、维护全过程）中，都能在管理者的控制之下，以预定成本按期、按质的完成软件开发任务并交付用户使用。软件项目管理和传统的项目管理相比有其特殊性。首先，软件是纯知识产品，其开发进度和质量很难估计和度量，生产效率也难以预测和保证。其次，软件系统的复杂性也导致了开发过程中各种风险的难以预见和控制。

（2）软件项目管理的内容

软件项目管理包括人员的组织与管理、软件度量、软件项目计划、风险管理、软件质量保证、软件过程能力评估、软件配置管理等。这些管理贯穿、交织于整个软件开发过程中。

1）软件人员管理

软件人员管理就是人员的组织、协调与统筹，重点是项目组人员的构成、优化。

2）软件项目度量管理

软件度量的重点是用量化的方法评测软件开发中的费用、生产率、进度和产品质量等要素是否符合期望值，包括过程度量和产品度量两个方面。

3）软件项目计划管理

软件项目计划主要包括工作量、成本、开发时间的估计,并根据估计值制定和调整项目组的工作。

4）软件风险管理

风险管理则是预测未来可能出现的各种危害到软件产品质量的潜在因素,并对此采取措施进行预防。

5）软件质量保证

质量保证是要保证产品和服务充分满足消费者要求的质量而进行的有计划,有组织的活动。

6）软件过程能力评估

软件过程能力评估是对软件开发能力的高低进行衡量,软件配置管理针对开发过程中人员、工具的配置、使用提出管理策略。

2. 软件项目开发计划

软件项目开发计划是指确定详细的项目实施范围、定义递交的工作成果、评估实施过程中主要的风险、制定项目实施的时间计划、成本和预算计划、人力资源计划等。

（1）项目估算

制定计划的第一步就是对项目进行估算,包括需要多长时间、有多大的工作量、难易程度、需要具备什么知识和能力的人等,还要估算所需要的资源（硬件及软件）以及可能涉及的风险。

1）估算软件规模

估算软件项目的工作量和完成的时间,首先需要预测软件规模和难度。度量软件规模的常用方法有 LOC（代码行）和 FP（功能点）两种方法,具体选用何种方法应根据软件项目的特点选择。

2）估算工作量

确定了软件项目的规模后,可以估算出完成项目所需要的工作量。一般采用分解技术将软件项目划分成各个功能模块,然后估算实现每一个功能模块所需的程序规模或人月数。而经验技术则是根据经验导出的公式来预测工作量和时间。再根据软件项目的类型和特点,确定需要什么样的软件工程师、项目经理和项目团队。

3）预估风险

由于软件项目的特殊性,在一定的程度上软件项目的风险更大一些,因此在制定计划是更应该考虑可能的风险,以便引起各方面的重视和关注,在项目的实施过程中;加强对项目的跟踪、监督和控制能力,使项目实施过程中产生问题、出现困难时有很好的应对,使项目得以顺利实施。

（2）项目的监督与控制

为对项目进行有效的监督和控制,必须制定详细的开发进度表,包括定义所有的项目任务、识别出关键任务、跟踪关键任务的进展情况等,以保证能够及时发现拖延进度的情况。常用的制定进度计划的工具主要有甘特图（Gantt）和工程网络图两种。由于甘特图不能明显地表示各项任务彼此间的依赖关系,也不能明显地表示关键路径和关键任务,进度计划中的关键部分不明确,在大型软件项目中通常还要配合使用工程网络图。工程网络不仅能描绘任务分解情况及每项作业的开始时间和结束时间,而且还能清楚地表示各个作业彼此间的依赖关系。从工程网络图中容易识别出关键路径和关键任务。

3. 软件项目质量控制和配置管理

一般来说软件项目都是由多个软件开发人员组成一个团队来共同合作完成的,由于软件项目的特殊性,决定了软件质量控制和配置管理的重要性。

软件质量控制,软件质量控制也叫软件质量保证,建立一套行之有效的措施和方法,以使团队所有的成员都能有严格执行的标准、规范、步骤方法,使软件开发过程对于所有人员来说都是可见的,指出在软件开发过程中(全生命周期)软件的代码、接口、文档、数据可能出现的错误和问题及采取的相应措施。软件质量保证(SQA,Software Quality Insurance)是在软件过程中的每一步都进行的"保护性活动"。主要体现以下几方面:

(1)制定标准规范

制定系统的、完整的、全面的软件开发过程的标准、规范和要求。

(2)建立 SQA 审计和评审制度

软件评审是最为重要的 SQA 活动之一。评审也称为基于非执行的测试,SQA 活动还包括基于执行的测试,也就是通常所说的测试程序正确性。测试可以分为单元测试、模块测试、系统测试、功能测试、性能测试、接口测试、压力测试等,测试是目的及时发现或排除软件中的错误,不同的阶段采用不同的测试以降低排除错误的成本。测试是软件开发中最重要也是最常用的不可或缺的方法,是非常有效的软件质量保证方法。

(3)实施软件配置管理(SCM,Software Configuration Management)

配置管理是软件开发过程中一项重要的保护性活动,贯穿于软件整个生命周期内内。软件配置管理就是在软件开发的全过程中,对构成软件整体的各个组成部分(对象)进行有效的配置和管理,这些对象也称为软件配置项,是在软件开发过程中产生的结果,如设计文档、程序代码和数据以及相应的环境、介质等。每一个配置对象开发完成并且通过了评审(测试)之后,它就变成了基线(最初的产品)并建立其最初的版本。为便于管理,通常用版本来管理软件的更新情况。版本控制是用于管理这些对象而使用的一组规程和工具。对软件产品的任何变更都必须通过软件配置管理进行并赋予其新的版本,版本号码可以是阿拉伯数字序号也可以分层级,视更新幅度的大小,如 1.0版、2.1.1 版等。变更控制是软件质量控制或管理的重要内容,它能够在对配置对象进行修改时保证质量和一致性。配置审计是一项软件质量保证活动,它有助于确保在进行修改时仍然保持质量。状态报告向需要知道关于变化的信息的人,提供有关每项变化的信息。

6.8.3 软件管理能力评估

软件开发过程管理能力是指一个组织开发高质量软件产品的能力,而软件开发过程管理能力评估则是指一个组织遵循开发高质量软件产品质量管理体系的能力,并对其做出判断和评价。国际通用的软件质量管理体系认证标准有两个方面,分别是:ISO 9000.3 和 CMMI(Capability Maturity Model Integration)。此外,近年来我国也发布了关于云计算、大数据、智慧城市、计算机信息系统运行和维护等质量管理认证标准。

1. ISO 9000.3 认证

ISO 9000.3 是 ISO 9000 质量体系认证中关于计算机软件质量管理和质量保证标准部分。它从管理职责、质量体系、合同评审、设计控制、文件和资料控制、采购、顾客提供产品的控制、产品标识和可追溯性、过程控制、检验和试验、检验/测量和试验设备的控制、检验和试验状态、不合格品的控制、纠正和预防措施、搬运/储存/包装/防护和交付、质量记录的控制、内部质量审核、培训、服务、统计系统等方面对软件质量进行了要求。

2. CMMI 评估

CMMI(能力成熟度模型集成)是美国卡纳基梅隆大学软件工程研究所(CMU/SEI)于提出的评估和指导软件研发项目管理的一系列方法,是在 CMM(Capability Maturity Model For Software,软件能力成熟度模型)的基础上发展而来的。CMM 模型主要用于软件过程的改进,促进软件企业软件能力成熟度的提高;而 CMMI 则不仅指导软件企业同时还可以指导那些从事信息系统工程、集成化产品和过程开发、供应商管理等领域的企业软件开发过程的改进和进行软件开发能力的评估,目前已经被全球软件企业接受并采用;是一个优秀的软件企业必须采用的标准,也是衡量和评判一个软件组织软件开发能力的主要标准。CMMI 用 5 个不断进化的层次来描述软件过程能力。

3. ISO 9000.3 和 CMMI 的特点

ISO 9000 和 CMM 的共同点是二者都强调了软件产品的质量。所不同的是,ISO 9000 强调的是衡量的准则,但没有告诉软件开发人员如何达到好的目标,如何避免差错。CMM 则提供了一整套完善的软件研发项目管理的方法。它告诉软件开发组织,如果要在原有的水平上提高一个等级,应该关注哪些问题,而这正是改进软件过程的工作。

CMMI 描述了五个级别的软件过程成熟度(初始级,可重复级,已定义级,已定量管理级,优化级),成熟度反映了软件过程能力的大小。

1)初始级(CMMI Ⅰ级)

初始级特点是软件企业缺乏对软件过程的有效管理,软件过程是无序的,有时甚至是混乱的,对过程几乎没有定义,其软件项目的成功来源于偶尔的个人英雄主义而非群体行为,因此它不是可重复的。

2）可重复级（CMMI Ⅱ级）

可重复级的特点是软件企业的项目计划和跟踪是稳定的,项目过程可控,项目的成功是可重复的。

3）已定义级（CMMI Ⅲ级）

已定义级的特点在于软件过程已被提升成标准化过程,从而更加具有稳定性、可重复性和可控性。

4）已定量级（CMMI Ⅳ级）

已定量管理级的软件企业中软件过程和软件产品都有定量的目标,并被定量地管理,因而其软件过程能力是可预测的,其生产的软件产品是高质量的。

5）优化级（CMMI Ⅴ级）

优化级的特点是过程的量化反馈和先进的新思想、新技术促进过程不断改进,技术和过程的改进被作为常规的业务活动加以计划和管理。

CMM 是科学评价一个软件企业开发能力的标准,但要达到较高的级别也非常困难。特别是我国软件产业起步较晚,虽然发展很快,但大部分软件企业还都是中小微企业,在软件质量控制和过程管理方面还有很大差距,值得欣慰的是在国家的大力指导和支持下,软件企业对软件质量和过程控制的能力正在不断提高,软件企业申请 ISO 9000 和 CMMI 认证的积极性越来越高,越来越多的软件企业取得了 CMMI Ⅰ级和 CMMI Ⅱ级。

4. 专业软件企业能力认证标准

除了 ISO 9000.3 和 CMMI 两大国际通用软件企业能力认证标准外,近年来国家为支持和鼓励软件产业的发展,除了出台了一系列的鼓励政策之外,也制定和发布了一系列的相关标准,以提升相关软件企业从事相关软件开发的质量和能力。

（1）软件企业和软件产品

2000 年 6 月 24 日国务院以国发[2000]18 号文发布了《鼓励软件产业和集成电路产业发展的若干政策》,提出了一系列扶植国内软件产业发展政策。随后国家信息产业部、财政部和税务总局相继出台了相关的配套政策,其中包括开展软件企业和软件产品的认定。2011 年 1 月 28 日国务院以国发[2011]4 号文再次发布了《关于印发进一步鼓励软件产业和集成电路产业发展若干政策的通知》,进一步加大了对软件产业发展的支持力度。

1）软件产品登记

软件产品登记必须:一是要取得由本企业开发或拥有知识产权的软件产品的证明材料（包括软件产品登记证书、计算机软件著作权登记证书或专利证书）;二是要有由信息产业部授权的软件检测机构出具的检测证明材料;三是通过由信息产业部（现工业和信息化部）授权的社会组织通过的评审（一般由省级软件行业协会）。

2）软件企业的认定

认定软件企业必须:一是有一种以上由本企业开发或由本企业拥有知识产权的软件产品;二是由本企业软件产品和服务的销售额占企业营业额的 30% 以上;三是由本

企业开发的软件产品占企业软件和服务销售额的 50% 以上；四是通过由信息产业部（现工业和信息化部）授权评估单位（一般为省级软件行业协会）的评审。

需要说明的是软件企业和软件产品认定并不是对软件企业软件产品质量和过程能力的认定，只是表明其具有一定的软件开发能力以及其软件产品与服务的营销情况的认可，是作为享受国家鼓励软件产业发展相关政策的依据。

（2）数据管理能力成熟度评估模型（DCMM）GB/T 36073—2018

DCMM 给出了数据管理能力成熟度评估模型以及相应的成熟度等级，主要包括：初始级、受管理级、稳健级、量化管理级和优化级五个层级，定义了数据战略、数据治理、数据架构、数据应用、数据安全、数据质量、数据标准和数据生存周期等八个能力域。对于专业从事大数据应用开发的软件企业，对其大数据管理、应用和开发能力可参考其是否通过了 DCMM 的评估以及其获得了相应等级。

（3）数据安全能力成熟度模型（DSMM）GB/T 37988—2019

DSCMM 给出了一个组织的数据安全能力的成熟度评估模型，规定了数据采集安全、数据传输安全、数据存储安全、数据处理安全、数据交换安全、数据销毁安全和通用安全的成熟度等级要求，定义了非正式执行、计划跟踪、充分定义、量化控制和持续优化五个等级。DSMM 既是组织开展数据安全能力建设的依据，也是衡量和评估从事网络信息安全领域软件企业数据安全能力的标准。

除此之外，还有智慧城市技术参考模型、云计算技术服务成熟度模型等相关的技术标准，这些都是在一定的程度上可以识别软件企业在相应领域的开发、服务能力的程度，在同等条件下可以作为比较参考。

6.9　业主项目管理

项目管理者有的是作为业主（甲方）进行项目管理，有的是作为实施项目的承建者（乙方）进行项目管理，还有的是企业自主开发或实施项目的管理者。虽然都是项目管理，但是由于角色和所处的位置不同其管理项目的目标、要求、任务也不完全相同。本节重点介绍作为业主或甲方在进行项目管理时需要关注的问题。

6.9.1　项目前期工作

也许在接到一项负责信息化项目管理的任务之前，项目管理者对项目管理工作完全是陌生的，不仅对项目管理不熟悉，甚至对信息化也是一无所知，一定会是忐忑不安的心情，这是很正常的心里反应。但只要以勤恳好学的态度、认真负责的精神就一定能很快进入状态，并将项目管理好、实施好，实现项目的建设目标。

1. 进入角色、进入状态

立即进入状态，开始收集与项目专业相关的资料并开始学习。特别是要学习了解掌握专业领域的一般概念、名词和基本原理，但不求深入了解。事实上项目管理者也不可能在短时间之内能够把这么专业的知识马上学会。这样的目的是消除项目管理者与这个专业的壁垒,使项目管理者在今后的时间内能够慢慢走进去,也便于今后要与相关人员进行沟通和交流,避免完全听不懂无法对话的感觉。其次项目管理者要尽快掌握这个项目推进或实施的主要流程和基本程序、环节,以及项目推进和实施可能涉及哪些部门,国家对此类项目有什么政策要求,以便于项目管理者能知道工作如何开展、从哪里切入,需要什么样的团队和相关人员的配合支持,在推进和实施的过程中可能会遇到什么困难和问题等。

2. 理解实施项目的意图和目的

也许单位或领导只是简单交代,希望用信息化的手段解决单位发展中的一些问题,也许是上级部门下达了一项这样的任务,总之并没有完整的项目计划,需要拿出一个完整的项目计划建议书,以明确提出实施一个什么样的项目,实现什么样的目标,需要花费多少费用,需要多长时间等。这种情况下,首先要领会理解上级或领导部署任务的要点,了解掌握本行业本领域(或同类区域)信息技术应用和信息化发展的基本情况,还要了解掌握本单位的发展战略以及发展中的困难、瓶颈和急需解决的问题;认真学习上级部门关于信息化发展的政策要求和相关规划;与本单位相关部门的领导进行沟通交流,听取他们对项目建设的建议意见;了解本行业或本区域内相关信息化专家和IT企业的情况,有机会可以请教或拜访相关专家,咨询相关问题。

3. 提出启动实施项目的初步建议

根据前期掌握了解和学习的情况,结合单位的发展实际,特别是单位未来发展规划以及信息化发展趋势,形成初步的信息化项目建设思路,提出项目名称、实现目标、可能会产生什么效益,解决发展中的什么问题,需要多少费用和多长时间实施,并向上级和领导进行专题汇报,听取上级和领导的要求,特别是明确上级和领导对项目目标的要求以及最多可能的投入,项目的紧迫程度等。

4. 提出项目建议书

在得到上级和领导肯定认可,以及明确了对项目的建设目标即可能的投入后,标志着项目正式进入立项和启动阶段。若是政府相关部门,则必须按照《国家电子政务项目建设管理办法》(55号令)和国务院最新颁发的《国家政务信息化项目建设管理办法》(国办发[2019]57号文)要求,聘请第三方专业咨询机构编写项目建议书。

6.9.2 项目启动实施

项目的立项、可行性研究、总体方案设计、详细设计以及招投标在前面已经详细介绍,这里重点介绍项目进入实施阶段,作为业主单位的项目管理人员应该注意的事项。

1. 合同的签订

招标结束后的重要工作是采购人(业主)与中标人进行商务谈判准备签署合作协议(合同)。谈判或合作协议应该是以招标书和投标书为基准,但这中间仍然有许多需要注意的地方:

1）认真审阅投标书

事先要仔细认真的审阅中标人的投标书，特别是要把投标人在投标书中的一些承诺摘抄出来。由于一般情况下投标书内容庞杂，数量多文字量大，有的甚至是几十万字，有一些关键的承诺淹没在浩瀚的文字中，往往被采购人忽略或没有发现。

2）确认中标人的承诺

再次对投标人在讲标以及答疑中的承诺和在投标书中发现的一些重要的指标、参数、设备规格型号、承诺等一一确认并将其写入合同相应条款或附件中。

3）商务谈判

商务谈判实际上是进一步的技术谈判，特别是软件开发项目其中很多内容有不确定的因素，甚至都没有办法完全表述，因此有必要对项目需要实现的功能、应用范围、应用对象、应用需求做进一步的细化确认，对采用什么样的技术路线均需要进一步讨论。最好将详细的技术要求作为附件。由于软件或应用系统的开发是基于需求进行的，而投标人在实施之前仅凭自身的技术储备和以往的经验提出的方案，真正可以实施的技术方案还需要在签订合作协议之后，做深入调研分析之后才能拿出来。为了保证业主的合法权益，采购人可以在合同中明确，中标人签订合同后经过充分需求调研分析确定的技术方案，必须经由采购人邀请各方面的专家对技术方案进行评审论证，技术方案只有经专家评审论证通过后方可以实施并作为项目最后实施及验收的依据。

4）划定边界，明确事责

由于软件和应用系统的开发往往需要业主的紧密配合，出现问题容易造成推诿扯皮，实际上软件和应用系统的开发项目很少有在预定时间完成的。因此，在合作协议中必须详细说明甲（采购人、业主）乙（中标人、实施单位）方的职责，特别是甲方应提供什么环境、条件，如何配合，采用什么方式的运行维护等。

5）明确项目实现功能性能的确认方式

由于软件和应用系统在功能、性能、需求等方面的描述或定义有很大的不确定性（由于甲乙双方对待实施的项目在理解、认识上可能有很大的偏差，主要是甲方尚没有完全明确待实施的项目到底是一个什么样的项目，而乙方则因为没有做深入的调研分析仅限于自身的知识、技术和经验），当需求调研分析完成最终形成可实施的技术方案后，乙方有可能认为该技术方案所要实施的内容远远超出了合作协议确定的任务，提出需要追加投资。因此甲方在合作协议中必须对项目的范围、内容、要求有明确的界定，但对功能、性能不宜具体细化到模块层级，并明确说明具体实施的内容由最后双方确定的技术方案确定，避免出现前述问题。

6）确认项目经理及团队成员

最后还应对入场项目团队人员进行确认，有些投标人在标书中会列出许多高级别的项目经理或团队，但在具体实施时可能完全不是，为避免这种情况，应逐个确认每一名项目人员，特别是项目经理。

7）确认系统运行方式

软件和应用系统项目实施及应用的好坏完全取决于甲乙双方的合作，在合作协议中还要说明在运行和应用期间,甲乙双方的责任、义务,包括培训人员、数量、时间等。

8）确认后期项目追加的方式

软件和应用系统的开发,是需要有连续性的。有可能经过双方合作使项目取得了很大的成功,经过应用后效果显著,需要在前期项目的基础上启动实施延续项目、追加项目等,这种情况下一般只适合单一来源采购。为避免出现类似情况甲方被动,可以在合作协议中明确要求中标人在后期追加项目中给予的优惠条件。

2. 与实施单位的对接

项目合同签订之后即标志着项目将正式开始启动实施,良好的开端是项目成功的一半。一般来说,甲方(业主)对项目的重视程度直接影响着乙方(实施单位)对所承担项目的态度。如果甲方高度重视,乙方则肯定会更加重视,否则乙方就有可能应付拖沓。甲方重视的表现就是即要有项目负责人又有具体的工作人员,即做好了开工的各项准备工作又为乙方进场创造了条件,即积极与乙方对接又对乙方进场的各项准备工作进行检查督促。及时召开有甲乙双方有关人员以及监理代表、咨询设计代表等相关人员参加的项目启动会,各方代表应就项目启动实施的相关事项进行说明,了解各方的工作方案和思路,需要各方相互配合的要求,项目启动实施的准备情况,可能存在的困难和问题,研究确定具体开工的时间以及进度安排等,同时进一步强调项目管理以及质量、进度、资金控制等方面的要求,建立重大事项紧急问题处理协调机制、监督检查机制等。

3. 本单位的配合

软件和应用系统开发项目,与一般的工程项目不同,在整个项目的实施过程及后期的运行应用都必须甲乙双方密切配合,才能保证项目圆满成功并发挥应有效益,实现预期目标。所以决不能合同一签就认为项目交给实施单位放任不管,而是要从自身角度考虑如何配合承担单位实施好项目。

信息化项目特别是应用系统项目从来都是一把手工程,所以对于业主单位来说也不是仅有负责项目的具体人员就可以了,项目的实施必须主要领导亲自抓,分管领导具体抓、业主单位业务人员需要全员参与。项目主管人员必须十分清楚这一点,所以在项目启动实施之前,必须要向主要领导汇报,向主要领导说明项目实施的重要性和难度,以及全员参与的必要性,切实引起主要领导的高度重视和大力支持,决不能以为只要自己尽职尽责努力工作就能把项目抓好。由于信息化项目的实施,有可能对业主单位已有的工作模式进行调整、改变业务处理方式、改变业务处理流程等,也将会破坏已经形成的单位治理结构,打破单位现有的权利平衡,影响一部分人的既得利益。因此,召开业主单位的项目启动实施动员会(视项目大小、重要程度、影响范围而确定参加人员)是不可或缺的。动员会上领导一定要向全体人员说明启动实施项目的重要性、必要性以及项目实施的主要内容,项目实施的主要方式,需要各部门及每一个人配合支持的方式,同时必须强调一定的纪律要求,对于不积极配合支持甚至故意刁难的有关人员将进行必要的处罚。在项目实施的过程中项目管理人员也要及时检查监督,对于不能很好配合支持的部门、人员应及时予以纠正。

为确保项目能够稳定可靠安全地运行,还必须及时组织对相关人员进行培训,以便使其能尽快适应新的业务流程、业务方式和工作模式;同时,熟悉和掌握计算机应用系统的操作和使用,培训结束后应进行相应的考核,只有考核通过后才能重新上岗,这样才能为新系统的运行奠定良好的基础。

4. 项目实施

项目启动实施后,业主单位的项目管理人员主要是配合支持、检查监督实施单位项目组的工作。

1) 督促相关单位开工进场

促使实施单位、监理单位按照合同尽快开工,人员、设备、材料到场。

2) 检查监督合同执行情况

检查核实监理单位、实施单位的相关人员是否符合投标书及合同中所承诺的相关人员(包括姓名、身份、职务、学历或职称等),如果人员不符必须给出解释或说明,没有充足的理由不能同意其更换人员,这种检查核实有可能贯穿整个项目实施过程中。

3) 了解掌握项目实施的情况

及时了解掌握项目实施过程中可能遇到的困难和问题并协调解决,决不能认为项目已经交给实施单位了,所有的事情和问题都由他们自己解决,要想到最后受影响的还是自己。

4) 保持良好的沟通交流

保持和实施单位的沟通交流,掌握项目实施的进程和动态,特别是项目团队的情况。现在信息技术人员流动性很大,各种原因都有可能导致团队人员离职,而有些人员是项目技术骨干甚至是核心,他们的离职又可能对项目的质量和进度造成重大影响,及早发现及早应对及早处置,把可能的影响降低到最小程度是项目管理人员的责任。

充分发挥好监理工程师的作用,督促其履职尽责,在重要环节重要关口能发挥重要的作用,发挥其第三方的作用,协调好甲乙方的关系、做好鉴证,督促监督实施方把好质量关、进度线、资金链。

6.9.3 项目验收

验收是项目交付使用前的最后一关,也是甲乙双方合作的最后一个环节,验收通过之后,意味着甲方应付的款项将要全部支付完毕,实施方将把项目移交给业主并陆续撤出,因此一定要做好验收工作,为后期的运行维护奠定良好的基础。

1. 试运行

软件工程项目在验收之前,一般均需经过一段时间稳定可靠安全的试运行,而对于软件或应用系统,则必须经过系统调试、离线测试、在线测试、数据测试、应用测试、并行测试(原有系统或原有方式和新系统同时运行)后,再经过较长时间稳定可靠的运行(原有系统或原来的工作方式停止运行),证明主要的功能均已经实现,主要的性能指标符合要求,平台和各个终端运行正常并实现了预定目标。

2. 质量检验检测

对于定制或开发的软件和应用系统,在验收之前应将应用软件系统提交第三方具有软件评测资质的机构进行评测,对其功能、性能进行测试,避免后期出现功能缺陷或其他不可预见的故障。由于软件系统永远都有可能发生不可预见的问题,对软件产品也要其提供质量保证。

对于其他的信息工程项目则也应聘请第三方的检验检测机构进行相关的检验检测(凡是可以进行第三方检验检测的都应该进行,这是不可或缺也是不能省略的)。除此之外,还应该进行压力测试,安全测试等,对于数据中心机房则应对水、暖通、强电、弱电、网路、空调系统进行检验检测,涉密机房还应进行电磁环境测试。

3. 文档资料整理归档

文档资料的搜集整理归档是将项目启动实施以来,自立项阶段开始形成的各类资料进行分类整理归档,特别是软件和应用系统使用说明、软件代码、各种编码以及项目形成的规范、标准等。

4. 确认合同履行情况

双方对照合同,确认项目合同书中所有应履行的条款均已履行完毕,交接工作也已对接好,业主已经完全掌握了软件或应用系统的正确使用。

5. 确认验收方式

项目建设单位和实施单位确认验收方式。验收的各项准备工作就绪后,项目建设单位应及时向项目审批单位申请项目验收。通常验收工作由项目审批单位主持,也可由项目审批单位委托项目建设单位自行组织验收。验收完成后,实施方尚需对验收中验收委员会或验收小组提出需要改进、完善、补充实施的内容,在规定的时间内完成,并通过监理、业主及有关专家再次确认按照验收小组或验收委员会要求完成了整改,方能正式通过验收。

6.9.4 运行维护

运行维护是指项目交付后,项目正常的运行维护。一般来说,大多数信息工程项目均需要有第三方专业的运行维护机构承担项目的运行和维护,但有不少软件或应用系统项目是在实施单位的支撑下运行维护,这种情况应该事先在双方的合同中约定运行维护的方式、时间、费用等。通常情况下,实施单位应承担软件或应用系统交付后三年时间的运行和维护,费用应事先计算在开发费用中。项目负责人应检查监督项目的正常使用,保持与项目实施单位的沟通联系,及时将项目运行期间出现的问题反馈给项目实施单位,并要求项目实施单位及时解决排除问题。

第7章　信息工程监理

　　监理是指受委托人的委托,具有专业资信能力的执行机构或执行者,依据准则、标准、规范和合约,对第三方的有关行为(该行为是其与委托人具有相应的行为合约)进行全程督察、监控和评价,确保第三方的有关行为完全按照合约进行,执行机构或执行人需要采取适当的组织、协调、控制、措施形式完成任务,使委托人更准确、更完整、更合理地达到预期目标。监理具有服务性、科学性、公平性和独立性。

7.1　信息工程监理概述

7.1.1　工程监理

　　工程监理是指具有相关资质的监理单位受甲方的委托,依据国家批准的工程项目建设文件、有关工程建设的法律、法规和工程建设监理合同及其他工程建设合同,代表甲方对乙方的工程建设实施监控的一种专业化服务活动。工程监理是一种有偿的工程咨询服务;是受甲方委托进行的;监理的主要依据是法律、法规、技术标准、相关合同及文件;监理的准则是守法、诚信、公正和科学;监理的目的是确保工程建设质量、安全和进度,提高工程建设水平,保障项目投资的使用合理合规。

7.1.2　信息工程监理

　　信息工程监理是工程监理体系的一个分支,又称信息系统工程监理或信息化工程监理(以下简称"信息工程监理")。由于信息工程的特点和特色,必然导致其在监理方式、监理内容、监理手段上与传统工程的监理都有很大的区别。

1. 信息工程监理工作的发展

　　信息工程监理是随着信息工程项目的大量实施应运而生的。20世纪末21世纪初,由于信息工程在实施过程中缺乏监理,逐渐暴露出一系列问题,诸如工程质量很难满足应用需求;工程进度拖后延期;项目资金使用不合理或严重超出预算;项目文档不齐全甚至严重缺失;甲乙双方就工程出现的问题相互扯皮、推诿等。针对这些问题,为加快我国信息化建设进程,保障信息工程建设质量,预防和规避信息化项目建设风险,原国家信息产业部(现工业和信息化部)会同国家有关部委,组织相关专家研究制定了一系列强化信息工程管理的政策、技术标准和规范,出台了一系列工程管理措施和技术规范要求。2002年11月28日,信息产业部正式颁布了《信息工程监理暂行规定》(信部信〔2002〕570 号〕,正式将信息工程列入监理范围,规定投资在人民币 200 万元以上的信息化项目必须实行第三方监理制度。2007 年 8 月,国家发展和改革委员会颁布的《国家电子政务工程建设项目管理暂行办法》(发改委〔2007〕55 号令)第十八条指出"电子政务项目实行工程监理制"。这一系列的重要举措,为规范我国信息化建设项目管理奠定了重要基础。同时,信息产业部还会同有关部委不断完善和规范信息工程监理制度,出台了一系列关于监理机构、监理人员、监理培训、监理管理的政策文件和技术要求,给出了从事信息工程监理机构和监理工程师资质能力的评价标准、评价方式。至此,信息工程监理作为独立的第三方被正式引入到信息工程项目建设管理中。

2. 信息工程监理的主要内容

信息工程监理的主要内容是信息工程项目的质量控制、进度控制、成本控制、变更控制、合同管理、信息管理和组织协调(简称"四控两管一协调")。

3. 信息工程监理的目的

对信息工程项目实行全过程监理,能够确保信息工程项目质量,有效保障项目进度,杜绝或减少项目前期需求不明确、出现问题推诿扯皮、资金投入不可控等风险,弥补业主单位技术人员和经验等方面的不足。

信息工程监理的实施,促使信息工程建设流程更加标准化、专业化、科学化,并实现对信息工程项目全生命周期过程规范性、完整性的有效管理和控制。

7.2 信息工程监理标准规范

7.2.1 监理标准规范概述

为指导并规范信息工程监理行业的工作程序,确保信息工程项目可控并顺利实施,国家标准化委员会和原国家信息产业部组织相关部门的专家研究制定了信息工程监理规范及相关标准。国家标准化委员会从 2005—2007 年,先后发布了《信息化工程监理规范》(GB/T 19668)的总则和各个分则。并规定自 2008 年 1 月 1 日起正式实施。《信息化工程监理规范》共包括 6 个部分。其中有第一部分:总则;第二部分:通用布缆系统工程监理规范;第三部分:电子设备机房系统工程监理规范;第四部分:计算机网络系统工程监理规范;第五部分:软件工程监理规范;第六部分:信息化工程安全监理规范。总体结构如图 7-1 所示。

信息工程监理规范对信息工程监理行业的术语进行了统一;给出了"信息工程监理规范技术参考模型",该模型对监理支撑要素、监理阶段、监理内容、监理对象和信息工程安全监理之间的关系进行了科学地描述;对信息工程建设各阶段的质量、进度、投资的控制,合同、文档的管理和协调工作进行了规范;填补了信息工程监理领域国家标准的空白,规定了信息工程新建、升级、改造过程中监理工作的原则和方法,保障了业主权

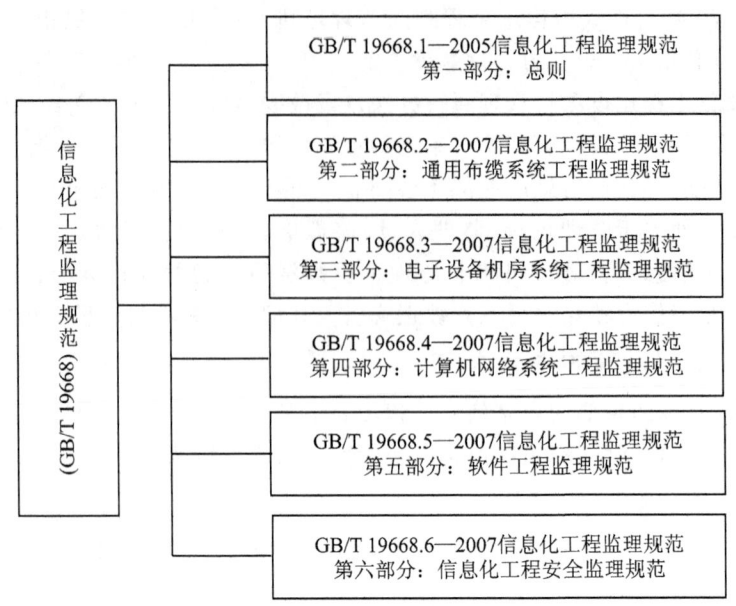

图 7-1　信息工程监理规范总体结构

益、规范了监理从业人员行为和促进了监理行业的健康发展。

7.2.2　监理相关标准规范

信息工程的相关标准规范以及法律法规是信息工程建设以及信息工程监理实施的重要依据,是工程项目投资、质量、效率等的重要保证。目前我国信息工程监理的相关标准大致可以归结为三类,一是国家及各级地方政府发布的政策和法规;二是信息工程相关的技术标准;三是信息工程监理行业的工作和服务标准。

1. 现行的信息工程监理行业标准规范

目前现行的 GB/T 19668《信息技术服务 监理》含以下六部分标准规范文档:

(1) GB/T 19668.1—2014 信息技术服务 监理 第 1 部分:总则。

(2) GB/T 19668.2—2017 信息技术服务 监理 第 2 部分:基础设施工程监理规范。

(3) GB/T 19668.3—2017 信息技术服务 监理 第 3 部分:运行维护监理规范。

(4) GB/T 19668.4—2017 信息技术服务 监理 第 4 部分:信息安全监理规范。

(5) GB/T 19668.5—2018 信息技术服务 监理 第 5 部分:软件工程监理规范。

(6) GB/T 19668.6—2019 信息技术服务 监理 第 6 部分:应用系统数据中心工程监理规范。

上述系列的信息工程监理标准规范是指导信息工程监理单位开展信息工程监理业务,提供信息工程监理工作内容和服务标准的直接依据。

2. 其他相关标准规范及法律法规

在实施信息工程项目监理的过程中,信息工程监理单位还需要参照国家及各级地方政府发布的政策和法律法规,以及其他相关技术标准规范,用以指导信息工程监理工作的开展。

(1)参照执行的国家法律法规

1)《国家电子政务工程建设项目管理暂行办法》(发改委〔2007〕55 号)。

2)《国家电子政务工程建设项目档案管理暂行办法》(档发〔2008〕3 号)。

3)《国务院办公厅关于印发国家政务信息工程项目建设管理办法的通知》(国办发〔2019〕57 号)。

4)《中华人民共和国政府采购法》。

5)《中华人民共和国招标投标法》。

(2)其他相关的技术标准规范

1)《GB/T 9385 计算机软件需求规格说明规范》。

2)《GB/T 8567 计算机软件文档编制规范》。

3)《GB/T 9386 计算机软件测试文档编制规范》。

4)《GB 50174 电子信息系统机房设计规范》。

5)《GB/T 2887 计算机场地通用规范》。

6)《GB 50462 数据中心基础设施施工及验收规范》。

7)《GB/T 50319 建设工程监理规范》。

8)《TIA/EIA 568 - B 国际综合布线标准》。

更多相关标准请参考附录。

7.2.3　监理标准规范的更新

鉴于信息技术的飞速发展与应用、新的应用需求不断涌现、信息工程监理市场的不断发展壮大,为进一步提高信息工程监理的能力与水平,适应信息工程建设的需要,信息工程相关规范标准也在不断地修订和完善。信息工程监理标准规范的更新迭代,代表着我国信息工程监理行业标准规范体系逐步建立健全,信息工程监理行业的能力、水平不断提高,信息工程监理行业管理更加规范严格,为保障我国信息化建设健康有序和推动信息产业快速发展发挥了十分重要的作用。

自 2013 年开始,国家标准化委员会对 GB/T 19668 标准进行了修订,并将原来的"信息化工程监理规范"更名为"信息技术服务监理规范"。从 2014 年正式发布 GB/T 19668.1—2014 信息技术服务监理第 1 部分:总则,到 2019 年 GB/T 19668.6—2019 信息技术服务监理第 6 部分:应用系统:数据中心工程监理规范的发布,完成了 GB/T 19668 规范的全部修订工作。

新修订的 GB/T 19668《信息技术服务 监理》进一步明确和重新定义了信息工程监理规范的总则部分,对原《信息化工程监理规范》各分则部分进行重新调整和划分。将原《信息化工程监理规范》(GB 19668—2005)中的第二部分、第三部分、第四部分合并为"基础设施工程监理规范",保留原第五部分"软件工程监理规范",第六部分"信息化工程安全监理规范"改为"信息安全监理规范",增加了"数据中心工程监理规范""运行维护监理规范"。修改完善了标准规范中的术语和定义、监理范围,并对信息工程监理标准规范的核心和精髓部分—监理及相关服务技术参考模型进行了重新修订。

监理及相关服务的技术参考模型(以下简称"参考模型")主要由四部分组成,即:监理支撑要素、建设与运行周期、监理对象和监理内容。这四部分的相互关系如图7-2所示。

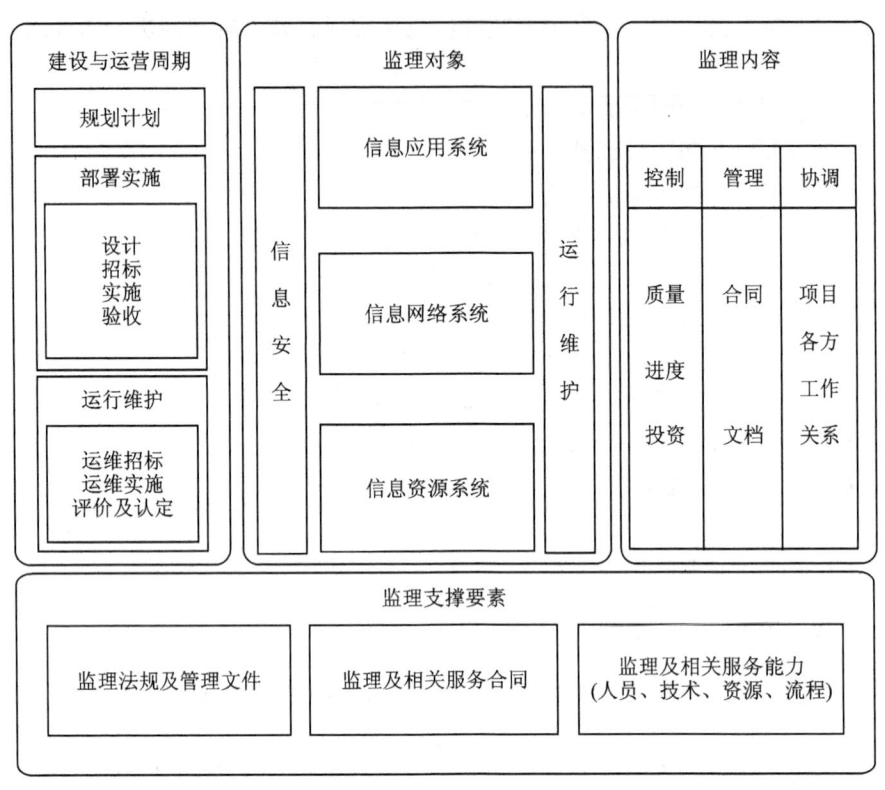

图7-2　信息工程监理及相关服务技术参考模型

上述参考模型表明,信息工程的监理咨询及相关服务工作是建立在监理支撑要素的基础上,根据信息工程项目的需要,在建设与运行周期的部署实施和运行维护部分,结合各项监理内容,对监理对象进行监督管理及提供相关服务。对建设与运行周期的规划设计部分主要提供相关信息技术咨询服务。

更新后的信息工程监理标准,进一步整合和延伸了国家信息化领域的监理范围,健全了监理行业的标准规范体系,规定了信息工程建设与运行维护中信息工程监理及相关信息技术服务的原则和方法以及监理内容,对监理运行周期中的监理及相关服务工作给与了明确的规定。

7.3　信息工程监理方式与监理要求

7.3.1　监理方式

在信息工程项目实施过程中,为明确项目参建各方职责、项目范围边界,保证项目顺利开展实施任务,监理单位将依据招投标文件、合同及相关建设标准,针对具体的项目制定相应项目管理办法。

项目管理部分包括参建各方的职责划分;针对项目实施计划、建设方案、需求调研、开发、测试、试运行、验收等实施过程形成具体的要求和完成标准;对项目组人员的基本管理要求;项目文档的标准、及时性、有效性等要求;项目实施问题的处罚措施等方面内容。

项目管理办法主旨是划分职责边界,可有效避免项目实施中的推诿扯皮、提高工作效率、规避风险。为了项目管理办法更好执行,会辅以具体工作方式,主要包括如下几方面:

1) 现场监理口头指令

监理单位通过口头通知协调解决的问题。

2) 实施监理旁站

监理单位在关键部位或关键工序施工过程中,由监理人员在现场进行监督。

3) 进行平行检验

项目监理机构利用一定的检查或检测手段,在承建单位自检的基础上,按照一定的比例独立进行检查或检测。

4) 开展测试评估

监理人员对项目系统的质量评价,必须通过测试后进行。

以上方式均严格按照监理"四控、三管、一协调"的工作程序和监理制度开展。

7.3.2　监理要求

1. 基础设施工程监理

基础设施工程监理工作就是依据国家有关法律法规、标准规范和监理合同对基础设施工程的新建、升级和改造中的各阶段进行监督管理。

监理单位除了按照招投标文件、合同和业主单位的合理要求外,对基础设施工程监理还应按照信息工程监理规范(GB 19668)中对监理机构、监理设施、监理人员、监理流程、监理内容、监理工作用表和各方职责等要求执行。

2. 软件工程监理

监理单位主要依据国家有关法律法规、标准规范和监理合同对软件工程项目各阶段进行监督管理。

遵循 GB/T 19668 的一般原则和要求,并依据国标和软件行业对于软件开发、测试、编码、运行维护等方面的标准规范要求,从项目管理和技术控制角度对软件工程的整个过程进行监督管理,最大程度的实现项目目标。

3. 数据中心工程监理

数据中心工程监理,依据国家有关法律法规、标准规范和监理合同对数据中心工程项目招标、设计、实施和验收过程进行监督管理的活动,主要监理对象为信息系统软硬件、信息资源(数据)、数据中心使用人员和数据中心运行、维护的各种规章制度。数据中心工程监理必须遵循数据中心工程建设要求和监理合同所约束的监理服务要求,严格执行强制性国家标准、行业标准和地方标准。

4. 运行维护监理

运行维护监理是指信息工程建设完成并通过项目验收后,监理单位受需方委托,依据国家相关法律法规、标准规范和监理合同,在运行维护期为需方(业主)在运行维护服务招标、实施及评估阶段提供服务依据,监督并规范供方(承运)运行维护的服务行为。运行维护服务监理分为四类,基础设施、软件、数据和信息安全。对供方提供的运行维护服务实施的监督管理。

遵循 GB/T 19668 的一般原则和要求,运行维护监理从招标、实施、评估三个阶段对运行维护期内进行监督管理,同时运行维护监理单位应该建立监理服务能力体系以及评估自身条件和运维服务的能力。

5. 信息安全监理

信息安全监理是指依据国家有关法律法规、标准规范以及监理合同对信息工程项目中网络信息部分的招标、设计、实施和验收过程进行监督管理的活动。在信息工程项目中各个阶段的网络信息安全部分向业主单位提供相关咨询,并协助业主单位对承建单位的网络信息安全技术、服务、控制和管理实施情况提供专业化服务。监理对象为 GB/T 19668 所包括的各类信息工程中涉及信息安全的工程活动,还可以包括对信息系统运维阶段的其他信息安全实施服务进行监理。

7.4 信息工程的监理服务周期

除业主之外,监理是最早介入信息工程项目的咨询和技术服务方。监理不仅是对信息工程项目实施过程的质量、进度和投资情况进行监理,还需要帮助业主就工程项目前期的投资决策、立项论证、前期准备、可研等提供富有价值的咨询服务。因此在开展信息工程监理工作前,监理单位应向业主详细介绍和说明监理的作用、任务、内容、目的、价值和监理方式等,使业主理解并认同监理的重要性、必要性,在此基础上与业主正式签订监理合同,成立监理机构,开展监理咨询服务。由此可见,监理贯穿于信息工程的全生命周期。

监理机构实行总监理工程师负责制(简称"监理总监"),监理总监负责制定监理规划、监理实施细则等文件,公正、独立、自主地开展监理工作,维护业主单位和承建单位的合法权益。

信息工程监理的服务周期是指信息工程项目从提出投资设想,经过前期论证、投资决策、建设准备、建设实施、竣工验收直至投产运营所经历的全过程。信息工程监理服务周期分为信息工程规划设计阶段、招投标阶段、设计阶段、实施阶段、验收阶段和运维阶段,如图7-3所示。

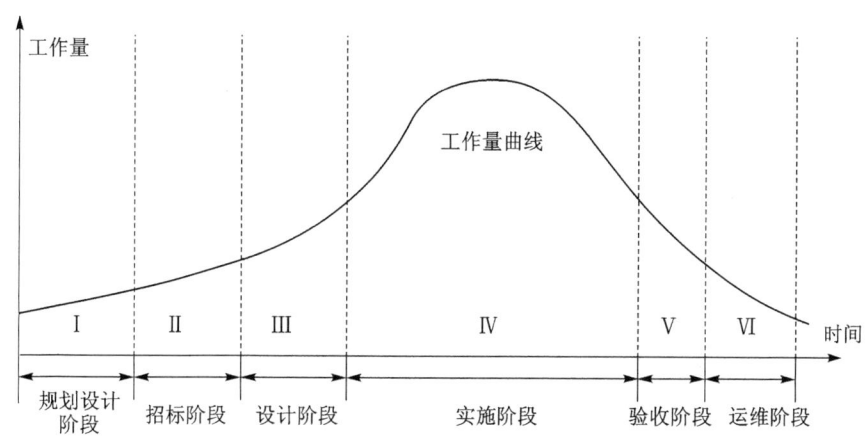

图7-3　信息工程监理服务周期

7.5　规划设计咨询阶段的监理

规划设计咨询阶段是信息工程的战略决策阶段,主要任务是对工程项目投资的必要性、可能性、可行性、合理性以及何时投资、在何地投资、如何实施等重大问题进行科学论证和多方案比较。前期决策失误往往会导致重大投资损失,对项目效益影响甚大。

规划设计咨询监理服务的主要任务:

1. 提供决策依据

可为业主单位提供工程项目的总体规划、可行性研究、初步设计、技术方案论证和方案优化等规划和设计相关服务,为业主单位决策提供依据。

2. 制定战略目标

可协助业主单位制定业务目标和信息化目标。

3. 了解业务需求

可协助业主单位整理信息系统建设需求,引导业主单位通过信息系统的建设与应用,提升整体的业务水平。

4．形成系统架构

协助业主单位形成信息资源架构、应用系统架构和信息技术架构。

5．优化设计方案

协助业主单位对工程需求和初步设计进行规范化的技术描述，为工程实施提供优化的设计方案。

6．验证工程需求

促使工程计划、初步设计方案满足工程需求，符合相关的法律法规和标准，并与合同相符，具有可验证性。

7．消除设计缺陷

协助业主单位消除初步设计文档在进入工程实施前可预见的缺陷。

8．策划招标方案

协助业主单位策划招标方案。

7.6　招投标阶段的监理

项目招投标阶段的监理工作主要是协助业主单位制订招标文件或招标方案，对潜在的投标人或软、硬件提供商进行考察和推荐，讨论和审查评标标准或选型标准，参与评标委员会或选型委员会开展的评审工作，协助业主单位洽谈和签订合同等。

7.6.1　招标前准备工作

1．制定工作计划

在业主单位授权下，监理单位可以参与业主单位招标前的准备工作，协助业主单位编制工程项目的工作计划。工作计划包括工程建设内容、组织管理、工程建设的准备工作、总包或分包方式、工程建设的阶段划分及验收、质量管理计划等。

2．参与标书编写

在业主单位的授权下，监理单位可以参与招标书的编制。监理单位应对招标书的下列内容提出监理意见：技术和质量的要求，工程所涉及的主要产品和服务的要求，投标单位资质的要求，验收方法，时间进度的要求和其他要求。

7.6.2　招标过程协助业主开展的工作

在业主单位的授权下，监理单位应协助业主单位组织招标工作，包括以下几方面的内容：

1．参与答疑

监理单位可参与招标答疑工作，协助业主单位对工程所涉及的功能、技术指标向投标单位进行解释说明,并保存会议纪要和相关文件。

2. 参与评标

监理单位可协助评标,对投标书与招标书的符合性及投标书的合理性提出监理意见;监理单位可以对评标的评定标准提出监理意见。

3. 记载备忘录

监理单位应对工程招标阶段的协调结果做工程备忘录。

4. 建立监理文档

监理单位应妥善管理工程招标阶段所产生的与监理相关的文档资料,包括需求说明、招投标文件和监理文档等。

5. 招标过程监理的主要任务

在招投标过程中,监理的主要任务包括以下几方面:

1)监督招标过程

监理单位可见证招标过程合法、合规。

2)提出监理建议

监理单位应对本阶段的工作进度提出监理意见,同时也要对招标书中工程进度安排及工程进度控制措施提出监理意见。

3)了解业务需求

监理单位应了解业主单位的业务需求,并将其作为监理工作的依据之一。

4)建立沟通协调机制

监理单位应与业主单位及相关单位建立信息沟通机制,以及相互间工作协调的机制,保持各方对工程目标、范围和业务需求等理解的一致性。

5)参与合同签订

监理单位应参与承建合同的签订过程,在承建合同中应明确要求承建单位接受监理单位的监理。

6)明确质量进度要求

监理单位应建议业主单位在承建合同中明确工程阶段划分及其质量和进度要求,并以此作为工程阶段性付款的依据。

6. 招标过程监理的主要咨询内容

1)提供相关的法律法规、技术标准规范信息

监理单位应向业主单位提供与工程建设有关的法律法规和技术标准规范等信息。

2)起草合同文本

监理单位应进行市场调查和询价,起草合同条款,为业主单位进行商务谈判提供咨询服务,协助业主单位与承建单位签订合理的、有效的承建合同。

3)界定工程建设的相关要素

监理单位应协助业主单位对工程的目标、范围和功能进行界定,并确定工程的

预算。

4）明确标书中的相关问题

监理单位应协助业主单位根据工程预算,在招标书中对工程的目标、范围、内容和产品及服务的技术要求、提供时间等做出明确说明。

5）提出项目资金使用建议

监理单位可以对业主单位对该项目资金使用情况提供咨询意见。

6）规范合同内容

监理单位应建议业主单位在承建合同中明确规定工程所包含的功能、性能及技术要求、测试标准、验收要求和质量责任等有关内容。

7.7 设计阶段的监理

工程设计阶段的主要任务是通过目标规划和计划,对项目进行动态控制、组织协调、合同管理以及信息管理,以保障工程项目的可靠性,满足适应性、安全性和经济性,保证设计工期要求,使设计阶段的各项工作能够在固定的投资、进度、质量目标内予以完成。

7.7.1 设计阶段监理工作的主要任务

1．收集技术资料

结合信息工程项目特点,收集设计所需要的技术资料。

2．优化设计方案

配合设计单位对方案设计进行技术经济分析,优化设计。

3．参与设计文件评审

协助业主单位进行设计文件的评审。

4．参与设备材料选型

协助设计单位、业主,参与主要设备、材料的选型工作。

5．审核设备材料清单

协助业主审核方案中主要设备、材料清单。

6．审核设计文档

审核系统设计方案及其他详细设计文件。

7．参与设计文件报批

协助业主单位组织设计文件的报批。

8．知识产权监督

对方案设计内容进行知识产权保护监督。

9．审核信息安全措施

审核技术方案中的信息安全保障措施。

10．协助业主分析研究有关问题

协助业主单位对工程建设周期总目标进行分析讨论。

11．审核总体进度计划

审核设计单位编制的工程项目总进度计划，并在项目实施过程中控制其执行；如果与合同有冲突，应督促承建单位调整工程进度计划。

12．审核分项进度计划

审核承建单位编制的各分项工程阶段进度计划，根据实际环境的变化，督促承建单位及时调整进度计划。

13．审核设备材料采购计划

审核工程设计、承建单位的设备、材料清单和采购计划，并检查、督促及执行。

14．评审各项计划

评审设计单位提交的项目开发计划、质量保证计划和验收计划，这些计划可以作为合同的一部分或者合同附件；对需求分析和设计进行质量控制；对由于各种原因导致的变更进行控制；协调业主单位和承建单位的关系。

15．保障项目质量、进度、投资

设计阶段监理具体从软件项目计划、软件分包合同、软件管理过程、软件质量保证计划、软件配置管理、软件需求分析、软件设计方面，来保证软件系统建设的质量和进度，从而提高应用软件系统建设的可视性和可控性，使得业主单位的投资得到保障。

7.7.2 设计阶段监理工作流程

信息工程设计阶段的监理工作流程如图7-4所示。

7.7.3 设计方案的审查工作

承建单位提交工程设计方案、计划报审表后，监理单位应审核以下内容：

1．符合性审查

主要是审查与项目需求的符合性，包括工程关键技术的实现方法、流程及技术保障措施的合理性；工程实施的质量保证措施的可行性、合理性及其文档的完整性；其他必要的内容。

2．签署审查意见

符合性审核完成后，监理单位必须签署监理审核意见。如果工程设计方案无问题，监理单位应在工程设计方案、计划报审表中签字确认；否则，监理单位可通过监理工作联系单的方式与承建单位沟通，要求对问题整改，如承建单位整改仍不合格，监理单位

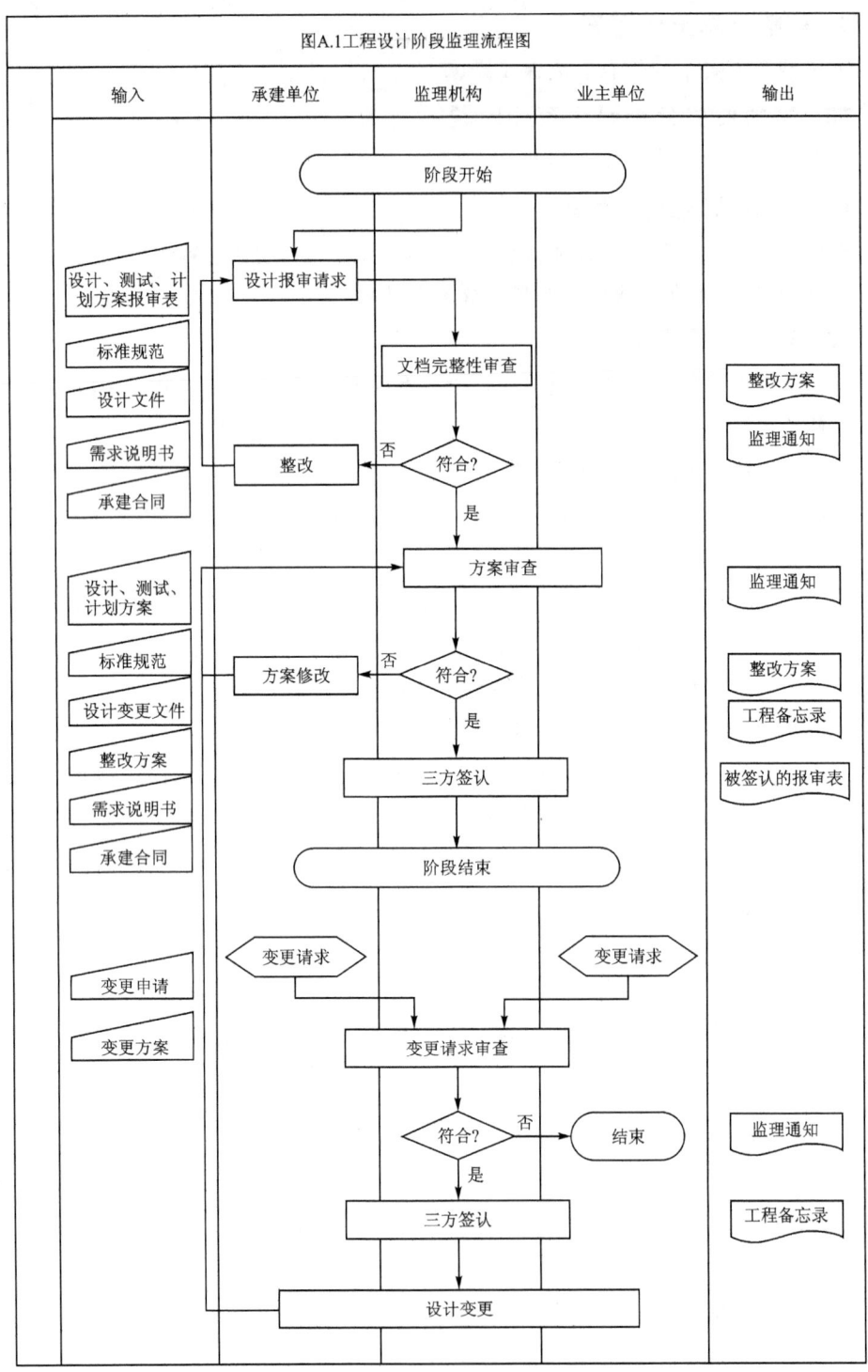

图 7-4 信息工程设计阶段的监理工作流程图

应签发监理通知单,责令承建单位整改,并跟踪落实。

3. 会审设计方案

如果必要,则监理单位应协助业主单位组织专业人员对工程设计方案进行会审。如果会审认为工程设计方案存在缺陷,则监理单位可通过监理工作联系单的方式与承建单位沟通,要求对问题整改,如承建单位整改仍不合格,监理单位应签发监理通知单,责令承建单位整改,并跟踪落实;会审的结果要形成会议纪要,有参会各方签字、存档;会审中提出的修改内容,由承建单位以"修改通知书"的形式通知业主单位及监理单位,作为施工更改的依据,实际更改的内容将反映到竣工文档中。

7.7.4 计划方案的审查工作

项目实施是一项比较复杂的工作,需要组织多单位协同配合。为了在质量、进度、效益都得到保证的情况下,完成某项建设任务,就必须制定一个统筹全局、科学安排的计划方案。审查计划方案的合理性、科学性是重中之重的工作内容。

承建单位提交设计阶段进度计划报审表后,监理单位应依据承建合同对工程进度计划的可行性、合理性和各阶段工作成果的判定依据及其可操作性进行审核,审核后签署监理审核意见。设计阶段进度计划无问题时,监理单位应在进度计划报审表中签字确认;否则,监理单位可通过监理工作联系单的方式与承建单位沟通,要求对问题整改,如承建单位整改仍不合格,监理单位应签发监理通知单,责令承建单位整改,并跟踪落实。

7.7.5 监理的主要措施和方法

1. 制定知识产权保护细则

监理单位应对业主单位和承建单位有关技术方案、软件源代码及有关技术秘密等涉及知识产权的内容制定保护措施,作为监理细则的内容。

2. 制定质量监督控制的办法

监理单位应根据业主单位设计方案,确定对工程进行阶段性质量监督、控制的措施及方法,作为监理细则的内容。

3. 制定进度计划控制监督办法

监理单位应根据承建单位工程进度计划,确定阶段性进度监督、控制的措施及方法,作为监理细则的内容。

4. 制定合同变更监督管理办法

监理单位应及时处理业主单位或承建单位合同变更的申请,协助保持合同、协议及其附件内容的时效性、一致性。

5. 建立沟通交流机制

监理单位应与业主单位、承建单位建立信息沟通机制,并要求各方在项目工作中贯彻执行。

6. 建立工作协调机制

监理单位应与业主单位、承建单位确定工程设计阶段的协调形式和方法,如监理例会和专题会议等,并在项目过程中执行。

7. 建立变更协调监督机制

监理单位应对实施阶段出现的变更提出监理意见,协调业主单位、承建单位达成一致。

8. 建立新老系统更替方式

监理单位应建议业主单位和承建单位充分考虑目标系统与现有系统的兼容性和互操作性,实现新老系统的有机更替。

9. 制定投资变更监督机制

监理单位应依据招投标文件、承建合同,审核工程计划、设计方案中所说明的工程目标、范围、内容、产品和服务,对可能的投资变化,向业主单位提出监理意见。

10. 建立业主与承建单位配合协调机制

监理单位应协调业主单位调动适当的资源,配合承建单位完成工程设计前期的调查和分析工作。

7.8　实施阶段的监理

7.8.1　实施阶段的监理工作流程

1. 签订监理合同

招标结束后,业主单位应与监理单位在法律规定期限内完成合同签订工作;合同内容应包含但不限于监理业务内容,双方的权利与义务,监理费用的计取与支付方式,违约责任及争议解决办法以及双方约定的其他事项。

2. 实施前准备工作

完成合同签订后,业主单位组织三方项目成员代表,召开项目启动会或首次会议,就如何开展项目工作明确三方的工作流程、工作方式以及工作内容,避免在实施过程中出现沟通不畅、实施遇阻等问题。

3. 组建项目监理机构以及编制监理规划

监理单位应在项目确定后,根据项目实际情况组建项目监理机构,由具有监理资质的人员组成,并由一名总监理工程师负责项目整体把控与管理,实行总监理工程师负责制,出具监理单位书面盖章的总监任命函提交至业主单位与承建单位;总监理工程师根据项目招投标文件、项目合同与监理合同以及业主单位和承建单位提供的项目资料,及时编制监理工作计划以及监理规划,并提交至业主单位沟通确认。

4．实施监理工作

项目开展后,总监理工程师以监理合同为依据,执行监理计划与监理规划,由监理工程师根据监理规划编制监理实施细则,明确各环节监理工作内容与把控节点;项目实施过程中要有监理工作记录、三方确认的过程文档以及阶段性总结报告直至项目完成。

5．协助项目验收

承建单位已按照工程合同完成建设内容后,应向业主单位和监理单位提交验收申请,监理单位审核通过后提交业主单位确认,一致同意后由业主单位组织项目验收会议,监理单位协助业主单位组好验收的相关准备工作。

6．提交监理文档

项目验收通过后,监理单位应向业主单位提交本项目监理验收档案资料,并签收交接单据。

实施阶段监理工作流程如图7-5所示。

实施阶段的监理是对信息工程的质量、进度、变更和投资进行控制,对承建合同、信息与安全进行管理,协调有关各方面的工作关系,即四控三管一协调。此外,还应根据信息工程特点,对知识产权进行管理。

7.8.2　实施阶段的质量控制

信息工程施工是使工程设计意图最终实现并形成工程实体的阶段,也是最终形成工程产品质量和工程项目使用价值的重要阶段,因此实施阶段的质量控制不但是监理重要的工作内容,也是工程质量控制的重点。

质量控制是指在力求实现信息工程项目总目标的过程中,为满足信息工程项目总体质量要求所开展的有关监督管理活动。实施阶段中,关键过程质量控制的要点以下几方面:

1．制定阶段性质量控制计划

制定阶段性质量控制计划,是实施阶段性质量控制的基础。

2．分清主次、抓住关键

进行工程各阶段分析,分清主次,抓住关键是阶段性工程结果质量控制的目的。

3．设置阶段性质量控制点

设置阶段性质量控制点,实施跟踪控制是工程质量控制的有效手段。

4．审核承建单位质量管理计划

工程项目实施前,承建单位应提交质量管理计划报审表,由监理单位组织审核,审核后签署监理审核意见,质量管理计划无问题时,监理单位应在质量管理计划报审表中签字确认;否则,监理单位可通过监理工作联系单的方式与承建单位沟通,要求对问题

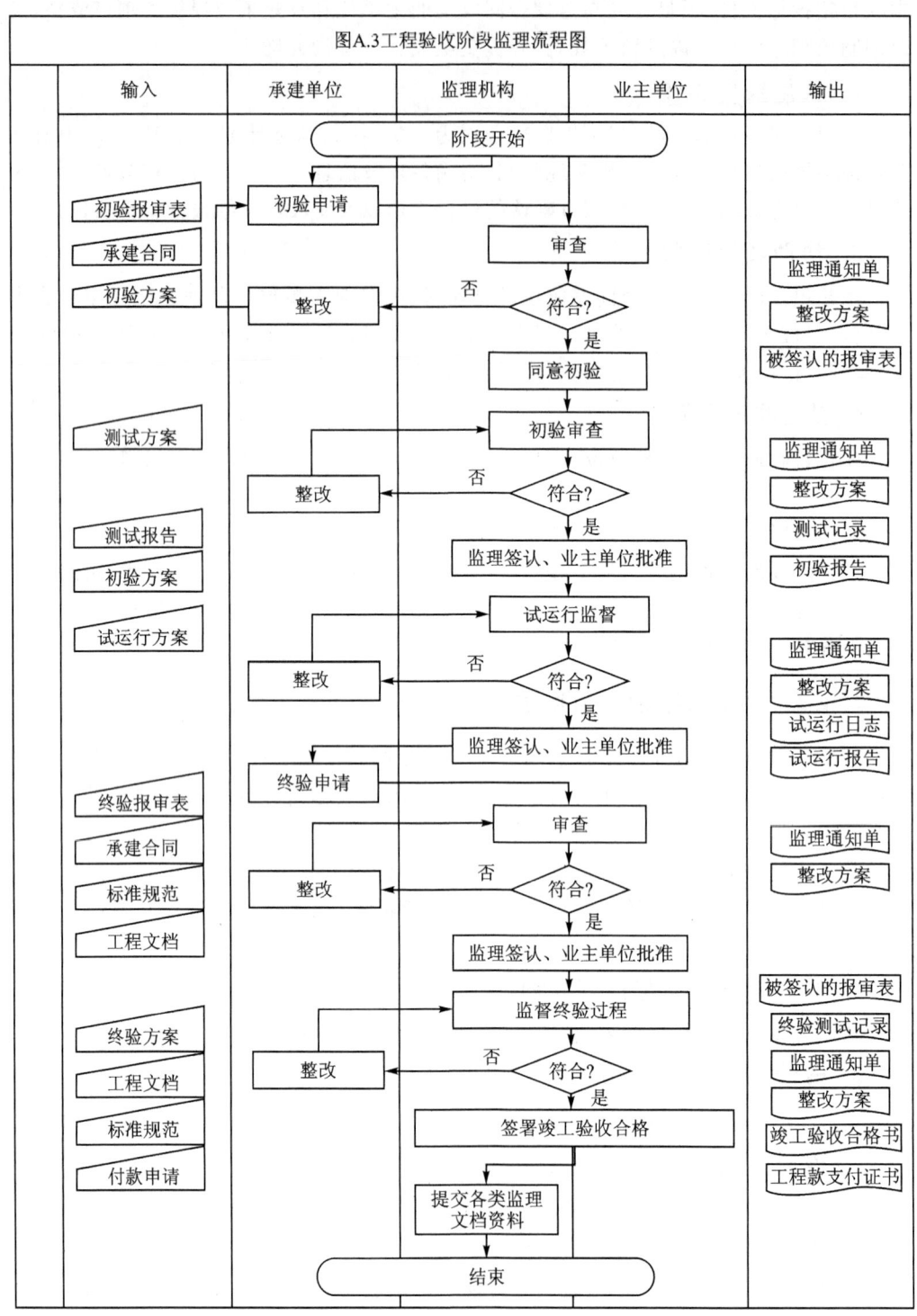

图7-5 实施阶段监理工作流程

整改,如承建单位整改仍不合格,监理单位应签发监理通知单,责令承建单位整改,并跟踪落实;监理单位应组织业主单位、承建单位召开工程实施准备会议,要求承建单位落实实施计划、实施方案和必要的准备工作,会议内容编写会议纪要,并经三方签字确认。

5.审核承建单位工程项目实施方案

工程实施前,承建单位应提交工程实施方案报审表,由监理单位组织审核实施方案,审核后签署监理意见,工程实施方案无问题时,监理单位应在工程实施方案报审表中签字确认;否则,监理单位可通过监理工作联系单的方式与承建单位沟通,要求对问题整改,如承建单位整改仍不合格,监理单位应签发监理通知单,责令承建单位整改,并跟踪落实。

6.对实施计划、方案及有关文档进行符合性审核

监理单位应审核的内容包括实施方案与法律法规和标准的符合性,实施方案的合理性和可行性,实施方案与合同、设计方案和实施计划的符合性,工程实施的组织机构。

7.对承建单位提交的产品与服务进行验收

监理单位应组织对承建单位提供的产品及服务进行验收,对验收结果做验收纪录,并经三方签认;对不符合合同或相关标准规定的产品及服务应拒绝签认,没有被签认的产品及服务不得在工程实施中应用。

8.验证承建单位提交的产品与服务的有效性

产品及服务验收应包括产品及服务应与承建合同要求和产品文档的说明一致,产品及服务的有效性和真实性;必要时,监理单位可依据承建合同、技术标准或事先约定的方法检测产品及服务的质量,对于数量较大的同类型产品及服务,监理单位可采取抽样方法;必要时,监理单位应要求承建单位提交第三方测试机构出具的测试报告,并核验产品认证证书、检测报告的真实性、有效性,第三方测试机构应经业主单位和监理单位同意。

9.及时抽检项目实施情况、核查人员情况

监理单位应按计划检查承建单位工程实施状况、人员与实施方案的一致性。

10.做好监理日志

监理单位应执行已确定的阶段性质量监督、控制措施及方法,并做监理日志;出现工程质量问题时,经确认后监理单位可通过监理工作联系单的方式与承建单位沟通,要求对问题整改,如承建单位整改仍不合格,监理单位应签发监理通知单,报业主单位、承建单位,责令承建单位整改,并跟踪落实。

11.及时处理承建单位的施工申请

监理单位应及时处理承建单位提交的工程中关键环节的工程阶段施工申请,审核其合理性后签字确认,报业主单位批准。

12.及时抽检重要工程环节的衔接情况

必要时,监理单位应检查承建单位重要工程步骤的衔接工作,做监理日志,未经监

理工程师检查认可,承建单位不能进行与之相关的下一步骤的实施。

13. 及时审核处理项目变更申请

监理单位应及时处理工程变更申请,审核变更的合理性,保证工程总体质量和进度不受影响。

14. 审核分包单位资质

有分包单位时,监理单位应组织审核分包单位的工程实施资质。

15. 及时处理工程质量事故

若项目中出现质量事故,监理单位应要求承建单位在事故发生后立即采取措施,尽可能控制其影响范围,并及时签发停工令,报业主单位;监理单位应在接到事故申报后立即组织有关人员检查事故状况、分析原因,与业主单位、承建单位共同确认初步处理意见;监理单位应监督承建单位采取措施,查清事故原因,审核承建单位提出的事故解决方案及预防措施,提出监理意见,提交业主单位签认;监理单位应审查承建单位报送的事故报告及复工申请,条件具备时,经总监理工程师签发复工令;监理单位若发现工程实施过程存在重大质量隐患,应及时向承建单位签发停工令,并报业主单位,监督承建单位进行整改,整改完毕后,及时处理承建单位的复工申请。

16. 审核承建单位提交的质量检验检测方案

测试是信息工程质量控制的重要手段之一,测试结果是判断信息工程质量最直接的依据,因此合理的测试方案有助于保障项目的最终成果符合业主单位的要求。

承建单位提交工程阶段性测试方案报审表后,监理单位应对工程阶段性测试验收方案进行审核,审核后签署监理审核意见,工程阶段性测试方案无问题时,监理单位应在工程阶段性测试报审表中签认;否则,监理单位可通过监理工作联系单的方式与承建单位沟通,要求对问题整改,如承建单位整改仍不合格,监理单位应签发监理通知单,责令承建单位整改,并跟踪落实。

17. 监理项目变更预控机制

工程变更是常见的,信息系统的变更非常频繁,监理要对可能发生的变更保持预控能力,要有防患于未然的应对措施。

(1)监理单位应控制项目中的各种变更内容,变更应由三方达成共识,并做工程备忘录。

(2)监理单位应及时对合同的变更结果做工程备忘录。

(3)监理单位应对设计阶段协调的结果做工程备忘录。

18. 建立文档资料归档管理监督机制

信息工程的文档管理是参与各方从事信息工程项目管理(或监理)提供决策支持的一种载体,信息工程的文档管理工作要求如下:

(1)监理单位应指导、要求业主单位和承建单位妥善保管有关的文档资料。

(2)监理单位应妥善保管工程设计阶段的监理文档,并监督检查工程文档的时效性和可用性。

（3）监理单位应对工程中各方提出保密要求的信息实施保密，加强知识产权的保护。

（4）监理单位应对设计阶段三方共同参与的过程和活动做工程备忘录，并由三方签认。

7.8.3 实施阶段的进度控制

进度控制是指对工程项目的各建设阶段的工作内容、程序、持续时间和衔接关系进行规划、实施、检查、调整等一系列活动的总称。工程施工阶段中，关键过程进度控制的要点以下几方面：

1. 审核实施计划的合理性

监理单位应审核承建单位工程实施计划的合理性，审核后签署监理审核意见，实施计划无问题时，监理单位应在实施计划报审表中签字确认；否则，监理单位可通过监理工作联系单的方式与承建单位沟通，要求对问题整改，如承建单位整改仍不合格，监理单位应签发监理通知单，责令承建单位整改，并跟踪落实。

2. 核查开工的准备工作

承建单位提交开工申请表后，监理单位应审核开工申请，检查工程准备情况，工程实施条件具备时，总监理工程师应签发开工令，并报业主单位签认，通知承建单位开始工程实施。

3. 审核阶段性进度计划

承建单位提交阶段性进度计划报审表后，监理单位审核阶段性进度计划的合理性，审核后签署监理审核意见，阶段性进度计划无问题时，监理单位应在阶段性计划报审表中签字确认；否则，监理单位可通过监理工作联系单的方式与承建单位沟通，要求对问题整改，如承建单位整改仍不合格，监理单位应签发监理通知单，责令承建单位整改，并跟踪落实。

4. 定期检查项目实际实施情况

监理单位应定期检查、记录工程的实际进度情况，确定实际进度与计划相一致。

5. 及时处置项目进度延期申请

监理单位应及时处理工程延期申请，宜按下述程序处理工程延期。监理单位应根据工程情况确认其合理性，并与业主单位、承建单位协商确认后，由总监理工程师对工程延期申请予以确认；工程延期影响工程总体进度计划时，监理单位应要求承建单位修改工程总体进度计划，经三方签认后，做工程备忘录。

6. 及时审查进度计划纠偏措施的合理性

监理单位应组织审查进度纠偏措施的合理性、可行性，监理单位可通过监理工作联系单的方式与承建单位沟通，要求对问题整改，如承建单位整改仍不合格，监理单位应签发监理通知单,报业主单位,要求承建单位按计划进行修改,并跟踪落实。

7.8.4 实施阶段的投资控制

投资控制是在批准的预算条件下确保项目保质按期完成,即指在项目投资的形成过程中,对项目所消耗的人力资源、物质资源和费用开支,进行指导、监督、调节和限制,及时纠正即将发生和已经发生的偏差,把各项项目控制在计划投资的范围之内,保证投资目标的实现。实施阶段中,关键过程投资控制的要点:

1. 严格审核付款申请

总监理工程师应依据承建合同及其补充协议,审核承建单位提交的工程阶段性报告和付款申请,总监理工程师签发工程款支付意见,报业主单位签认。

2. 建立项目变更预算调整的监督控制机制

监理单位应从目标系统的质量、进度和投资等方面审查工程变更,由于变更引起投资的改变应按照合同的相关条款执行;在合同中没有规定的,应在变更实施前与业主单位、承建单位协商确定变更导致的投资变化,并做工程备忘录。

3. 建立费用索赔管理监督机制

监理单位应及时处理费用索赔申请,应按下列程序处理。申请方应在合同规定的期限内向监理单位提交费用索赔申请表;总监理工程师指定监理工程师收集与索赔有关的资料;总监理工程师进行索赔审查,与承建单位和业主单位协商索赔费用;总监理工程师应在承建合同规定的期限内签发索赔通知,或在承建合同规定的期限内发出要求申请方提交详细资料的监理意见单;当申请方的索赔要求与工程延期要求相关联时,总监理工程师应综合考虑工程延期和费用索赔的关系,做出费用索赔和工程延期的建议。

7.8.5 实施阶段的变更控制

变更控制是指在信息工程建设项目的实施过程中,由于项目环境或者其他的各种原因而对项目的部分或项目的全部功能、性能、架构、技术指标、集成方法、项目进度等方面做出的改变。监理单位可以按照以下程序处理工程变更:

1. 建立变更控制监督管理机制

业主单位或承建单位提出工程变更,监理单位应编制变更文件,提交总监理工程师,由总监理工程师组织审核,并由三方在工程变更单中予以签认。

2. 了解掌握变更需求

监理单位应了解工程变更的实际情况,收集相关资料或信息。

3. 评估变更需求,提出变更报告

监理单位应根据实际情况,参考变更文件及其他有关资料,按照承建合同的有关条款,对工程变更范围、内容、实施难度以及变更的投资和工期做出评估,签发监理意见单,并报业主单位、承建单位。

4. 建立变更备忘录

监理单位应对工程变更过程及结果做工程备忘录,监理单位应要求承建单位在变更文件签署前,不得实施工程变更。

5. 监督变更实施情况

监理单位应根据工程变更文件监督承建单位实施。

6. 协调变更纠纷

监理单位应及时协调甲乙双方因变更引起的合同纠纷,公正地调查分析,提出监理意见。

7.8.6 实施阶段的合同管理

合同管理是指对工程的设计、实施、开发有关的各类合同,从合同条件的拟定、协商、签署,到执行情况的检查和分析等环节进行组织管理的工作,以达到通过双方签署的合同实现信息工程的目标和任务,同时也维护建设单位与承建单位及其他关联方的正当权益。

1. 按信息工程范围划分的合同类型

1)总承包合同

总承包合同也称"交钥匙承包",发包人把信息工程建设从开始立项、论证、施工到竣工的全部任务,一并发包给一个具备资质的承包人。

这种承包方式有利于充分发挥那些在工程建设方面具有较强的技术力量、丰富的经验和组织管理能力的大承包商的专业优势,保证工程的质量和进度,提高投资效益。采用总承包的方式进行承包,发包人和承包人要签订总承包合同。这种总承包合同既可以用一个总合同的形式,也可以用若干合同的形式来签订。

2)单项项目承包合同

发包人将信息工程建设的不同工作任务,分别发包给不同的承包人。

单项工程承包方式有利于吸引较多的承包人参与投标竞争,使发包人有更大的选择余地;也有利于发包人对建设工程的各个环节、各个阶段实施直接的监督管理。这种发包方式较适用于那些对工程建设有较强管理能力的发包人。

3)分包合同

总承建单位将其承包的某一部分或某几部分项目,再发包给子承建单位。如工程总承包人、勘察承包人、设计承包人、施工承包人承包建设工程以后,将其承包的某一部分或某几部分工程,再发包给其他承包人,与其签订承包合同项下的分包合同。

签订分包合同应当同时具备两个条件:第一,承包人只能将自己承包的部分工程分包给具有相应资质条件的分包人;第二,分包工程必须经过发包人同意。另外,只能将非关键、非主体部分进行分包,而且不可以进行第二次分包。

2．合同管理的作用

（1）使有关各方相互协调并密切配合，确保整个工程项目能够在规定的时间期限及预期的投资范围内高质量地完成。

（2）有效地减少有关各方之间的争议与纠纷。

（3）对合同的履行情况进行跟踪管理，从而有效地降低项目的风险。

（4）及时发现合同履行过程中的问题，使问题在暴露之初得到解决，避免问题的积累。

3．合同管理的主要内容

1）订立前管理

制定合同管理制度，对承建单位的资格、信誉、履约能力进行预审。

2）谈判订立管理

协助拟定合同条款，参与有关方订立合同所进行的谈判活动，记录谈判内容并经双方签字盖章后备案，参与合同的签订活动。

3）履行管理

对合同的履行情况进行跟踪管理，及时合理处理和解决合同履行过程中出现的问题，如合同争议、合同违约、合同索赔。

4）变更管理

分析变更原因，如因需求变更、环境条件变更、新技术新标准等；评估合同变更可能产生的影响；经评估，确实需变更，应尽快做出变更；合同变更，应尽量采用书面形式。

7.8.7　实施阶段的信息管理

信息管理是对信息的收集、加工处理、存储、传递与应用等一系列工作的总称。目的就是通过有组织的信息交流，使决策者及时准确的获得相应信息。

1．妥善管理项目实施过程中产生的文档资料

监理单位应妥善管理工程实施阶段所产生的开工令、停工令、复工令、监理工作联系单、监理通知单、监理日志和工程备忘录等资料。

2．建立形成备忘录机制

监理单位应对工程实施阶段三方共同参与的过程和活动做工程备忘录，并由三方确认。

3．监督甲乙双方建立文档归档管理机制

监理单位应甲乙双方（监督业主单位、承建单位）按照既定的要求编制和管理工程文档资料，如实施计划、实施方案、产品及服务验收报告、费用索赔申请表、工程延期申请表和工程变更单等。

7.8.8　实施阶段的安全管理

信息系统的安全就是保证信息系统的用户在允许的时间内，从允许的地点，通过允许的方法,对允许范围内的信息进行所允许的处理。

1. 安全管理的控制过程

(1)确认信息安全管理的对象和范围。

(2)分析针对该对象的安全隐患或攻击行为的方式。

(3)划清安全管理等级,落实对应的控制措施。

(4)跟踪检查信息安全落实情况。

(5)持续改进,防漏补缺。

2. 监理在安全管理的主要作用

(1)协助建设单位保证信息系统的安全在可用性、保密性、完整性与信息工程的可维护性技术环节上没有冲突。

(2)在投资控制的前提下,确保信息系统设计上没有漏洞。

(3)督促建设单位的信息工程应用人员在安全管理制度和安全规范下严格执行安全操作和管理,建立安全意识。

(4)监督承建单位按照技术标准和建设方案施工,检查承建单位在项目实施过程中是否存在安全隐患行为或现象等,确保整个项目的安全建设和安全应用。

7.8.9 实施阶段的组织协调

组织协调的关键是沟通,沟通是一种人与人之间的双向信息交流活动。简单来说,沟通就是信息的生成、传递、接收和理解检查的过程。信息系统项目沟通协调主要包括以下过程:信息的生成、收集、传播、存储、检索、处理。

1. 建立沟通协调机制

监理单位应与甲乙双方(业主单位、承建单位)共同建立实施阶段沟通协调的机制,如监理例会、专题会议等。

2. 及时协调解决各种专项问题

监理工程师应根据需要及时组织专题会议,解决工程实施过程中的各种专项问题,并做会议纪要,提交业主单位和承建单位。

3. 协调解决变更纠纷

监理单位应协调业主单位和承建单位对工程变更的范围和内容等,达成一致意见。

4. 协调解决索赔纠纷

监理单位应协调业主单位和承建单位对索赔的意见达成一致。

5. 建立甲乙双方配合工作机制

监理单位应协调业主单位配合承建单位的工程实施。

7.9 验收阶段的监理

在本阶段监理单位应按项目合同查看承建单位提供的各种审核报告和测试报告内容是否齐全。判断承建单位是否已经完成了合同要求的各项工作,项目文档资料是否齐全。

7.9.1 验收的前提条件

(1) 所有建设项目按照批准设计方案要求全部建成,并满足使用要求。

(2) 各个分项工程全部初验合格。

(3) 各种技术文档和验收资料完备,符合集成合同的内容。

(4) 系统建设和数据处理符合信息安全的要求。

(5) 外购的操作系统、数据库、中间件、应用软件和开发工具符合知识产权相关政策法规的要求。

(6) 各种设备经过加电试运行,并且状态正常。

(7) 已通过系统测试审核。

(8) 合同或合同附件规定的各类文档齐全。

(9) 合同或合同附件规定的其他验收条件已具备。

(10) 经过业主单位同意。

7.9.2 验收方案的审核与实施

在信息工程完工时,业主单位、承建单位和监理方三方共同确定验收方案,监理方主要工作如下:

(1) 确认工程验收的基本条件。

(2) 建议业主单位和承建单位共同推荐验收人员,组成工程验收组。

(3) 确认工程验收时应达到的标准和要求。

(4) 确认验收程序。

7.9.3 验收阶段监理的主要工作

1. 信息网络系统工程验收,需要对以下内容进行审核

(1) 系统整体功能、性能。

(2) 主要设备的功能、性能。

(3) 承建单位提交文档的种类和内容。

(4) 系统设计、开发、实施、测试各个阶段涉及的工具和设备都具备合法的知识产权。

(5) 承建单位的质量保证和售后服务体系;承建单位采取必要的管理和工程措施,

以方便系统的扩容和升级。

2．应用信息系统工程验收，需要对以下内容进行审核

（1）可执行程序、源程序、配置脚本、测试程序或脚本。

（2）主要的开发类文档。

（3）主要的管理类文档。

验收阶段监理工作的流程如图 7 - 6 所示。

7.9.4　验收阶段的质量控制

工程施工质量验收是工程建设质量把控的一个重要环节，通过对工程建设中间过程和最终产品进行验收工作，从过程控制和终端把关两个方面进行工程项目的质量控制，以确保达到业主单位所要求的功能和使用价值。验收阶段的质量控制通过以下几方面实现。

1．审核初验条件

监理单位应及时处理承建单位提交的工程阶段性验收初验报审表（以下简称初验报审表），审核初验的必备条件，具备初验条件时，监理单位在初验报审表中予以签认，并报业主单位签认；否则，监理单位可通过监理工作联系单的方式与承建单位沟通，要求对问题整改，如承建单位整改仍不合格，监理单位应签发监理通知单，责令承建单位整改，并跟踪落实。

2．审核验收方案

监理单位应协助业主单位审核承建单位提交的验收计划及其方案，明确验收目标、各方责任、验收内容、验收标准、验收方式和验收结果等内容，审核后签署审核意见，验收计划及其方案无问题时，监理单位应在初验报审表中予以签认；否则，监理单位可通过监理工作联系单的方式与承建单位沟通，要求对问题整改，如承建单位整改仍不合格，监理单位应签发监理通知单，责令承建单位整改，并跟踪落实。

3．评估初验发现的问题

监理单位应协助业主单位对初验中发现的质量问题进行评估，根据质量问题的性质和影响范围，确定整改要求和整改后的验收方式，以监理通知单的形式告知承建单位；必要时，应组织重新验收。

4．监督承建单位提出整改方案及整改过程

监理单位应敦促承建单位根据整改要求提出整改方案，并监督整改过程。

5．确认初验结果

监理单位与业主单位和承建单位一起对初验结果进行确认，共同签署初验合格报告。

6．监督项目试运行

监理单位应有计划地监督系统的试运行，督促承建单位解决试运行中出现的质量

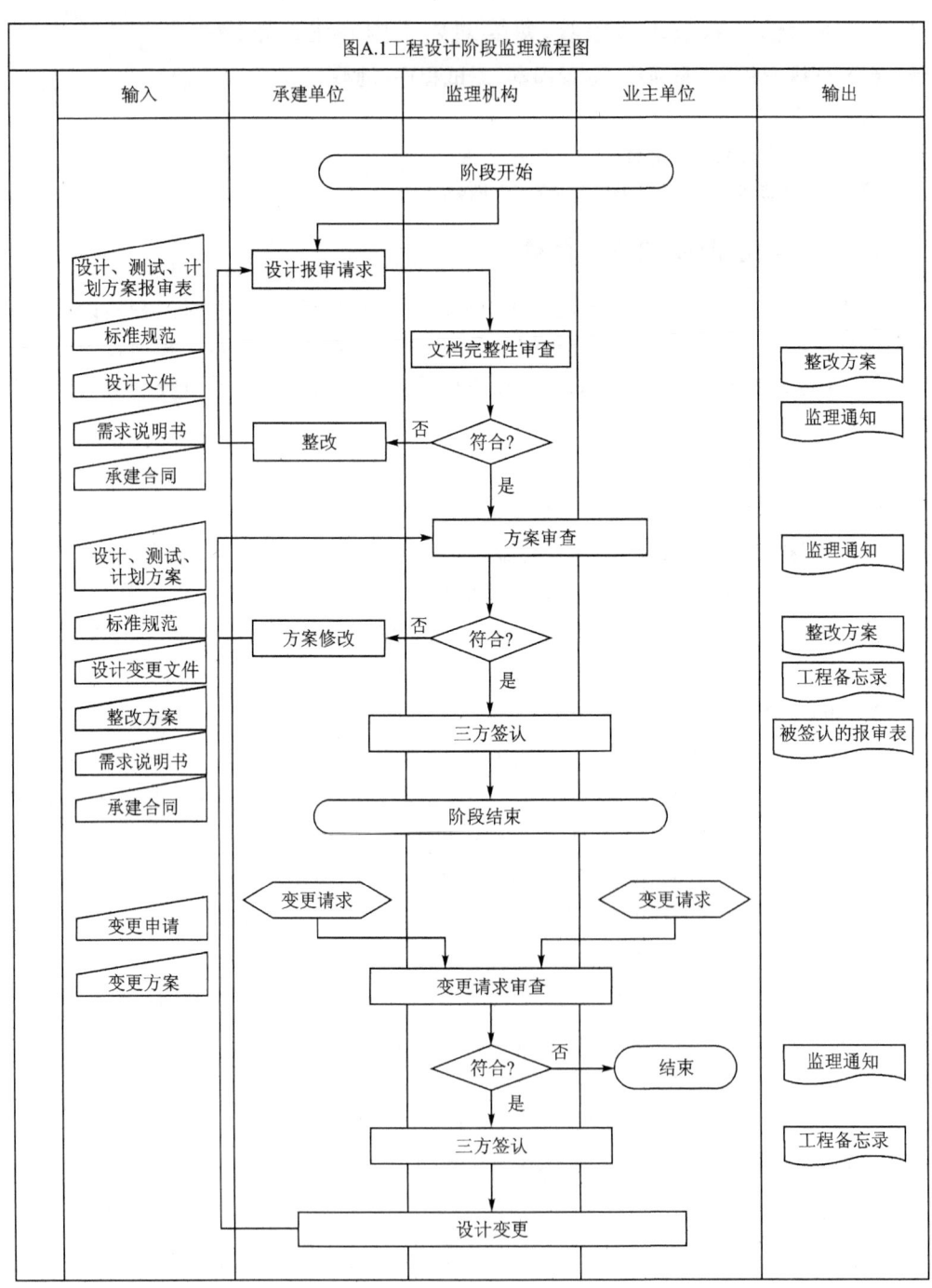

图7-6 验收阶段监理工作的流程

问题。

7. 核审知识产权

监理单位应协助业主单位和承建单位做好对知识产权进行管理的工作,在工程终验前,监理单位应检查所完成的信息系统中,承建单位是否提供了非正版软件,如提供了非正版软件,监理单位可通过监理工作联系单的方式与承建单位沟通,要求对问题整改,如承建单位整改仍不合格,监理单位应签发监理通知单,责令承建单位整改,并跟踪落实。

8. 协助组织项目终验

监理单位应协助业主单位组织工程终验,监理单位应及时处理承建单位提交的工程阶段性验收终验报审表(以下简称终验报审表),具备终验条件时,监理单位在终验报审表中予以签认,并报业主单位签认;否则,监理单位可通过监理工作联系单的方式与承建单位沟通,要求对问题整改,如承建单位整改仍不合格,监理单位应签发监理通知单,责令承建单位整改,并跟踪落实。

9. 核审检验检测报告

对于工程中的关键性技术指标,监理单位应要求承建单位出具第三方测试机构的测试报告,第三方测试机构应经业主单位和监理单位同意。

10. 监督培训

监理单位应督促承建单位完成项目实施方案确定的培训,并对培训效果做出评估。

7.9.5 验收阶段的进度控制

(1)监理单位应对验收阶段进度安排提出监理意见。

(2)监理单位应审核承建单位初验、终验和工程整改计划的可行性,以监理意见单的形式告知业主单位和承建单位。

(3)监理单位应要求业主单位、承建单位以初验合格报告作为启动试运行的依据,以终验报告作为工程验收结束的依据。

7.9.6 验收阶段的投资控制

(1)总监理工程师审核承建单位提交的付款申请表,根据承建合同规定的付款条件,签发工程款支付意见表。

(2)项目终验后,监理单位应审核承建单位的工程结算,可协助业主单位进行工程决算。

7.9.7 验收阶段的合同管理

(1)监理单位应及时向业主单位、承建单位通报承建合同、协议及相关变更所规定工程内容的执行情况,提出监理意见。

(2)监理单位可以协助业主单位与承建单位签署其他补充协议。

7.9.8　验收阶段的文档资料管理

（1）监理单位应管理工程验收阶段的文档，如初验报审表、初验报告、终验报审表和终验报告等相关文档。

（2）监理单位应敦促业主单位、承建单位按照事先约定，编制、签署和保存验收阶段的工程文档。

（3）监理单位应督促业主单位、承建单位及时整理工程文档。

（4）监理单位应整理与工程有关的全部监理文档，并提交业主单位。

7.9.9　验收阶段的协调工作

（1）监理单位应协调业主单位和承建单位在验收计划、验收目标、验收范围、验收内容、验收方法和验收标准等方面达成一致，填报工程备忘录，并经三方签认。

（2）监理单位应协调业主单位配合验收阶段的工作。

（3）监理单位应及时对验收阶段协调的结果填报工程备忘录，并经三方签认。

（4）监理单位应协助业主单位和承建单位完成工程移交工作。

7.10　运行维护阶段的监理

7.10.1　运维服务监理的主要任务

信息工程项目运维服务的监理服务主要有以下任务：帮助建立科学合理的信息化运维体系架构，将组织架构、管理流程、管控制度、绩效考核、运维成本核算以及技术平台贯穿融合。

1．进行运维监理质量控制

主要手段为评审测试以及绩效考核。

2．提供运维监理效能管理

主要是通过建立绩效考核制度以及推动实施，通过进行绩效考核来对运维服务商进行督促，提升运维工作效能。

3．运维文档管理

在项目运维过程中，主要通过文档记录各类问题，需要对运维过程中产生的各类文档进行管理，监理方制定标准，严格控制运维过程文档。

4．运维沟通协调

项目运维工作涉及建设方、承建方以及各设备厂商，监理方与项目参建各方保持积极联系，能及时沟通反馈项目中需要沟通的事宜。

7.10.2　运维实施准备阶段的监理

此阶段主要是了解运维服务项目的基本情况（包括各方人员职责、运维服务内容、运维周期、投资额、对供方的要求、对运维监理方的要求等），为后期的工作打下良好的基础。

收集运维服务相关资料，包括合同、招投标文件、SLA 协议及其他资料，作为运维服务监理的基础。

7.10.3　运维实施阶段监理

1．首次项目例会

在与需方和供方充分沟通，确定开会时间、参加人员后，召开首次项目例会。首次项目例会的主要目的是项目各相关单位进行充分的沟通与技术交底，运维监理单位宣贯监理工作流程、周报要求、监理工作制度等。首次项目例会的召开标志着项目正式启动。

2．审核运维方案

（1）供方根据合同、相关规范、招投标文件、SLA 协议等提交运维方案和质量保证计划至监理单位。

（2）监理单位对文档的完整性进行审查，若不完整，退回至供方进行修改。

（3）若文档结构完整，则监理单位对运维方案进行审查，若不符合要求，则退回至供方进行修改。

（4）若运维方案符合要求，则进行三方（需方、供方、监理单位）确认，各方按照运维方案开展运维实施工作。

3．制定绩效考核方案

（1）运维监理单位需要协助业主单位根据招投标文件、合同及 SLA 协议制定绩效考核方案。绩效考核方案中应包含但不限于绩效考核原则、考核范围、绩效考核指标、绩效考核内容、绩效考核流程、绩效考核制度、绩效考核办法。

（2）协助确定绩效考核组织结构，包含但不限于考核管理部门、考核执行部门、考核对象等。

（3）协助需方确定考核周期、考核指标项内容、量化依据、考核指标项权重、奖惩措施等。

4．制定并确认运维机制

监理单位应协助需方制定运维服务机制。

（1）运维机制：包含但不限于项目组成员；运维过程中，运维服务单位进行相关基础资料的编制、收集和整理（单位名称、文档名称、提交时间、备注等）；监理单位协助业主单位规范运维工作执行流程（问题收集、处理、反馈、记录、审核、验证等）。

（2）运维制度：监理单位协助需方建立运维管理制度，内容包含但不限于上下班时间、考勤、问题记录、问题处理、问题回复、问题涉及的变更、文档提交等。

（3）运维表单：为保证运维工作的顺利进行，有据可查，监理单位协助需方和供方制定相应的运维表单，进行运维期间运维档案的管理。

5．监督运维工作情况

运维服务监理过程中，监理单位根据前期形成的相关机制与流程，对运维服务单位的运维服务工作进行监督，主要包括质量控制、投资控制、进度控制、安全控制、合同管理、文档资料管理、配置管理。

（1）质量控制

1）督促供方建立运维质量保证体系。

2）监督供方落实运维质量保证体系及日常运行情况。

3）对于运行维护过程中的重大、关键事件进行重点控制。

4）检查、抽查供方的巡检落实情况。

5）检查、抽查供方备品备件的准备情况，是否准备充足。

6）对运行维护过程中的测试实施质量审查。

7）对运行维护过程中产生的文档进行审核。

（2）投资控制

1）协助需方掌握运行维护预算执行情况，以年、季度等为周期，审核供方的预算执行情况和支付申请，结合绩效考核签发工程款支付意见表。

2）对于非固定运行维护费，监理机构应依据服务标准、工时、付费方式和计费标准等内容进行审核，对供方的实际有效工作进行记录，并提出核算过程与结论，结合绩效考核提出监理意见。

（3）进度控制

在运行维护监理过程中，需要对整体运行维护过程计划进行审核，主要包括进度计划的科学性及可执行性，进度计划的合理性，包括时间计划合理性、任务安排合理性、工具、人员投入合理性。

（4）安全控制

协助需方进行运行维护安全规划；督促供方进行运行维护安全管理教育；督促供方建立安全意识，严格执行安全操作规范。

（5）合同管理

督促运行维护合同的执行，运行维护合同若存在变更，进行合同变更处理，需要积极控制合同变更或索赔事件的发生，审查其不必要性及合法有效性；积极做好合同变更或索赔协调，协助收集变更或索赔依据，计算相关费用，提出建立意见。协助建立合同管理制度，并监督具体落实情况。

（6）文档资料管理

协助供方建立运行维护过程中的文档管理体系和管理计划；检查和评审供方提交的各类运行维护过程中产生的文档。

（7）配置管理

检查供方对于配置项的规划和管理工作；审核运行维护过程中的配置项变更及发布管理过程；检查或抽查配置管理的执行情况。

7.10.4　运维评估及验收的监理

1．审核并评估验收申请

审核并评估供方提交的服务验收申请、计划及方案，提出评估审核意见。

供方根据初验审核表、承建单位合同、初验方案提交验收申请，监理单位进行审查，若审查不通过，则退回供方进行修改；若审查通过，则监理单位协助需方组织验收。

2．提交服务绩效评估报告

监理单位在运维监理过程中形成绩效考核结果，对供方的运行服务进行评估，形成运行维护服务评估报告。

运维监理单位根据绩效考核办法及方案对供方进行评估，评估的主要内容包含但不限于日常管理、问题处理、反馈、运行维护文档、巡检服务、用户满意度、应急处置等；评估完成后应形成相应的书面评估报告，提交至需方并向供方进行公示。

3．制定验收方案

在与需方和供方充分沟通，在各方对运维服务工作的完成情况均无异议后，监理单位需方确定验收时间、地点、参会人员、验收方案等，在具备验收条件后协助需方组织验收。

7.11　信息工程监理咨询服务

1．咨询目标

监理机构可通过咨询服务，实现如下目标：

（1）协助业主单位确定符合信息系统应用需求的技术方案。

（2）协助业主单位确定信息工程建设所需的投资预算。

（3）协助业主单位明确信息工程建设过程中的人员组织、技术应用、过程管理、资源利用等方案。

2．咨询内容

（1）可协助业主单位梳理业务目标，制定系统建设目标。

（2）可协助业主单位开展系统需求分析工作。

（3）可协助业主单位对系统建设方案进行可行性分析、必要性分析、确定系统的技术架构和建设方案。

（4）可协助业主单位确定系统的工程造价。

3. 咨询要点

（1）业务梳理

监理机构协助业主单位进行业务梳理工作，并提出咨询建议，主要包括以下几方面：

1）分析业务和信息化现状和发展趋势。

2）梳理信息化对业务的支撑情况。

3）提出系统的建设目标。

（2）需求分析阶段

需求分析的目的为信息工程建设提供依据，监理机构在需求分析工作为业主单位提供的咨询服务要点如下：

1）协助业主单位对信息系统现状进行调研，必要时应进行现场踏勘，并进行资料收集和记录。

2）协助业主单位对系统的功能、性能和安全进行需求分析。

3）协助业主单位明确工程投资规模、工程进度要求。

4）协助业主单位开展需求分析。

（3）方案设计阶段

监理机构从如下方面协助业主单位确定工程设计方案：

1）工程建设方案应遵循的法律法规和标准规范。

2）宜进行必要的方案必选，并提出推荐方案。

3）若存在现有系统，需要考虑目标系统与现有系统的兼容性，以保护业主单位原有投资。

（4）实施过程阶段

项目实施过程中监理单位需根据国家法律法规、《GB/T 19668—信息技术服务监理》国家标准、行业技术标准、项目招投标文件、项目合同与监理合同以及业主单位和承建单位提供的项目资料对项目实施进行质量、进度、投资以及变更进行控制，对合同、信息以及安全进行管理，本着公正、公平的原则，在信息工程实施过程中协调有关单位及人员间的工作关系，保质保量的推动项目顺利实施。

在项目实施过程中，监理单位除按照第四节中监理的质量、进度、投资等控制流程实施监理工作外，还应注意以下监理服务要点：

1）按照不同的监理项目类型，制定适应当前监理项目的控制流程。

2）项目正式开工前，对承建单位和人员的资质进行审核，协调承建单位与设计单位进行方案对接，确保实施方案与项目初始设计吻合。

3）与建设单位、承建单位、设计单位等各相关单位共同组建项目实施小组，做好对项目实施小组的管理和协调工作。

4）配合做好基础设施项目的现场勘察，施工材料的审核，现场施工的核验和工作量的确认工作；软件工程项目的需求调研跟踪记录，系统功能的测试和培训试运行的跟进监督工作。

5）配合业主单位协调承建单位完成业主需求，界定项目新增、变更、核减工作量，协调各方达成共识，形成书面确定文档。

6）规范项目管理制度，对项目参建各方进行宣贯，形成规范有效的项目管理流程，并严格执行。

7）对项目实施过程中的问题进行核实，界定责任，督促并协调解决项目中的问题。

7.12 信息工程项目文控管理

7.12.1 文控管理

1. 文控管理概念

文控管理指的是按照规范的项目文件控制程序，在项目实际使用时通过先进的方法和手段，有效管控项目文件的过程，同时对项目文件控制工作予以规范，构建完善、可控与可追溯的文件管理体系和方式。

2. 文控管理的必要性

信息工程项目在建设实施过程中会形成大量的文档资料，这些文档资料记录了从项目提出、立项、审批、设计、招标、实施、监理、验收等工程建设及工程管理的全过程信息，是项目建设和管理的重要成果之一。通过文档资料，可以方便项目管理者了解项目建设在实施过程中的质量、进度、费用的情况，便于掌握项目建设过程中的各项组织措施、工程出现的质量问题和各种管理办法。而文档资料是否真实、完整、规范、成套和便于利用，不仅直接影响信息工程项目的竣工验收、审计和后期维护，同时也反映了项目管理是否规范。

为加强项目监理人员对信息工程项目实施过程的规范管理，确保项目文档资料的完整性、真实性、同步性和规范性，促使项目按照进度计划要求顺利实施并通过竣工验收，同时为建设单位的项目审计工作和后期维护工作提供便利，监理单位在信息工程项目实施和管理过程中有必要进行文控管理。

7.12.2 文控管理内容和要求

1. 业主单位文控管理内容和要求

（1）业主单位文控管理内容

1）项目建议书及批复文件。

2）可行性研究报告及批复文件。

3）项目调整申请及批复。

4）初步设计方案和投资概算报告及批复。

5）管理类文件：党组会议纪要、成立项目领导组织机构文件、日常请示批复、往来函件、项目建设情况汇报材料、财务管理文件、项目管理制度(办法)。

6) 招投标文件:招标文件、委托招标文件、评标文件、评分标准及打分表、评标报告、中标通知书、中标单位投标文件(正本)、未中标的投标文件、政府采购文件。

7) 合同文件:合同谈判纪要、合同审批文件、合同书、协议书、合同变更等文件。

8) 验收文件:验收标准、用户使用意见报告、初验报告、终验报告。

(2) 业主单位文控管理要求

项目建议书、可行性研究报告和初步设计方案按照发改委 55 号文《国家电子政务工程建设项目管理暂行办法》中要求的提纲编制,项目立项审批、设计、招投标、合同签订、验收程序务必规范完整,相关记录文件需留有原件,务必按照文件性质进行分类归档并安排专人保管。

2. 承建单位文控管理内容和要求

(1) 承建单位文控管理内容

1) 中标通知书、合同文件、项目经理任命书。

2) 设计开发文件:需求分析文件、需求调研计划、记录、需求分析、需求规格说明书、需求评审、设计开发计划、概要设计说明书、概要设计评审、详细设计说明书、详细设计评审、数据库结构设计说明书、编码计划、编码规范、施工图设计。

3) 实施文件:实施计划、方案及批复文件、意见汇总报告、系统集成方案、项目配置管理方案、评审报告、源代码及说明、设计不变更报审、代码修改记录、网络系统文件、二次开发支持文件、接口设计说明书、用户使用手册、系统维护手册、系统上线保障方案、应急预案、测试方案、方案评审意见、测试记录、测试报告、培训文件及教材讲义、试运行方案、试运行记录、试运行报告、试运行改进报告。

4) 管理文件:项目实施计划、施工组织设计、质量保证计划、项目例会、协调会纪要、周报、开发总结报告、备忘录、运维管理制度。

5) 验收阶段文件:验收申请、文件清单。

(2) 承建单位文控管理要求

1) 承建单位内部务必建立质量管理体系,成立质量控制组,对项目文档进行质量管理和控制。

2) 安排文档专职管理人员和编制人员。

3) 文档编制规范,提交及时和完整,涵盖项目生命周期全过程。

4) 需求设计类、测试类文件需遵循相关文档编制规范要求。

5) 文档编制需与项目实施同步,杜绝实施后补资料。

3. 监理单位文控管理内容和要求

(1) 监理单位文控管理内容

1) 中标通知书、监理合同。

2) 总监任命书。

3) 监理规划、细则及批复。

4）资质审核、设备材料报审、复检记录。

5）开工令。

6）施工组织设计、方案审核记录。

7）需求规格说明书检查表、需求评审意见、需求变更确认。

8）工程进度、延长工期、人员变更审核。

9）监理通知、监理建议、监理联系单、会议纪要、备忘录。

10）监理周（月）报、阶段性报告。

11）测试方案、试运行方案审核。

12）工程变更审查、支付证书、索赔处理文件。

13）软件系统功能检查表、软件工程质量检查记录、软件修订检查记录、工程文档检查记录。

14）验收文件、交接文件、结算审核文件。

15）监理工作总结报告。

16）影像记录。

（2）监理单位文控管理要求

1）结合项目情况，规范使用和编制 GB/T 19668 信息技术服务监理规范的资料附录中的监理用表。

2）及时编制文档，注重文档的时效性。

3）书面文档需杜绝口语化、错别字，注意文档措辞用语。

4）及时审核承建单位文档并书面反馈审核意见。

5）想到要说到、说到要做到、做到要有记录，形成项目管理闭环。

6）文档编制做到与项目管理同步，并及时归档。

7.12.3　文控管理步骤和方法

1．名词定义

1）标准文档模板

根据 GB/T 19668 信息技术服务监理规范的资料附录（A 承建单位用表、B 监理用表、C 通用表、检查表）结合项目实际管理需求，形成各类型项目监理过程标准文档模板，包括软件工程类、基础设施类、运维类等，使得信息工程项目文档管理实现标准统一化。

2）文控编码细则

为便于文档索引、查阅和分类归档、规范文档管理，形成适用于信息工程项目管理的文控编码细则。

3）文控小组

质量控制小组，由信息工程监理单位内部为研究解决工作现场、管理、文化等方面所发生的问题及课题而自发组织形成。

4）项目流程管控平台

根据 GB/T 19668《信息技术服务监理规范》,基于监理工作下的项目全生命周期管理流程进行设计开发,涵盖项目准备阶段、实施阶段、验收阶段全过程的工作流程以及各阶段各类交付物的重点管理和控制,实现项目管理标准化、流程化、模块化。

2. 文控管理步骤及方法

（1）成立文控小组,明确成员责任分工

通过成立文控小组,将项目文控管理作为监理单位内部质量管理方面的研究课题,以解决项目管理中不规范,文档质量不合格,项目管理与文档管理不同步的问题,提高监理单位项目管理水平能力,促使监理工作流程更加规范化、标准化。

做好文控管理工作,涉及的内容方方面面,比如制定文控编码细则、规范各类型信息工程项目标准文档模板、文档分级审核等,需明确小组成员各自责任分工。

（2）标准先行

项目管理的最终目的是使得项目建设内容符合国家标准规范及合同要求,文控管理也需适应并符合标准规范,并指导监理业务工作规范开展实施。文控管理是项目管理的核心之一,因此项目管理流程标准化是顺利执行文控管理的必要手段,同时信息工程项目标准文档模板是文控管理实施的基础。

（3）制定监理工作任务清单

文控小组根据所监理对象的相关标准规范要求和监理工作要素,结合项目建设特点和项目类型,制定监理工作任务清单,通过项目流程管控平台将监理工作任务清单固化。监理工作任务清单涵盖项目立项招标阶段、设计阶段、实施阶段、验收阶段的必要监理工作内容和相关文档清单。

（4）赋予文档使命

将文档设定为项目阶段监理工作是否规范完结的判定条件:项目流程管控平台将制定的监理工作任务清单分配到项目管理的四个阶段过程中,形成每个阶段必须完成的规定动作。同时将文档作为项目各阶段监理规定动作是否按照项目管理规范执行并完结的判定条件。例如,某软件工程类项目根据项目监理人员反馈已完成测试工作,但未形成测试相关文档,则判定该项测试管理工作执行不规范,该流程不予以通过,直至文档完成提交并达到审核标准,该项目流程才能继续下步。

（5）建立文档分级审核机制

为控制项目文档资料的质量,加强项目规范化管理和实施,建立文档分级审核机制。由总监对项目文档资料进行审核签认后,通过项目流程管控平台,执行文控小组审核机制。

（6）明确文档审核标准和要求

文控小组在进行文档质量管理控制工作时,需对每个项目流程管理中产生的相关文档,明确审核标准和要求。

文档审核标准和要求主要从以下几个方面考虑:

1）符合性

符合法律、法规、规范和标准的要求，符合项目管理的质量方针和质量目标。

2）一致性

项目文档内容与项目招投标、合同文件内容相一致，与项目实施客观实际一致。

3）可操作性

文档应符合项目实施客观实际。主要要求：文档应适合于质量体系运作；各项工作任务责任人或责任部门的职责明确，权限清楚；按照活动顺序清楚地规定工作步骤和时间计划；明确各项工作的接口方式；保证各项活动所需要的资源；保证文件规定的要求在实际操作中都能够达到和具备；规定保留的记录。

4）系统性

应该站在系统和全局的高度，切不可站在某个环节和阶段的角度来评审文件。综合考虑文件输入、输出及其影响因素，与其他程序之间的界面和接口，并实施有效的反馈控制。

程序文件和标准操作规程应当依附并支撑质量手册，标准操作规程应依附支撑程序文件，记录表单应依附并支撑标准操作规程。应避免出现"孤儿"作业文件。

5）闭　环

任何管理活动的安排均应善始善终，并按照 PDCA 循环力求不断改进。

6）唯一性

各单位的质量管理体系文件是唯一的：文字表达清楚、准确、全面、简明扼要，实现唯一的理解；不得出现对同一事项的相互矛盾的不同文件同时使用。

7.13　信息工程监理方式创新

7.13.1　监理工作方式的创新要求

1. 传统监理工作方式的局限性

传统的监理工作方式主要通过线下的方式开展，结合基础的项目管理措施进行全过程监理，核心在人，导致整个服务过程缺少有序性，对于工程过程监督、控制、协调等难点缺少事前控制，没有很好的预见性加大了工程建设质量风险。

同时项目管控多借助人工记录、人工传递、人工检查，项目信息管理共享性不强，缺少数据的积累和规范分析手段，导致项目管理经验无法延续。

传统的人工服务的单一阶段监理模式已逐渐不能满足工程发展的管理需求。

2. 新技术新手段日趋成熟

信息系统项目日趋复杂，需不断加强现场监理人员业务水平能力。随着移动互联、云平台、区块链、大数据、数据可视化等技术的日益成熟，传统管理方式已具备了创新变革的技术条件。为解决监理单位对监理方式更加规范化的需求,监理线下与线上管理平台相结合的模式应运而生。

7.13.2　监理方式创新

监理单位通过搭建企业的信息系统、项目流程管控平台,设立监理知识库、案例库,应用一些专业设施设备,实现移动巡检、人脸识别、流程管控、文档中心、远程现场管控等新管理方式,实现项目管理流程标准化、专业化、科学化。

1. 项目内部协作方式的创新

监理单位结合项目经验和监理作业指导书和流程,基于"工作清单"的思想,将项目按阶段细化成各个场景,在每个场景下规定各种动作,定义好动作清单、文档要求,基于监理工作的项目全生命周期管理流程进行设计,涵盖项目准备阶段,实施阶段,验收阶段全过程的工作流程以及各类交付物的重点管理。信息工程全生命周期工作流程及管控如图 7-7 所示。

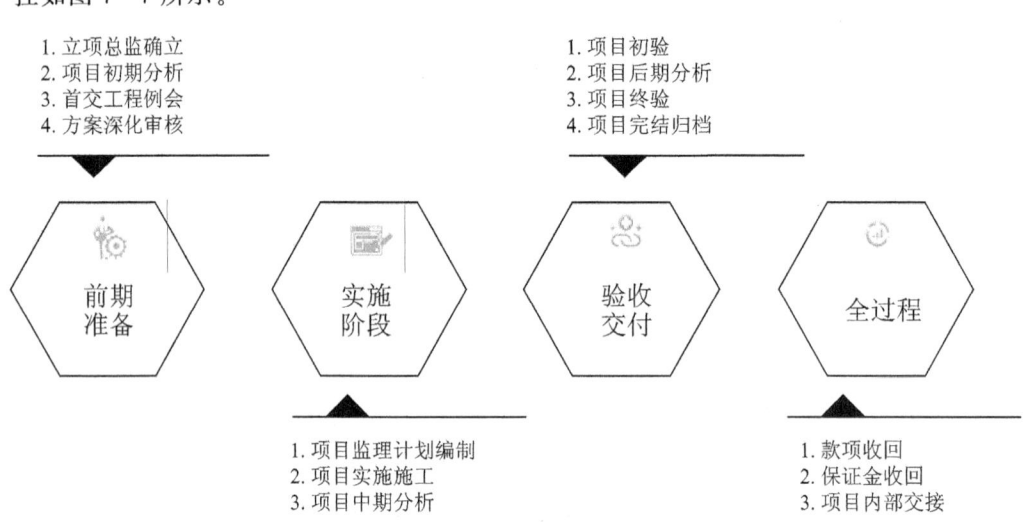

图 7-7　信息工程全生命周期工作流程及管控

内部平台方式涵盖了一线监理人员、项目部门管理人员、公司管理人员,多级管理纬度,整体设计包含"场景、动作、清单、文控交付物",基于标准的场景,标准的动作,标准的清单,标准的文控交付物,最终实现监理单位内部的"项目管理标准化"。信息工程监理内部管控平台如图 7-8 所示。

2. 项目现场协作方式的创新

以往传统施工现场,监理人员旁站采用手工记录、拍照留存等手段,而现在 5G 时代已经来临,为高速高质量的实时视频传输提供了保障,为监理现场协作方式的变革提供了机遇。

通过可视化穿戴设备,将现场情况实时记录成视频文件,同时上传至后台,后台专业人员根据现场情况,实时远程指导、检查一线人员工作,从而大大提高了现场工作的

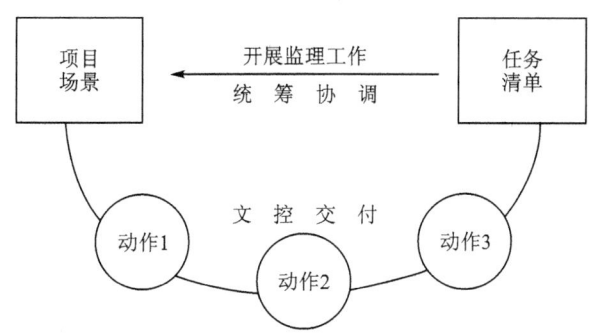

图 7 - 8　信息工程监理内部管控平台

效率和监理质量。信息工程监理远程监理原理如图 7 - 9 所示。

手持终端设备		后台管理平台
1. 开机自动定位,形成定位轨迹 2. 拍照,附加时间和经纬度信息 3. 录像、录音,通话拨号 4. 集群对讲,地图导航,指南针 5. SOS模式,主动发起视频呼叫		1. 基础组织、人员管理 2. 人员实时定位追踪,轨迹查询 3. 人员发起视频或语音监控,支持录像截屏 4. 远程控制,通知消息发送,集群对讲 5. 现场终端视频照片文件管理,配置存储设备后,可以将文件上传至平台,进行统一管理

终端设备(发起SOS)——管理平台(发起视频/语音监控)

图 7 - 9　信息工程监理远程监理原理

3. 项目外部协同方式的创新

监理单位在完成自我内部的变革后,为项目建设的各个参与单位提供一个协同交流,项目管理,进度推进,问题收集的高效系统平台,也是势在必行。通过目前主流的移动手段,搭建多方协同平台的方式,可以支撑项目有序地运转,更好地展示监理的价值。

平台中各方共同参与充分发挥角色作用,各司其职,保证项目稳定有序地推进。项目协调模式如图 7 - 10 所示。

4. 监理方式创新发展的趋势

在监理工作中引入项目管理系列平台,真正把监理工作的被动模式转变为主动模式,化程序性监理为实质式监理。不仅使过程规范化、标准化,更让原先无序的信息转化为有效的数据。

数据积累使服务效果可度量、可评价,而这之后业主更需要直观的"看见"监理服务,"看见"项目管理过程,实现精准决策。信息工程监理可视化闭环如图 7 - 11 所示。

数字孪生可视化监理是大数据时代下一种崭新的项目全生命周期管理理念。通过构建数字系统与物理系统之间数据自动流动交互,形成实时分析、科学决策、精准执行的闭环赋能体系,实现管理信息可视化、可历史溯源;改进项目现场各方的交互、工作方

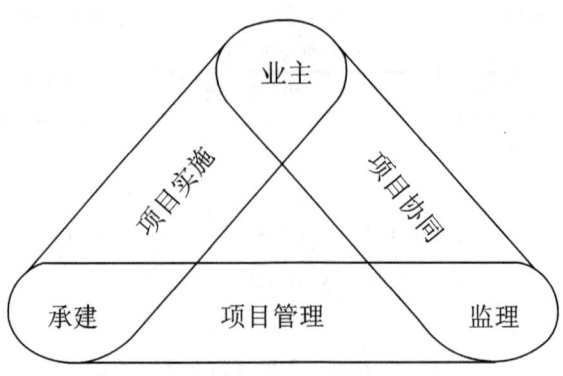

图 7 - 10 项目协调模式

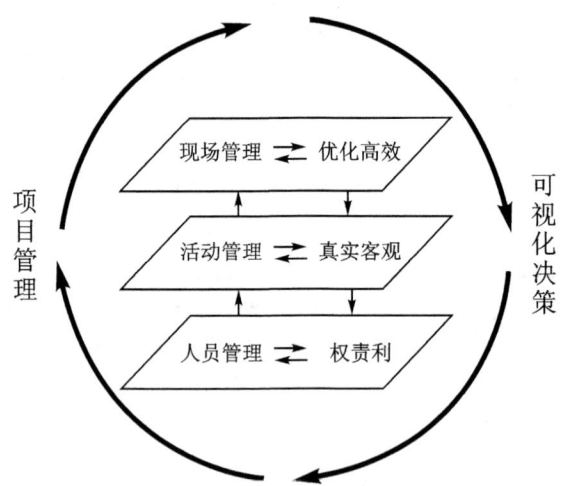

图 7 - 11 信息工程监理可视化闭环

式,让角色归位,分清责权利,把监理工作微观控制转变为宏观控制,从而解决信息化工程建设过程中的复杂性和不确定性问题,使信息工程监理回归为业主提供专业化监督服务管理的定位。

在新一代信息技术和机制改革双重力量驱动下,当前基于人工单一管理模式下的信息工程监理服务将逐步向基于数据管理的多样性、精细化的模式演进。

第8章　信息工程质量检验检测

质量检验检测(以下简称"检测")是指采用一定的手段或方式,对某一特定的实物进行检查或测量或验证其指定的质量、功能、性能、成分构成等符合性的活动。这种检测可以是自己也可以是委托第三方进行。为保证检测的科学性、公正性、公平性和合理性,国家对专门从事各类检测机构实行许可证制度,即专门从事检测业务的机构必须取得国家认可认证委员会颁发的许可认证证书。

8.1　质量检验检测概述

信息工程项目在实施过程中或实施完成进行验收时,为确认项目实施的质量以及其功能、性能的可靠性和稳定性,项目建设单位应根据项目的特点委托具有相应专业领域检测能力认证的第三方检测机构,根据合同、国家标准和委托方的要求,对信息系统的性能、功能、安全和可靠性进行检验、测试和评价。

根据《检测机构资质认定管理办法》[总局令第163号],我国的第三方检测机构是指依法成立处于买卖利益之外的第三方,取得省级以上人民政府计量行政部门对其计量检定、测试能力和可靠性考核合格的计量认证(CMA)资质认定,依据相关标准或者技术规范,利用仪器设备、环境设施等技术条件和专业技能,对产品、工程、服务以及法律法规规定的特定对象进行检测,为社会出具公证数据的检验机构(实验室)的专业技术组织。盖有CMA章的检验报告可用于质量评价、成果及司法鉴定,具有法律效力。

1. 信息工程检测的需求

《中华人民共和国政府采购法》第四十一条:"采购人或者其委托的采购代理机构应当组织对供应商履约的验收。大型或者复杂的政府采购项目,应当邀请国家认可的质量检测机构参加验收工作。验收方成员应当在验收书上签字,并承担相应的法律责任。"

信息工程项目实施完成后,须证明工程项目质量满足前期设计要求的程度,作为验收的前提或支撑,应当聘请第三方具有相应资质和检测能力的机构,对工程项目进行全部或有必要进行检测的部分进行质量(包括功能、性能和其他要求)进行检测,检测机构必须向委托方出具检测报告。

在信息工程的设计中应明确工程的质量标准和第三方检测费用预算。在招标文件和施工合同中应明确工程验收检测的相关要求。

2. 检测的目的

以往由于涉及信息工程项目检测的专业机构较少,以及信息工程项目的技术含量高、知识点多且与应用需求结合较紧密,同时建设单位又缺乏验证建设质量的人员,不了解验证信息工程质量的方法、措施,导致工程项目实施完成后,大多以聘请相关专家对工程项目建设质量进行主观评价。随着信息化的需求快速增长,信息化项目建设内容日趋复杂、技术含量越来越高,专家主观评价的方式已经无法满足信息工程质量的评价要求。因此,具有相应资质的第三方机构,以独立、公证、科学、可靠为原则,采用符合国家检测要求的方法、过程、人员、工具等,对信息工程建设成果是否满足标准规范、合同、招投标文件要求进行检测,并形成客观、准确的检测报告,为项目验收提供有效依据的信息工程质量评价应运而生,并迅速发展进而成为客观、公证有效评价信息工程质量的主要方式。

8.2 信息工程检测方式

1. 检测分类

(1) 按对象不同分为产品检验检测、工程检验检测两大类。

(2) 按检测方式不同可分为检测、测试。

(3) 按检测成果物分为检测报告、测试报告、其他说明文档。

(4) 按检测范围可以分为全检、抽检。

全检的优点是比较可靠,能够提供较全面的质量信息。全检的缺点是:检验工作量大、检验周期长、检验成本高、检验人员和检验设备需求较大。

抽检的优点是可以减少检测工作量和节约检测费用,缩短检测周期;缺点是有可能遗漏需要的检测,出现对整个检测结果错误评判的风险。

2. 检测流程

按照检测工作的顺序,主要工作有以下流程如表8-1所列,分别是签订检测合同、收集相关资料、了解、分析检测项目、确定检测范围及方法、开展检测(初检)、缺陷整改、开展检测(复检)、出具报告等步骤。

表 8-1　检测流程

序　号	工作名称	工作产品	相关单位
1	签订检测合同	服务合同	委托单位、检测单位
2	收集相关资料	项目资料	委托单位、承建单位
3	了解、分析检测项目	检测细则	检测单位
4	确定检测范围及方法	检测细则	检测单位、委托单位
5	开展检测(初检)	原始记录/检测情况说明	检测单位

序　号	工作名称	工作产品	相关单位
6	缺陷整改	—	承建单位
7	开展检测(复检)	原始记录	检测单位
8	出具报告	检测报告	检测单位

8.3　检测要求

8.3.1　检测前的要求

1.签订检测合同

委托单位根据项目实际需要,与检测机构鉴定检测服务合同,合同中明确检测依据、周期、费用、内容、保密要求等。

2.检测前准备工作

(1)项目合同所规定的工程建设内容基本完成、通过初验或已完成试运行。

(2)委托单位应提交工程合同、招标文件、投标文件、深化设计文件、工程变更文件、竣工图纸及影像检测的其他项目资料。

(3)在符合信息安全防护要求情况下,应提供网络接入及设备测试环境,保证检测工作顺利开展。

(4)在检测工作开展前,建设单位和承建单位应分别指定专人负责,其中承建单位项目经理须全程配合检测工作,并根据项目建设内容及检测进展,协调技术人员进行现场配合。

(5)检测机构根据前期提供的项目资料及现场勘察情况,编制《检测细则》,对项目的检测范围、检测标准、检测项目、检测方法、检测周期等进行明确,项目建设单位、承建单位应对《检测细则》进行确认,以保证在检测工作的顺利开展。

8.3.2　检测中的要求

1.检测机构

检测机构应依据经确认的检测细则或标准规范开展检测工作,及时与建设单位、承建单位沟通检测进展情况,宜采用《检测情况说明》对检测中发现问题或困难进行明确,以利于项目问题或困难的解决。

2.承建单位

承建单位在检测过程中,应提供人员、车辆、设备等进行配合,及时整改检测中发现的问题,并在整改完成后提交整改说明。

3. 建设单位

建设单位在检测过程中,应督促承建单位整改发现的问题。

8.3.3 检测后要求

1. 委托单位

委托单位应根据委托合同的规定及时支付全部检测费用。

2. 检测机构

检测机构应根据委托合同的规定及时提交检测报告,并将前期收集的项目资料交还给提供者。

8.4 检测内容

信息工程技术复杂、类型多样,不同的信息工程项目有不同的检测要求,对应着不同专业的检测机构,其检测的内容也不尽相同,检测方式也不一样。如电磁环境测试,电子元器件性能检测,软件产品评测等,以下重点介绍在一般电子政务类信息化建设项目中遇到的软件产品和软件系统、机房工程、智能楼宇与结构化布线系统、安全防护工程等类工程项目的检测内容。

1. 机房建设项目

这里的机房工程是指数据中心基础设施工程,包括计算机中心机房、控制中心机房、数据中心机房等电子设备机房。

(1)检测依据

1)标准规范

①《数据中心基础设施施工及验收规范》(GB 50462)。

②《数据中心设计规范》(GB 50174)。

③《计算机场地通用规范》(GBT 2887)。

2)项目资料依据

①项目建设合同、招标文件、投标文件。

②设计方案(细化方案)。

③竣工图样。

④工程变更资料。

(2)检测条件

数据中心及机房工程综合测试条件应符合下列要求:

1)测试区域所含分部、分项工程的质量均应自检合格。

2)测试前应对整个测试区域和空调系统进行清洁处理,空调系统连续运行不应少于 48 h。

3）综合测试宜在空态条件下进行。

（3）检测内容

1）温度、相对温度。

2）空气含尘浓度。

3）照度。

4）噪声。

5）电磁屏蔽。

6）接地电阻。

7）供电电源质量。

8）无线电骚扰环境场强和工频磁场场。

9）综合布线系统。

2. 综合布线工程

综合布线工程项目的电气测试应包括电缆布线系统电气性能测试及光纤布线系统性能测试。

（1）检测依据

1）《综合布线系统工程验收规范》（GB/T 50312）。

2）项目建设合同、招标文件、投标文件。

3）设计方案。

4）竣工图样。

5）工程变更资料。

（2）检测内容

1）对绞电缆布线系统

① 对绞电缆布线系统链路或信道应测试长度、连接图、回波损耗、插入损耗、近端串音、近端串音功率、衰减远端串音比、衰减远端串音比功率和、衰减近端串音比、衰减近端串音比功率和、环路电阻、时延、时延偏差等。

② 现场条件允许时，宜对 EA 级、FA 级对绞电缆布线系统的外部近端串音功率和CPS ANEXT）及外部远端串音比功率和 CPS AACR－F）指标进行抽测。

③ 对绞电缆布线系统应用于工业以太网、POE 及高速信道等场景时，可检测TCL、ELTCTL、不平衡电阻、耦合衰减等屏蔽特性指标。

④ 屏蔽布线系统应符合一般要求外还应检测屏蔽层的导通性能。屏蔽布线系统用于工业级以太网和数据中心时，还应排除虚接地的情况。

2）光纤布线系统

① 采用光纤测试仪对光纤信道或链路的衰减和光纤长度进行认证测试。

② 当对光纤信道或链路的衰减进行测试时，可测试光跳线的衰减值作为设备光缆的衰减参考值，整个光纤信道或链路的衰减值应符合设计要求。

3．安防工程

（1）检测依据

安防工程检验应依据竣工文件和国家现行有关标准，检验项目应覆盖工程合同、深化设计文件及工程变更文件的主要技术内容。包含以下文件：

1）《安全防范工程技术标准》GB 50348。

2）项目建设合同、招标文件、投标文件。

3）设计方案。

4）竣工图样。

5）工程变更资料。

工程检验应对系统设备按产品类型及型号进行抽样，抽样数量应符合下列规定：

1）同型号产品数量≤5时，应全数检验。

2）同型号产品数量＞5时，应根据现行国家标准《计数抽样检验程序第1部分：按接收质量限（AQL）检索的逐批检验抽样计划》GB/T 2828.1中的一般检验水平Ⅰ进行抽样，且抽样数量不应少于5。

3）高风险保护对象安全防范工程的检验，可加大抽样数量。

4）工程检验中有不合格项时，允许改正后进行复检。复检时抽样数量应加倍，复检仍不合格则判该项不合格。

（2）检测内容

安全防范工程竣工验收前，应由符合条件的检验机构对安全防范工程的系统架构、实体和电子防护的功能性能、系统安全性、电磁兼容性、防雷与接地、系统供电、信号传输、设备安装及监控中心等项目进行检验。安全防范工程交付使用后，可对交付后运行一段时期的安全防范系统的功能、性能进行的检测。

4．软件与应用系统工程

软件开发项目包括定制的软件产品、特定的应用系统、智慧应用以及云计算、大数据、物联网、人工智能、工业控制系统等应用软件系统。

（1）检测依据

1）标准规范

① GB/T 25000.10—2016《系统与软件工程系统与软件质量要求和评价（SQuaRE）第10部分：系统与软件质量模型》。

② GB/T 25000.51—2016《系统与软件工程系统与软件质量要求和评价（SQuaRE）第51部分：就绪可用软件产品（RUSP）的质量要求和测试细则》。

③ GB/T 25000.12—2017《系统与软件工程系统与软件质量要求和评价（SQuaRE）第12部分：数据质量模型》。

④ GB/T 36344—2018《信息技术数据质量评价指标》。

⑤ T/CQAE 11011—2019《软件工程造价评估指南》。

2）相关参考资料

① 项目建设合同、招标文件、投标文件。

② 可行性研究报告。

③ 建设方案（细化方案）。

④ 需求规格说明书。

⑤ 概要设计、详细设计、数据库设计、接口设计。

⑥ 操作手册、用户手册。

⑦ 项目变更资料。

⑧ 建设方及承建方共同协商的评测需求。

⑨ 专项审计报告。

⑩ 财务支出明细。

（2）检测内容

根据 GBT 25000.10《系统与软件工程系统与软件质量要求和评价（SQuaRE）第 10 部分：系统与软件质量模型》，软件产品的质量检测可以包含以下内容：

1）功能性

功能性是在指定条件下使用时，软件产品或应用系统提供满足明确和隐含要求的功能的程度。可以表现为：安装之后，软件的功能是否执行应是可识别的；在给定的限制范围内，使用相应的环境设施、器材和数据，用户文档集中所述的所有功能应是可执行的；软件应符合产品说明所引用的任何文档中的全部需求；软件不应自相矛盾，并且不与产品说明和用户文档集矛盾。

2）性能效率

性能效率是指软件产品或应用系统性能与指定条件所使用的其他软件产品、系统的软件和硬件配置，以及原材料等资源量的关联度。

根据被测软件产品的特点，采用性能测试、负荷测试、容量测试、强度测试等黑盒测试技术，通过使用通用或专用测试工具及设备和设计测试用例的方法，从时间特性、资源利用性、容量和性能效率的依从性等方面对软件产品的效率进行质量测试，并将性能效率测试结果与软件性能效率要求比较，评价软件产品效率的符合性。

3）兼容性

兼容性是指在共享相同的硬件或软件环境的条件下，软件产品、应用系统或组件能够与其他产品、应用系统或组件交互信息，或执行其所需的功能的程度。可以表现为：如果可以进行安装操作，则软件应提供一种方式来控制已安装组件的兼容性；应按照用户文档集和产品说明中所定义的兼容性特征来执行；如果需要提前配置环境和参数，以执行已定义的兼容性，应在用户文档集中明确说明在用户文档集中应明确指明兼容性、功能、数据或流的类型；应能识别出哪个组件负责兼容性；软件在安装时对组件有共存性的约束条件，则在安装前应予以明示。

4）易用性

易用性是在指定的使用环境中，软件产品或应用系统在有效性、效率和满意程度等特性方面为了指定的目标可为指定用户使用的程度。可以表现为：有关软件执行的各种问题、消息和结果都应是易理解的；每个软件出错消息应指明如何改正差错或向谁报告差错；出自软件的消息应设计成使最终用户易于理解的形式；屏幕输入格式、报表和其他输出对用户来说应是清晰且易理解的；对具有严重后果的功能执行应是可撤销的，或者软件应给出执行后果的明显警告，并且在这种命令执行前要求确认；借助用户接口、帮助功能或用户文档集提供的手段，最终用户应能够学习如何使用某一功能。

5）可靠性

可靠性是应用系统、产品或组件在指定条件下、指定时间内执行指定功能的程度。主要要求为：软件应按照用户文档集中定义的可靠性特征来执行；与差错处置相关的功能应与产品说明和用户文档集中的陈述一致；软件应按照用户文档集中定义的可靠性特征来执行；软件应识别违反句法条件的输入，并且不应作为许可的输入加以处理；软件应具有从致命性错误中恢复的能力，并对用户是明显易懂的。

6）安全性

信息安全性是产品或应用系统保护信息和数据的程度，以及用户、其他产品或系统具有与其授权类型和授权级别一致的数据访问程度。要求为：软件应按照用户文档集中定义的信息安全性特征来运行；软件应能防止对程序和数据的未授权访问（不管是无意的还是故意的）；软件应能识别出对结构数据库或文件完整性产生损害的事件，且能阻止该事件，并通报给授权用户；软件应能按照信息安全要求，对访问权限进行管理；软件应能对保密数据进行保护，只允许授权用户访问。

7）可维护性

可维护性是产品或系统能够被预期的维护人员修改的有效性和效率的程度。维护性要求为：软件应按照用户文档集中定义的维护性特性来执行，例如缺陷诊断的能力，可以修改的能力；软件应能识别出每一个基本组件的发布号、相关的质量特性、参数和数据模型；软件应能在任何时候都识别出每一个基本组件的发布号，包括安装的版本，以及对软件特性产生的影响。

8）可移植性

可移植性是应用系统、产品或组件能够从一种硬件、软件或者其他运行（或使用）环境迁移到另一种环境的有效性和效率程度。可移植性要求为：如果用户能够遵循安装文档中的信息应能成功地安装软件；对于软件应用程序的成功安装和正确运行，应就产品说明中列出的所有支持平台和系统加以证实；软件应向用户提供移去或卸载所有已安装的组件的方法。

委托单位或建设单位可以根据项目实际需要或检测机构检测能力范围选择一项或多项检测项目，进行检测。

8.5 软件检测

8.5.1 软件检测的目的

软件系统特别是定制化开发的专用系统,由于其知识性、隐蔽性、非工业化生产、非流程化协作以及对知识、业务、流程的理解认识上的差异化,软件或应用系统中的缺陷、不足、漏洞以及代码错误等是不可避免的,为尽可能地减少错误,降低风险,提高软件系统质量,确保应用系统稳定、安全、可靠的运行,在软件系统开发过程中及时进行软件测试已经成为越来越重要的举措。随着大数据、人工智能、物联网的深入应用以及智慧城市的发展,软件系统在各类应用系统中的重要作用越来越突出,软件测评作为软件及信息化产品质量的最直接和最有效的检测手段,也越来越多显示出其重要性,并逐步成为了信息工程建设单位检测软件系统、应用系统、信息化项目质量的主要手段。

8.5.2 软件检测的方式

软件检测一般分为三种模式:一是乙方(开发方)自行检测;二是甲方(业主、建设方)进行检测;三是委托第三方检测机构进行测试。

1. 乙方或开发方自行检测

虽然许多软件企业都通过类似 ISO 9001 质量认证、CMMI 认证等质量体系认证,但实际上很多企业在运行中并没有严格按照质量体系要求操作,在软件质量保障上投入不足、重视程度不够、检测技术能力不强。由于受开发方自身条件的限制,检测难以全面执行,并且,开发方自行检测的结果在公正性方面也很难被甲方认可接受。

2. 甲方进行检测

作为项目甲方的用户,如政府部门或企业,大多不具备专业化的检测工具和能力,故很难进行专业化的检测,大多采用专家论证评审的方式进行检查。这种方式只能凭专家的经验和对项目的理解以及直观的了解其大致的功能、效果,不能对软件全部功能进行检测,也无法观察到准确的性能数据,更不可能遍历项目所有的功能性能,因此无法检测出软件存在的缺陷、漏洞、隐患等安全和质量问题。

3. 第三方软件检测

相对前两种模式,具有独立性、公正性、客观性、专业性与权威性等特点。国内的第三方软件检测机构须取得中国计量认证(CMA)、中国合格评定国家认可委员会实验室认可证书(CNAS)资质认证等,CNAS、CMA 机构每两年对第三方检测机构的管理和能力进行监督审核,从国家层面保证了第三方检测机构的检测能力和管理水平。第三方检测机构的人员、软硬件的复用性较好,检测工具设备投入相对较大,检测项目数量较多,人员经验丰富,可以更加全面、系统、专业地对软件系统和信息化项目进行逐项

检测,为提高信息工程质量提供技术支撑。具体表现以下几方面:

1) 精确定位软件缺陷

第三方检测可以快速、准确、高效地找出软件中潜在的各种错误和缺陷,确认软件功能、性能效率等满足用户需求,避免软件上线后可能出现的风险和经济损失。

2) 提供数据支撑

通过选型比对测试、源代码安全审计、成品软件测试、定制软件测试、验收测试、软件造价评估、数据质量测试等第三方检测服务可以为信息工程项目的立项、采购、软件开发、系统集成、试运行、验收等建设阶段提供数据支撑。信息化投资的审计和绩效考核部门,项目验收评审专家通过检测结果可以更加充分、准确地了解项目的建设情况,从而对项目建设及管理做出更准确的评价。

8.5.3 软件检测及要求

软件检测不仅仅是为了项目验收或交付使用,而是应该贯穿项目实施的全过程。以往很多软件或应用系统开发项目,由于在开发过程中缺乏有效的质量管理,导致交付给用户的文档不可用、业务流程与实际业务需求不符、安全性设计存在缺陷、集成系统的故障难以定位等,使得开发方不得不花费更多的人力、物力、时间修补缺陷、弥补安全漏洞等,不仅严重影响软件或应用系统的开发周期,也增加了项目的开发及管理成本。第三方检测尽早介入软件或应用系统,将有助于提前发现质量问题,也可以有效降低软件或应用系统的开发及管理成本。

软件及应用系统开发项目从立项到验收,软件检测的对象包括程序(可执行程序和源代码)、数据、文档。不同阶段检测内容和检测要求不同。各个阶段检测咨询服务要求如下:

1. 立项阶段

软件工程造价评估主要包括从软件或应用系统从立项到软件运行交付及试运行之间的软件需求分析、软件设计、软件编码、软件测试、软件集成、软件试运行、软件验收交付等相关活动的造价评估。

依据国际、国内标准,采用功能点分析与计算、代码复用比率调整、技术复杂度调整、软件行业人月成本估算、利用相关模型评估项目工作量和测算投资费用等方法,对信息化项目中软件或应用系统开发活动的功能规模、复杂度、工作量、工期、成本、费用进行评估,并出具评估报告。评估报告为费用预算评审提供数据支撑。

2. 采购阶段

系统比对及选型测试主要包括以下几方面:

(1) 系统比对及选型测试内容

依据委托方提出的选型测试需求,针对多项备选系统或产品的各类技术指标进行需求符合度测试,向委托方公布备选系统或产品各项技术指标的客观测试结果,为委托方选型采购提供客观、公正的数据。

（2）系统比对及选型测试要求

1）功能性

产品功能的完备性、正确性、适合性满足委托方提出的选型测试需求。

2）性能效率

产品的时间特性、资源利用性、容量特性满足委托方提出的选型测试需求。

3）可移值性

产品对不同环境的适应性、易安装性、易替换性满足委托方提出的选型测试需求。

3. 软件开发阶段

（1）文档测试

1）文档测试内容

依据国家、国际标准对软件需求说明书、概要设计说明书、详细设计说明书、数据库设计说明书、接口设计说明书、操作手册、用户手册等文档的标识、内容、可用性、完备性、正确性、一致性、易理解性等方面进行审查。

① 标识和标示

用户文档集应显示唯一的标识；软件产品应以其产品标识指称；用户文档集应包含供方的名称和邮政或网络地址；用户文档集应标识该软件能完成的预期工作任务和服务。

② 可验证性

用户文档集包括的功能应是可测试的或可验证的。

③ 可用性

用户文档集对于该产品的用户应是可用的。

④ 完备性

用户文档集应包含使用该软件必需的信息，应说明在产品说明中陈述的所有功能以及最终用户能调用的所有功能，应列出已处理处置、会引起应用系统失效或终止的差错和缺陷，特别是列出那些最终导致数据丢失的应用系统终止的情况，应给出必要数据的备份和恢复指南。

对于所有关键的软件功能（即失效后会对安全产生影响或会造成重大财产损失或社会损失的软件），用户文档集应提供完备的指导信息和参考信息，应陈述安装所要求的最小磁盘空间。对用户要执行的应用管理职能，用户文档集应包括所有必要的信息。如果用户文档集分若干部分提供，在该集合中至少有一处应标识出所有的部分。

⑤ 正确性

用户文档集中的所有信息对主要的目标用户应是恰当的。用户文档集不应有歧义的信息。

⑥ 一致性

用户文档集中的各文档不应自相矛盾、互相矛盾以及与产品说明矛盾。

⑦ 易理解性

用户文档集应采用该软件特定读者可理解的术语和文体，使其容易被软件产品主要针对的最终用户群理解。应通过经编排的文档清单为理解用户文档集提供便利。

⑧ 功能性

用户文档集中应陈述产品说明中所列的所有功能限制。

⑨ 兼容性

用户文档集中应提供必要的信息以标识使用该软件的兼容性要求。用户文档集应以适当的引用文档指明软件产品在何处依赖于特定软件和(或)硬件。当用户文档集引证已知的、用户可调用的与其他软件的接口时,则应标识出这些接口或软件。如果软件需要提前配置环境和参数,以执行已定义的兼容性,应在用户文档集中明确说明。在用户文档集中应明确指明兼容性、功能、数据或流的类型。

⑩ 易用性/易学性

用户文档集应为用户学会如何使用该软件提供必要的信息。

⑪ 易用性/易操作性

如果用户文档集不以印刷的形式提供,则文档集应指明是否可以被打印,如果可以打印,那么指出如何获得打印件。卡片和快速参考指南以外的用户文档集,应给出目次(或主题词列表)和索引。用户文档集应对所用到的术语和缩略语加以定义,以便用户可以理解文档中的用词。

⑫ 可靠性

用户文档集应描述可靠性的特征及其操作。

⑬ 信息安全性

用户文档集应对用户管理的每一项数据所对应的软件信息安全级别给出必要的信息。

⑭ 维护性

用户文档集应陈述是否提供维护。如果提供维护,则用户文档应陈述和软件发布计划相应的维护服务。

(2)功能性测试

1)功能性测试内容

采用等价类划分、边界值分析、因果图、错误推测、场景法等方法,从功能完备性、功能正确性、功能适合性等方面验证软件系统功能是否满足招投标文件、开发合同、软件需求规格说明书等用户文档集中明确规定和隐含的要求。

2)功能性测试要求

① 功能完备性

功能集对指定的任务和用户目标的覆盖程度。安装之后,软件的功能是否能执行应是可识别的。在给定的限制范围内,使用相应的环境设施、器材和数据,用户文档集中所陈述的所有功能应是可执行的。软件应符合产品说明所引用的任何需求文档中的全部要求。

② 功能正确性

产品或系统提供具有所需精度的正确的结果的程度。软件不应自相矛盾,并且不与产品说明和用户文档集矛盾。

Ⅰ. 功能适合性

功能促使指定的任务和目标实现的程度。由遵循用户文档集的最终用户对软件运行进行的控制与软件的行为应是一致的。

Ⅱ. 功能性的依从性

产品或系统遵循与功能性相关的标准、约定或法规以及类似规定。

（3）性能效率测试

① 性能效率测试内容

根据被测软件系统的特点，采用负载测试、压力测试、并发测试、可靠性测试等方法，使用通用或专用测试工具及设备，从时间特性、资源利用性、容量等方面对软件的性能效率进行测量，并将测量结果与用户文档集中（如需求规格说明、合同等）规定的要求进行比较，验证软件系统是否达到招投标文件、开发合同、软件需求规格说明书等用户文档集中规定的性能指标要求，如系统最大限度支持的并发用户数量、响应时间等。

② 性能效率测试要求

Ⅰ. 时间特性

产品或系统执行其功能时，其响应时间、处理时间及吞吐率满足需求的程度。

Ⅱ. 资源利用性

产品或系统执行其功能时，所使用资源数量和类型满足需求的程度。

Ⅲ. 容量

产品或系统并发用户数、吞吐量等参数的最大限量满足需求的程度。

Ⅳ. 性能效率的依从性

产品或系统遵循与性能效率相关的标准、约定或法规以及类似规定的程度。

（4）安全性测试

1）安全性测试内容

① 软件系统安全性测试

依据国家标准和委托方的测试需求，通过安全扫描设备和人工渗透测试两种方式主动探测查找出安全漏洞。使用 Web 安全扫描设备对软件系统开展周期性安全扫描、对扫描出漏洞进行漏洞验证，确认漏洞是否存在。渗透测试从主机设备、网络协议、web 应用、手机 APP 等方面进行全面的渗透测试，验证是否存在 SQL 注入、网页挂马、跨站脚本攻击等安全漏洞。

② 源代码安全审计

依据国家标准和委托方的测试需求，由具备丰富编码经验并对安全编码原则及应用安全具有深刻理解的测试人员，结合专业源代码扫描工具对软件源代码和软件架构的安全性、规范性、完整性三个方面进行的安全检查，目的在于充分的挖掘软件源代码中存在的安全缺陷以及规范性缺陷。

2）安全性测试要求

① 保密性

产品或系统确保数据只有在被授权时才能被访问的程度。软件应能对保密数据进行保护，只允许授权用户访问。

② 完整性

系统、产品或组件防止未授权访问、篡改计算机程序或数据的程度。软件应按照用户文档集中定义的信息安全性特征来运行。软件应能防止对程序和数据的未授权访问（不管是无意的还是故意的）。软件应能识别出对结构数据库或文件完整性产生损害的事件，且能阻止该事件，并通报给授权用户。

③ 抗抵赖性

活动或事件发生后可以被证实且不可被否认的程度。软件应能按照信息安全要求，对访问权限进行管理。

④ 可核查性

实体的活动可以被唯一地追溯到该实体的程度。

⑤ 真实性

对象或资源的身份标识能够被证实符合其声明的程度。

⑥ 信息安全性的依从性

产品或系统遵循与信息安全性相关的标准、约定或法规以及类似规定的程度。

（5）兼容性测试

1）兼容性测试内容

依据国家标准和委托方的测试需求，在共享相同的硬件或软件环境的条件下，检查产品、系统或组件是否能够与其他产品、系统或组件交互信息，或者执行其所需功能的程度，验证软件系统兼容性是否满足招投标文件、开发合同、软件需求规格说明书等用户文档集中规定的兼容性要求。

2）兼容性测试要求

① 共存性

在与其他产品共享通用的环境和资源的条件下，产品能够有效执行其所需的功能并且不会对其他产品造成负面影响的程度。如果用户可以进行安装操作，则软件应提供一种方式来控制已安装组件的兼容性。软件应按照用户文档集和产品说明中所定义的兼容性特征来执行。软件应能识别出哪个组件负责兼容性。如果用户可以进行安装操作，且软件在安装时对组件有共存性的约束条件，则在安装前应予以明示。

② 互操作性

两个或多个系统、产品或组件能够交换信息并使用已交换的信息的程度。

③ 兼容性的依从性

产品或系统遵循与兼容性相关的标准、约定或法规以及类似规定的程度。

（6）易用性测试

1）易用性测试内容

依据国家标准和委托方的测试需求,在指定的使用环境中,验证产品或系统在有效性、效率和满意程度特性方面是否满足招投标文件、开发合同、软件需求规格说明书等用户文档集中明确规定的用户使用要求。

2）易用性测试要求

① 可辨识性

用户能够辨识产品或系统是否适合他们的要求的程度。用户在看到产品说明或者第一次使用软件后,应能确认产品或系统是否符合其需要。有关软件执行的各种问题、消息和结果都应是易理解的。每个软件出错消息应指明如何改正差错或向谁报告差错。出自软件的消息应设计成使最终用户易于理解的形式。屏幕输人格式、报表和其他输出对用户来说应是清晰且易理解的。

② 易学性

在指定的使用周境中,产品或系统在有效性、效率、抗风险和满意度特性方面为了学习使用该产品,或系统这一指定的目标可为指定用户使用的程度。

借助用户接口,帮助功能或用户文档集提供的手段,最终用户应能够学习如何使用某一功能。

③ 易操作性

产品或系统具有易于操作和控制的属性的程度。当执行某一功能时,若响应时间超出通常预期限度,应告知最终用户。

④ 用户差错防御性

系统预防用户犯错的程度。

对具有严重后果的功能执行应是可撤销的,或者软件应给出这种后果的明显警告,并且在这种命令执行前要求确认。

每一元素(数据媒体、文件等)均应带有产品标识,如果有两种以上的元素,则应附上标识号或标识文字。

⑤ 用户界面舒适性

用户界面应能使用户感觉愉悦和满意。

⑥ 易访问性

在指定的使用周境中,为了达到指定的目标,产品或系统被具有最广泛的特征和能力的个体所使用的程度。

⑦ 易用性的依从性

产品或系统遵循与易用性相关的标准、约定或法规以及类似规定的程度。

（7）可靠性测试

1）可靠性测试内容

依据国家标准和委托方的测试需求,系统、产品或组件在指定条件下、指定时间内执行指定功能是否达到招投标文件、开发合同、软件需求规格说明书等用户文档集中规定的可靠性要求。

2）可靠性测试要求

① 成熟性

系统、产品或组件在正常运行时满足可靠性要求的程度。软件应按照用户文档集中定义的可靠性特征来执行。

② 可用性

系统、产品或组件在需要使用时能够进行操作和访问的程度。

③ 容错性

尽管存在硬件或软件故障，系统、产品或组件的运行符合预期的程度；与差错处置相关的功能应与产品说明和用户文档集中的陈述一致；在用户文档集陈述的限制范围内使用时，软件不应丢失数据；软件应识别违反句法条件的输入，并且不应作为许可的输入加以处理。

④ 易恢复性

在发生中断或失效时，产品或系统能够恢复直接受影响的数据并重建期望的系统状态的程度；软件应具有从致命性错误中恢复的能力，并对用户是明显易懂的。

⑤ 可靠性的依从性

产品或系统遵循与可靠性相关的标准、约定或法规以及类似规定的程度。

（8）维护性测试

1）维护性测试内容

依据国家标准和委托方的测试需求，验证维护人员修改软件产品或系统的有效性和效率是否达到招投标文件、开发合同、软件需求规格说明书等用户文档集中规定的维护性要求。

2）维护性测试要求

① 模块化

由多个独立组件组成的系统或计算机程序，其中一个组件的变更对其他组件的影响最小的程度。

② 可重用性

资产能够被用于多个系统，或其他的资产建设的程度。

③ 易分析性

可以评估预期变更（变更产品或系统的一个或多个部分）对产品或系统的影响、诊断产品的缺陷或失效原因、识别待修改部分的有效性和效率的程度；软件应能识别出每一个基本组件的发布号、相关的质量特性、参数和数据模型；软件应能在任何时候都识别出每一个基本组件的发布号，包括安装的版本，以及对软件特征产生的影响。

④ 易修改性

产品或系统可以被有效地、有效率地修改，且不会引入缺陷或降低现有产品质量的程度；软件应按照用户文档集中定义的维护性特征来执行。

⑤ 易测试性

能够为系统、产品或组件建立测试准则,并通过测试执行来确定测试准则是否被满足的有效性和效率的程度。

⑥ 维护性的依从性

产品或系统遵循与维护性相关的标准、约定或法规以及类似规定的程度。

(9) 可移植性测试

1) 可移植性测试内容

依据国家标准和委托方的测试需求,验证系统、产品或组件从一种硬件、软件或者其他运行(或使用)环境迁移到另一种环境的有效性和效率程度是否达到招投标文件、开发合同、软件需求规格说明书等用户文档集中规定的可移植性要求。

2) 可移植性测试要求

① 适应性

产品或系统能够有效地、有效率地适应不同的或演变的硬件、软件或者其他运行(或使用)环境的程度;对于软件应用程序的成功安装和正确运行,应就产品说明中列出的所有支持平台和系统加以证实。

② 易安装性

在指定环境中,产品或系统能够成功地安装或卸载的有效性和效率程度;如果用户能够实施安装,遵循安装文档中的信息应能成功地安装软件;软件应向用户提供移去或卸载所有已安装的组件的方法。

③ 易替换性

在相同的环境中,产品能够替换另一个相同用途的指定软件产品的程度。

④ 可移植性的依从性

产品或系统遵循与可移植性相关的标准、约定或法规以及类似规定的程度。

(10) 数据质量测试

1) 数据质量测试内容

依据国家标准和委托方的测试需求,从数据的准确性、完整性、一致性、时效性、可访问性等方面对数据质量进行测量,并将测量结果与相关文档规定的要求进行比较,评价软件数据质量的符合性。

2) 数据质量测试要求

① 规范性

数据符合数据标准、数据模型、业务规则、元数据或权威参考数据的程度。

② 完整性

按照数据规则要求,数据元素被赋予数值的程度;数据信息不存在缺失的状况,数据缺失的情况可能是整个数据记录缺失,也可能是数据中某个字段信息的记录缺失。

③ 准确性

数据准确表示其所描述的真实实体(实际对象)真实值的程度;数据记录的信息不存在异常或错误。

④ 一致性

数据与其他特定上下文中使用的数据无矛盾的程度。

⑤ 时效性

数据在时间变化中的正确程度。

⑥ 可访问性

数据能被访问的程度。

4．系统集成阶段

1）接口测试内容

依据国家标准和委托方的测试需求,检测外部系统与系统之间以及内部各个子系统之间的交互点是否达到招投标文件、开发合同、软件需求规格说明书等用户文档集中规定的接口要求。

2）接口测试要求

① 各个模块连接集成起来的时候穿越模块接口的数据不会丢失。

② 各个子功能组合起来,可以达到预期要求的功能。

③ 一个模块的功能不会对另一个模块的功能产生不利影响。

④ 全局数据结构不应有问题,系统数据正确。

⑤ 单个模块的误差积累起来不会放大,集成后,误差不影响系统功能及性能。

5．项目验收阶段

（1）软件产品验收测试

1）软件产品验收测试内容

软件产品验收测试,根据 GB/T 25000.10《系统与软件工程 系统与软件质量要求和评价第 10 部分：系统与软件质量模型》的相关要求,针对软件产品的八大质量特性（包括功能性、性能效率、兼容性、易用性、可靠性、信息安全性、维护性和可移植性）,以及产品说明和用户文档集提供全面的质量测试。

2）软件产品验收测试要求

① 产品说明满足 GB/T 25000.51—2016《系统与软件工程系统与软件质量要求和评价第 51 部分：就绪可用软件产品（RUSP）的质量要求和测试细则》规定的产品说明要求。

② 产品的用户文档集满足 GB/T 25000.51—2016《系统与软件工程系统与软件质量要求和评价第 51 部分：就绪可用软件产品（RUSP）的质量要求和测试细则》规定的用户文档集要求。

③ 产品的功能性满足 GB/T 25000.51—2016《系统与软件工程系统与软件质量要求和评价第 51 部分：就绪可用软件产品（RUSP）的质量要求和测试细则》规定的功能性要求。

④ 产品的性能效率满足 GB/T 25000.51—2016《系统与软件工程系统与软件质量要求和评价第 51 部分：就绪可用软件产品（RUSP）的质量要求和测试细则》规定的性

能效率要求。

⑤ 产品的安全性满足 GB/T 25000.51—2016《系统与软件工程系统与软件质量要求和评价第 51 部分：就绪可用软件产品（RUSP）的质量要求和测试细则》规定的安全性要求。

⑥ 产品的兼容性满足 GB/T 25000.51—2016《系统与软件工程系统与软件质量要求和评价第 51 部分：就绪可用软件产品（RUSP）的质量要求和测试细则》规定的兼容性要求。

⑦ 产品的易用性满足 GB/T 25000.51—2016《系统与软件工程系统与软件质量要求和评价第 51 部分：就绪可用软件产品（RUSP）的质量要求和测试细则》规定的易用性要求。

⑧ 产品的可靠性满足 GB/T 25000.51—2016《系统与软件工程系统与软件质量要求和评价第 51 部分：就绪可用软件产品（RUSP）的质量要求和测试细则》规定的可靠性要求。

⑨ 产品的维护性满足 GB/T 25000.51—2016《系统与软件工程系统与软件质量要求和评价第 51 部分：就绪可用软件产品（RUSP）的质量要求和测试细则》规定的维护性要求。

⑩ 产品的可移植性满足 GB/T 25000.51—2016《系统与软件工程系统与软件质量要求和评价第 51 部分：就绪可用软件产品（RUSP）的质量要求和测试细则》规定的可移植性要求。

（2）定制软件（包括软件开发项目、应用系统项目）验收测试

1）定制软件验收测试内容

定制开发项目验收测试，依据项目建设单位和开发单位所签订的技术合同、需求规格说明书等验收需求，对软件系统的功能、性能、安全性等方面进行测试，验证开发单位所交付的软件系统是否达到了预期的标准要求，为项目建设单位客观、准确了解系统实际表现提供依据，也为项目验收评审专家提供数据支撑。

2）定制软件验收测试要求

① 软件系统的用户文档集满足 GB/T 25000.51—2016《系统与软件工程系统与软件质量要求和评价第 51 部分：就绪可用软件产品（RUSP）的质量要求和测试细则》规定的用户文档集要求。

② 软件系统的功能性满足招投标文件、开发合同、软件需求规格说明书等用户文档集中规定的功能性要求。

③ 软件系统的性能效率满足招投标文件、开发合同、软件需求规格说明书等用户文档集中规定的性能效率要求

③ 软件系统的安全性满足招投标文件、开发合同、软件需求规格说明书等用户文档集中规定的安全性要求。

④ 软件系统的兼容性满足招投标文件、开发合同、软件需求规格说明书等用户文档集中规定的兼容性要求。

⑤ 软件系统的易用性满足招投标文件、开发合同、软件需求规格说明书等用户文档集中规定的易用性要求。

⑥ 软件系统的可靠性满足招投标文件、开发合同、软件需求规格说明书等用户文档集中规定的可靠性要求。

⑦ 软件系统的维护性满足招投标文件、开发合同、软件需求规格说明书等用户文档集中规定的维护性要求。

⑧ 软件系统的可移植性满足招投标文件、开发合同、软件需求规格说明书等用户文档集中规定的可移植性要求。

（3）科研项目验收测试

1）科研项目验收测试内容

科研项目验收测试，依据科研项目合同书中规定的验收考核指标要求，对软件系统应达到的主要技术指标进行测试，验证开发单位所研发的软件系统是否达到了技术指标要求，为科研项目验收提供依据，为申报各类科技成果奖提供数据支持。

2）科研项目验收测试要求

① 软件系统的功能性满足科研项目合同书中规定的功能性考核指标要求。

② 软件系统的性能效率满足科研项目合同书中规定的性能效率考核指标要求。

③ 软件系统的安全性满足科研项目合同书中规定的安全性考核指标要求。

④ 软件系统的兼容性满足科研项目合同书中规定的兼容性考核指标要求。

⑤ 软件系统的易用性满足科研项目合同书中规定的易用性考核指标要求。

⑥ 软件系统的可靠性满足科研项目合同书中规定的可靠性考核指标要求。

⑦ 软件系统的维护性满足科研项目合同书中规定的维护性考核指标要求。

⑧ 软件系统的可移植性满足科研项目合同书中规定的可移植性考核指标要求。

8.6 软件检测方式

软件检测采用人工检测和自动化检测两种方式。

（1）人工检测主要是采用人工执行程序，通过人为的逻辑判断出具检测结果。

（2）自动化检测主要是采用检测工具，模拟人工执行程序，按照检测工具中设定的检测规则出具检测结果。

自动化检测的优势是借助计算机的计算能力，可以重复地、不知疲惫的进行，对于数据可以进行精确的，大批量的比较，而且不会出错。但目前，对于数据的正确性、界面美观、业务逻辑等的满足程度，还必须由人工来做。有待人工智能技术在软件检测方面的突破，相信不久的将来，是非判断、逻辑推理等目前由人工检测的内容也将会由计算机自动完成。

所以，目前自动化检测还只是对人工检测的一种补充，主要应用在回归测试、性能测试、安全性测试方面。

8.7 软件检测结果

软件检测结果以测试报告的形式出具,其内容包括委托方要求的、说明检测结果所必需的和所用方法要求的全部信息。

测试报告应包括以下内容:

(1) 标题:"测试报告"。

(2) 检测机构的名称与地址,进行测试的地点。

(3) 报告的唯一性标识(如序号)和页码及总页数的标识。

(4) 委托方的名称和地址。

(5) 被测试样品的说明和明确标识。

(6) 测试样品的接收日期和进行测试的日期。

(7) 对所采用的测试方法的标识,或者对所采用的任何非标准方法的明确说明。

(8) 测试用例的标识符。

(9) 测试用例执行的结果。

(10) 发现的异常清单。

(11) 对于每一异常,要引用相应的异常情况报告。

(12) 测试导出的结果可适当地辅以表格、图、简图和照片加以说明。

(13) 对报告内容负责的人员的签字、职务或等效标识。

(14) 结果仅对所测试样品有效的声明。

未经检测机构书面批准,不得部分复制报告的声明(全文复制除外)。

第9章 信息工程项目验收

9.1 验收概述

项目验收是指业主(建设单位)对承建单位已经实施完成的工程项目,按照合同或双方的约定进行检验、测试、审查与评审,决定接收交付或拒绝接受交付的活动。

对于党政机关、行政事业单位实施的信息工程项目,则必须按照《国务院办公厅关于印发国家政务信息化项目建设管理办法》(国办发[2019]57号)要求,在信息工程项目实施完成后半年内,项目建设单位(业主单位)应当按照国家有关规定申请审批部门组织验收,提交验收申请报告时应当一并附上项目建设总结、财务报告、审计报告、安全风险评估报告(包括涉密信息系统安全保密测评报告、非涉密信息系统网络安全等)、密码应用安全性评估报告等材料。

项目建设单位不能按期申请验收的,应当向项目审批部门提出延期验收申请。项目审批部门应当及时组织验收。验收完成后,项目建设单位应当将验收报告等材料报项目审批部门备案。项目建设单位应当按照国家有关档案管理的规定,做好项目档案管理,并探索尝试应用电子档案。未进行档案验收或者档案验收不合格的,不得通过项目验收。

根据当前信息工程项目建设内容的不同,可把信息工程项目分为:软件开发项目、机房建设项目、综合布线项目、信息系统集成等类型,各类信息工程项目都必须实行验收制度。项目验收包括项目初步验收、项目试运行、竣工验收三个阶段。在各验收阶段都应形成明确的验收结论,验收结论分为通过、不通过两种类型。

9.1.1 验收的阶段划分

信息工程项目验收包括初步验收、项目试运行、竣工验收三个阶段,项目验收流程如图9-1所示。

1. 初步验收

信息工程项目实施完成首先进行分项验收,分项验收通过后,由监理单位组织项目整体初步验收。没有监理单位参与的项目,由建设单位自行组织初步验收。初步验收依据国家有关法律、法规、标准以及项目建设建议书、可行性研究报告、初步设计、招投标文件、合同文件等,初步检验项目确定的网络、应用、安全等主体工程和辅助设施的建设完成情况以及对建设单位需求的满足程度。初步验收需要有明确的初步验收结论,

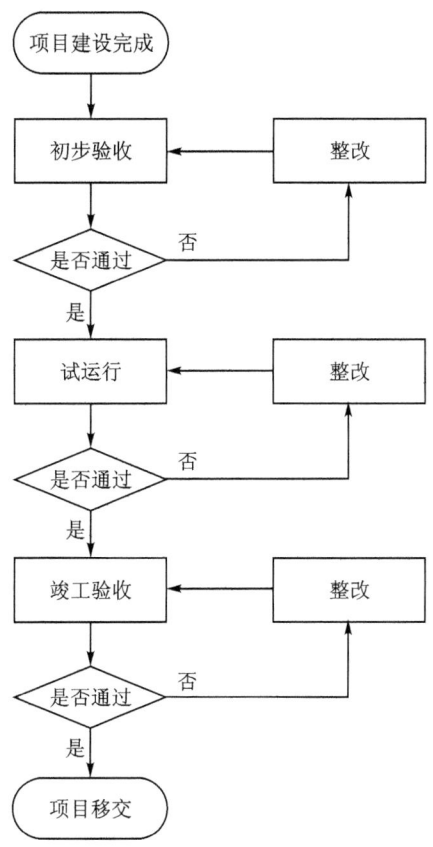

图 9 - 1　项目验收流程

并形成初步验收报告。

2. 试运行

试运行是将通过初步验收的项目应用于真实的业务环境中,通过真实业务的应用,全面、深入的检验项目建设范围是否完整、项目建设内容是否能够满足使用单位的显性和隐含需求(未明确阐述却是实际需要的需求)。在项目的试运行过程中需要对发现的分歧、问题和缺陷进行详细记录,经过深入分析后确定相应的解决办法,通过对信息工程项目进行整改和完善,促进项目能够更好地适应业务需要,满足项目合同等文件的要求。

3. 竣工验收

竣工验收由项目审批部门或其专门成立的项目竣工验收委员会组织;对建设规模较小或建设内容较简单的项目,项目审批部门可委托项目建设单位自行组织验收。竣工验收依据国家有关法律、法规、标准以及项目建议书、可行性研究报告、初步设计、招投标文件、合同文件等,结合项目初步验收和试运行情况,按照一定的程序和手续,全面检验和论证项目建设是否符合设计要求、是否达到工程质量检验标准、项目资金使用是否合理、建设过程是否规范、项目资料文档是否完整等,是项目实施的实物或成果转入生产或使用的标志。

9.1.2 验收的结论

信息工程项目验收结论分为验收通过和验收不通过两种类型。

1. 验收通过

验收通过是指项目招标文件、投标文件、建设合同等文件中约定的建设内容全部实施完成。项目实现的功能能够完全满足使用单位的业务需求,项目的性能效率、安全性、可靠性等指标全部符合项目要求,不存在未完成和不符合的内容或指标。项目验收通过后进入下一阶段。

还有一种情况是项目招标文件、投标文件、建设合同等文件中约定的建设内容未全部实施完成,或者项目实现的功能不能完全满足使用单位的业务需求,或者项目的性能效率、安全性、可靠性等指标不能完全符合项目要求,存在未完成或不符合的内容或指标。但是这些未完成的功能或者不符合约定的指标,在项目中处于较边缘位置,不会直接影响着业务的正常办理和项目功能的正常发挥时,项目可视为验收通过并进入下一阶段,但需对存在的问题进行详细记录,并由承建单位对问题的解决措施、解决时间等做出书面承诺,在后续工作中按照计划进行整改完成。

2. 验收不通过

验收不通过是指项目招标文件、投标文件、建设合同等文件中约定的建设内容未全部实施完成,或者项目实现的功能不能满足使用单位的业务需求,或者项目的性能效率、安全性、可靠性等指标不符合项目要求,存在未完成或不符合约定的内容或指标。这些未完成的功能或者不符合约定的指标,在项目中处于核心位置,直接影响业务的正常办理和项目功能的正常发挥。项目验收不通过时,项目不能进入下一阶段,项目各参与方需对存在的问题进行详细记录,并制定修改完善计划,待问题解决后再次组织验收。

9.2 验收的主要任务

在信息工程项目验收中,项目建设内容的不同其验收内容、验收依据也有所不同。验收活动的主要任务是检查项目建设过程的规范性、资金使用的合规性、项目资料的完整性和准确性以及项目建设内容的质量要求等。其中,项目建设过程的规范性和资金使用的合规性在各类信息工程项目验收种关注的内容都是相同的;而项目资料的完整性和准确性以及项目建设内容的质量要求在验收中关注的内容需要根据具体项目特点有所区别。

在信息工程项目建设中,有明确过程要求和监管要求的是党政机关及事业单位的信息工程项目,企业单位在进行信息化项目建设过程中可以参照党政机关的建设要求开展工作。在项目验收时,需对项目建设决策和实施过程中的如下内容进行审核:

1. 项目管理的合规性

1)立项是否合规

是否根据国家有关文件规定和国家电子政务建设规划,履行相应的审批手续,包括:项目建议书、可行性研究报告、初步设计方案和投资概算。

2)招投标是否合法合规

是否依据可行性研究报告审批时核准的招标内容和招标方式组织了招标采购,确定具有相应资质和能力的中标单位。项目建设单位与中标单位订立合同,并严格履行合同。

3)是否实施了监理

是否实行了工程监理制,按照信息系统工程监理的有关规定,委托具有信息系统工程相应监理资质的工程监理单位,对项目建设进行工程监理。

4)是否建立责任制度

是否建立了责任制度,明确了项目各参与单位的主要负责人,并在项目实施过程中,对项目的变更、进度、质量等进行了全过程管理。

2. 资金使用的合规性

在项目建设过程中,资金的合规性主要体现以下几方面:

1)资金支付的合规性

项目建设的资金支付需要与项目建设合同中相应条款约定的支付金额和支付条件相符合。项目的资金支付时应按照相应的流程进行,由项目承建单位提出资金支付申请,详细阐述项目当前的建设情况、资金支付的申请依据、本次申请的资金金额等信息,经过监理单位审核并签字认可后提交项目建设单位。

2)投资变更的合规性

项目投资规模在未超出概算批复、建设目标不变的前提下,项目主要建设内容确需调整时,资金调整数额不应超过概算总投资额的15%。

9.3　项目验收

9.3.1　软件工程验收

这里的软件工程是指为满足用户特定应用需求而特别实施的软件开发活动。包括定制软件系统、网络信息系统、应用系统、信息资源开发系统、各类智慧应用系统、大数据、人工智能、工业控制系统等各类以计算机软件开发应用为主体的信息系统。

1. 验收依据

软件工程项目验收的主要依据以下几方面。

(1) 国家有关法律、法规及相关标准。

(2) 经批准的项目建议书及批复文件。

(3) 经批准的可行性研究报告及批复文件。

(4) 经批准的项目初步设计、投资概算报告及批复文件。

(5) 建设项目的招标文件、投标文件和建设合同。

(6) 经过评审和批准的实施方案、需求规格说明书、概要设计、详细设计、数据库设计、技术方案等技术文件。

(7) 经批准的项目变更文件。

(8) 其他批准或签认的文件。

2. 验收内容

软件工程项目的验收主要依据国家有关的标准、规范和项目建设的招标文件、投标文件、合同文件等,验收项目资料的完整性和准确性以及项目建设内容的质量要求等,验收内容如下几方面:

1) 建设内容的质量要求

项目建设内容即软件开发内容的质量要求主要来源于项目建设招标文件、投标文件、合同文件中的具体要求。根据项目具体情况不同,项目建设的产品或系统质量可能包含应用软件的功能、性能和效率、兼容性、易用性、可靠性、信息安全性、维护性、可移植性等内容。上述项目建设的质量要求应聘请具有相应资质的第三方检测(评测)机构进行专业检测,项目验收时,以第三方检测机构出具的检测报告为准。

2) 资料的完整性和准确性

软件工程开发资料是软件开发成果的重要组成部分。在项目验收时,不仅是验收软件系统本身,同时也包括对软件的重要组成部分各种文档资料进行验收,这些文档资料包括软件开发的各种过程资料、技术资料。对软件开发项目验收时,可参照《国家电子政务工程建设项目档案管理暂行办法》的相关要求,验证软件开发项目资料的完整性。同时,根据软件开发的实际情况,还需关注软件开发文档的正确性、一致性、易理解性等。

3. 验收形式

软件工程开发项目验收主要采用专家评审会的方式,由建设单位组织行业内 3 名以上单数的专家组成专家小组,结合项目前期工作成果,通过系统建设情况汇报、建设成果演示、项目资料审查及质询等环节深入了解项目建设情况,结合软件开发项目相关标准规范及项目合同等文件对项目情况进行评价,同时业主必须如实报告软件实际使用的效果(功能、性能),如果业主或用户没有经过实质的使用检验则必须提供第三方的检测评测报告,否则不能提请验收。验收组是否通过项目验收并形成结论,以专家评审意见的方式进行签认。在项目验收评审过程中,如果与会专家意见不完全一致,可采用少数服从多数的形式进行举手表决,专家评审意见中,需对不同意见进行详细记录。

9.3.2　机房工程项目验收

这里的机房工程是指计算机机房、通信机房、广播电视机房、数据中心机房等各类电子设备专用机房,也包括为保证电子信息设备安全、可靠、连续正常运行提供基本支持的空调与新风、电力与照明配置、防雷保护、系统接地、消防与安全保障、信息网络与布线、系统监控、给水排水等设施建设。

1.验收依据

(1)国家有关法律、法规及相关标准。

(2)项目的招标文件、投标文件和建设合同。

(3)经过评审和批准的设计方案、实施方案等技术文件。

(4)经批准的项目变更文件。

(5)其他批准或签认的文件。

2.验收内容

工程施工应符合设计文件和技术文件的要求,施工质量应达到相应国家规范的规定。其中各系统的技术指标及性能和功能的测试应符合设计文件、技术文件和本规范的要求;按照相应国家规范的规定完成综合测试工作,测试结果应符合设计文件的要求;电磁屏蔽工程应验收完毕并合格;工程施工的技术资料应完整。

3.验收形式

机房工程验收以会议、检验检测、现场抽检查看想结合的方式进行。在正式验收之前,机房的全部强弱电系统、暖通、空调等均已加电试运行且正常,已经完成第三方检验检测并合规,项目完成投资决算并经第三方审计机构审计,上述工作完成后方可进行验收。

(1)建设单位组织成立工程验收小组。

(2)验收小组成员,甲乙方(建设单位、承建单位)、设计和监理代表参加。

(3)验收小组现场查看项目建设和运行情况。

(4)有关各方宣布检验检测情况、审计情况、运行情况。

(5)甲乙方分别介绍项目建设情况、实施情况和运行情况。

(6)验收小组应对工程实体和文档资料进行检查,并做出正确、公正、客观的验收结论。

9.3.3　综合布线项目验收

综合布线是一种模块化的、灵活性极高的建筑物内或建筑群之间的信息传输通道。通过它可使话音设备、数据设备、交换设备及各种控制设备与信息管理系统连接起来,同时也使这些设备与外部通信网络相连的综合布线系统。它还包括建筑物外部网络或电信线路的连接点与应用系统设备之间的所有线缆及相关的连接部件。综合布线由不同系列和规格的部件组成,其中包括:传输介质、相关连接硬件(如配线架、连接器、插座、插头、适配器)以及电气保护设备等。综合布线系统一般是网络信息系统或应用系统的子系统或分项系统,由于其专业性和特殊性,一般采取分包的方式由专业承包商承建,因此多采取单独验收的方式进行验收。

1. 验收依据

(1)国家有关法律、法规及相关标准。

(2)项目的招标文件、投标文件和建设合同。

(3)经过评审和批准的设计方案、实施方案等技术文件。

(4)经批准的项目变更文件。

(5)其他批准或签认的文件。

2. 验收内容

(1)对工程竣工技术文件进行审核。竣工技术文件应外观整洁,内容齐全,数据准确。包含且不限于竣工图纸;设备材料进场验收记录及开箱检验记录;系统中文检测报告及中文测试记录;工程变更记录及工程洽商记录;随工验收记录,分项工程质量验收记录;隐蔽工程验收记录及签证;培训记录及培训资料等。

(2)对工程施工的设备安装、缆线布放、缆线成端进行施工工艺验收。

(3)对系统进行测试、对管理系统进行功能验证。

3. 验收形式

与机房工程验收形式基本相同。

9.3.4 信息系统集成项目验收

信息系统集成是指通过结构化的综合布线系统和计算机网络技术,将各个分离的设备、软件和信息等集成到相互关联的、统一协调的系统之中,使资源达到充分共享,实现集中、高效、便利的管理。

系统集成采用功能集成、网络集成、软件界面集成等多种集成技术。系统集成实现的关键在于解决系统之间的互连和互操作性问题,它是一个多厂商、多协议和面向各种应用的体系结构。需要解决各类设备、子系统间的接口、协议、系统平台、应用软件等与子系统、建筑环境、施工配合、组织管理和人员配备相关的一切面向集成的问题。

信息系统集成主要包括以下几个子系统的集成:

硬件集成:使用硬件设备将各个子系统连接起来,例如使用路由器连接广域网等。

软件集成:软件集成要解决的问题是异构软件的相互接口。

数据和信息集成:数据和信息集成建立在硬件集成和软件集成之上,是系统集成的核心。

验收时通常要关注的主要问题包括:合理规划数据和信息、减少数据冗余、更有效地实现信息共享、确保数据和信息的安全保密等。

1. 验收依据

（1）国家有关法律、法规及相关标准。

（2）项目的招标文件、投标文件和建设合同。

（3）经过评审和批准的设计方案、实施方案等技术文件。

（4）经批准的项目变更文件。

（5）其他批准或签认的文件。

2. 验收内容

信息系统集成项目的验收主要依据国家有关的标准、规范和项目建设的招标文件、投标文件、合同文件等进行，项目资料的完整性和准确性以及项目建设内容的质量要求。验收内容如下：

1）硬件集成验收

在项目验收时，需要根据项目实际情况，围绕硬件集成建设目的，对各硬件设备的部署情况、各设备间的联动情况、系统整体的协调运行情况等进行检验，保证项目建设内容符合项目建设合同约定，系统运行的性能效率、可靠性、安全性等不低于合同中相关指标要求。

2）软件集成验收

应重点检验各软件的部署情况、各系统间的接口联动情况、系统整体的协调运行情况等进行检验，保证项目建设内容符合项目建设合同约定，系统的运行性能效率、兼容性、稳定性、安全性等不低于合同中相关指标要求。

3）数据和信息集成验收

应重点检验数据接入的方式和频次、数据清洗规则的设置应用、数据整合和入库的效果、数据集成过程的运行监控、问题数据的反馈和完善等，保证数据集成符合项目建设合同约定，系统的运行性能效率、稳定性、安全性等不低于合同中相关指标要求。

4）文档资料的完整性和准确性

应重点检验项目建设的各种过程资料、技术资料。可参照《国家电子政务工程建设项目档案管理暂行办法》的相关要求，对项目建设资料的完整性审查，项目资料包含且不限于竣工图纸、设备材料进场验收记录及开箱检验记录、系统中文检测报告及中文测试记录、工程变更记录及工程洽商记录、随工验收记录、分项工程质量验收记录、隐蔽工程验收记录及签证、培训记录及培训资料等。以及对文档资料的正确性、一致性、易理解性检验等。

3. 验收形式

验收形式与软件工程项目验收形成相同。

9.4 验收类型

本节详细介绍初步验收、试运行和竣工验收的具体验收方式。

9.4.1 初步验收

项目建设完成,承建单位进行内部测试和分项测试并通过后,项目监理单位应组织开展初步验收工作,没有监理单位介入的项目,由业主(建设单位)自行组织初步验收工作。初步验收依据国家有关法律、法规、标准以及项目建议书、可行性研究报告、初步设计、招投标文件、合同文件等,验证建设项目确定的网络、应用、安全等主体工程和辅助设施是否已经建设完成,是否能够满足系统运行的需要。

1. 初步验收条件

项目初步验收根据项目建设内容不同,初步验收所需的条件也不相同。

(1) 软件开发项目

1) 项目承建单位已按要求完成软件开发项目要求的开发内容。

2) 项目承建单位已对开发的系统进行确认测试,能够提供健全的确认测试方案、测试记录和测试报告。

3) 项目监理单位对项目建设的完成情况进行核查和确认。

4) 项目监理单位对项目建设的过程资料进行核查和确认。

5) 项目建设单位对项目建设的完成情况进行初步核查和确认。

6) 项目建设单位或相关单位组织信息安全风险评估,提出信息安全风险评估报告。

7) 项目建设单位已经将开发完成的软件系统进行加载并实际使用,经过一段时间的运行表明开发的软件系统在功能、性能上完全符合应用需求且没有发现任何影响正常使用的问题出现。

(2) 机房建设项目

1) 项目承建单位已按要求完成项目的建设内容。

2) 项目承建单位已对集成系统的各部分进行并通过单项测试和联调测试,能够提供健全的测试方案、测试记录和测试报告。

3) 项目监理单位已对项目的施工工艺等进行核查和确认。

4) 项目监理单位对项目建设的完成情况进行核查和确认。

5) 项目监理单位对项目建设的过程资料进行核查和确认。

6) 项目建设单位对项目建设的完成情况进行初步核查和确认。

7) 项目建设单位或相关单位组织信息安全风险评估,提出信息安全风险评估报告。

（3）综合布线项目

1）按照批准的工程项目技术文件实施完毕。

2）完成调试及自检，并出具系统自检记录。

3）系统检测合格，并出具系统检测记录。

4）完成技术培训，并出具培训记录。

（4）信息系统集成项目

1）按照批准的工程项目技术文件实施完毕。

2）完成调试及自检，并出具系统自检记录。

3）分项工程质量验收合格，并出具分项工程质量验收记录。

4）完成系统试运行，并出具系统试运行报告。

5）系统检测合格，并出具系统检测记录。

6）完成技术培训，并出具培训记录。

2．初步验收准备

项目承建单位根据项目实际建设要求，对项目的完成情况进行梳理和确认，当具备项目初步验收条件后，提出初步验收申请，经批准后开展初步验收工作。

3．初步验收申请

初步验收准备就绪后，项目承建单位应以书面形式向项目监理单位提出初步验收申请；没有监理单位介入的项目，承建单位以书面形式向项目建设单位提出初步验收申请。项目监理单位收到初步验收申请后，需及时对项目建设完成情况进行初步核查，如果核查不通过，则需将不通过原因以书面形式向承建单位进行反馈；如果核查通过，则向项目建设单位进行汇报，批准后开展项目初步验收工作。

4．初步验收

为保证项目初步验收的各项工作能够有条不紊地进行，项目初步验收时，项目建设单位需明确初步验收组织责任人，负责组织实施初步验收工作，具体内容如下：

（1）确定初步验收的方式

初步验收可以采用项目内部专家验收和外部专家验收两种方式。采用项目内部专家验收方式时，项目验收专家由项目建设单位、使用单位、监理单位、承建单位等相关单位的人员构成，人数应为 3 人及以上单数；采用外部专家验收方式时，验收专家由所属行业专家和建设单位代表构成，人数应为 3 人及以上单数，其中专家的人数不得少于成员总数的三分之二。

（2）确定项目初步验收的时间和地点

根据项目实际情况，确定初步验收的时间、地点，编制项目初步验收的会议议程。

（3）确定初步验收的专家

根据项目验收方式，拟订初步验收专家名单，并告知专家初步验收的主要内容、时间、地点等信息，以便专家协调时间并熟悉相关内容。

（4）进行初步验收

项目初步验收工作可根据项目实际情况采用会议审查验收或实地考核验收的方式开展验收工作。其中,会议审查验收通过召开专家验收评审会,由项目承建单位汇报项目建设状况、演示项目建设情况,验收专家根据项目招标文件、投标文件、合同文件、设计文件等对项目建设完成情况进行评价;实地考核验收通过组织验收专家对项目建设情况进行实地考核的方式对项目进行评价。也可以采取会议和实地考核的方式进行初步验收。项目初步验收需对以下几方面内容开展评价:

1）项目合同中要求的建设内容已经全部建设完成。

2）各项建设内容符合项目合同的要求。

3）各项建设内容运行平稳、计算正确,符合项目需求文件、设计文件等相关要求。

4）各项建设内容性能效率、系统安全等符合项目需求文件、设计文件等相关要求。

5）项目资金使用符合国家有关法律、法规、标准、规范及项目合同的要求。

6）项目建设过程规范,符合国家有关法律、法规、标准、规范及项目合同的要求。

7）项目建设工期及完成时间符合双方的合同约定。

8）项目变更情况符合国家有关法律、法规及双方合同要求。

9）项目的工程、技术、财务和档案等资料齐全。

项目的初步验收需形成书面的验收意见和验收结论,验收专家需进行签字确认。如果验收专家对项目初步验收结论持有不同意见,可采用少数服从多数的方式举手表决。对于不同验收意见,需在专家验收意见中进行记录。

（5）初步验收结论与处理

项目初步验收结论一般分为验收通过和不通过两种情况。初步验收通过时,项目进入试运行阶段;项目验收基本通过但有个别问题需要完善时,项目可进入试运行阶段,但需对存在的问题进行详细记录,并由承建单位需要确定问题的解决措施、解决时间等,并在后续工作中按照计划进行整改,整改完成后需建设单位和监理单位共同确认;验收不通过时,项目承建单位需结合初步验收中发现的问题,对项目完成情况进行全面梳理,形成问题清单和项目整改计划,整改完成后再次开展项目初步验收工作。

9.4.2　项目试运行

项目试运行是对项目建设成果进行全面验证的环节,通过项目建设成果在承载具体业务时的运行情况,全面考察项目建设成果的具体效果、发现潜在问题,从而进一步完善项目建设内容,确保项目顺利通过竣工验收。

1. 试运行准备

为保证试运行工作顺利开展,在试运行工作开始前,需做好以下准备工作:

1）编制试运行方案

在试运行开始之前需要根据项目实际情况编制试运行方案。试运行方案需要包括明确试运行目的、确定试运行范围、安排试运行时间、试运行的人员安排、试运行的信息收集、试运行问题分析与决策、试运行问题反馈和系统完善、安全保障及应急措施等内容。

2）项目运行环境搭建

根据项目实际运行需要,搭建系统试运行环境。项目试运行环境可以是系统的正式运行环境,也可以单独搭建独立的试运行环境,在单独搭建试运行环境时,试运行环境要尽可能与正式运行环境相一致,充分发挥试运行阶段的验证作用。

3）项目应用培训

在正式试运行前,需要对项目建设成果的使用单位人员进行培训,培训方式可以采用集中培训或其他形式进行,保证在试运行过程中,使用人员能够正常使用系统。

2. 试运行

试运行过程中,需要根据提前拟订的试运行方案合理组织人员,在不影响各项业务正常开展的前提下,使得项目建设成果承载现实业务,并记录在此过程中,项目建设成果的运行情况,对发现的问题进行深入分析,发现问题产生的根源。对试运行中发现的系统错误、异常等情况,由承建单位组织技术人员进行修改、完善和完善;对试运行中的操作问题也需要进行记录,作为系统后续运行的使用要求或操作注意事项提出,为后续的正常使用提供保障。

3. 试运行结论与处理

试运行结束时,需对试运行过程中发现的问题和解决情况进行汇总和分析,必要时可组织使用单位人员进行评审,形成明确的试运行结论。试运行结论分为试运行通过和试运行不通过两种类型,当项目建设成果在试运行过程中能够全面支撑业务运行,功能、性能等指标都能够达到项目建设合同等文件要求时,系统试运行通过,否则试运行不通过。

需要特别说明,在试运行期间原有的运行系统或运行环境、条件、模式均必须保留并与新系统并行运行。只有在新系统在竣工验收通过后原有系统才可以停止或撤出。

9.4.3 竣工验收

竣工验收由项目审批部门或其授权单位组织,依据国家有关法律、法规、标准以及项目建设的项目建议书、可行性研究报告、初步设计、招投标文件、合同文件等,结合项目建设初步验收和试运行情况,按照一定的程序和手续,全面检验建设项目是否符合设计要求、是否达到工程质量检验标准、投资使用是否合理的最后环节,是项目投资成果转入生产或使用的标志。

1. 竣工验收条件

项目竣工验收是在项目初步验收和项目试运行完成的基础上,开展的项目建设成果的终验和认可工作。竣工验收除了需要满足项目初步验收和试运行的要求外,还需要具备以下几方面条件:

（1）针对风险评估报告中发现的问题,完成项目的安全整改工作。

（2）根据项目建设要求,完成项目检测工作。

根据项目建设要求,完成项目的安全等级保护测评工作。

2. 竣工验收准备

项目承建单位根据项目建设情况,对项目的建设内容、文档资料等进行梳理和确认,当具备项目竣工验收条件后,可向建设单位提出竣工验收申请。

3. 竣工验收申请

竣工验收准备就绪后,项目承建单位应以书面形式向项目建设单位提出竣工验收申请。项目建设单位收到竣工验收申请后,需及时对项目建设完成情况进行初步核查,如果核查不通过,则需将不通过原因以书面形式向承建单位进行反馈;如果核查通过,则开展项目竣工验收工作。

4. 竣工验收组织

为保证项目竣工验收各项工作能够有条不紊地进行,项目竣工验收时,项目建设单位需明确竣工验收组织责任人,负责组织实施竣工验收工作,具体内容如下几方面:

1)确定竣工验收的方式

根据项目建设内容或投资规模的不同,竣工验收可以采用项目内部专家验收和外部专家验收两种方式。采用项目内部专家验收方式时,项目验收专家由项目建设单位、使用单位、监理单位、承建单位等相关单位的人员构成,人数应为 3 人及以上单数;采用外部专家验收方式时,验收专家由所属行业专家和建设单位代表构成,人数应为 3 人及以上单数,其中专家的人数不得少于成员总数的三分之二。

2)确定项目竣工验收的时间和地点

根据项目实际情况,确定竣工验收的时间、地点,编制项目竣工验收的会议议程。

3)确定竣工验收的专家

根据项目验收方式,拟订竣工验收专家名单,并告知专家竣工验收的主要内容、时间、地点等信息,以便专家协调时间并熟悉相关内容。

4)进行竣工验收

项目竣工验收工作可根据项目实际情况采用会议审查验收或实地考核验收的方式开展验收工作。其中,竣工验收通过召开专家验收评审会,由项目承建单位汇报项目建设状况、演示项目建设情况,验收专家根据项目招标文件、投标文件、合同文件、设计文件等对项目建设完成情况,对项目建设组织过程、建设内容完成情况、项目建设与相关标准规范及合同的符合情况、项目建设资料、项目建设资金使用等方面进行评价,采用会议审查验收方式,必须有第三方提交的项目质量检验检测报告和建设提交的试运行情况报告;实地考核验收,通过组织验收专家对项目建设现场的物理环境、施工工艺、设备运行等进行观摩和评价。项目竣工验收需对以下内容开展评价:

(1)项目合同中要求的建设内容已经全部建设完成。

(2)各项建设内容符合国家有关法律、法规、标准、规范及项目合同的要求。

(3)各项建设内容运行平稳、计算正确,符合项目需求文件、设计文件等相关要求。

(4)各项建设内容功能是否齐全、性能是否稳定可靠、系统安全及相关指标是否符合项目需求文件、设计文件等的要求。

（5）项目资金使用符合国家有关法律、法规、标准、规范及项目合同的要求。

（6）项目的工程、技术、财务和档案等资料齐全。

（7）项目建设工期及完工时间是否符合双方合同的约定。

（8）项目变更情况是否符合国家有关法律、法规以及双方合同要求。

（9）项目建设过程规范，符合国家有关法律、法规、标准、规范及项目合同的要求。

项目的竣工验收需形成书面的验收意见和验收结论，验收专家需进行签字确认。如果验收专家对项目竣工验收结论持有不同意见，可采用少数服从多数的方式进行表决。专家验收意见中需能够对竣工验收中的不同意见进行记录。

5. 竣工验收结论与处理

项目竣工验收结论分为验收通过和不通过两种情况。如果竣工验收结论为验收通过，则项目正式由承建方交付建设方并进入运营阶段。竣工验收结论为验收不通过时，项目承建单位需对项目中存在的问题进行全面梳理，形成待解决的问题清单，明确整改日期，积极组织人员进行项目问题整改和完善。整改完成后再次开展项目竣工验收工作。

9.5 验收要求

1. 项目验收需具备的条件

项目验收包含项目初步验收、试运行和竣工验收三个阶段，在开展项目验收前，均需要具备以下条件：

（1）项目建设内容需要基本建设完成，承建单位进行内部测试和分项测试并通过，项目监理单位对项目建设完成情况进行了相应核查。

（2）项目各类建设资料齐全，资料内容与项目实际建设内容相符。

（3）根据项目实际建设内容和验收需要，制订了切实可行的项目验收方案，所需人员、场地、设备、环境等均已落实到位。

2. 验收过程的要求

验收过程中需要根据具体验收所处阶段，明确阶段目标，编制切实可行的工作方案。对验收过程中发现的问题，需要进行详细的记录，经过深入分析后拟订切实可行的解决方案，充分的完善系统功能，提升项目建设成果质量。

3. 验收后的要求

项目竣工验收完成后需要进行项目移交。项目移交是指全部合同收尾后，项目建设成果在项目参与方之间进行项目所有权移交的过程。信息工程项目的移交主要是承建单位、监理单位等将项目建设成果、文档资料的所有权向建设单位移交的过程。

信息工程项目移交包括实体移交和文件移交，交接双方需明确交接责任人和交接要求,并在交接过程中形成移交检查表,实体和服务与移交检查表的内容必须一一对应,项目移交方和项目接收方在项目移交检查表上签字后,表示项目移交完成。

（1）项目的实体移交

项目的实体移交包括可交付的一切项目实体和项目服务。在提供项目移交报告之前应当进行项目移交的检查工作,仔细填写移交检查表。项目的移交检查表是罗列项目所有交付成果的表格,并对其中的具体细节进行描述,以便今后的核对。

（2）项目的文件移交

一般情况下,项目文件的移交是一个贯穿项目整个生命周期的过程,只是在最后的收尾阶段,项目的文档移交具有很深刻的意义和作用。项目的各个阶段移交的文档资料是不同的。

1）初始阶段应当移交

主要文档资料有:项目初步可行性研究报告及其相关附件、项目详细可行性报告及其附件、项目总体方案、项目评估与决策报告。

2）计划阶段应当移交

主要文档资料有:项目描述文档、项目计划文档、项目设计文档等。

3）实施阶段应当移交

主要文档资料有:项目实施方案、项目技术方案、项目中可能的外购和外包合同、标书、项目变更文件、所有项目会议记录、项目进展报告等。

4）收尾阶段应当移交

主要文档资料有:项目测试报告、项目质量验收报告、项目后评价资料、项目移交文档一览表、各款项结算清单、项目移交报告等。

当项目的实体移交、文件资料移交完成后,项目移交方需编制项目移交报告,项目移交方和项目接收方将在项目移交报告上签字,项目移交报告即为项目移交的结果,项目移交结束。

第 10 章   运行维护

信息工程项目建设完成交付使用后,能否运行好、发挥好应有的效益,实现建设目标,在很大的程度上取决于项目的运行和维护(以下简称"运维")。特别是软件系统、网络信息系统和各类应用系统更是如此。一方面是由于信息工程项目的复杂性、专业性、技术性强,尤其是云计算、大数据等现代信息技术的发展与应用,对了解掌握或熟悉支撑应用系统的信息技术能力的要求越来越高;另一方面应用系统也从过去单一的业务系统或事务处理系统发展成为综合的信息系统,使得业务系统和事务处理对信息化的依存度越来越高,对信息系统的稳定性、安全性、可靠性要求也越来越高,信息工程项目运行和维护的重要性日显突出,专业的专门的运行维护业态应运而生,信息工程项目的运行维护逐渐从业主自行自主维护向专业、专门的第三方运行维护发展。因而,对自身应用系统运行维护需求的了解与掌握,对专业的第三方运行维护机构的识别、评判和选择,也成为建设单位项目管理者的重要任务之一。

10.1   信息系统运维目标

10.1.1   信息系统运维要求

信息系统(包括软件系统、网络系统、应用系统、信息资源开发利用系统)是由 IT 硬件、网络和通信设备、软件、信息源、用户以及相应规章制度组成的,以处理信息流为目的的系统。信息系统结构框架如图 10-1 所示。

从图 10-1 可以看出,随着信息技术的发展,信息系统已从过去单一的 IT 侧(IT 硬件、软件、网络)提升至融合多种信息技术集成的、智能的综合性系统。在图 10-1 中我们看到以下几方面:

基础设施是保障整个系统工作环境处于一个稳定安全可靠状态下运行的支撑系统,包括系统工作环境(数据机房)、供配电系统(高中低压设备)、不间断电源(UPS 及配套电池)、后备电力系统(柴油发电机及配套设施)、暖通系统(空调、新风)。基础设施的作用:一是让 IT 硬件设备可以在一个相对理想的环境下工作。二是提升 IT 硬件设备的抗风险能力,可以在断电、高温等极端工况下,保持业务系统不出现业务间断甚至业务中断。

网络系统包含两大部分:一是运营商提供的链路及配套;二是业务单位根据自身需要而建设的内部网络。实现各个物理设备和系统的连接,其主要作用是实现信息的

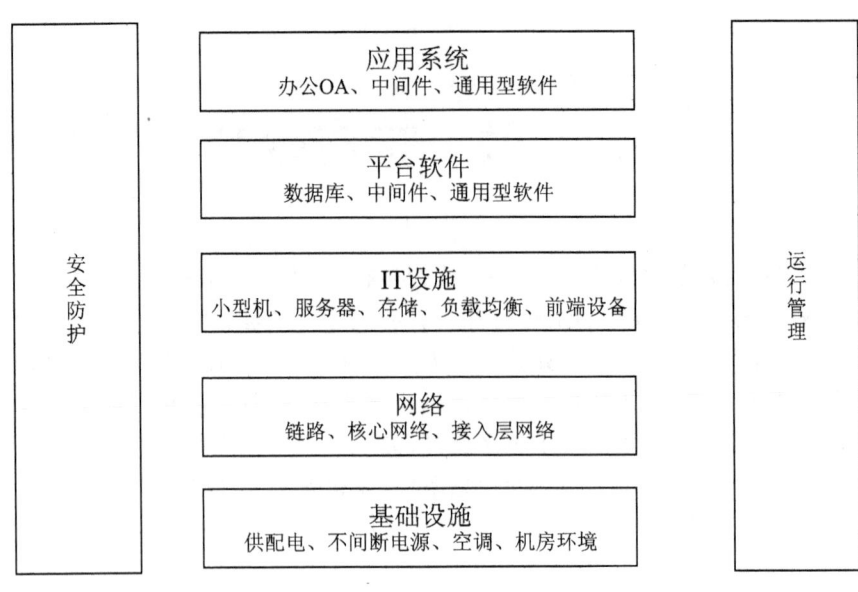

图 10-1 信息系统框架结构

传输。

信息系统的 IT 硬件包括前端各类终端以及智能办公设备和后台数据计算、存储、均衡等设备,其主要作用是实现对信息的存储、计算等功能。

平台软件包括各种数据库、中间件以及通用软件,其主要作用是为应用系统提供支撑与服务。

应用系统则是我们为特定应用需求而开发或定制的软件系统,如办公 OA、人力、财务、专有业务等。

安全防护主要是为保证信息系统不被未授权者使用、破坏或窃取而采取的技术手段,包括硬件、软件措施等。

而运行管理则是对信息系统的运行状态进行管理以及资源分配的软件系统。

由此我们可以知道,任何一个信息系统的各个子系统都不是独立存在的,每一个子系统都对整个系统的正常运行发挥着不可或缺的作用,任何一个子系统出现问题就有可能导致整个系统运行不能运行或不稳定的运行,所以如果要确保系统整体安全稳定可靠的运行,就必须要保证各个组成部分的稳定可靠运行。信息系统的运维就是要确保在任何情况下,信息系统的各个子系统、各个环节都能安全、稳定、可靠持续的运行,以保证各个应用系统功能的发挥和性能的实现。

10.1.2 信息系统运维目标

信息系统的整体运维目标只有一个,就是确保整个系统一定要在稳定、安全、可靠的状态下运行。这个目标始终贯穿于运维工作中,由于各个子系统技术方向的不同,在整个系统运行中起到的作用也不同,所需的技术门槛、侧重点也有所不同,运行和维护关注的重点也不相同。

对于信息基础设施来说,其机房、空调、电源等设备都属于机电类的技术而非信息技术,但这些设施是否正常运行,以及电力、机房资源的配置是否合理直接决定了 IT 设施的运行效率。特别是近年来,这些机电类的设施也都逐渐与 IT 技术融合,这就对机电类技术人员的技术能力有了新的要求,对机电类设备的运维管理需要特别注意运维的有效性和时效性。

而对于网络系统,只要前期做好网络规划,整体网络结构如网段的划分、管理网、业务网、备份网络等基本不会变化,所以网络运维强度和难度不是很大,主要是专业人员进行日常网络调整和检修维护,注意日常巡检和网络资源合理分配。

对于 IT 设施,虽然设备种类比较多、供应商或品牌也较多,但大都有厂家提供技术支撑,运行和维护的重点是监测设备正常运行情况,包括在性能和容量上是否正常,以及故障识别与判断,设备运行状况评估等。

对于平台层,由于构建各应用系统的通用平台较为复杂,如数据库有 oracle、mysql、sqlserver 等,中间件有包含 tomcat、weblogic、IIS 等,套装软件有 SAP ERP、专业数据挖掘和分析软件等,不同的应用系统选用的支撑系统、服务系统不尽相同,应用系统运行状况有可能取决于支撑系统、平台层的运行情况。因此平台层往往是运行和维护的重点。一般来说从事这方面运行维护的专业技术人员应有专业厂商认证和培训经历,并得到产品供应商的支持。

对于应用系统,由于其专业性、业务性和交互性的特点,除了需要对支撑平台及系统的熟悉、了解和掌握,重点是对软件系统及数据库的了解和掌握,也是运行和维护的重点,尤其需要得到应用系统开发商的支持。运维的主要目标是故障的排除和系统性能的提升。

对于信息安全,首先是检查信息系统网络安全设施是否齐全,网络信息安全管理机制是否完善,网络信息安全手段是否具备,运行维护的重点是监测系统的安全状况,及时发现网络信息安全的漏洞、缺陷和问题,并提出解决方案。

对于运行管理,则是运用科学方法,建立一套对系统进行安全、稳定、可靠运的机制和办法,形成运维方案,制定运维计划,组织运维队伍配置人员,采取相应措施,协调信息系统运维相关方,确保信息系统安全、可靠、稳定运行。

要实现信息系统运维目标,就必须强化运维管理。通常运维管理遵循的基本原则是 PDCA(Plan Do Check Action)管理模型如图 10-2 所示。

所谓的 PDCA 管理模型包括以下几方面:

P(PLAN)计划:对运维工作有一个清晰的目标,并根据目标制定详细的计划。制定计划的过程就是收集资料、分析研究、确定工作目标、形成运维工作计划确定运维方案的过程。

D(DO)实施:按照运维工作计划开展运维工作、实施运维活动。

C(CHECK)检查:检查运维实施结果,了解信息系统运行情况。

A(ACTION)处理:对检查运维实施后发现的问题进行处理,对运维工作计划的

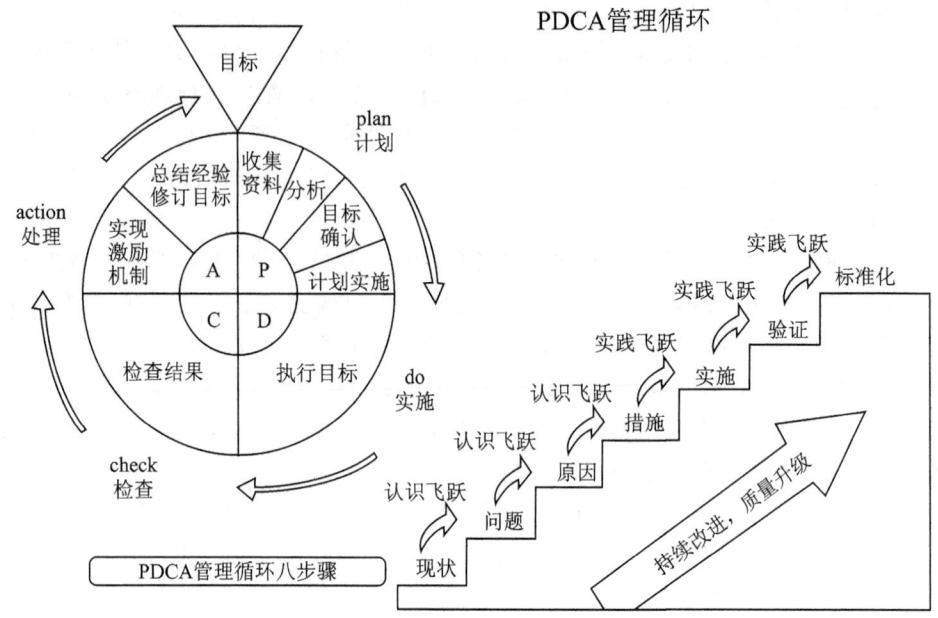

图 10 - 2　运行维护的 PDCA 管理模型

实施情况进行总结,修订运维目标实现的可行性。

在这个闭环的循环运维过程中,使得运维目标不断地提升。这种提升包括认知的提升,对信息系统有进一步的了解和认识;实践的提升,采用更加合理、安全、高效的运维手段;目标的提升,使信息系统不管是在生命周期的哪一个阶段都有一个清晰的、高品质的运维目标。

信息系统的运维伴随着信息系统从交付到终止运行的全过程,为保证信息系统安全、稳定、可靠的运行,运维管理工作就必须持续不断改进完善。但需要强调的是,运维管理的核心目标是不能改变的,那就是要确保信息系统要在一个健康、安全的环境下工作,在这个目标的基础之上,才可以考虑能耗、新技术应用等其他工作目标,而不能因为过多考虑其他目标影响核心目标的实现。

10.2　运维管理与考核

10.2.1　运维管理标准

1. 国际标准

目前,我国对于信息系统运维尚没有建立层面的强制性标准规范体系,只有行业内的一些标准,主要还是参照国际标准 ITIL。ITIL(Information Technology Infrastructure Library,ITIL)是英国商务部在 80 年代制定的一套适用于 IT 服务管理(Information Technology Service Management,ITSM)的体系,或者说是对 IT 服务可以进行客观考评的一个依据和标准。其重点在于将业务与 IT 相结合,通过六大模块即业务管理、服务管理、ICT 基础架构管理、IT 服务管理规划与实施、应用管理和安全管理来完成。如果不考虑成本和可实施的前提下,ITIL 是一套非常先进的 IT 信息系统基础架构库,非常值得我们学习。但是从管理的角度上看,要完全完成这样一套体系,所投入的资源过大,技术门槛较高。因此,是否需要按照 ITIL 标准来进行运维管理,要视信息系统的重要性以及业主单位的实际情况,既不能刻意追求也要量力而行,更不能生搬硬套。

2. 国家标准

为进一步强化信息工程项目的运行和维护,规范信息工程项目的运行维护行为,在工业和信息化部、国家标准化委的指导和支持下,国家信息技术标准化委员会于 2009 年 4 月成立了信息技术服务标准(以下称 ITSS)工作组,ITSS 工作组的主要任务是根据我国信息技术服务业发展现状和趋势,研究并建立信息技术服务标准体系,制定信息技术服务领域的相关标准。在 ITSS 工作组的努力下,2012 年我国第一套信息技术服务标准正式发布,即《信息技术运行维护》(GB/T 28827)系列标准,2014 年又发布了《信息技术运行维护能力成熟度模型》。

3. ITSS(Information Technology Service Standards)标准

ITSS 是我国第一套成体系和综合配套的信息技术服务标准库,全面规范了 IT 服务产品及其组成要素,用于指导实施标准化和可信赖的 IT 服务。ITSS 是我国 IT 服务行业最佳实践的总结和提升,也是我国从事 IT 服务研发、供应、推广和应用等各类组织,具有鲜明中国特色自主创新成果的固化。

ITSS 的内容主要包括一系列的标准,是一套完整的 IT 服务标准体系。它包含 IT 服务的规划设计、部署实施、服务运营、持续改进和监督管理等全生命周期各个阶段应遵循的标准,涉及咨询设计、集成实施、运行维护、服务管控、服务运营和服务外包等业务领域。

ITSS 充分借鉴了质量管理原理和过程改进方法的精髓,规定了 IT 服务的组成要素和生命周期。并对其进行标准化如图 10-3 所示。

要素组成包括:人员(People)、流程(Process)、技术(Technology)和资源(Resource)组成,简称 PPTR。其中包括:

人员是指提供 IT 服务所需的人员及其知识、经验和技能要求。

流程是指提供 IT 服务时,合理利用必要的资源,将输入转化为输出的一组相互关联和结构化的活动。

技术是指交付满足质量要求的 IT 服务应使用的技术或应具备的技术能力。

资源是指提供 IT 服务所依存和产生的有形及无形资产。

IT 服务生命周期包括规划设计(Planning & Design)、部署实施(Implementing)、服务运营(Operation)、持续改进(Improvement)和监督管理(Supervision)5 个阶段,简

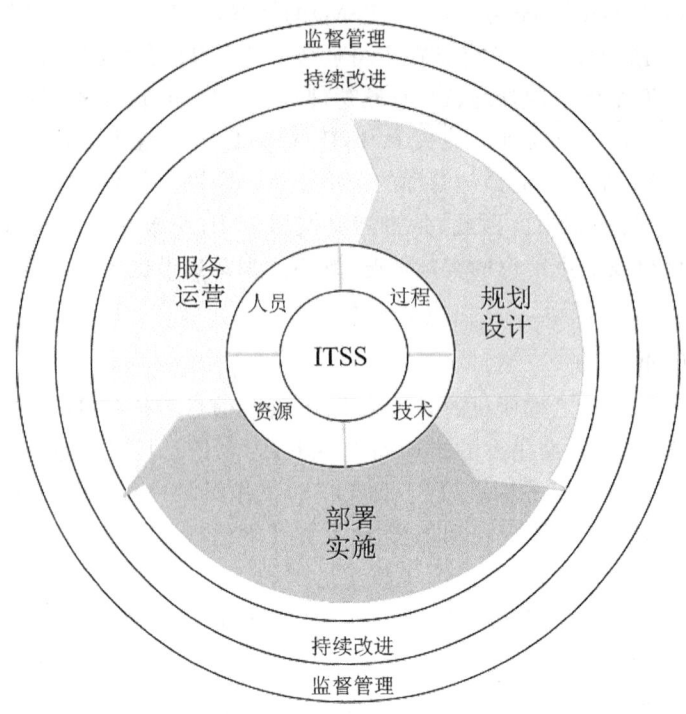

图 10 – 3 ITSS 服务模型

称 PIOIS。不难看出,IT 服务生命周期也是信息系统的整个生命周期。其中包括:

规划设计是从客户业务战略出发,以需求为中心,参照 ITSS 对 IT 服务进行全面系统的战略规划和设计,为 IT 服务的部署实施做好准备,以确保提供满足客户需求的 IT 服务。

部署实施是在规划设计基础上,依据 ITSS 建立管理体系、部署专用工具及服务解决方案。

服务运营是根据服务部署情况,依据 ITSS,采用过程方法,全面管理基础设施、服务流程、人员和业务连续性,实现业务运营与 IT 服务运营融合。

持续改进是根据服务运营的实际情况,定期评审 IT 服务满足业务运营的情况,以及 IT 服务本身存在的缺陷,提出改进策略和方案,并对 IT 服务进行重新规划设计和部署实施,以提高 IT 服务质量。

监督管理是本阶段主要依据 ITSS 对 IT 服务服务质量进行评价,并对服务供方的服务过程、交付结果实施监督和绩效评估。

这里可以看出,相当于 ITIL,ITSS 对于运维管理更加具备可参照性和可实施性。因此国内的运维管理方法论,以 ITSS 为参照模板更为合适。

建议信息系统建设单位的 IT 部门以 ITSS 为管理方法论,作为运维管理的基础架构来进行 PDCA 的循环提升。但需要强调是,不管是 ITIL 或者 ITSS 都不是一个固定的、不可更改的固化产品,而是一个架构库。我们要根据自身的需要,来进行合理制定具体计划。尤其是在运维管理方面,更要因地制宜、量体裁衣。

有了 ITSS 方法论,再同时参照其他分类体系或行业先进管理经验来制定适合自身的运维管理体系和工作计划,需要特别参考有 ISO 体系中的 9001 质量管理、27001 信息安全和 20001 信息服务三大体系,通过对这些体系的理解,形成自身的管理体系。

管理体系的核心点有三个方面:一是注重流程管理,要求每一个环节都知道该做什么事,做正确的事。二是对象管理,对于人、财、物的管理,要求高效、高质、低成本。三是基于 PDCA 的目标管理,要求管理目标的不断提升,每个环节的不断优化。运维管理架构以及管理内容,也要围绕这三个内容来进行规划建设。

4. ITSS 服务能力认证

(1) 信息技术运行维护能力成熟度模型

为解决信息系统运维服务企业的能力水平参差不齐、对运维服务供应商进行差异化评价,以及协助企业依据自身业务需求建立运维服务能力管理体系等问题,ITSS 工作组于 2015 年发布了《信息技术运行维护能力成熟度模型》团体标准。该模型将运维服务能力划分为四个等级,依次是基本级、拓展级、改进(协调)级和提升(量化)级,分别用四、三、二、一表示。这是一套用力衡量和评价一个组织的 PPTRD 的最佳实践,综合反映了一个组织的运维服务能力水平,所包含的最佳实践是我国广大信息技术服务企业多年来参照 ITIL 和《信息技术服务管理》(ISO/IEC 20000)系列国际标准提供运维服务的实践总结,充分反映了我国信息技术运维服务市场的实际需求,力图做到既有国际先进水平,又能适合运维服务本土化要求的现实情况。

(2) ITSS 服务认证

企业控制运维服务能力成熟度模型符合性认证,能有效改进企业的运维服务业务,改善运维服务质量,为客户提供高满意度的服务,促进运维服务企业与客户的共同成长。

使用 ITSS,对 IT 服务供需双方来讲,都将带来潜在收益。

1) 对 IT 服务需方

① 提升 IT 服务质量

通过量化和监控最终用户满意度,IT 服务需方可以更好地控制和提升用户满意度,从而有助于全面提升服务质量。

② 优化 IT 服务成本

不可预测的支出往往导致服务成本频繁变动,同时也意味着难以持续控制并降低 IT 服务成本,通过使用 ITSS,将有助于量化服务成本,从而达到优化成本的目的。

③ 强化 IT 服务效能

通过 ITSS 实施标准化的 IT 服务,有助于更合理地分配和使用 IT 服务,让所采购的 IT 服务能够得到最充分、最合理的使用。

④ 降低 IT 服务风险

通过 ITSS 实施标准化的 IT 服务,也就意味着更稳定、更可靠的 IT 服务,降低业务风险,并可以有效避免被单一 IT 服务厂商绑定。

2) 对 IT 服务供方

① 提升 IT 服务质量

IT 服务供需双方基于同一标准衡量 IT 服务质量,可使 IT 服务供方一方面通过 ITSS 来提升 IT 服务质量;另一方面可使提升的 IT 服务质量被 IT 服务需方认可,直接转换为经济效益。

② 优化 IT 服务成本

ITSS 使 IT 服务供方可以将多项 IT 服务成本从企业内成本转换成社会成本,比如初级 IT 服务工程师培养、客户 IT 服务教育等。这种转变一方面直接降低了 IT 服务供方的成本;另一方面为 IT 服务供方的业务快速发展提供了可能。

③ 强化 IT 服务效能

服务标准化是服务产品化的前提,服务产品化是服务产业化的前提。ITSS 让 IT 服务供方实现 IT 服务的规模化成为可能。

④ 降低 IT 服务风险

通过依据 ITSS 引入监理、服务质量评价等第三方服务,可降低 IT 服务项目实施风险;部分 IT 服务成本从企业内转换到企业外,可降低 IT 服务企业运营风险。

近年来,ITSS 服务认证已经越来越受到各方面的关注、重视和认可,信息技术服务企业开展 ITSS 服务认证的积极性越来越高,ITSS 服务认证的品牌和影响力也越来越大。

10.2.2 运维考核标准

在讨论考核标准之前,先介绍与此相关的服务级别协议体系。

1. 服务级别协议体系

1) SLA(Service Level Agreement)服务级别协议

服务级别协议是指提供服务的企业与客户之间就服务的品质、水准、性能等方面所达成的双方共同认可的协议或契约。通俗地讲,服务级别协议,就是 IT 服务提供企业与客户就服务提供与支持过程中,关键服务目标及双方的责任等问题协商一致后所达成的协议。服务级别协议应当使用业务部门和 IT 服务部门都理解的语言,而不宜采用技术化的语言。这样可以便于业务部门和 IT 服务部门之间的沟通,减少双方之间的摩擦,同时也有利于后期的评审与修改,服务级别协议体系如图 10-4 所示。

2) 典型的服务级别协议包括下列内容

参与各方对所提供服务及协议有效期限的规定;服务提供期间的时间规定,包括测试、维护和升级;对用户数量、地点以及提供的相应硬件的服务的规定;对故障报告流程的说明,包括故障升级到更高水平支持的条件。应包括对故障报告期望的应答时间的规定;对变更请求流程的说明。可能包括完成例行的变更请求的期望时间;对服务级别目标的规定;与服务相关的收费规定;用户责任的规定(用户培训、确保正确的桌面配置、没有不必要的软件、没有妨碍变更管理流程等);对解决与服务相关的不同意见的流程说明。

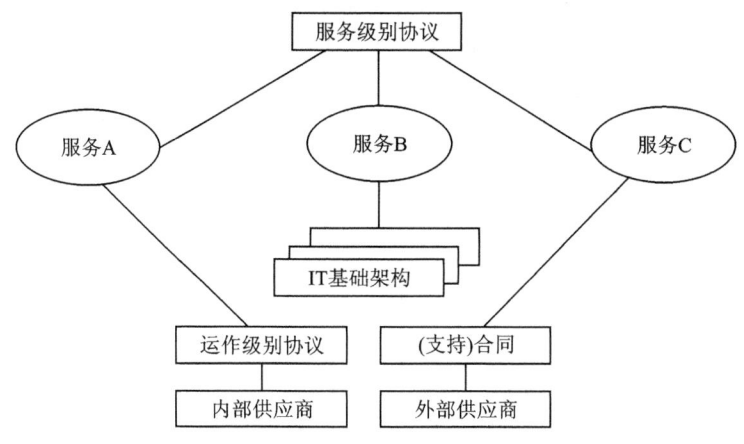

图 10 - 4　服务级别协议

3）OLA（Operation Level Agreement）运作级别协议

运作级别协议,是指 IT 服务团队和 IT 服务提供商内部某个具体的 IT 职能部门或岗位,就某个具体的 IT 服务项目（如 OA 不跟系统的可用性、财务管理系统的可用性等）的服务提供和支持所达成的协议。IT 服务团队作为一个整体与业务部门签订服务级别协议后,为了保证能够达到约定的服务级别目标,需要将客户的业务需求转化成具体的服务项目,并针对这些服务项目和相应的内部 IT 职能部门或岗位签订运作级别协议。

4）支持合同（Underpinning Contract）

支持合同是指 IT 服务提供商与外部供应商,就某一特定服务项目的提供与支持所签订的协议。如 IT 服务提供商为了达到服务级别协议中所确定的有关通信系统的可用性级别目标,往往需要租用外部供应商的通信线路和设备等。此时,为了保证通信服务的稳定性和可靠性,IT 服务提供商需要与外部供应商签订相应的支持合同。

需要说明的是,服务级别协议和运作级别协议通常只是 IT 服务提供商内部以及业务部门之间明确各自责任和服务目标的一个书面说明,而不属于正式的法律合同,而支持合同则通常是 IT 服务提供商与外部供应商之间签订的具有法律约束力的正式合同。

为明确 IT 服务提供商与客户之间各自的责任,具体项目服务级别管理团队需要针对双方已达成共识的服务级别需求,签订服务级别协议。同时,为保证完全履行服务级别协议,具体项目服务级别管理团队还需要与内部（IT 服务提供商,即具体项目服务级别管理团队的派出组织）签订运作级别协议 OLA,IT 服务提供商还要与外部供应商签订支持合同。这三份协议构成了支持服务级别管理流程运作的服务级别协议体系,是明确各方主体权利和责任的书面依据。因而也构成了服务级别管理流程顺利运作的"导航图"。服务级别管理体系结构如图 10 - 4 所示。

2. 考核标准

考核标准紧密围绕着运维管理的核心目标和体系来进行。考核要根据核心目标来制定对应的 SLA 协议和 OLA 协议。如果是运维服务外包,SLA 协议就作为具备法律效力的合作协议,用以考核服务品质和合同完成情况。如果是自行运维,那么 SLA 协议就作为 IT 服务部门的绩效考评依据。

商定 SLA 服务等级协议,既然 SLA 是服务考核的主要依据,则服务提供商必须和客户签订 SLA 服务等级协议。双方签订的服务等级协议,首先要满足以下 4 大工作内容:

(1) 衡量各项动态指标满足 SLA 的定义。

(2) 检查各项被衡量的指标,并进行问题诊断和原因分析。

(3) 采取对应的行为来解决问题。

(4) 为满足 SLA 而持续维护及改进服务行为。

上述工作内容协商一致后,就要通过下列条款来进行分项约定。

(1) 分类定义,即形成服务目录,清晰定义服务范围和内容。

(2) 服务时间,即需要遵循 SLA 的时间。应清楚地描述 SLA 执行的日期和时间及特殊的时间约定(这里一定要充分理解所管理的信息系统以及业务的容错时间,要与服务时间进行准确对应)。

(3) 服务责任,即对服务需求详细说明的条款。

(4) 服务级别指标,即对服务供应方工作考核方法,通常以可量化的数字表达。

(5) 计量公式,即描述对应服务的数学公式。

(6) 考核间隔/报告周期,即判断 SLA 足否被满足的测量周期。

(7) 数据源,即描述数据的类型及来源,如何保存,何人负责。

(8) 事件相应,即规定在服务供应方打破 SLA 时,应在多长时间内通知何人。这包括在打破 SLA 时的升级行为和管理。

除了上述技术性的描述外,作为条款性文件,SLA 还应包含例外情况、奖惩措施及计算方法。

SLA 协议案例介绍:

甲方:需求方(简称甲)

乙方:提供方(简称乙)

本协议覆盖×××服务的供应与支持,(简述服务内容)。

本协议有效期为:××个月,从_年_月_日到_年_月_日。

服务级别定义:×××运行正常,月度考核分数不低于 95 分(满分 100)。

服务时间:7×24 h(这个是根据业务中断影响或业务性质来决定)。

服务级别指标:业务中断(或系统停机)时间不得高于×分钟(同样是根据业务性质来决定)。

事件响应时间:秒级 分钟级 小时级。

事件沟通:

① 服务联系方式:电话、短信、微信(约定)。

② 响应时间:约定。

③ 升级行为：30 min 内无法满足 SLA 协议，通知至甲方责任管理人；4 h 内 SLA 失败并未能找到恢复方法，通知至甲乙方管理人。

④ 升级管理：向甲乙双方提供 SLA 失败的书面汇报。

双方责任约定：与×××应用相关的服务器由甲方拥有，并位于甲方单位，甲方应向乙方提供必要的运维条件。乙方保证遵守甲方的安全规则。

计算公式：给出每一项具体服务的要求（或质量保障）的数学公式。

考核间隔和报告周期：月度考核。报告周期为周报（累积数据）。

数据源：内容包括约定运维工作记录、事件记录、阶段性系统运行状况报告等。

其他约定：如备品备件、厂商服务管理等。

奖惩措施：双方约定。

按照服务级别管理流程运作的服务级别协议体系完成了与服务级别协议、运行级别协议和支持合同的签订之后，正式开始进入服务实施状态，则服务提供商和客户即可以通过对照协议对服务质量进行考核。

10.3 服务方式以及取费模式

由于技术的多样性和复杂性，自行运维已基本无法满足业务需要，服务外包成为信息系统运维的主要构方式。服务外包必然涉及到如何确定运维费用的问题，下面介绍几种服务外包模式以及常规的取费模式。

1. 人员派遣模式

人员派遣即技术人员输出，也就是俗称的买人头模式。即要求服务提供方以提供需求方所需技术人员驻场工作，接受需求方完全管理的方式。以当地技术人员平均收入＋服务提供方合理利润的方式来界定费用。这种方式好处在于，成本非常好计算，也有可能是成本最低的一种方式，但最大的难点在于，对需求方的技术综合管理能力要求很高。其服务方式恰如，需求方的技术管理人员是大脑，而服务提供方的技术人员是四肢，不需要自我思考，只需要通过大脑的指令来进行动作。这就意味着，服务的结果是大脑决定的，四肢只要没有错误执行命令，就没有任何责任。如果需求方的技术管理者出错或技术知识不够，有可能会导致事件的发生，而需求方的后备技术资源又只限于自身，很大的可能会出现问题。毕竟所涉及的技术层面过多，而需求方不太可能具备各个技术专业都精通的管理人员。这种方式通常适合于服务提供方的相关技术人员对信息系统比较熟悉，甚至就是主要的开发者或参与者，其次是信息系统技术单一，涉及到的相关技术不复杂，再就是业主单位有较强的技术力量。

2. 呼唤式运维（非驻场运维）模式

呼唤式运维即服务需求方与提供方达成的服务协议以定期上门巡检服务＋呼唤式故障排除服务为主要内容，取费方式以工单核算，是一个开口合同。这种方式只适用于对于信息系统依赖度不高切系统简单不复杂,业务系统容错时间较长的项目,这种方式最大的弊端就是时效性较弱,并且对于服务品质很难进行量化评价,只能按次数加突发事件处理的单项来进行核算,责任不清晰、科学性不强。

3. 整体外包模式

这种模式适用于信息系统较为复杂、业务系统容错要求很高、对于信息系统依赖度较高的项目。这种模式,可以使管理部门的工作内容简单化,以结果为导向、以流程管控为手段,在一个科学的管理体系下,有效的利用服务提供方的技术资源、设备资源来完成工作目标。形成 SLA 协议以后,服务品质易量化、责任承担非常清晰、事件解决高效、易协调。但缺点是,对于服务提供方的依赖程度大大提高,特别是在一定时间段以后,服务提供方如出现问题,进行服务提供方切换的时候,会发现很麻烦。当然,解决问题的根本,就是在于运维管理体系是否真实落地执行,流程是否已固化、知识库是否已形成等,如果这些都可以完成,那么这种模式更有利于工作以及本单位后续的信息化程度的提升。

这种服务方式的取费模式也有很多种,列举如下:

1) 按项目总投资的比率收费

即以信息系统总投资的百分比或以设备数量取费,这种方式原先适用于桌面运维,现在的环境下,这种方式已不可取。不建议使用。

2) 市场化收费

以 SLA 等级协议为基础,市场化取费。简单的说,就是需求方提出要求,选取合适的服务提供方,采用招投标方式,公平竞争。那么需求方确定预算的方式,是采用核算所需人员(一线必需)+业务中断影响+设备折旧年限(这个指标决定了运维难易度)+所需其他资源(必备备品备件、原厂服务、技术专家等)。这种方式较为科学,同时也控制了一定时间的运维成本投入。

目前,国家对于信息系统运维并没有明确的取费标准,个别部门的标准还停留在20 世纪 80 年代,运营商的取费标准可以借鉴但不能套用。也不能按照建筑行业来进行定额取费,必须因地制宜,量体裁衣,根据自身的需要和能力来确定服务模式和费用测算。

总之,信息系统的运维是决定系统生命周期是否最长,工作效能是否最强,信息系统二次投入成本是否最低的一个关键因素,而要使这个目标实现,运维管理就是我们不可忽视的一个关键环节。信息系统的运行好坏是三分建设七分运维,而运维的效能是三分技术七分管理来决定。

第 11 章 绩效评价

绩效评价就是组织(上级、同级或第三方)依照预先确定的标准和一定的评价程序，运用科学的评价方法、按照评价的内容和标准对评价对象的工作能力、工作业绩进行定期和不定期的考核和评价。

近年来，国家为提高财政资金使用效益，加强了对财政资金支出的绩效评价，财政部于 2011 年颁布实施了《财政支出绩效评价管理暂行办法》。财政支出绩效评价就是财政部门和预算部门(单位)根据设定的绩效目标，运用科学、合理的绩效评价指标、评价标准和评价方法，对财政支出的经济性、效率性和效益性进行客观、公正的评价。各级国家机关使用财政资金建设的信息工程项目，以及财政资金支持的社会各领域信息工程项目都在财政支出绩效评价的范围之内。

11.1 项目绩效评价

11.1.1 绩效评价的基本概念

项目绩效评价是指对项目决策、准备、实施、竣工和运营过程中某一阶段或全过程进行评价的活动。项目绩效评价应符合国家法律、法规及有关部门制定的强制性标准；遵循独立、客观、科学、公正的原则；建立畅通、快捷的信息管理和反馈机制。信息工程项目绩效评价属项目绩效评价的一种，是对信息工程项目决策、准备、实施、竣工和运营过程中某一阶段或全过程进行评价的活动。

国务院办公厅 2019 年 12 月印发的《国家政务信息化项目建设管理办法》明确规定：项目建设单位应当对项目绩效目标执行情况进行评价，并征求有关项目使用单位和监理单位的意见，形成项目绩效评价报告，在建设期内每年年底前向项目审批部门提交。项目绩效评价报告主要包括建设进度和投资计划执行情况。对于已投入试运行的系统，还应当说明试运行效果及遇到的问题。

11.1.2 绩效评价的依据

1. 国家相关法律、法规

信息工程项目在不同的阶段其绩效评价的依据是不同的。

1) 立项阶段

信息工程建设项目涉及到土建工程的，立项阶段绩效评价主要依据的法律包括《中华人民共和国城乡规划法》《中华人民共和国环境保护法》等,使用财政资金的项目,绩效评价依据还应包括《中华人民共和国预算法》《中华人民共和国政府采购法》。

2) 实施阶段

项目实施阶段绩效评价依据的法律依据包括《中华人民共和国安全生产法》《中华人民共和国合同法》。

3) 运行阶段

项目竣工和运行阶段绩效评价的法律依据包括《中华人民共和国产品质量法》《中华人民共和国网络安全法》等。部分省、市、自治区制定施行的促进信息化建设、信息技术和信息产业发展的地方法规,也是项目绩效评价的重要依据。

2. 信息化发展政策及专项规划

近年来国家为大力推进信息化发展,出台了一系列指导性的政策和专项规划,这些都已成为各级政府启动实施信息工程项目的主要依据,自然也是对这些信息工程项目进行绩效评价的重要依据。近年来国家发布实施的信息化发展规划有:

(1)《国家信息化发展战略纲要》。

(2)《"十三五"国家信息化规划》。

(3)《"十三五"国家政务信息化工程建设规划》。

(4)《数字乡村发展战略纲要》。

(5)《新一代人工智能发展规划》。

(6)《物联网发展规划(2016—2020)》。

国家颁布实施的促进信息技术和产业发展、推进信息化建设的方针政策有:

(1)《国务院关于推进物联网有序健康发展的指导意见》。

(2)《国务院关于促进云计算创新发展培育信息产业新业态的意见》。

(3)《国务院关于大力发展电子商务加快培育经济新动力的意见》。

(4)《国务院关于积极推进"互联网＋"行动的指导意见》。

(5)《国务院关于印发＜促进大数据发展行动纲要＞的通知》。

(6)《国务院关于深化制造业与互联网融合发展的指导意见》。

(7)《中共中央办公厅 国务院办公厅印发〈关于促进移动互联网健康有序发展的意见〉》。

(8)《中共中央办公厅 国务院办公厅印发〈推进互联网协议第六版(IPv6)规模部署行动计划〉》。

因此,信息工程项目立项决策、准备、实施、竣工和运营是否符合上述规划和相关方针政策,是项目绩效评价的重要依据。

3. 相关财务管理制度

相关的财务管理制度,特别是预算管理制度、政府采购管理制度、资金及财务管理制度、财务会计资料等是信息工程项目绩效评价的重要依据。

（1）项目预算管理绩效评价

对项目预算管理绩效评价的主要依据包括以下几方面：

1）《中华人民共和国预算法》。

2）《中华人民共和国预算法实施条例》。

3）《财政支出绩效评价管理暂行办法》。

（2）对采购管理绩效评价

对信息工程建设项目进行采购管理绩效评价的主要依据包括以下几方面：

1）《中华人民共和国招标投标法》。

2）《中华人民共和国政府采购法》。

3）《中华人民共和国招标投标法实施条例》。

4）《中华人民共和国政府采购法实施条例》。

电子政务等使用财政资金的信息工程建设项目绩效评价主要依据《中华人民共和国政府采购法》《中华人民共和国政府采购法实施条例》。

（3）对资金管理绩效评价

对信息工程建设项目资金及财务管理绩效评价的主要依据包括《中华人民共和国会计法》《财政支出绩效评价管理暂行办法》，以及各级政府制定的财政专项资金管理办法等。

4．相关标准规范

对信息工程项目进行绩效评价的依据还包括与信息化及电子政务相关的政策、行业标准和技术规范。其中，政策类文件主要包括：

（1）《网络安全等级保护条例》。

（2）《政务信息资源共享管理暂行办法》。

（3）《国家政务信息化项目建设管理办法》。

信息技术标准化体系非常庞大，国家标准化委员会和行业协会以及地方标准委员会，围绕信息技术开发、信息产品的研制和信息系统建设、运行与管理等方面颁布了一系列的标准、规范，主要包括信息技术术语、信息表示、汉字信息处理技术、媒体、软件工程、数据库、网络通信、电子数据交换、办公自动化、电子卡、家庭信息系统、信息系统硬件、工业计算机辅助技术。具体应视项目所涉及的技术领域来参考其相关的技术标准和规范。

5．项目立项时提出的绩效目标及其他相关材料

信息工程建设项目立项过程编制的项目建议书、项目可行性研究报告、项目初步设计方案和投资概算等项目文件，明确了项目建设目标、规模、内容、建设期，项目总投资及资金来源，项目建设完成后的经济与社会效益等，这些都是项目绩效评价的重要依据。

11.1.3　绩效评价的原则

信息工程项目绩效评价的主要原则有以下几个方面：

1. 科学规范

信息工程建设项目绩效评价遵循规定程序和工作流程,科学设定评价体系,坚持定量与定性分析相结合,真实、客观地反映信息化项目的绩效情况。

2. 公正透明

信息工程建设项目绩效评价要体现标准统一、数据准确、程序透明、评价公正的要求,相关信息和评价结果依法公开,接受社会监督。

3. 分级分类

信息工程建设项目绩效评价应根据评价对象的特点分类组织实施,不断拓展绩效评价的范围,完善分类指标体系,推进评价结果应用。

4. 经济社会性

信息工程建设项目绩效评价要聚焦主要绩效目标和评价指标,针对项目具体支出及其产出绩效进行,评价结果应当清晰反映支出和产出绩效之间的紧密对应关系。

5. 客观实际

信息工程建设项目从提出建议到建成运行需要一定周期,期间技术在进步、政策在变化、需求在提升,信息工程建设项目绩效评价应当尊重历史,主要依据项目立项文件及实施过程中所签订的合同。

11.1.4 绩效评价的意义

信息工程项目绩效评价对于业主单位(项目建设单位)具有重要意义。通过项目绩效评价:

一是能够客观公正的反映项目目标是否实现,是否能够满足本阶段信息化发展的需要;

二是项目是否按期完成,预算是否超出,系统是否按期上线运行;

三是项目系统功能是否符合建设要求,是否完成合同规定的各项任务,使用人员对系统操作是否满意;

四是项目建设质量是否达到国家相关标准规范,是否达到合同预定的各项质量要求,所交付的软、硬件产品质量是否合格且不存在知识产权问题;

五是项目网络安全保护体系是否符合国家法律法规要求,是否能够保障系统安全可靠运行,并对外来入侵、攻击的防护达到合同约定的等级;

六是项目是否开展了人员培训、运行维护等服务,所提供的服务是否符合项目合同的要求等;

七是项目建设存在什么缺陷和问题,哪些方面需要改进完善等。

通过科学、客观、公正的项目绩效评价,能够使业主单位对项目实施情况进行全方位的梳理总结,找准项目实施中的差距和问题,督促项目建设者、实施者及时调整或整改,确保项目实施成功、性能质量达标、绩效目标实现。

电子政务项目绩效评价是中央政府投资项目后评价的重要组成部分,是政府绩效评价和投资预算管理的重要内容。开展电子政务项目绩效评价是客观衡量电子政务系统建设的完备程度和支撑履行政府职能实现程度的有效抓手,有助于量化评价电子政务项目的应用效能和投资效益,引导促进电子政务项目建设向"以效能为导向、以服务为中心"转变,有助于形成绩效评价与投资管理相互约束的联动机制,对提升电子政务项目建设和管理的整体水平,促进政府管理模式创新、建立效能型政府具有重要意义。

11.2　项目绩效评价的方法、主体和形式

11.2.1　项目绩效评价的方法

项目绩效评价方法主要有关键绩效指标法(KPI)、平衡计分卡法(BSC)和赢得值法。

1. 关键绩效指标法(KPI)

关键绩效指标(KPI:Key Performance Indicator)是通过对项目建设单位内部流程的输入端、输出端的关键参数进行设置、取样、计算、分析,衡量流程绩效是一种目标式量化管理指标;是将项目建设单位战略目标分解为可操作工作目标的工具;是项目建设单位绩效管理的基础。关键绩效指标法来源于管理学中的一个重要原理——"二八定律",即在一个项目建设单位的价值创造过程中,存在着"80:20"的规律,即20%的骨干人员创造项目建设单位80%的价值;而且在每一位员工身上,80%的工作任务是由20%的关键行为完成的。项目建设管理同样如此,必须抓住项目建设的20%关键指标、关键任务,对之进行分析和衡量,这样才能抓住项目业绩评价的重心,考核工作一定要围绕关键绩效指标展开。

虽然一项信息工程项目目标任务很多,定性、定量指标十分庞杂,但只要抓住20%关键性指标,就基本能够保证项目成功实施,就能够保证项目绩效评价结果不出现大的偏差。

2. 平衡计分卡法

平衡计分卡法(BSC:Balanced Score Card)是一种基于战略管理的业绩考评工具,它从财务、客户、内部运营、学习与成长四个角度,根据项目生命周期的不同阶段的实际情况和采取的战略,为每一方面设计出适当的评价指标,赋予不同的权重,形成一套完整的绩效指标评价体系,实现从抽象的、定性的战略到具体的、定量的目标的转化。

该方法应用于信息工程项目绩效评价,财务方面的指标包括:项目预算执行情况、资产利用率、项目经济社会效益等;项目实施方面的指标包括项目完成准时率、项目目标实现程度、用户满意度等;内部过程方面的指标包括项目人员、设备、资金使用效率、项目成本控制、项目开发建设质量、项目建设周期等;学习和创新方面的指标包括项目

技术的先进性和创新性、项目管理和施工技术改进、项目经验总结等。

3. 赢得值法

赢得值法(EVM：Earned value Management)是一种全面衡量工程进度、成本状况的评价方法,其基本要素是用货币量代替工程量来测量工程的进度,它不以投入资金的多少来反映工程的进展,而是以资金已经转化为工程成果的量来衡量,是一种完整和有效的工程项目监控指标和方法。

其基本原理是：将某一时间已经完成的工作量,乘以工程项目预算单价,计算出已完成工作预算费用,也称为赢得值或挣值;按照该时间节点计划完成的工作量,乘以工程项目预算单价,计算出计划工作预算费用;通过财务核算,得出这一时间节点已完工作实际费用。计算赢得值的几个重要指标：

1) 费用偏差(CV：Cost Variance)

就是用项目已经完成工作的预算费用减去已经完成工作的实际费用,得到项目费用偏差,如果该值为负数,即表示项目实施超出预算费用;如果该值为正数,则表示项目实施没有超出预算费用。

2) 进度偏差(SV：Schedule Variance)

就是项目已完工作预算费用减去计划工作预算费用,得到项目进度偏差,如果该值为负数,即表示项目实施进度延误;如果该值为正数,则表示项目实施进度快于计划进度。

3) 费用绩效指数(CPI：Cost Performance Index)

将项目已完工作预算费除以已完工作实际费用,得到费用绩效指数,该指数小于1,表示项目超支;该指数大于1,表示项目实现节支。

4) 进度绩效指数(SPI：Schedule Performance Index)

将项目已完工作预算费用除以计划工作预算费用,得到进度绩效指数,该指数小于1,表示项目实际进度比计划进度落后;该指数大于1,表示项目实际进度比计划进度快。

赢得值法(EVM)特别适用于项目实施过程中的绩效评价,通过计算分析项目费用偏差、进度偏差、费用绩效指数和进度绩效指数 4 项指标,能够定量、直观地评价项目预算执行情况和项目进度偏差,从而明确项目下一步应该努力的方向。

11.2.2 项目绩效评价的主体和形式

对项目进行绩效评价的主体包括项目业主单位(甲方)、项目承建单位(乙方)和项目业主单位的上级主管(项目审批)部门或上级单位(简称上级单位、丙方),这三类主体对项目绩效评价的目标有一些共同点,但他们所关注的关键指标则不尽相同,采用的项目绩效评价方法和形式也有所不同。

1. 项目业主单位(建设单位,甲方)

业主单位是信息工程项目实施和应用的主体,在项目实施中承担着三种角色：

一是作为应用单位,在项目立项、决策、准备、实施、竣工和运营过程中都要发挥关键作用。

二是作为项目建设的甲方,在与乙方签订项目建设合同后,要向乙方提供必要的项目实施条件,对乙方开发建设项目活动进行监督管理,保证项目按照计划进度和质量要求实施。

三是作为项目业主单位,要对批准项目立项的上级主管部门或者上级单位负责,保证项目建设目标的实现,项目预算资金规范使用。

项目业主单位基于上述三重角色,可以组织开展三种形式的项目绩效评价。

1)项目实施过程绩效评价

实施绩效过程评价的目的是对项目实施进度和项目费用进行定性和定量评价,找出存在的偏差,督促项目建设单位加以改进和提高。该项绩效评价活动,业主单位可组织乙方或项目监理单位为主开展,主要采用"赢得值法""关键绩效指标法"进行评价,评价结果应当成为甲方向乙方拨付项目资金和乙方改进项目施工的重要依据。

2)项目竣工后的甲方项目绩效自评价

这项绩效评价以项目业主单位为主,项目承建单位和监理单位配合,主要采用"关键绩效指标法",对项目决策的科学性和规范性、项目目标的实现程度、项目应用效能、项目可持续发展能力、项目资源的共享利用、项目预算执行等关键指标进行定性、定量评价,评价结果可以作为项目竣工验收的主要依据。

3)上级主管部门组织的项目绩效评价

业主单位可以在项目竣工绩效自评价的基础上,按照上级主管部门的要求加以完善,进而完成项目绩效评价,也可委托具备相应资质的工程咨询机构开展。

2. 项目承建单位(乙方)

项目承建单位应当在信息工程项目重要里程碑和时间节点开展项目实施过程绩效评价,一般可采用"赢得值法",通过计算分析项目费用偏差、进度偏差、费用绩效指数和进度绩效指数 4 项指标,定量、直观地评价项目预算执行情况和项目进度偏差,找出项目建设过程中存在的资源投入不足、人员资金物资设备利用效率不高、物资材料"跑、冒、滴、漏"等主要问题,及时改进项目管理,纠正项目建设过程中的各项"负偏差",从而保证项目成功实施。

项目承建单位应当在信息工程项目竣工时开展乙方项目绩效自评价。这种绩效自评价与甲方项目绩效自评价的角度有很大不同,因此采用的绩效评价方法也不同。乙方项目竣工绩效自评价一般采用平衡计分卡法,站在项目建设者的立场上,从"股东如何看待我们?""顾客如何看待我们?""我们擅长什么?""我们是在进步吗?"这四个维度,来衡量和评价项目建设成功与否,在财务方面项目建设成本是否得到有效控制、是否实现赢利,在顾客方面用户的需求是否得以实现、用户的满意度如何、项目是否按期完成,在内部过程方面项目人员、资金、设备、材料等的管理是否有效、资源的利用效率、项目的建设质量等,在学习和创新方面项目建设技术和方法的先进性和创新性、项目团队自主学习完善的能力、项目管理方法和能力的改进与提高等。

3. 上级单位（丙方）

上级单位根据信息工程项目的重要程度、资金投入的规模，并结合业主单位项目绩效自评价的质量，决定是否组织对项目进行绩效评价。对需要进行绩效评价的项目，上级单位按程序委托具备相应资质的工程咨询机构承担项目绩效评价任务，项目业主单位应积极配合工程咨询机构开展评价工作，并及时、准确、完整地提供开展绩效评价工作所需要的相关文件和资料。工程咨询机构按照有关程序要求、工作流程及评价指标体系独立开展项目绩效评价工作，在规定时限内完成项目绩效评价任务，并提交合格的项目绩效评价报告。工程咨询机构对绩效评价报告质量、相关数据和结论的真实性负责，并承担相关保密责任。

信息工程项目绩效评价结果，既是评价已建项目应用效能、以评促改的重要手段，也是后续信息工程项目规划制定、项目审批、投资决策、项目管理的重要参考依据。上级单位可依据项目绩效评价结果，督促项目业主单位针对存在的主要问题，认真分析原因，提出改进意见，及时对项目存在的问题进行改进和完善。通过项目绩效评价，发现项目实施存在重大问题，上级单位可依据绩效评价结果，对项目业主单位和直接责任人问责处分。

11.3　项目绩效评价的主要内容

项目绩效评价主要从项目目标设定的科学性、合理性、项目资金投入和使用的规范性、项目实施过程管理的科学性和规范性、项目目标的实现程度及效果、项目运行管理成效和项目社会经济效益等方面开展。

11.3.1　项目目标设定评价

1. 法律法规标准符合性评价

项目绩效评价的首要依据是国家相关法律法规和政策，因此对项目目标设定的评价首先是看其是否符合国家相关法律法规政策的规定和要求。例如，《中华人民共和国网络安全法》《网络安全等级保护条例》及相关的强制性技术标准都对信息系统的网络安全保护做出了明确规定和要求，开发建设信息工程项目，其目标设定中应当包括网络安全保护的目标，且这个目标必须符合国家法律法规和强制性标准。而实践中，很大一部分信息工程项目未设定网络安全保护目标，或者目标不够明确具体，不完全符合国家法律法规和标准的要求。

2. 规划政策符合性评价

项目目标设定必须符合国家、地方或行业信息化发展规划，符合信息技术发展专项规划，符合国家、地方和行业颁布实施的信息化和电子政务相关政策文件。例如，《国家政务信息化项目建设管理办法》《政务信息资源共享管理暂行办法》对政务信息资源共享交换均做出了明确规定,在新建政务信息化项目中必须设定信息交换共享的相关目标。再如,国家《促进大数据发展行动纲要》《国家政务信息化项目建设管理办法》明确要求,项目建设单位应当充分依托云服务资源开展集约化建设政务信息化项目,而实践中很多单位还在将小型数据中心、服务器系统等硬件平台建设作为信息工程项目建设的重要目标和内容,与国家规划和政策不相适应。

3. 项目目标科学性评价

近年来新一代信息技术加速发展,新建信息工程项目应当顺应技术发展的趋势,采用先进的设计开发技术、先进的网络架构和系统架构、先进的技术装备和信息系统以及先进的信息化建设模式,项目目标设定是否科学,应主要从上述四个方面进行评价。

4. 项目目标合理性评价

项目目标应当经过详细的调查研究和科学论证,要符合项目建设单位信息化客观需要,与项目建设单位发展目标、工作任务相适应。项目目标应当从数量、质量、成本和时效等方面进行细化,尽量进行定量表述,不能以量化形式表述的,可以采用定性的分级分档形式表述。项目的预期产出、经济效益、社会效益、预期效果和服务对象满意程度等目标应当合理可行。

11.3.2 项目资金投入和使用评价

1. 合法合规性评价

信息工程项目、特别是政务信息化项目的资金投入和使用应当符合《中华人民共和国预算法》《中华人民共和国会计法》《中华人民共和国合同法》,必须依法设置项目经费专项会计账簿,并保证其真实、完整。使用财政资金建设的信息工程项目,资金预算编制、调整、支出必须符合《中华人民共和国预算法》以及《中华人民共和国预算法实施条例》。项目业主单位(甲方)应当依照《中华人民共和国合同法》的规定,按期及时向乙方支付项目资金,乙方应当按照合同约定合理使用项目资金,专款专用保障项目的正常实施。

2. 项目资金使用规范性评价

重点评价项目业主单位(甲方)和项目承建单位(乙方)是否建立项目资金使用管理制度,是否建立项目资金管理专项会计科目,每一笔项目资金支出是否建立会计凭证,会计凭证及发票、收据、商品或服务清单等各项附件是否完整、齐备,项目资金使用的程序是否规范,记录是否准确、完整等。

11.3.3 项目实施过程评价

1. 项目前期决策评价

决策评价主要包括项目建议书、可行性研究报告、项目初步设计(含概算)及批复意见是否完整,项目审批依据是否充分,是否依法履行了审批程序,是否依法附具了土地、规划等相关手续。

2. 项目建设准备、实施过程评价

这部分主要包括以下几方面：

（1）项目实施准备组织管理、招投标工作情况、资金落实情况等项目建设准备阶段的评价。

（2）项目管理主体及组织机构的适宜性、管理有效性、管理模式合理性、管理制度的完备性以及管理效率等项目组织与管理的评价。

（3）项目合同清单、合同的执行情况、合同重大变更和违约情况等合同管理的评价。

（4）项目信息管理的机制、信息管理的制度、信息管理系统的运行等项目信息管理的评价。

（5）进度控制管理、质量控制管理、投资控制管理、安全卫生环保管理等控制管理的评价。

（6）项目重大变更设计、资金使用、工程监理、新技术和新设备应用、竣工验收、项目试运行、工程档案等管理评价。

3. 项目运行评价

主要包括项目运行期限、运行效果、运行水平、技术及管理水平、运行中存在的问题等运行概况评价，项目是否具备预期功能、达到预定的服务规模和服务水平等项目运行状况评价。

11.3.4 项目效果和效益评价

1. 项目目标评价

包括项目的工程建设目标、总体及分系统技术目标、总体功能及分系统功能目标、投资控制目标、项目影响目标实现程度的定性和定量评价。

2. 项目功能评价

对比项目建议书、可研报告、初步设计等前期文件和项目合同，对项目实施内容、基础设施建设、网络和系统平台、数据库系统、应用软件系统等完成情况及其实现的功能进行定性和定量评价。

3. 项目性能评价

主要包括以下几方面：

（1）数据存储能力、交易处理能力、计算处理能力、会话处理能力、请求响应能力、通信传输能力等信息系统技术能力评价。

（2）信息安全技术保障能力、信息安全管理保障能力等信息安全保障能力评价。

（3）项目资金保障能力、项目管理保障能力、项目队伍保障能力等项目组织保障能力评价。

（4）项目信息资源的集约化开发和部署、信息系统功能开发利用和部署的复用程度、信息资源的持续利用程度等方面定性和定量评价。

4. 项目技术水平评价

主要包括以下几方面：

（1）项目设计指导思想是否先进、技术方案是否经济合理、可操作性强等技术方案评价。

（2）项目技术创新达到的国内和国际水平、技术创新对项目工程质量投资进度等的影响、新技术新设备的使用效果等技术创新评价。

（3）项目技术是否达到了国内（国际）先进水平、采用的技术标准是否先进、建设运行管理模式的先进性等项目技术效果评价。

5. 项目应用成效评价

主要包括以下几方面：

（1）经济社会秩序改善程度、公共服务普惠改善程度、制度设计安排改善程度等政务效能贡献评价。

（2）公众参与模式、业务和管理模式、决策支持智能化等业务应用模式发展水平评价。

（3）领域内部业务协同水平、工程相关业务协同水平等业务协同机制发展水平评价。

（4）基础信息利用、内部信息共享、工程相关信息共享、信息资源标准和应用等信息共享机制发展水平评价。

11.4　项目绩效评价报告及应用

11.4.1　绩效评价报告大纲

项目绩效评价报告应当包括绩效评价组织开展情况说明、项目概况、项目全过程总结与评价、项目效果和效益评价、项目目标和可持续性评价、项目绩效评价结论和主要经验教训、对策建议等内容。

1. 绩效评价组织开展情况

包括项目绩效评价的依据、绩效评价项目人员组成、绩效评价的开展情况等。

2. 项目概况

主要包括项目建设地点、项目业主、项目性质、特点（或功能定位）、项目开工和竣工、投入运行时间等项目基本情况，项目决策理由与目标、项目建设内容及规模、项目投资及项目资金到位情况、项目运营（行）及效益现状等。

3．项目全过程总结与评价

主要包括项目前期决策总结与评价、项目建设前期准备总结与评价、项目建设实施总结与评价、项目运行总结与评价。

4．项目效果和效益评价

主要包括项目技术水平评价、项目财务及经济效益评价、项目经营管理评价、项目资源环境效益评价、项目社会效益评价等。

5．项目目标和可持续性评价

主要包括项目的工程建设目标、总体及分系统技术目标、总体功能及分系统功能目标、投资控制目标、经济目标、项目影响目标评价，项目的经济效益、资源利用情况、项目的可升级改造性、项目的可维护性评价。

6．项目绩效评价结论和主要经验教训

主要包括绩效评价主要内容和结论、主要经验和教训、分析总结等。

7．对策建议

主要包括宏观建议和微观建议。

信息工程项目绩效评价报告的编制可以参考本书附录 1：国家电子政务工程项目绩效评价报告编制大纲。

11.4.2　项目绩效评价指标体系

以《国家电子政务工程项目绩效评价基本指标》为例，其对信息工程或电子政务项目确定了四个关键性一级指标：

1．政务效能贡献指标

包括经济社会秩序改善程度、公共服务普惠改善程度、制度设计安排改善程度等二级指标，经济秩序改善程度、社会秩序改善程度、公共服务公平普惠程度、公共服务多样化程度、制度设计改善程度、宏观决策支持程度等三级指标。

2．业务信息化推动指标

包括业务协同机制发展水平、信息共享机制发展水平、业务应用模式发展水平等 3 项二级指标，领域内部业务协同水平、工程相关业务协同水平、国家基础信息利用水平、国家网络与安全设施利用水平、领域内部信息共享水平、工程相关信息共享水平、领域信息资源标准水平、公众参与模式应用水平、业务应用和管理模式应用水平、决策支持智能化应用水平等 10 项三级指标。

3．业务应用可持续发展指标

包括业务应用集约化发展水平、业务功能复用率发展水平、信息资源复用水平等 3 项二级指标，信息系统集约化开发程度、信息系统集约化部署程度、业务功能的系统复用度、业务功能的领域部署复用度、原有信息资源利用率等 5 项三级指标。

4. 信息系统能力适配性指标

包括信息系统技术能力利用水平、信息安全保障能力、项目组织保障能力等 3 项二级指标,数据存储能力利用率、交易处理能力利用率、计算处理能力利用率、会话处理能力利用率、请求响应能力利用率、通信传输能力利用率、信息安全技术保障能力、信息安全管理保障能力、项目资金保障能力、项目管理保障能力、项目队伍保障能力等 11 项三级指标。

信息工程建设项目绩效评价指标体系可以参考本书附录 2:国家电子政务工程项目绩效评价基本指标,也可以根据项目的性质、特点,以及项目绩效评价的目的、阶段、方法和形式,制定项目绩效评价指标体系。

11.4.3 绩效评价结果的应用

1. 项目业主单位的应用

项目业主单位(甲方)是项目绩效评价的主体,也是绩效评价结果应用的主体。通过项目绩效自评价、委托第三方绩效评价或上级单位组织绩效评价,都能够客观、公正、系统、全面地对项目目标实现的程度、项目资金投入和使用的合法性规范性、项目实施全过程管理的科学性和有效性、项目实施的效果和经济社会效益、项目可持续发展性等进行评价,总结分析项目建设中存在的问题和差距,确定项目实施的成功与否。

项目绩效评价结果可以作为奖励或问责项目负责人和项目参与人员的重要依据,作为业主单位改进和提高项目管理水平,提高项目资金使用效益,完善项目建设、运营、维护保障组织体系的重要参考。

项目绩效评价结果也可以作为评价项目建设单位人员、技术、管理、装备等能力的重要依据,如果项目实施和后期运维(包括网络安全)存在重大问题和隐患,项目绩效评价结果可以作为向乙方追责的重要文件。

项目绩效评价报告是项目建设工程文件的重要组成部分,是项目全生命周期重要的档案资料,可以让项目运营维护者掌握项目从立项、批复、建设、竣工到运行全过程详细的信息资料,全面了解项目所建成信息系统的功能和性能,出现问题可以结合其他项目工程文档迅速加以解决。

2. 项目承建单位的应用

项目承建单位应用绩效评价结果,能够快速、准确地计算出项目实施过程中的费用偏差、进度偏差、费用绩效和进度绩效,找出项目实施与项目目标、项目计划的差距,从而改进项目组织实施和管理,解决突出问题和矛盾,保障项目建设顺利进行。通过对项目 20% 关键性指标进行定性、定量评价,就能够较为全面地掌握项目建设内容完成情况,项目目标实现程度,以及项目建设的质量和性能等,帮助项目管理者抓住关键问题,改进项目实施。

应用平衡计分卡法对项目财务、客户、内部运营、学习与成长四个方面进行评价,能够全面掌握项目资金、资产管理情况、项目盈利情况,用户对项目实施的满意度,项目资源管理、成本质量控制的科学性和有效性,以及项目技术的先进性和创新性等,从而客观系统评价项目建设的成效、得失和成功与否,绩效评价结果可以作为考核项目组业绩、发放绩效奖励的主要依据。

3. 上级单位的应用

项目绩效评价结果是上级单位考核项目目标是否实现、资金投入和使用是否规范、项目实施过程管理是否科学有效、项目效果和效益与计划目标是否一致的主要依据。上级单位可以依据绩效评价结果,对项目实施成功、效果达到或超过立项和可研预期的,给予项目业主单位嘉奖和表彰,并对其项目运维经费、后续信息工程建设项目给予支持;对项目效果和效益未达目标的,督促项目业主单位整改,整改后仍然不合格的,可以采取停拨项目运维经费,限制新建信息工程项目等措施,项目实施出现重大问题的,可依据绩效评价结果对主要责任人进行问责处理。

第 12 章 迭代更新

信息技术的发展日新月异,因此信息技术应用和信息化发展就必然是不断地用新去旧。按照信息化发展和信息工程建设全生命周期的理论,无论是具体的信息化应用项目还是一个复杂的大型的综合系统经过一段时间的应用之后,随着新技术的出现,新的应用需求的提出,都会对已有的信息系统提出更新迭代的要求。

12.1 信息化迭代更新的目的和意义

12.1.1 信息化迭代更新的目的

当前,各个行业各个领域的信息化建设正在不断向规模化、集成化、体系化、标准化方向发展。信息化建设不再是仅考虑局部的、小范围的、孤立的需求,更多的会兼顾纵向行业条线需求以及所在区域横向的信息化现实环境协同需求,因此信息系统工程项目越来越庞大,越来越复杂。要想使信息化建设与应用越来越好,其核心路径就在于持续地更新迭代,关键环节即是信息系统工程建设的过程可控和结果可控。信息化建设只有起点没有终点,需要有一个循序渐进、持续完善的过程。每一生命周期的信息化建设都会经历总体规划、顶层设计、规划实施、运行管理、绩效评价五个阶段。

信息化迭代更新的目的:一是通过对本期信息化建设过程以及建设成果的有效评估,判断本期规划周期内信息化建设在成本投入以及产出方面是否实现提高和改善,以避免无效投入、效率低下等问题;二是为进入下一个信息化规划周期确定发展路线图,为规划和决策提供科学依据,确保业务和技术的连续性和先进性;三是为下一个建设周期建立系统评估和管理办法。

12.1.2 信息化迭代更新的意义

推动建设单位信息化建设可持续发展是通过信息化迭代更新,不断调整和优化信息化发展的方向,实现建设单位信息化发展战略与业务发展战略的有效匹配,建设单位业务发展战略在信息化发展战略的支撑下不断得以逼近和完成。同时业务与技术相互咬合呈现螺旋式上升,不断推动建设单位信息化建设的可持续发展。

1）促进业务发展战略的制定和实施

当前信息化建设已经从过去孤立、单一功能发展到与建设单位所在区域的一体化、协同化，信息化对改善优化建设单位的业务流程、提高工作效率以及实现建设单位战略起到了至关重要的作用。因此建设单位信息化的迭代更新已经能够从战略高度推进信息化发展战略乃至战略的规划和制定。

2）规范信息化建设过程控制

信息化建设过程中因为对项目过程控制不力、运营不善而导致的资金浪费、信息化建设失败的现象广泛存在。迭代更新过程通过制定合理的信息化评价体系，可以为信息化建设实施过程提供过程管控方法和标准，对信息化建设行为进行有效的引导和规范。

3）提高信息化建设管理水平

现在信息工程项目的成败，已经不单纯是由信息技术本身所能决定性的，信息工程管理水平的高低才是影响信息工程应用价值的关键。在信息化迭代更新的过程中，作为用户方的项目管理者随着对信息化的深入理解和认识，则应更多的发挥对信息工程应用效果的引导和调控作用，找出项目建设中存在的问题及根源，充分沟通和反馈，并在下一个规划周期各个环节中进行改善和控制。

12.2　信息化成熟度模型

在不同的历史时期，不同国家、不同地域的建设单位信息化发展水平和阶段是不同的，做好信息化的迭代更新首先应该找准建设单位当前信息化发展所处的阶段和位置，从而明确未来信息化的发展方向。目前比较成熟的信息化发展经典理论主要包括诺兰模型、施诺特模型和米歇尔模型。

12.2.1　诺兰模型

美国管理学专家专家诺兰（Richard·L·Nolan）通过对多个建设单位的信息化发展阶段研究认为，任何建设单位由手工信息系统向以计算机为基础的信息系统发展时，都存在着一条客观的发展道路和规律。数据处理的发展涉及到技术的进步、应用的拓展、计划和控制策略的变化以及用户的状况四个方面。1979 年，诺兰将计算机信息系统的发展道路划分为六个阶段，分别是：初始期、普及期、控制期、整合期、数据管理期和成熟期。诺兰强调，任何建设单位在实现以计算机为基础的信息系统时都必须从一个阶段发展到下一个阶段，不能实现跳跃式发展。

1. 初始期

建设单位刚刚开始使用计算机，只作为办公设备使用，只有少数人使用，通常用来完成一些报表统计工作,甚至大多数时候被当作打字机使用。该阶段一般发生在建设单位的财务部门。

2. 普及期

随着建设单位对计算机的了解,希望解决更多问题,应用需求开始增加,计算机更多用于数据处理,给管理工作和业务带来了便利。渐渐地建设单位对 IT 兴趣高涨,投入开始大幅度增加,数据处理能力得到迅速发展。但此时容易出现因缺少计划和规划而导致的盲目购机、盲目定制开发软件、数据冗余、数据不一致、数据难以共享等问题。

3. 控制期

在前一阶段出现各种问题之后,建设单位管理者意识到 IT 投资增长快,但效益不理想,于是开始进行整体控制、建设单位协调,比如成立了信息化领导小组。此时 IT 建设更加务实,对 IT 的利用有了更明确的认识和目标。在这一阶段,一些职能部门内部实现了网络化,采用了数据库(DB)技术开发各种条线应用,数据处理,各种 MIS(管理信息系统)建设是这个阶段应用的特点。同时,系统部署呈现单点、分散部署,建设单位内部部门间各自为政、信息孤岛、条块分割现象普遍存在,系统和资源利用率不高。

4. 整合期

控制期存在的问题导致建设单位内部人、财、物数据不能共享,业务无法协同。因此建设单位开始重新进行规划设计,更有效地利用现有的 IT 系统和资源,建立统一的基础数据库和业务协同的信息系统。建设单位信息化向体系化集成化方向发展。这一时期建设单位增加大量硬件,建立集中式的 DB 及相应的 IS,预算费用迅速增长,系统集成所花费的成本高、时间长,而且系统更不稳定。

5. 数据管理期

这一阶段中建设单位决策层高层意识到信息战略的重要,信息成为企业的重要资源,企业的信息化建设也真正进入到数据处理阶段。建设单位开始选定统一的数据库平台、数据管理体系和信息管理平台,统一数据的管理和使用,各部门、各系统基本实现资源整合、信息共享。IT 系统的规划及资源利用更加高效。

6. 成熟期

这一阶段,信息系统已经可以满足建设单位各个层次的需求,从简单的事务处理到支持高效管理的决策。建设单位真正把 IT 同管理过程结合起来,将建设单位内部、外部的资源充分整合和利用,从而提升了建设单位的竞争力和发展潜力,如图 12-1 所示。

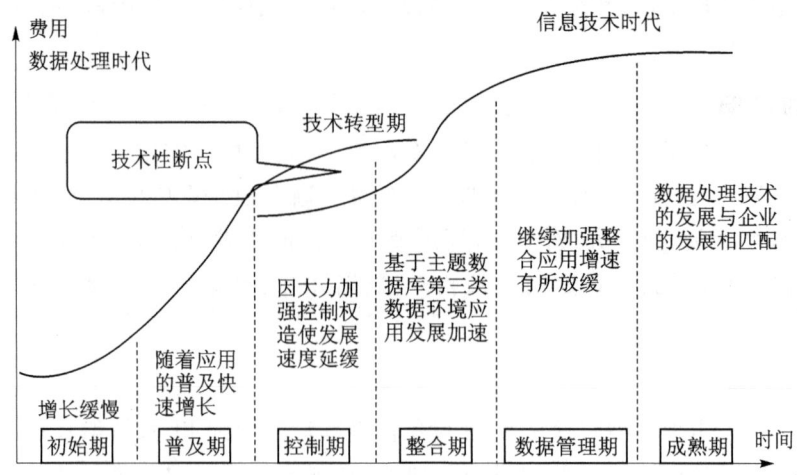

图 12 - 1 诺兰模型

12.2.2 施诺特模型

美国信息系统专家施诺特认为,诺兰模型仅仅考虑了通过信息技术来实现降本增效和流程自动化,没有考虑建设单位信息资源对推动实现建设单位目标的作用。施诺特认为在信息化建设中必须考虑如何使信息资源达到最优配置。信息系统的建设和运行要加强信息资源的管理和应用。施诺特从信息资源建设和利用的角度,在诺兰模型基础上提出了信息化建设"四阶段推移说"。

第一个阶段:对分散的信息系统的原始数据进行处理。

第二个阶段:随着数据的不断积累,将经过初步处理的数据向形成信息的再存储阶段推移。

第三个阶段:再将这些应用于经营中的信息向信息资源的阶段推移,完成整体数据的集成统一,把信息作为建设单位经营的资源。

第四个阶段:将这些为建设单位带来竞争优势的信息资源向"信息武器"的阶段推移,对这些能够为建设单位带来竞争优势的信息资源加强管理和利用。

施诺特模型还强调,在信息作为资源的建设单位管理阶段,还应该重视作为信息资源管理者的信息主管(CIO)的作用。由此可见施诺特模型是对诺兰模型的继承与创新,它为现在建设单位管理信息资源的模式进一步明确了方向。

12.2.3 米歇模型

20 世纪 90 年代,米歇对诺兰模型做了修正,揭示了信息系统集成与数据管理的不可分割性,使得诺兰模型中的集成阶段和数据管理阶段形成统一,即实现数据集中和应用系统的整合。集成阶段的重要特征就是搞好数据建设,或者说信息系统集成的实质就是数据集成。在这之前的研究集中于各种信息技术的应用作为整个建设单位的发展要素与建设单位经营管理相整合。"米歇模型"的研究成果可以概括为:关于综合信息技术应用连续发展的四阶段、五特征,如图 12-2 所示。

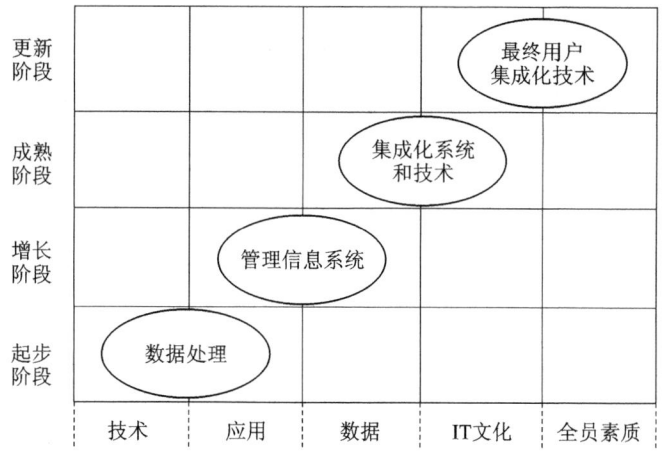

图 12-2　米歇模型

米歇模型中信息化的发展阶段分为起步阶段、增长阶段、成熟阶段、更新阶段。米歇在划分四个阶段时并没有仅仅停留在数据管理方面,而是将关键要素延伸到信息技术、综合应用水平、数据管理能力、建设单位 IT 文化以及建设单位全员素质五个方面的特征。米歇模型有助于从发展阶段和处于此阶段的建设单位能力特征两个方面来确定自己在综合信息技术方面应用的连续发展中所处的位置。目前我国许多企业的信息化阶段处于米歇模型的第二或第三阶段。

12.3　信息化项目技术发展趋势

12.3.1　中国信息化发展阶段

中国信息化建设起步于 20 世纪 80 年代初,大致经历了四个阶段:准备阶段、启动阶段、展开阶段和发展阶段。

1. 准备阶段(1982—1992 年)

1982 年国务院成立了计算机与大规模集成电路领导小组,提出了若干政策措施,明确了自主研发与技术引进的关系。此后几年陆续提出了计算机专项和光纤通信专项研究、提出发展信息产业,把电子工业摆到国民经济发展重要位置上的要求、提出了我国电子和信息产业发展战略。"七五"期间,重点建立了油田通信系统、银行业务系统、铁路运营系统、电网监控系统等十二项应用系统工程,启动了国家高技术研究发展计划即"863"计划等。1984 年以后领导小组的名称陆续改为国务院电子振兴领导小组、国务院电子信息系统推广应用办公室。

2. 启动阶段(1993—1997 年)

我国信息化正式起步于 1993 年,启动了金卡、金桥、金关等"十二金"重大信息化工程。成立了以国务院副总理为组长,由 20 多个部委领导组成的国务院信息化工作领导小组,统一领导和组织协调全国的信息化工作。确立了以信息化带动产业发展的指导思想以及信息化在国民经济社会发展中的重要地位,信息化在各领域各地区形成了强劲的发展势头。

3. 展开阶段(1997—2000 年)

经过启动阶段的建设与发展,符合我国国情的信息化发展思路初步形成。国务院信息化工作领导小组提出了信息化建设"统筹规划、国家主导、统一标准、联合建设、互联互通、资源共享"的二十四字指导方针。制定了《国家信息化'九五'规划和 2010 年远景目标》,成为我国信息化发展的里程碑。电信体制改革形成了中国电信、中国铁通、中国联通、中国网通、中国铁通等多家电信运营商市场竞争的格局。政府上网工程、企业上网工程、电子商务工程全面展开。

4. 发展阶段(2000 年至今)

我国的信息化建设经过近 30 年的实践已经形成了具有中国特色的行之有效的信息化发展路线,对加快推进国民经济和社会信息化积累了经验,奠定了思想基础和物质基础。电子信息产品制造、信息网络、信息服务和软件产业的融合发展,极大地推动了云计算、物联网、移动互联网、新一代移动通信等新兴业态的发展。我国信息技术产业已形成了一定的发展能力,市场应用需求广阔。围绕经济、科技和社会发展重大需求,加快发展新一代信息技术产业,必将进一步促进产业结构的优化升级,增强对经济社会发展的带动性,为加快转变经济发展方式提供强有力支撑。

12.3.2 信息化迭代更新的方向

当前我国信息化总体发展水平处于发展阶段,正在向成熟阶段过度。随着云计算、大数据、移动应用、区块链技术的不断成熟和普及,使得纵向分级、横向跨地区跨部门的区域信息化、行业信息化顶层设计和实现成为可能。以现代信息技术应用为背景的信息化顶层设计的核心价值理念是开放、分层、解耦合服务,为未来建设单位信息化的迭代更新指明了方向,刻画了蓝图。

1. 业务架构设计

传统技术支撑下的业务架构往往按照建设单位部门的不同业务类别、业务流程、业务活动分别进行设计,在当前集团化、区域化协同应用需求背景下,业务架构转向以跨地区、跨部门的宏观角度、全局角度整合业务、数据和流程。首先应识别核心业务流程,打通行业、部门壁垒,对建设单位现有业务流程进行串接联通;拆分出核心业务、公共业务、专业性业务、可复用业务、公共资源,梳理清楚整体与局部的相互关系,包括共享关系及协作关系,识别出复杂的业务关系;优化改造建设单位职能、建设单位流程,从用户角度封装业务。

2．应用架构设计

应用架构是业务架构的技术实现。封闭式应用架构设计仅考虑孤立、局部的业务需求和数据流程。面向服务的开放共享的应用架构设计首先要参照业务架构设计,从具体的业务应用场景出发,建立全应用体系,将业务架构转化为应用架构,实现业务职能资源的专业化、公共化、流程复用化。在识别和梳理主流程的同时梳理数据流程,实现交付协作集团化。改变过去基于业务到数据的封闭式、孤岛式开发模式,过渡到采用基于 ESB 服务总线的 SOA 架构,再到基于 AP 网关微服务架构,完全实现组件化开发、服务化开发。

3．数据架构设计

过去传统模式下的系统模块设计将数据流程与应用流程高度耦合、固化,目前逐步转向到大数据技术支撑下的一体化的集中式的数据存储服务平台,数据从采集、接入、处理到数据建设单位、治理、服务,进行全量数据汇集,形成完整、标准、一致的中心化共享环境;未来区块链技术的成功应用,数据架构方式将进一步改变,中心数据库与链式分布数据库相结合,大大降低数据采集处理成本,从链式自治的数据流图到整体数据流图,识别并建立在各应用间的数据,以中心化和分布式的形式实现业务协助,从条线数据到块数据,实现数据的治理和整合。

4．技术架构设计

技术架构方式,从过去采用封闭的、孤立的、竖井式、烟囱式的分散系统方式转变为目前广泛采用的基于云计算、大数据技术的一体化构建方式,它是基础架构上的变革。在数据资源层,从简单汇集的数据资源层,到真实、全面汇集、服务化和规范化的大数据集,以此支持业务应用。在应用开发基础平台架构上,从孤立小系统到综合协助平台、数据与服务总线资源支撑的组件化半台,统一应用分发管理的即做到从小业务、小循环到综合协作平台下的大应用平台,这是技术架构演进和变革的方向。

5．保障体系架构

保障体系包括安全体系、标准体系、运维体系和制度体系。安全是指从业务合规,到满足可信云计算,大数据等新技术下的新安全技术适配与部署,从封闭性安全到“互联网＋”、混合云的半开放下的新安全体系探索与部署;标准是指从供应商封闭主导,到业务功能、系统划分、接口、集成、技术、安全等分层解耦有章可循的用户主导,从书面标准化到基于软件实现、可服务化、可管理、可查询、被调用、被嵌入的应用标准化。运营是针对整个系统工程运行的全方位保障。

附录1 国家电子政务工程项目绩效评价报告编制大纲

本编制大纲是在《中央政府投资项目后评价报告编制大纲（试行）》整体框架和内容要求的基础上，结合国家电子政务工程项目特点，对有关内容进行了适当调整。

第一部分 绩效评价组织开展情况

一、评价依据。如是委托绩效评价，则说明是依据项目审批部门下达的绩效评价委托函，对指定电子政务工程项目进行评价。如是项目单位自我绩效评价，则说明是依据《关于开展国家电子政务工程项目绩效评价工作的意见》要求，自行组织或委托具备相应资质的工程咨询机构进行评价。

二、绩效评价项目人员组成。说明绩效评价项目组的组长、副组长、成员的构成，以及相关的资料评价组、技术测试组等人员情况。

三、绩效评价的开展情况。介绍绩效评价开展的时间周期，概要描述该项目绩效评价的前期调研，评价基本和扩展指标的确定及其权重，各类指标数据采集的方法和来源，各类指标测评的方法和组织等（如专家评价、调查问卷、系统技术测试）。

第二部分 项目概况

一、项目基本情况。对项目建设地点、项目业主、项目性质、特点（或功能定位）、项目开工和竣工、投入运行时间进行概要描述。

二、项目决策理由与目标。概述项目决策的依据、背景、理由和预期目标（宏观目标和实施目标）。

三、项目建设内容及规模。项目经批准的建设内容、建设规模，实际建成的建设规模；项目主要实施过程，并简要说明变化内容及原因；项目经批准的建设周期和实际建设周期。

四、项目投资情况。项目经批准的投资估算、初步设计概算及调整概算、竣工决算。

五、政府采购管理情况。政府采购（含政府购买服务）的计划、形式、组织、实施和评价等。

六、项目资金到位情况。项目经批准的资金来源,资金到位情况,竣工决算资金来源及不同来源资金所占比重。

七、项目运行及效益现状。项目运行现状,系统功能实现现状,经济效益现状及社会效益现状。

八、项目绩效评价报告情况及主要结论。

第三部分　项目全过程总结与评价

第一章　项目前期决策总结与评价

一、项目建议书主要内容及批复意见。

二、可行性研究报告主要内容及批复意见。

(一)可行性研究报告主要内容。主要包括项目建设必要性、建设条件、建设规模、主要技术标准和技术方案、建设工期、总投资及资金筹措,以及环境影响评价、社会稳定风险评估等专项评价主要结论等内容。

(二)可行性研究报告批复意见。包括项目建设必要性、建设规模及主要建设内容、建设工期、总投资及资金筹措等内容。

(三)可行性研究报告和项目建议书主要变化。对可行性研究报告和项目建议书主要内容进行对比,并对主要变化原因进行简要分析。

三、项目初步设计(含概算)主要内容及批复意见。主要包括:工程特点、工程规模、主要技术标准、主要技术方案、初步设计批复意见。

四、项目前期决策评价。主要包括项目审批依据是否充分,是否依法履行了审批程序,是否依法附具了土地、规划等相关手续。

第二章　项目建设准备、实施总结与评价

一、项目实施准备

(一)项目实施准备组织管理及其评价。组织形式及机构设置,管理制度的建立,咨询等建设参与方的引入方式及程序,各参与方资质及工作职责情况。

(二)各阶段与可行性研究报告相比主要变化及原因分析。根据项目设计完成情况,可以选取包括初步设计与可行性研究报告相比的主要变化,并进行主要原因分析。

对比的内容主要包括:工程规模、主要技术标准、主要技术方案及运营管理方案、工程投资、建设工期。

(三)征地拆迁工作情况及评价。

(四)项目招投标工作情况及评价。

(五)项目资金落实情况及其评价。

二、项目实施组织与管理

（一）项目管理组织机构。

（二）项目的管理模式，包括：法人直管、总承包、代建、BOT、PPP（政府与社会资本合作）等。

（三）参与单位的名称及组织机构（设计、集成、应用研发、监理、其他服务商和供应商）。

（四）管理制度的制定及运行情况（管理制度的细目、重要的管理活动、管理活动的绩效）。

（五）对项目组织与管理的评价（针对项目的特点分别对管理主体及组织机构的适宜性、管理有效性、管理模式合理性、管理制度的完备性以及管理效率进行评价）。

三、合同执行与管理

（一）项目合同清单（包括正式合同及其附件并进行合同的分类、分级）。

（二）主要合同的执行情况。

（三）合同重大变更、违约情况及原因。

（四）合同管理的评价。

四、信息管理

（一）信息管理的机制。

（二）信息管理的制度。

（三）信息管理系统的运行情况。

（四）信息管理的评价。

五、控制管理

（一）进度控制管理。

（二）质量控制管理。

（三）投资控制管理。

（四）安全、卫生、环保管理。

六、重大变更设计情况

七、资金使用管理

八、工程监理情况

九、新技术、新设备的运用情况

十、竣工验收情况

十一、项目试运行情况

十二、工程档案管理情况

第三章　项目运行总结与评价

一、项目运行概况

（一）运行期限。项目运行考核期的时间跨度和起始时刻的界定。

（二）运行效果。项目运行后，服务的规模和服务水平情况及其增长规律。

（三）运行水平。项目运行后，各分项目、子系统的运转是否达到预期的设计标准；各子系统、分项目、服务各环节间的合作、配合是否和谐、正常。

（四）技术及管理水平。项目在运行期间的表现，反映出项目主体处于什么技术水平和管理水平（世界、国内、行业内）。

（五）运行中存在的问题：

1. 项目的总体规模、主要子系统的选择、设计和建设是否存在问题，属什么性质的问题。

2. 项目的配套工程及辅助设施的建设是否必要和适宜。配套工程及辅助设施的建设有无延误，原因是什么，产生什么负作用。

二、项目运行状况评价

（一）项目能力评价。项目是否具备预期功能，达到预定的服务规模、服务水平。如未达到，差距多大。

（二）运行现状评价。项目运行后，服务的规模和服务水平与预期存在的差异，产生上述差异的原因分析。

（三）达到预期目标可能性分析。项目运行后，服务的规模和服务水平增长规律总结，项目可达到预期目标的可能性分析。

第四部分　项目效果和效益评价

第一章　项目应用成效评价

电子政务工程项目绩效评价采用定量分析与定性分析相结合的方法进行，主要按照《国家电子政务工程项目绩效评价基本指标》进行采用综合指标体系评价。其中，对重要业务系统项目可采用经济社会秩序、公共服务普惠、制度设计安排等改善程度的基本指标；对基础信息资源、网络基础设施、信息安全基础设施和电子政务相关支撑体系的项目，可采用政务信息化服务改善程度的基本指标；其他项目，可根据项目不同特点，适当扩展相应的二级指标和三级指标；对每个指标的实现程度进行客观、公正、公平地评价，尽量采用数据、典型事例、技术测试结果予以说明。

一、政务效能贡献评价

对建设项目通过信息化推动政务部门和领域的政务履职效能贡献指标进行定性和

定量评价。

（一）经济社会秩序改善程度评价

经济秩序改善程度指标评价。评价建设项目确定的履行政务职能、维护经济运行秩序的目标实现程度。包括：财政秩序、税收秩序等。如，税收秩序方面，提升税收征缴的应收足收率，控制违规减免、逃税漏税等方面的目标实现程度。

社会秩序改善程度指标评价。评价建设项目确定的履行政务职能、维护社会运行秩序的目标实现程度。包括：市场秩序、食品安全秩序等。如，食品安全方面，提升食品安全全过程的监管能力，控制假、冒、伪、劣食品进入消费市场的目标实现程度。

（二）公共服务普惠改善程度评价

公共服务改善程度指标评价。评价建设项目确定的提升已有公共产品服务普惠的目标实现程度。包括：教育、医疗、健康、保障房等已有公共产品服务。如，利用数字技术扩展优质教育资源，从而促进教育公平方面的改善。

公共服务开发程度指标评价。评价建设项目确定的开发、拓展公共产品服务方面的目标实现程度。包括：社会保障、行政审批服务等。如，利用信息技术开发跨地区养老转移接续、异地就医即时结算等公共产品服务。

（三）制度设计安排改善程度指标评价

制度设计改善程度绩效评价。评价建设项目确定的提升行业管理制度设计安排完善的目标实现程度。包括：民主与法制、社会管理等。如，通过简化行政审批的制度和机制，进一步提升为民服务的目标实现程度。

宏观决策支持程度指标评价。评价建设项目确定的提升政府决策科学性、准确性方面信息支持的目标实现程度。如党委、政府等政务部门的各类政务信息对支撑政府宏观决策的贡献程度。

二、业务信息化推动评价

对建设项目通过信息化推动政务部门和领域的信息共享、业务协同和转变政务模式方面进行定性和定量评价。

（一）业务协同机制发展水平评价

领域内部业务协同水平评价。评价建设项目确定的领域内部业务协同和实现机制的目标实现程度。包括：部门内部各类业务之间的协同、领域内部中央和地方各类业务之间的协同、业务协同机制的目标实现程度。

工程相关业务协同水平评价。评价建设项目确定的与共建工程的其他项目和其他工程的业务协同的目标实现程度。如，全民社保工程各参建部门之间的业务协同，以及与全民健康（医保和医院）、行政执法（社保和审计）等相关工程之间的业务协同。

（二）信息共享机制发展水平评价

国家基础信息利用水平评价。评价建设项目确定的利用国家基础信息促进领域应用的目标实现程度。包括：对国家法人、人口、空间地理、宏观经济、文化等国家基础信息的共享利用水平。

国家网络与安全设施利用水平评价。评价建设项目确定的利用国家网络和信息安全基础设施的目标实现程度。包括：对国家电子政务内网、外网和信息安全等基础设施的利用水平。

领域内部信息共享水平评价。评价建设项目确定的领域内信息开放与共享水平的实现程度。包括：本部门内部、本领域的中央和地方之间的各类业务、管理、决策信息资源方面的信息共享和共享机制的目标实现程度。

工程相关信息共享水平评价。评价建设项目确定的对共建工程中其他项目的信息开放和对其他项目的信息利用的目标实现程度。包括：本项目与共建其他项目、本领域与其他共建领域、本领域中央和地方之间的各类业务、管理、决策信息资源方面的信息共享和共享机制的目标实现程度。

领域信息资源标准和应用水平评价。评价建设项目确定的制定信息化标准规范及其推进领域内标准化水平的目标实现程度。包括：利用已有国际和国家相关标准，制定符合本部门、本领域各类业务和管理、信息系统建设和运维方面的信息化标准，以及推进标准化应用水平的目标实现程度。

（三）业务应用模式发展水平评价

公众参与模式应用水平评价。评价建设项目确定的支持公众参与公共管理的目标实现程度。包括：政府门户网站通过信息公开从而增强公众的知情权、吸纳公众意见建议从而增强公众的参与权等方面的目标实现程度。

业务和管理模式应用水平评价。评价建设项目确定的创建或改善部门和领域业务管理模式的目标实现程度。包括：跨部门、跨领域、跨地域的业务应用模式，多部门联动"一站式"为民服务模式，在线实时的经济监测监督模式，全国统一行动的扁平化管理模式，利用物联网技术、移动技术等实现的业务和管理应用模式等。

决策支持智能化应用水平。评价项目对部门工作决策智能化支撑水平。

三、业务应用可持续发展评价

对建设项目信息资源的集约化开发和部署、信息系统功能开发利用和部署的复用程度、信息资源的持续利用程度方面进行定性和定量评价。

（一）业务应用集约化发展水平评价

信息系统集约化开发程度评价。评价建设项目确定的信息系统集约化开发的目标实现程度。包括：实现应用系统、信息资源、网络系统、安全系统、运维系统，以及人力资源、物力资源、财力资源等各类系统和资源要素的集中和有效组合，提升信息系统的效率和效果。

信息系统集约化部署程度评价。评价建设项目确定的信息系统在本领域集约化部署应用的实现程度。包括：采用中央集中数据中心或分中心、中央和地方分中心等集中与分布式相结合的信息系统部署模式，实现信息系统集约化部署应用的目标。

（二）业务功能复用率发展水平评价

业务功能的系统复用度评价。评价建设项目确定的信息系统业务功能在本部门同类业务中复用率的目标实现程度。如：相关功能组件在各类应用系统中的复用度，以往建设的系统业务功能在本期项目建设中的持续复用度等。

业务功能的领域部署复用度评价。评价建设项目确定的信息系统业务功能在本领域系统部署中复用率的目标实现程度。如：部门行政审批类业务功能在本领域中央和地方系统部署中的复用度。

（三）信息资源复用水平评价

评价建设项目确定的已有信息资源在本期项目中的持续利用和发展的目标实现程度。如，一期项目建成的各类数据库资源在后期项目中的利用和发展水平的持续性。

四、信息系统能力适配性绩效评价。对建设项目的技术保障能力、安全保障能力、组织保障能力方面进行定性和定量评价。

（一）信息系统技术能力利用水平评价

数据存储能力利用率评价。采用技术测试方法，评价建设项目确定的信息系统数据存储能力和利用率的目标实现程度。包括：项目需求确定的数据存储量、系统建设形成的存储设备配置容量、规划期内实际数据存储的利用率和经济性。

交易处理能力利用率评价。采用技术测试方法，评价建设项目确定的业务交易能力和利用率的目标实现程度。包括：项目需求确定的业务交易量、交易处理响应能力，系统建设形成的软硬件配置的交易能力，系统运行中实际交易能力的利用率和经济性。

计算处理能力利用率评价。采用技术测试方法，评价建设项目确定的业务计算处理能力和利用率的目标实现程度。包括：项目需求确定的业务计算处理量、计算处理响应能力，系统建设形成的软硬件配置的计算处理能力，系统运行中实际计算处理的利用率和经济性。

会话处理能力利用率评价。采用技术测试方法，评价建设项目确定的系统会话处理能力和利用率的目标实现程度。包括：项目需求确定的业务会话处理量、会话处理响应能力，系统建设形成的软硬件配置的会话处理能力，系统运行中实际会话处理的利用率和经济性。

请求响应能力利用率评价。采用技术测试方法，评价建设项目确定的系统请求响应能力和利用率的目标实现程度。包括：项目需求确定的请求响应量、请求响应性能能力，系统建设形成的软硬件配置的请求响应能力，系统运行中实际请求响应的利用率和经济性。

通信传输能力利用率评价。采用技术测试方法，评价建设项目确定的系统通信传输能力和利用率的目标实现程度。包括：项目需求确定的通信传输量、通信传输性能能力，系统建设形成的网络和软硬件配置的通信传输能力，系统运行中实际通信传输的利用率和经济性。

（二）信息安全保障能力评价

信息安全技术保障能力评价。评价建设项目确定的信息安全技术保障的目标实现程度。包括：网络通信安全、边界防护安全、可信计算环境安全，以及物理安全、网络安全、主机安全、应用安全、数据安全方面的保障能力。

信息安全管理保障能力评价。评价建设项目确定的信息安全管理保障的目标实现程度。包括：安全管理机构、安全管理制度、人员安全管理、系统建设安全管理、系统运维安全管理的制度保障和执行机制等。

已经组织涉密系统分级保护、信息系统等级保护、信息系统风险评估的测评和定期检查的项目,可利用测评和检查的结论意见;对未按规定实施评估和检查的项目,应当提出评价意见,必要时可要求建设单位组织专项测评。

(三)项目组织保障能力评价

项目资金保障能力评价。评价工程项目资金预算、执行、使用等的可控性、合规性、有效性目标的实现程度。包括:预算管理、成本控制、资金使用、决算等方面的综合管理保障能力。

项目管理保障能力评价。评价建设项目确定的系统建设和运维管理保障的目标实现程度。包括:建设项目组织机构的适宜性、管理有效性、管理模式合理性、管理制度的完备性以及管理效率等。

项目队伍保障能力评价。评价建设项目确定的系统规划、建设、运维和应用的队伍保障能力的目标实现程度。包括:系统建设、运维和应用的队伍结构、素质和培训的配置能力和实际运用能力。

第二章 项目技术水平评价

一、项目技术效果评价,主要内容包括

(一)技术水平。项目的技术前瞻性,是否达到了国内(国际)先进水平。

(二)节能环保。节能环保措施是否落实,相关指标是否达标,是否达到国内(国际)先进水平。

(三)设计能力。是否达到了设计能力,运行后是否达到了预期效果。

(四)设计方案、设备选择是否符合我国国情(包括技术发展方向、技术水平和管理水平)。

二、项目技术标准评价,主要内容包括

(一)采用的技术标准是否满足国家或行业标准的要求。

(二)采用的技术标准是否与可研批复的标准吻合。

(三)对采用的新技术的先进性、经济性、安全性和可靠性进行评价。

(四)运行管理模式等是否满足实际要求。

(五)项目采取的技术措施在本工程的适应性。

三、项目技术方案评价,主要内容包括

(一)设计指导思想是否先进,是否进行多方案比选后选择了最优方案。

(二)是否符合各阶段批复意见。

(三)技术方案是否经济合理、可操作性强。

四、技术创新评价,主要内容包括

(一)项目的科研、获奖情况。

(二)本项目的技术创新产生的社会经济效益评价。

（三）技术创新在国内、国际的领先水平评价。

（四）分析技术创新的适应性及对工程质量、投资、进度等产生的影响等。

（五）对新技术是否在同行业等相关领域具有可推广性进行评价。

（六）新技术、新设备的使用效果，以及对技术进步的影响。

（七）项目取得的知识产权情况。

（八）项目团队建设及人才培养情况。

五、设备国产化评价，主要内容包括

（一）所选用的设备国产化率评价，进口设备是否可采用国产设备。

（二）设备采购对工程带来的利弊评价。

（三）国产化设备与国外同类产品的技术经济对比分析。

（四）国产设备对运行、维修保养的影响评价。

第三章　项目资源环境效益评价

节能效果评价。项目落实节能评估报告及能评批复意见情况，差异原因，以及项目实际能源利用效率。

项目目标和可持续性评价：

第一项　项目目标评价

一、项目的工程建设目标

二、总体及分系统技术目标

三、总体功能及分系统功能目标

四、投资控制目标

五、项目影响目标。项目实现的社会经济影响等是否达到决策目标。

第二项　项目可持续性评价

一、项目的经济效益。主要包括：项目全生命周期的经济效益，项目的间接经济效益。

二、项目资源利用情况。

（一）项目建设期资源利用情况。

（二）项目运行期资源利用情况。主要包括：项目运行所需资源，项目运行产生的废弃物处理和利用情况，项目报废后资源的再利用情况。

三、项目环境影响。主要包括：对自然环境的影响，对社会环境的影响，对生态环境的影响。

四、项目科技进步性。主要包括：项目设计的先进性，技术的先进性。

五、项目的可维护性。

六、社会公众和行业专家对项目的意见建议情况。

第六部分　项目绩效评价结论和主要经验教训

一、绩效评价主要内容和结论

（一）过程总结与评价。根据对项目决策、实施、运行阶段的回顾分析,归纳总结评价结论。

（二）效果、目标总结与评价。根据对项目经济效益、外部影响、持续性的回顾分析,归纳总结评价结论。

（三）综合评价。

二、主要经验和教训

按照决策和管理部门所关心问题的重要程度,主要从决策和前期工作评价、建设目标评价、建设实施评价、可持续性评价等方面进行评述。

（一）主要经验。

（二）主要教训。

三、分析总结

围绕形成的评价结论,结合评价工作开展情况,对造成和影响评价结论的相关因素、问题、原因等进行归纳、总结和剖析,为下一步的政策建议提供基础和依据。

第七部分　对策建议

一、宏观建议。在对项目进行全面深入的绩效分析和公正合理评价的基础上,就进一步优化国家财政资源配置、提升投资效益和应用效能等提出合理可行的政策建议,为国家、行业及地方政府开展规划制定、项目审批、投资决策、项目管理等提供参考和借鉴。

二、微观建议。结合项目建设过程中形成的行之有效的工作机制、制度办法等,就进一步加强项目的组织领导、过程管理、协调推进、实施应用等,对项目单位及项目提出针对性的建议。

附录 2 国家电子政务工程项目绩效评价基本指标

一级指标编号	一级指标	一级指标说明	二级指标编号	二级指标	二级指标说明	三级指标编号	三级指标	三级指标说明
I1	政务效能贡献指标	评价项目对提升政务效能方面的贡献度	I11	经济社会秩序改善程度	评价项目对改善经济社会秩序成效的贡献	I111	经济秩序改善程度	评价工程项目确定的履行政务职能,维护经济运行秩序的目标实现程度。如,税收应收尽收率提升水平。
						I112	社会秩序改善程度	评价工程项目确定的履行政务职能,维护社会运行秩序的目标实现程度。如,安全生产事故发生频度降低的情况。
			I12	公共服务普惠改善程度	评价项目对改善公共服务普惠成效的贡献	I121	公共服务公平普惠程度	评价工程项目确定的履行政务职能,促进公共服务普惠的目标实现程度。如,在改善社会保障均等水平方面,社保覆盖率的增长情况。
						I122	公共服务多样化程度	评价工程项目对多样化、个性化公众需求的适应程度。如,在创新基本公共服务模式,提升信息惠民便民利民水平方面,提供公共服务产品多样化程度。
			I13	制度设计安排改善程度	评价项目对改进制度设计和安排的贡献	I131	制度设计改善程度	评价工程项目确定的完善和规范制度设计的目标实现程度。如,制度设计、制度安排可量化和规范化程度(减少自由裁量权)。
						I132	宏观决策支持程度	评价工程项目确定的提升政府决策科学性、准确性方面信息支持的目标实现程度。如,党委、政府等对宏观决策的贡献。

续表

一级指标编号	一级指标	一级指标说明	二级指标编号	二级指标	二级指标说明	三级指标编号	三级指标	三级指标说明
I2	业务信息化推动指标	评价项目对信息化的推动作用	I21	业务协同机制发展水平	评价项目对政务业务操作协同互动的推动作用	I211	领域内部业务协同水平	评价工程项目确定的领域内部业务协同和协同机制的目标实现程度。包括：本单位部门与之间的业务协同和协同机制的实现程度。
						I212	工程相关业务协同水平	评价工程项目确定的本工程与其他工程的业务协同和协同机制的目标实现程度。
			I22	信息共享机制发展水平	评价项目对信息资源开放共享的推动作用	I221	国家基础信息利用水平	评价工程项目确定的利用国家基础信息促进信息应用的目标实现程度。包括：对国家法人、人口、空间地理、宏观经济、文化等国家基础信息的共享利用水平。
						I222	国家网络与安全设施利用水平	评价工程项目确定的利用国家网络和信息安全基础设施的目标实现程度。包括：对国家电子政务内网、外网和信息安全等基础设施的利用水平。
						I223	领域内部信息共享水平	评价工程项目确定的领域内信息开放与共享水平的实现程度。包括：本单位部门之间，本领域中央和地方之间的信息共享和共享机制的实现水平。
						I224	工程相关信息共享水平	评价工程项目确定的对其他项目的信息开放、利用水平实现程度。包括：本项目与共建其他项目，本领域与其他共建领域、本领域中央和地方之间的各类业务、管理、决策信息资源之间的信息共享和共享机制的实现程度。
						I225	领域信息资源标准水平	评价工程项目确定的信息资源标准化共享的目标实现程度。包括：利用已有国际、国家相关标准、制定的相关信息资源标准及信息资源规范信息资源方面的信息资源采集、交换、管理、应用等标准规范，以及标准规范的使用程度。

续表

一级指标编号	一级指标	一级指标说明	二级指标编号	二级指标	二级指标说明	三级指标编号	三级指标	三级指标说明
I2	业务信息化推动指标	评价项目对信息化的推动作用	I23	业务应用模式发展水平	评价项目对本部门业务应用化的模式的推动作用	I231	公众参与模式应用水平	评价工程项目确定的支持公众参与公共管理的目标实现程度。包括：政府门户网站通过信息公开从而增强公众的知情权、吸纳公众意见建议从而建设公众参与权等方面的目标实现程度。
						I232	业务应用和管理模式应用水平	评价工程项目确定的改善部门和领域业务管理模式的目标实现程度。如，推进跨部门"一站式"公共服务模式创新，促进政府扁平化管理决策等。
						I233	决策支持智能化应用水平	评价项目对部门工作决策能智化支撑水平。
I3	业务应用可持续发展指标	评价项目的可持续发展能力	I31	业务应用集约化发展水平	评价项目实现信息系统各类资源的集约化开发和部署程度	I311	信息系统集约化开发程度	评价工程项目确定的信息系统集约化开发的目标实现程度
						I312	信息系统集约化部署程度	评价工程项目确定的信息系统集约化部署应用的实现程度。如，采用云服务模式，集中式数据中心建设，集中式应用系统部署等。
			I32	业务功能复用率发展水平	评价项目的业务功能在本领域系统和本领域部署中的复用程度	I321	业务功能的系统复用度	评价工程项目确定的信息系统业务功能在本部门实现程度。如，相关应用组件、业务功能在各类信息系统中的复用度。
						I322	业务功能的领域部署复用度	评价工程项目确定的信息系统业务功能在本领域应用部署中复用率目标的实现程度。如，相关业务功能在本领域中央和地方部门中的复用度。

续表

一级指标编号	一级指标	一级指标说明	二级指标编号	二级指标	二级指标说明	三级指标编号	三级指标	三级指标说明
I3	业务应用可持续发展指标	评价项目的可持续发展能力	I33	信息资源复用水平	评价项目原有信息资源的利用程度	I331	原有信息资源利用率	评价工程项目确定的已有信息资源在本期项目中的持续开发利用的目标实现程度。如，各类数据库资源在后期项目中的开发利用的水平。
I4	信息系统适配能力指标	评价信息系统各种能力的保障利利用水平	I41	信息系统技术能力利用水平	评价项目建设形成的信息系统的技术能力在系统运行中的利用水平	I411	数据存储能力利用率	评价工程项目确定的信息系统数据存储能力和利用率的目标实现程度。包括：数据存储量，存储设备配置容量，规划期内实际数据存储的利用率和经济性。
						I412	交易处理能力利用率	评价工程项目确定的业务交易能力和利用率的目标实现程度。包括：项目建设形成的业务交易量，交易处理能，以及实际交易处理能力的利用率。
						I413	计算处理能力利用率	评价工程项目确定的业务计算处理能力和利用率的目标实现程度。包括：项目建设形成的业务计算处理能力，计算处理性能，以及实际计算处理能力的利用率。
						I414	会话处理能力利用率	评价工程项目确定的系统会话处理能力和利用率的目标实现程度。包括：项目建设形成的业务会话量，会话处理性能，以及实际会话处理能力的利用率。
						I415	请求响应能力利用率	评价工程项目确定的系统请求响应能力和利用率的目标实现程度。包括：项目建设形成的请求响应量，请求响应性能，以及实际请求响应能力的利用率。
						I416	通信传输能力利用率	评价工程项目确定的系统通信传输能力和利用率的目标实现程度。包括：项目建设形成的通信传输量，通信传输性能，以及实际通信传输能力的利用率。

续表

一级指标编号	一级指标	一级指标说明	二级指标编号	二级指标	二级指标说明	三级指标编号	三级指标	三级指标说明
I4	信息系统适配能力指标	评价信息系统各种能力的保障和利用水平	I42	信息安全保障能力	评价项目建设信息安全能力的保障水平	I421	信息安全技术保障能力	评价工程项目确定的信息安全技术保障的目标实现程度。包括:网络通信、边界防护、主机安全、数据安全,以及应用、数据安全的保障能力。
						I422	信息安全管理保障能力	评价工程项目确定的信息安全管理保障的目标实现程度。包括:管理机制、制度规范,以及人员、系统建设、系统运维管理等。
			I43	项目组织保障能力	评价项目建设和运维的资金和队伍的组织保障能力	I431	项目资金保障能力	评价工程项目资金预算、执行、使用等的可控性、合规性、有效性的实现程度。包括:预算管理、成本控制、资金使用、决算等方面的综合管理能力。
						I432	项目管理保障能力	评价工程项目确定的系统建设和运维管理保障的目标实现程度。包括:领导机构、实施机构及协调机制,以及组织第三方形成的综合保障能力。
						I433	项目队伍保障能力	评价工程项目确定的目标实现程度和保障能力素质。包括:系统规划、建设、运维和应用的队伍应用、运维建设、运维;系统建设、运维能力和结构和人员结构。

附录3　国家政务信息化项目建设管理办法

第一章　总　则

第一条　为规范国家政务信息化建设管理,推动政务信息系统跨部门跨层级互联互通、信息共享和业务协同,强化政务信息系统应用绩效考核,根据《国务院关于印发政务信息资源共享管理暂行办法的通知》(国发[2016]51号)等有关规定,制定本办法。

第二条　本办法适用的国家政务信息系统主要包括:国务院有关部门和单位负责实施的国家统一电子政务网络平台、国家重点业务信息系统、国家信息资源库、国家信息安全基础设施、国家电子政务基础设施(数据中心、机房等)、国家电子政务标准化体系以及相关支撑体系等符合《政务信息系统定义和范围》规定的系统。

第三条　国家政务信息化建设管理应当坚持统筹规划、共建共享、业务协同、安全可靠的原则。

第四条　国家发展改革委负责牵头编制国家政务信息化建设规划,对各部门审批的国家政务信息化项目进行备案管理。财政部负责国家政务信息化项目预算管理和政府采购管理。各有关部门按照职责分工,负责国家政务信息化项目审批、建设、运行和安全监管等相关工作,并按照"以统为主、统分结合、注重实效"的要求,加强对政务信息化项目的并联管理。

第五条　国家发展改革委会同中央网信办、国务院办公厅、财政部建立国家政务信息化建设管理的协商机制,做好统筹协调,开展督促检查和评估评价,推广经验成果,形成工作合力。

第二章　规划和审批管理

第六条　国家发展改革委会同有关部门根据信息化发展规律和政务信息化建设特点,统筹考虑并充分论证各部门建设需求,编制国家政务信息化建设规划并报国务院批准后实施;如内外部发展环境发生重大变化,适时组织评估论证,提出调整意见报国务院批准。各有关部门编制规划涉及政务信息化建设的,应当与国家政务信息化建设规划进行衔接。

第七条　国家发展改革委审批或者核报国务院审批的政务信息化项目,以及其他有关部门按照项目审批管理的政务信息化项目,原则上包括编报项目建议书、可行性研究报告、初步设计方案等环节。

对于已经纳入国家政务信息化建设规划的项目,可以直接编报可行性研究报告。

对于党中央、国务院有明确要求,或者涉及国家重大战略、国家安全等特殊原因,情况紧急,且前期工作深度达到规定要求的项目,可以直接编报项目可行性研究报告、初步设计方案和投资概算。

第八条 国家政务信息化项目原则上不再进行节能评估、规划选址、用地预审、环境影响评价等审批,涉及新建土建工程、高耗能项目的除外。

第九条 除国家发展改革委审批或者核报国务院审批的外,其他有关部门自行审批新建、改建、扩建,以及通过政府购买服务方式产生的国家政务信息化项目,应当按规定履行审批程序并向国家发展改革委备案。

备案文件应当包括项目名称、建设单位、审批部门、绩效目标及绩效指标、投资额度、运行维护经费、经费渠道、信息资源目录、信息共享开放、应用系统、等级保护或者分级保护备案情况、密码应用方案和密码应用安全性评估报告等内容,其中改建、扩建项目还需提交前期项目第三方后评价报告。

第十条 跨部门共建共享的政务信息化项目,由牵头部门会同参建部门共同开展跨部门工程框架设计,形成统一框架方案后联合报国家发展改革委。框架方案要确定工程的参建部门、建设目标、主体内容,明确各部门项目与总体工程的业务流、数据流及系统接口,初步形成数据目录,确保各部门建设内容无重复交叉,实现共建共享要求。框架方案确定后,各部门按照项目管理要求申请建设本部门参建内容。

各有关部门对于需要地方共享协同的政务信息化项目,应当按照统筹规划、分级审批、分级建设、共享协同的原则建设,并加强与地方已有项目的衔接。项目建设单位应当加强对地方的指导,统筹制定信息共享、业务协同的总体要求和标准规范。地方项目建设单位应当根据项目的总体目标、整体框架、建设任务、绩效目标及指标等,按照本地有关规定开展项目审批建设工作,并做好与国家有关项目建设单位的衔接配合。

第十一条 可行性研究报告、初步设计方案应当包括信息资源共享分析篇(章)。咨询评估单位的评估报告应当包括对信息资源共享分析篇(章)的评估意见。审批部门的批复文件或者上报国务院的请示文件应当包括对信息资源共享分析篇(章)的意见。

项目建设单位应当编制信息资源目录,建立信息共享长效机制和共享信息使用情况反馈机制,确保信息资源共享,不得将应当普遍共享的数据仅向特定企业、社会组织开放。

信息资源目录是审批政务信息化项目的必备条件。信息资源共享的范围、程度以及网络安全情况是确定项目建设投资、运行维护经费和验收的重要依据。

第十二条 各部门所有新建政务信息化项目,均应当在全国投资项目在线审批监管平台政务信息化项目管理子平台(以下简称管理平台)报批或者备案。

所有中央本级政务信息系统应当全口径纳入管理平台进行统一管理。各部门应当在管理平台及时更新本部门政务信息系统目录。管理平台汇总形成国家政务信息系统总目录。

第三章 建设和资金管理

第十三条 项目建设单位应当确定项目实施机构和项目责任人,建立健全项目管理制度,加强对项目全过程的统筹协调,强化信息共享和业务协同,并严格执行招标投标、政府采购、工程监理、合同管理等制度。招标采购涉密信息系统的,还应当执行保密有关法律法规规定。

第十四条 项目建设单位应当按照《中华人民共和国网络安全法》等法律法规以及党政机关安全管理等有关规定,建立网络安全管理制度,采取技术措施,加强政务信息系统与信息资源的安全保密设施建设,定期开展网络安全检测与风险评估,保障信息系统安全稳定运行。

第十五条 项目建设单位应当落实国家密码管理有关法律法规和标准规范的要求,同步规划、同步建设、同步运行密码保障系统并定期进行评估。

第十六条 项目应当采用安全可靠的软硬件产品。在项目报批阶段,要对产品的安全可靠情况进行说明。项目软硬件产品的安全可靠情况,项目密码应用和安全审查情况,以及硬件设备和新建数据中心能源利用效率情况是项目验收的重要内容。

第十七条 项目建设单位应当充分依托云服务资源开展集约化建设。

第十八条 对于人均投资规模过大、项目建设单位不具备建设运行维护能力的项目,应当充分发挥职能部门作用或者外包,减少自建自管自用自维。

第十九条 国家政务信息化项目实行工程监理制,项目建设单位应当按照信息系统工程监理有关规定,委托工程监理单位对项目建设进行工程监理。

第二十条 项目建设单位应当对项目绩效目标执行情况进行评价,并征求有关项目使用单位和监理单位的意见,形成项目绩效评价报告,在建设期内每年年底前向项目审批部门提交。

项目绩效评价报告主要包括建设进度和投资计划执行情况。对于已投入试运行的系统,还应当说明试运行效果及遇到的问题等。

第二十一条 项目建设过程中出现工程严重逾期、投资重大损失等问题的,项目建设单位应当及时向项目审批部门报告,项目审批部门按照有关规定要求项目建设单位进行整改或者暂停项目建设。

第二十二条 项目建设单位应当严格按照项目审批部门批复的初步设计方案和投资概算实施项目建设。项目建设目标和内容不变,项目总投资有结余的,应当按照相关规定将结余资金退回。

项目建设的资金支出按照国库集中支付有关制度规定执行。

第二十三条 项目投资规模未超出概算批复、建设目标不变,项目主要建设内容确需调整且资金调整数额不超过概算总投资 15%,并符合下列情形之一的,可以由项目建设单位调整,同时向项目审批部门备案:

(一)根据党中央、国务院部署,确需改变建设内容的。

(二)确需对原项目技术方案进行完善优化的。

(三)根据所建政务信息化项目业务发展需要,在已批复项目建设规划的框架下调整相关建设内容及进度的。

不符合上述情形的,应当按照国家有关规定履行相应手续。

第二十四条　初步设计方案和投资概算未获批复前,原则上不予下达项目建设投资。对于因开展需求分析、编制可行性研究报告和初步设计、购地、拆迁等确需提前安排投资的政务信息化项目,项目建设单位可以在项目可行性研究报告获批复后,向项目审批部门提出申请。

第二十五条　国家政务信息化项目建成后半年内,项目建设单位应当按照国家有关规定申请审批部门组织验收,提交验收申请报告时应当一并附上项目建设总结、财务报告、审计报告、安全风险评估报告(包括涉密信息系统安全保密测评报告或者非涉密信息系统网络安全等级保护测评报告等)、密码应用安全性评估报告等材料。

项目建设单位不能按期申请验收的,应当向项目审批部门提出延期验收申请。

项目审批部门应当及时组织验收。验收完成后,项目建设单位应当将验收报告等材料报项目审批部门备案。

第二十六条　项目建设单位应当按照国家有关档案管理的规定,做好项目档案管理,并探索应用电子档案。

未进行档案验收或者档案验收不合格的,不得通过项目验收。

第二十七条　项目建设单位应当在项目通过验收并投入运行后 12 至 24 个月内,依据国家政务信息化建设管理绩效评价有关要求,开展自评价,并将自评价报告报送项目审批部门和财政部门。项目审批部门结合项目建设单位自评价情况,可以委托相应的第三方咨询机构开展后评价。

第二十八条　加强国家政务信息化项目建设投资和运行维护经费协同联动,坚持"联网通办是原则,孤网是例外"。部门已建的政务信息化项目需升级改造,或者拟新建政务信息化项目,能够按要求进行信息共享的,由国家发展改革委会同有关部门进行审核;如果部门认为根据有关法律法规和党中央、国务院要求不能进行信息共享,但是确有必要建设或者保留的,由国家发展改革委报国务院,由国务院办公厅会同有关部门进行审核,经国务院批准后方可建设或者保留。

(一)对于未按要求共享数据资源或者重复采集数据的政务信息系统,不安排运行维护经费,项目建设单位不得新建、改建、扩建政务信息系统。

(二)对于未纳入国家政务信息系统总目录的系统,不安排运行维护经费。

(三)对于不符合密码应用和网络安全要求,或者存在重大安全隐患的政务信息系统,不安排运行维护经费,项目建设单位不得新建、改建、扩建政务信息系统。

第四章　监督管理

第二十九条　项目建设单位应当接受项目审批部门及有关部门的监督管理,配合做好绩效评价、审计等监督管理工作,如实提供建设项目有关资料和情况,不得拒绝、隐匿、瞒报。

第三十条　国务院办公厅、国家发展改革委、财政部、中央网信办会同有关部门按照职责分工,对国家政务信息化项目是否符合国家有关政务信息共享的要求,以及项目建设中招标采购、资金使用、密码应用、网络安全等情况实施监督管理。发现违反国家有关规定或者批复要求的,应当要求项目建设单位限期整改。逾期不整改或者整改后仍不符合要求的,项目审批部门可以对其进行通报批评、暂缓安排投资计划、暂停项目建设直至终止项目。

网络安全监管部门应当依法加强对国家政务信息系统的安全监管,并指导监督项目建设单位落实网络安全审查制度要求。

各部门应当严格遵守有关保密等法律法规规定,构建全方位、多层次、一致性的防护体系,按要求采用密码技术,并定期开展密码应用安全性评估,确保政务信息系统运行安全和政务信息资源共享交换的数据安全。

第三十一条　审计机关应当依法加强对国家政务信息系统的审计,促进专项资金使用真实、合法和高效,推动完善并监督落实相关制度政策。

第三十二条　项目审批部门、主管部门应当加强对绩效评价和项目后评价结果的应用,根据评价结果对国家政务信息化项目存在的问题提出整改意见,指导完善相关管理制度,并按照项目审批管理要求将评价结果作为下一年度安排政府投资和运行维护经费的重要依据。

第三十三条　单位或者个人违反本办法规定未履行审批、备案程序,或者因管理不善、弄虚作假造成严重超概算、质量低劣、损失浪费、安全事故或者其他责任事故的,相关部门应当予以通报批评,并对负有直接责任的主管人员和其他责任人员依法给予处分。

相关部门、单位或者个人违反国家有关规定,截留、挪用政务信息化项目资金,或者违规安排运行维护经费的,由有关部门按照《财政违法行为处罚处分条例》等相关规定予以查处。

第五章　附　则

第三十四条　国务院有关部门可以根据本办法的规定及职责分工,制定本部门的具体管理办法。

各省、自治区、直辖市人民政府可以参照本办法制定本地区的管理办法。

第三十五条　本办法由国家发展改革委会同财政部负责解释。

第三十六条　本办法自 2020 年 2 月 1 日起施行。2007 年 8 月 13 日国家发展改革委公布的《国家电子政务工程建设项目管理暂行办法》同时废止。

附录 4 标准规范

1. 大数据领域国家标准目录

序 号	标准号	标准名称	发布时间
1	GB/T 34945—2017	信息技术数据溯源描述模型	2017 年
2	GB/T 34952—2017	多媒体数据语义描述要求	2017 年
3	GB/T 35294—2017	信息技术科学数据引用	2017 年
4	GB/T 35295—2017	信息技术大数据术语	2017 年
5	GB/T 35589—2017	信息技术大数据技术参考模型	2017 年
6	GB/T 35274—2017	信息安全技术大数据服务安全能力要求	2017 年
7	GB/T 36343—2018	信息技术数据交易服务平台交易数据描述	2018 年
8	GB/T 37728—2019	信息技术数据交易服务平台通用功能要求	2019 年
9	GB/T 36344—2018	信息技术数据质量评价指标	2018 年
10	GB/T 36345—2018	信息技术通用数据导入接口	2018 年

2. 云计算领域国家标准目录

序 号	标准号	标准名称	发布时间
1	GB/T 37738—2019	信息技术云计算云服务质量评价指标	2019 年
2	GB/T 37736—2019	信息技术云计算云资源监控通用要求	2019 年
3	GB/T 37741—2019	信息技术云计算云服务交付要求	2019 年
4	GB/T 36325—2018	信息技术云计算云服务级别协议基本要求	2018 年
5	GB/T 36326—2018	信息技术云计算云服务运营通用要求	2018 年
6	GB/T 35293—2017	信息技术云计算虚拟机管理通用要求	2017 年
7	GB/T 38249—2019	信息安全技术政府网站云计算服务安全指南	2019 年
8	GB/T 37732—2019	信息技术云计算云存储系统服务接口功能	2019 年
9	GB/T 37735—2019	信息技术云计算云服务计量指标	2019 年
10	GB/T 37972—2019	信息安全技术云计算服务运行监管框架	2019 年
11	GB/T 37734—2019	信息技术云计算云服务采购指南	2019 年
12	GB/T 37739—2019	信息技术云计算平台即服务部署要求	2019 年
13	GB/T 37737—2019	信息技术云计算分布式块存储系统总体技术要求	2019 年
14	GB/T 37740—2019	信息技术云计算云平台间应用和数据迁移指南	2019 年
15	GB/T 36623—2018	信息技术云计算文件服务应用接口	2018 年

续表

序 号	标准号	标准名称	发布时间
16	GB/T 36327—2018	信息技术云计算平台即服务(PaaS)应用程序管理要求	2018 年
17	GB/T 35279—2017	信息安全技术云计算安全参考架构	2017 年
18	GB/T 35301—2017	信息技术云计算平台即服务(PaaS)参考架构	2017 年
19	GB/T 34942—2017	信息安全技术云计算服务安全能力评估方法	2017 年
20	GB/T 34982—2017	云计算数据中心基本要求	2017 年
21	GB/T 34077.1—2017	基于云计算的电子政务公共平台管理规范第1部分:服务质量评估	2017 年
22	GB/T 34078.1—2017	基于云计算的电子政务公共平台总体规范第1部分:术语和定义	2017 年
23	GB/T 34079.3—2017	基于云计算的电子政务公共平台服务规范第3部分:数据管理	2017 年
24	GB/T 34080.1—2017	基于云计算的电子政务公共平台安全规范第1部分:总体要求	2017 年
25	GB/T 34080.2—2017	基于云计算的电子政务公共平台安全规范第2部分:信息资源安全	2017 年
26	GB/T 33780.1—2017	基于云计算的电子政务公共平台技术规范第1部分:系统架构	2017 年
27	GB/T 33780.2—2017	基于云计算的电子政务公共平台技术规范第2部分:功能和性能	2017 年
28	GB/T 33780.3—2017	基于云计算的电子政务公共平台技术规范第3部分:系统和数据接口	2017 年
29	GB/T 33780.6—2017	基于云计算的电子政务公共平台技术规范第6部分:服务测试	2017 年
30	GB/T 32399—2015	信息技术云计算参考架构	2015 年
31	GB/T 32400—2015	信息技术云计算概览与词汇	2015 年
32	GB/T 31167—2014	信息安全技术云计算服务安全指南	2014 年
33	GB/T 31168—2014	信息安全技术云计算服务安全能力要求	2014 年

3. 信息安全领域国家标准目录

序 号	标准号	标准名称	发布时间
1	GB/T 22239—2019	信息安全技术网络安全等级保护基本要求	2019 年
2	GB/T 25070—2019	信息安全技术网络安全等级保护安全设计技术要求	2019 年
3	GB/T 28448—2019	信息安全技术网络安全等级保护测评要求	2019 年
4	GB/T 37972—2019	信息安全技术云计算服务运行监管框架	2019 年

续表

序　号	标准号	标准名称	发布时间
5	GB/T 37988—2019	信息安全技术数据安全能力成熟度模型	2019 年
6	GB/T 37964—2019	信息安全技术个人信息去标识化指南	2019 年
7	GB/T 25069—2010	信息安全技术术语	2010 年
8	GB/Z 29830.1—2013	信息技术安全技术信息技术安全保障框架第 1 部分：综述和框架	2013 年
9	GB/T 33132—2016	信息安全技术信息安全风险处理实施指南	2016 年
10	GB/T 36626—2018	信息安全技术信息系统安全运维管理指南	2018 年
11	GB/T 20984—2007	信息安全技术信息安全风险评估规范	2007 年
12	GB/T 31509—2015	信息安全技术信息安全风险评估实施指南	2015 年
13	GB/Z 24364—2009	信息安全技术信息安全风险管理指南	2009 年
14	GB/T 31500—2015	信息安全技术存储介质数据恢复服务要求	2015 年
15	GB/T 36618—2018	信息安全技术金融信息服务安全规范	2018 年
16	GB/T 30271—2013	信息安全技术信息安全服务能力评估准则	2013 年
17	GB/T 30283—2013	信息安全技术信息安全服务分类	2013 年
18	GB/T 32914—2016	信息安全技术信息安全服务提供方管理要求	2016 年
19	GB/T 25067—2016	信息技术安全技术信息安全管理体系审核和认证机构要求	2016 年
20	GB/T 28450—2012	信息安全技术信息安全管理体系审核指南	2012 年
21	GB/T 31496—2015	信息技术安全技术信息安全管理体系实施指南	2015 年
22	GB/T 31497—2015	信息技术安全技术信息安全管理测量	2015 年
23	GB/T 22080—2016	信息技术安全技术信息安全管理体系要求	2016 年
24	GB/T 22081—2016	信息技术安全技术信息安全控制实践指南	2016 年
25	GB/T 28453—2012	信息安全技术信息系统安全管理评估要求	2012 年
26	GB/T 29246—2017	信息技术安全技术信息安全管理体系概述和词汇	2017 年
27	GB/T 31495.1—2015	信息安全技术信息安全保障指标体系及评价方法第 1 部分：概念和模型	2015 年
28	GB/T 31495.2—2015	信息安全技术信息安全保障指标体系及评价方法第 2 部分：指标体系	2015 年
29	GB/T 31495.3—2015	信息安全技术信息安全保障指标体系及评价方法第 3 部分：实施指南	2015 年
30	GB/T 31722—2015	信息技术安全技术信息安全风险管理	2015 年
31	GB/T 32920—2016	信息技术安全技术行业间和组织间通信的信息安全管理	2016 年
32	GB/T 32923—2016	信息技术安全技术信息安全治理	2016 年

续表

序　号	标准号	标准名称	发布时间
33	GB/Z 32916—2016	信息技术安全技术信息安全控制措施审核员指南	2016 年
34	GB 17859—1999	计算机信息系统安全保护划分准则	1999 年
35	GB/T 20271—2006	信息安全技术信息系统通用安全技术要求	2006 年
36	GB/T 20274.1—2006	信息安全技术信息系统安全保障评估框架第 1 部分：简介和一般模型	2006 年
37	GB/T 20274.2—2008	信息安全技术信息系统安全保障评估框架第 2 部分：技术保障	2008 年
38	GB/T 20274.3—2008	信息安全技术信息系统安全保障评估框架第 3 部分：管理保障	2008 年
39	GB/T 20274.4—2008	信息安全技术信息系统安全保障评估框架第 4 部分：工程保障	2008 年
40	GB/T 21052—2007	信息安全技术信息系统物理安全技术要求	2007 年
41	GB/T 22239—2019	信息安全技术网络安全等级保护基本要求	2019 年
42	GB/T 22240—2008	信息安全技术信息系统安全等级保护定级指南	2008 年
43	GB/T 25058—2019	信息安全技术网络安全等级保护实施指南	2019 年
44	GB/T 25070—2019	信息安全技术网络安全等级保护安全设计技术要求	2019 年
45	GB/T 28448—2019	信息安全技术网络安全等级保护测评要求	2019 年
46	GB/Z 32906—2016	信息安全技术中小电子商务企业信息安全建设指南	2016 年

4. 智慧城市领域国家标准目录

序　号	标准号	标准名称	发布时间
1	GB/T 33356—2016	新型智慧城市评价指标	2016 年
2	GB/T 34680.1—2017	智慧城市评价模型及基础评价指标体系第 1 部分：总体框架及分项评价指标制定的要求	2017 年
3	GB/T 34680.3—2017	智慧城市评价模型及基础评价指标体系第 3 部分：信息资源	2017 年
4	GB/T 34680.4—2018	智慧城市评价模型及基础评价指标体系第 4 部分：建设管理	2018 年
5	GB/T 34678—2017	智慧城市技术参考模型	2017 年
6	GB/T 35776—2017	智慧城市时空基础设施基本规定	2017 年
7	GB/T 35775—2017	智慧城市时空基础设施评价指标体系	2017 年
8	GB/T 38237—2019	智慧城市建筑及居住区综合服务平台通用技术要求	2019 年
9	GB/T 37971—2019	信息安全技术智慧城市安全体系框架	2019 年
10	GB/T 37043—2018	智慧城市术语	2018 年

序　号	标准号	标准名称	发布时间
11	GB/T 36620—2018	面向智慧城市的物联网技术应用指南	2018 年
12	GB/T 36621—2018	智慧城市信息技术运营指南	2018 年
13	GB/T 36622.1—2018	智慧城市公共信息与服务支撑平台第 1 部分：总体要求	2018 年
14	GB/T 36622.2—2018	智慧城市公共信息与服务支撑平台第 2 部分：目录管理与服务要求	2018 年
15	GB/T 36622.3—2018	智慧城市公共信息与服务支撑平台第 3 部分：测试要求	2018 年
16	GB/T 36625.1—2018	智慧城市数据融合第 1 部分：概念模型	2018 年
17	GB/T 36625.2—2018	智慧城市数据融合第 2 部分：数据编码规范	2018 年
18	GB/T 36625.5—2019	智慧城市数据融合第 5 部分：市政基础设施数据元素	2019 年
19	GB/T 36332—2018	智慧城市领域知识模型核心概念模型	2018 年
20	GB/T 36333—2018	智慧城市顶层设计指南	2018 年
21	GB/T 36334—2018	智慧城市软件服务预算管理规范	2018 年
22	GB/T 36445—2018	智慧城市 SOA 标准应用指南	2018 年

附录 5　系统集成及智能建筑与综合布线类标准规范

1. 智能建筑规范

序　号	标准编号	标准年份	标准名称
1	GB 50314—2015	2015	智能建筑设计规范
2	GB/T 50378—2014	2014	绿色建筑评价标准
3	GB 50343—2012	2012	建筑物电子信息系统防雷技术
4	GB 50339—2013	2013	智能建筑工程质量验收规范
5	CB 50096—2011	2011	住宅设计规范
6	CB 50057—2010	2010	建筑物防雷设计规范
7	JG 1242—2011	2011	住宅建筑电气设计规范
8	GB 50343—2012	2012	建筑物电子信息系统防雷技术规范
9	GB 50606—2010	2010	智能建筑工程施工规范
10	QXT 331—2016	2016	智能建筑防雷设计规范
11	JGJT 417—2017	2017	建筑智能化系统运行维护技术规范
12	CAS 212—2013	2013	住宅装修工程电气及智能化系统设计、施工与验收规范
13	CJ/T 174—2003	2003	居住区智能化系统配置与技术要求
14	GA/T 678—2007	2007	联网型可视对讲系统技术要求
15	GB/T 36275—2018	2018	专用数字对讲设备电磁兼容限值和测量方法
16	GA 1210—2014	2014	楼寓对讲系统安全技术要求
17	GA/T 72—2013	2013	楼寓对讲电控安全门通用技术条件

2. 入侵报警系统规范

序　号	标准编号	标准年份	标准名称
1	GA/T 368—2001	2001	入侵报警系统技术要求
2	GB 50394—2007	2007	入侵报警系统工程设计规范
3	GB 15407—2010	2010	遮挡式微波入侵探测器技术要求
4	GB 12663—2001	2001	防盗报警器通用技术条件
5	GB/T 15211—2013	2013	安全防范报警设备环境适应性要求和试验方法
6	CNCA C19 01—2014	2014	防盗报警产品认证实施规则

序　号	标准编号	标准年份	标准名称
7	CB 12663—2001	2001	防盗报警控制器通用技术条件
8	GA/T 1217—2015	2015	光纤振动入侵探测器技术要求
9	GA/T 1372—2017	2017	甚低频感应入侵探测器技术要求
10	GB 10408.1—2000	2000	入侵探测器第1部分:通用要求
11	GB 10408.2—2000	2000	入侵探测器第2部分:室内用超声波名普勒探测器
12	GB 10408.3—2000	2000	入侵探测器第3部分:室内用微波名普勒探测器
13	GB 10408.4—2000	2000	入侵探测器第4部分:主动红外入侵探测器
14	GB 10408.5—2000	2000	入侵探测器第5部分:被动红外入侵探测器
15	GB 10408.6—2009	2009	入侵探测器第6部分:微波和被动红外复合入侵探测器
16	GB 15209—2006	2006	磁开关入侵探测器
17	GB 24475—2009	2009	电梯远程报警系统
18	GB/T 31132—2014	2014	无线(射频)设备互联技术要求
19	GB/T 32187—2015	2015	化学毒剂报警器通用技术条件
20	GB/T 32209—2015	2015	多组分有害气体检测报警器
21	GB/T 32581—2016	2016	入侵和紧急报警系统技术要求
22	GB/T 28454—2012	2012	信息技术安全技术入侵检测系统的选择、部署和操作
23	CB/T 36546—2018	2018	入侵和紧急报警系统告警装置技术要求

3. 出入口控制系统规范

序　号	标准编号	标准年份	标准名称
1	GB 50396—2007	2007	出入口控制系统工程设计规范
2	GA/T 394—2002	2002	出入口控制系统技术要求
3	GB 17565—2007	2007	防盗安全门通用技术条件
4	GB/T 36094—2018	2018	信息技术生物特征识别嵌入式 BoAP
5	GA 1209—2016	2016	公安监管场所监区门禁系统
6	GA/T 992—2012	2012	停车库(场)出入口控制设备技术要求
7	GA/T 1093—2013	2013	出入口控制人脸识别系统技术要求
8	GA/T 1132—2014	2014	车辆出入口电动栏杆机技术要求
9	GA/T 1260—2016	2016	人行出入口电控通道闸通用技术要求
10	GB/T 31778—2015	2015	数字城市一卡通互联互通通用技术要求
11	N/T 3079.1—2012	2012	进出口安全技术防范产品检验规程第部分:安全防范报警设备
12	GBZ/T 223—2009	2009	工作场所有毒气体检测报警装置设置规范

续表

序　号	标准编号	标准年份	标准名称
13	GA/T 644—2006	2006	2006电子巡查系统技术要求

4. 安全防范系统规范

序　号	标准编号	标准年份	标准名称
1	GA 1211—2014	2014	安全防范高清视频监控系统技术要求
2	GA/T 1297—2016	2016	安防线缆
3	GA/T 405—2002	2002	安全技术防范产品分类与代码
4	GA/T 367—2001	2001	视频安防监控系统技术要求
5	GA/T 75—94	1994	安全防范工程程序与要求
6	GA 308—2001	2001	安全防范系统验收规则
7	GA 38—2015	2015	银行营业场所安全防范要求
8	GA/T 669.1—2008	2008	城市监控报警联网系统技术标准第1部分：通用技术要求
9	GA/T 669.3—2008	2008	城市监控报警联网系统技术标准 第3部分：前端信息采集技术要求
10	GA/T 669.4—2008	2008	城市监控报警联网系统技术标准第4部分：视音频编、解码技术要求
11	GA/T 669.5—2008	2008	城市监控报警联网系统技术标准第5部分：信息传输、交换、控制技术要求
12	GA/T 669.6—2008	2008	城市监控报警联网系统技术标准第6部分：视音频显示、存储、播放技术要求
13	GA/T 669.7—2008	2008	城市监控报警阿系统技术标准第7部分：管理平台技术要求
14	GA/T 669.8—2009	2009	城市监控报警联网系统技术标准第8部分：传输网络技术要求
15	GA/T 669.9—2009	2009	城市监控报警联网系统技术标准第9部分：卡口信息识别、比对、监测系统技术要求
16	GA/T 669.10—2009	2009	城市监控报警联网系统技术标准第10部分：无线视音频监控系统技术要求
17	GA/T 128—2013	2013	安全防范视频监控高清晰度摄像机测量方法
18	GA/T 1216—2015	2015	安全防范监控网络视音额编解码设备
19	GA/T 646—2016	2016	安全防范视频监控矩阵设备通用技术要求
20	GA/T 1185—2014	2014	安全防范工程技术文件编制深度要求
21	CA/T 1324—2017	2017	人脸识别应用静态人脸图像采集规范

序　号	标准编号	标准年份	标准名称
22	GA/T 1325—2017	2017	人脸识别应用视频图像采集规范
23	GA/T 1353—2018	2018	视频监控摄像机防护罩通用技术要求
24	GA/T 1645—2014	2014	安全防范监控变速球型摄像机
25	GA/T 70—2014	2014	安全防范工程建设与维护保养费用预算编制办法
26	GA/T 174—2017	2017	安全防范系统通用图形符号
27	GB 20815—2006	2006	视频安防监控数字录像设备
28	GB 50198—2011	2011	民用闭路监视电视系统工程技术规范
29	GB 50348—2018	2018	安全防范工程技术标准
30	GB 50395—2007	2007	视频安防监控系统工程设计规范
31	GB/T 15211—2013	2013	安全防范报警设备环境适应性要求和试验方法
32	GB/T 15408—2011	2011	安全防范系统供电技术要求
33	CB/T 16571—2012	2012	博物馆和文物保护单位安全防范系统要求
34	GB/T 25724—2010	2010	安全防范监控数字视音频编解码技术要求
35	GB/T 28181—2016	2016	公共安全视频监控联网系统信息传输、交换、控制技术要求
36	GB/T 16697—2017	2017	单传感器应用电视摄像机通用技术要求及测量方法
37	GB/T 30147—2013	2013	安防监控视频实时智能分析设备技术要求
38	GB/T 31488—2015	2015	安全防范视频监控人脸识别系统技术要求
39	GB/T 15412—2017	2017	应用电视摄像机云台通用规范
40	GB/T 186—2013	2013	安全防范系统雷电防护要求及检测技术规范
41	CA/T 1297—2016	2016	安防线缆
42	GA/T 646—2016	2016	安全防范视频监控矩阵设备通用技术要求
43	YD/T 2387—2011	2011	网络安全监控系统技术要求
44	GB/T 32659—2016	2016	专用数字对讲设备技术要求和测试方法
45	YD/T 5160—2015	2015	无线通信室内覆盖系统工程验收规范
46	CB/T 51292—2018	2018	无线通信室内覆盖系统工程技术标准
47	DG/T 108—1105—2017	2017	公用移动通信室内信号覆盖系统设计与验收标准

5. 综合布线系统规范

序　号	标准编号	标准年份	标准名称
1	DL/T 5715—2015	2015	电力光纤到户组网技术规程
2	DL/T 5716—2015	2015	电力光纤到户施工及验收规范
3	GB 50846—2012	2012	住宅区和住宅建筑内光纤到户通信设施工程设计规范

续表

序　号	标准编号	标准年份	标准名称
4	GB 50847—2012	2012	住宅区和住宅建筑内光纤到户通信设施工程施工及验收规范
5	GB 50217—2018	2018	电力工程电缆设计标准
6	GB 50311—2016	2016	综合布线系统工程设计规范
7	GB/T 50312—2016	2016	综合布线系统工程验收规范
8	GB/T 31990.5—2017	2017	塑料光纤电力信息传输系统技术规范第 5 部分：综合布线
9	GB/T 34961.3—2017	2017	用户建筑群布缆的实现和操作第 3 部分：光纤布缆测试
10	GB/T 7247.2—2018	2018	激光产品的安全第 2 部分：光纤通信系统（OFCS）的安全
11	GY/T 306.1—2017	2017	有线电视网络光纤到户系统技术规范第 1 部分：总体技术要求
12	YD 5206—2014	2014	宽带光纤接入工程设计规范
13	YD 5207—2014	2014	宽带光纤接入工程验收规范
14	YD/T 1528—2016	2016	光纤收发器技术要求
15	YD/T 926.1—2009	2009	大楼通信综合布线系统第 1 部分：总规范
16	YD/T 926.2—2009	2009	大楼通信综合布线系统第 2 部分：电缆、光缆技术要求
17	YD/T 926.3—2009	2009	大楼通信综合布线系统第 3 部分：连接硬件和接插软线技术要求
18	YD/T 2963—2015	2015	互联网数据中心(DC)综合布线系统
19	GB/T 21762—2008	2008	电缆管理电缆托盘系统和电缆梯架系统
20	GB/T 31240—2014	2014	用户建筑群布缆的路径和空间

6. 计算机网络系统规范

序　号	标准编号	标准年份	标准名称
1	CNCA—C—048	2007	2007 无线局域网产品强制性认证实施规则无线局域网产品
2	GB/T 11457—2006	2006	信息技术软件工程术语
3	YD/T 2895—2015	2015	智能光分配网络总体技术要求
4	YD/T 3235—2017	2017	具有双栈内容交换功能的以太网交换机测试方法
5	GB/T 14394—2008	2008	计算机软件可靠性和可维护性管理
6	GB/T 8566—2001	2001	信息技术软件生存周期过程
7	GB/T 9385—2008	2008	计算机软件需求说明编制指南

序　号	标准编号	标准年份	标准名称
8	GB 50373—2006	2006	通信管道与通道工程设计规范
9	GB/T 16680—2015	2015	软件文档管理指南
10	GB/T 30094—2013	2013	工业以太网交换机技术规范
11	GB/T 33007—2016	2016	工业通信网络网络和系统安全工业自动化和控制系统安全程序
12	GB/T 51244—2017	2017	公众移动通信隧道覆盖工程技术规范
13	GB/T 8567—2006	2006	计算机软件文档编制规范
14	GB/T 16260.1—2006	2006	软件工程产品质量电工术语计算机网络技术
15	GB/T 2900.96—2015	2015	电工术语计算机网络技术
16	GB/T 9386—2008	2008	计算机软件测试文件编制规范
17	GB/T 36627—2018	2018	信息安全技术网络安全等级保护测试评估技术指南
18	GB/T 9813.3—2017	2017	计算机通用规范第 3 部分：服务器
19	GB/T 9813.4—2017	2017	计算机通用规范第 4 部分：工业应用微型计算机
21	YD 5080—2005	2005	SDH 光缆通信工程网管系统设计暂行规定
22	S/T 11536.1—2015	2015	高性能计算机刀片服务器第 1 部分：管理模块技术要求
23	S/T 11537—2015	2015	高性能计算机机群监控系统技术要求
24	YD/T 1097—2009	2009	路由器设备技术条件核心路由器

7. 计算机网络系统规范及图集

序　号	标准编号	标准年份	标准名称
1	YD/T 2319—2011	2011	数据设备用网络机柜技术要求和检验方法
2	YD/T 2391—2011	2011	IP 存储网络安全技术要求
3	YD/T 2392—2011	2011	IP 存储网络安全测试方法
4	YD/T 2403—2012	2012	以太网交换机节能参数和测试方法
5	YD/T 3096—2016	2016	数据中心接入以太网交换机设备技术要求
6	YD/T 1099—2005	2005	以太网交换机技术要求标准
7	YD/T 2874—2015	2015	LTE 无线网络安全网关测试方法
8	GB/T 35286—2017	2017	信息安全技术低速无线个域网空口安全测试规范
9	DG/T 108—2163—2015	2015	公共场所无线局域网信号覆盖系统集约化技术规范

8. 信息技术规范

序　号	标准编号	标准年份	标准名称
1	CNCA—C09—01—2014	2014	强制性产品认证实施规则信息技术设备
2	DB/T 1538—2018	2018	分体式空气调节器节能监测

续表

序　号	标准编号	标准年份	标准名称
3	GB 1526—1989	1989	信息处理数据流程图、程序流程图、系统流程图、程序网络图和系统资源图的文件编制符号及约定
4	GB 4943.23—2012	2012	信息技术设备安全第 23 部分：大型数据存储设备
5	GB/T 16260—1996	1996	信息技术软件产品评价质量特性及其使用指南
6	GB/T 18220—2012	2012	信息技术手持式信息处理设备通用规范
7	GB/T 19668.2—2017	2017	信息技术服务监理第 2 部分：基础设施工程监理规范
8	GB/T 19668.4—2017	2017	信息技术服务监理第 4 部分：信息安全监理规范
9	GB/T 28037—2011	2011	信息技术投影机规范
10	GB/T 29261.3—2012	2012	信息技术自动识别和数据采集技术第 3 部分：射频识别
11	GB/T 29265.305—2012	2012	信息技术信息设备资源共享协同服务第 305 部分：电力线通信接口
12	GB/T 29265.403—2017	2017	信息技术信息设备资源共享协同服务第 403 部分：远程音视频访问框架
13	GB/T 29265.407—2017	2017	信息技术信息设备资源共享协同服务第 407 部分：音频互连协议
14	GB/T 29265.502—2017	2017	信息技术信息设备资源共享协同服务第 502 部分：远程访问测试
15	GB/T 29269—2012	2012	信息技术 住宅通用布缆
16	GB/T 29272—2012	2012	信息技术射频识别设备性能测试方法系统性能测试方法
17	GB/T 32925—2016	2016	信息安全技术政府联网计算机终端安全管理基本要求
18	GB/T 33848.3—2017	2017	信息技术射频识别第 3 部分：13.56MHz 的空中接口通信参数
19	GB/T 8566—2007	2007	信息技术软件生存周期过程
20	GB/T 18233.3—2018	2018	信息技术用户建筑群通用布缆第 3 部分：工业建筑群
21	GB/T 30269.804—2016	2018	信息技术传感器网络第 804 部分：测试：传感器接口
22	GB/T 30269.903—2018	2018	信息技术传感器网络第 903 部分：网关：逻辑接口
23	GB/T 33475.3—2018	2018	信息技术高效多媒体编码第 3 部分：音频
24	GB/T 33767.6—2018	2018	信息技术生物特征样本质量第 6 部分：虹膜图像数据
25	GB/T 36092—2018	2018	信息技术 备份储器备份技术应用要求
26	GB/T 36365—2018	2018	信息技术射频识别 800/900 MHz 无源标签通用规范
27	GB/T 36454—2018	2018	信息技术系统间远程通信和信息交换中高速无线局域网媒体访问控制和物理层规范

序　号	标准编号	标准年份	标准名称
28	GB/T 36460—2018	2018	信息技术生物特征识别多模态及其他多生物特征融合
29	GB/T 36464.2—2018	2018	信息技术智能语音交互系统第2部分：智能家居
30	GB/T 36464.3—2018	2018	信息技术智能语音交互系统第3部分：智能客服
31	GB/T 36464.4—2018	2018	信息技术智能语音交互系统第4部分：移动终端
32	GB/T 36464.5—2018	2018	信息技术智能语音交互系统第5部分：车载终端
33	GB/T 36621—2018	2018	智慧城市信息技术运营指南
34	GB/T 36624—2018	2018	安全技术可鉴别的加密机制
35	GB/T 19668.5—2018	2018	信息技术服务监理第5部分：软件工程监理规范
36	GB/T 30269.803—2011	2017	信息技术传感器网络第803部分：测试：低速无线传感器网络网络层和应用支持子层
37	GB/T 30269.806—2018	2018	信息技术传感器网络第806部分：测试：传感节点标
38	GB/T 30269.902—2018	2018	信息技术传感器网络第902部分：网关：远程管理技术
39	GB/T 30996.3—2018	2018	信息技术实时定位系统第3部分：433 MHz空中接口协议
40	GB/T 33851—2017	2017	信息技术系统间远程通信和信息交换基于双载波的无线高速率超宽带物理层测试规范
41	GB/T 34961.2—2017	2017	信息技术用户建筑群布缆的实现和操作第2部分：规划和安装
42	GB/T 34961.3—2017	2017	信息技术用户建筑群布缆的实现和操作第3部分：光纤布缆测试
43	GB/T 35297—2017	2017	信息技术盘阵列通用规范
44	GB/T 35783—2017	2017	信息技术虹膜识别设备通用规范
45	GB/T 36093—2018	2018	信息技术网际互联协议的存储区域网络（P-SAN应用规范）
46	GB/T 36330—2018	2018	信息技术面问燃气表远程管理的无线传感器网络系统技术要求
47	GB/T 36364—2018	2018	信息技术射频识别2.45GHz标签通用规范
48	GB/T 36435—2018	2018	信息技术射频识别2.45GHz读写器通用规范
49	GB/T 36458—2018	2018	值息技术无线接入点的用户建筑群布缆
50	JGJ/T 313—2013	2013	建设领域信息技术应用基本术语标准
51	SJ/T 11655—2016	2016	信息技术移动存储移动硬盘通用规范
52	SJ/T 11674.1—2017	2017	信息技术服务集成实施第1部分：通用要求
53	SJ/T 11693.1—2017	2017	信息技术服务服务管理

续表

序　号	标准编号	标准年份	标准名称
54	SN/T 1429.13—2016	2016	进出口信息技术设备检验技术要求第8部分：影像设备的能效
55	GB/T 35290—2017	2017	信息安全技术射频识别(RFID)系统通用安全技术要求

9. 数据中心机房规范

序　号	标准编号	标准年份	标准名称
1	GB 50462—2015	2015	数据中心基础设施施工及验收规范
2	GB 50174—2017	2017	数据中心设计规范
3	GB/T 19413—2010	2010	计算机和数据处理机房用单元式空气调节机
4	GB/T 31347—2014	2014	节能量测量和验证技术要求通信机房项目
5	YD/T 1821—2008	2008	通信中心机房环境条件要求
6	YD/T 2435.1—2012	2012	通信电源和机房环境节能技术指南第1部分总则
7	YD/T 2435.3—2012	2012	通信电源和机房环境节能技术指南第3部分：电源设备能效分级
8	YD/T 2435.4—2012	2012	通信电源和机房环境节能技术指南第4部分：空调能效分级
9	YD/T 2061—2009	2009	通信机房用恒温恒湿空调系统
10	YD/T 2435.5—2017	2017	通信电源和机房环境节能技术指南 第5部分：气流组织
11	YD/T 2947—2015	2015	通信机房用走线架及走线梯
12	GB/T 32910.1—2017	2017	数据中心资源利用第1部分：术语
13	GB/T 32910.2—2017	2017	数据中心资源利用第2部分：关键性能指标设置要求
14	GB/T 32910.3—2016	2016	数据中心资源利用第3部分：电能能效要求和测量方法
15	TCECS 485—2017	2017	数据中心网络布线技术规程
16	TCECS 486—2017	2017	数据中心供配电设计规程
17	YD/T 1095—2018	2018	通信用交流不间断电源(UPS)

10. 有线电视及公共广播系统规范

序　号	标准编号	标准年份	标准名称
1	DB/T 804—2011	2011	民用建筑通信及有线广播电视基础设施设计规范
2	DB/T 13187—2014	2014	住宅区和住宅建筑内有线广播电视设施工程设计、施工和验收规范
3	GB 50526—2010	2010	公共广播系统工程技术规范
4	GB/T 28430—2012	2012	数字电视系统数据广播技术规范

序　号	标准编号	标准年份	标准名称
5	GB/T 50200—2018	2018	有线电视网络工程设计标准
6	GB/T 51265—2018	2018	有线电视网络工程施工与验收标准
7	MH/T 5020—2016	2016	民用运输机场航站楼公共广播系统工程设计规范
8	GY 5076—2006	2006	有线广播电视光缆干线网传输设备安装验收规范
9	GY 5078—2008	2008	有线电视分配网络工程安全技术规范
10	GY/T 306.1—2017	2017	有线电视网络光纤到户系统技术规范第1部分：总体技术要求
11	GY/T 5088—2013	2013	电视和调频广播发射天线馈线系统技术指标
12	GB/T 26686—2017	2017	地面数字电视接收机通用规范
13	GB/T 26685—2017	2017	地面数字电视接收机测量方法
14	GY/T 300—2016	2016	有线数字电视光链路技术要求和测量方法

11. 会议系统规范

序　号	标准编号	标准年份	标准名称
1	GB 51043—2014	2014	电子会议系统工程施工与质量验收规范
2	GB 50371—2006	2006	厅堂扩声系统设计规范
3	GB 50464—2008	2008	视频显示系统工程技术规范
4	GB 50635—2010	2010	会议电视会场系统工程设计规范
5	GB 50793—2012	2012	会议电视会场系统工程施工及验收规范
6	GB 50799—2012	2012	电子会议系统工程设计规范
7	GB/T 30520—2014	2014	会议分类和术语
8	GB/T 33773—2017	2017	音视频设备红外线遥控编码规则
9	GB/T 35784—2017	2017	视听设备音频系统小损伤的主观评价方法
10	GB/T 9002—2017	2017	音频、视频和视听设备及系统词汇
11	GB/T 21642.3—2012	2012	基于P网络的视讯会议系统设备技术要求第3部分：多点控制单元（MCU）
12	GB/T 21642.4—2012	2012	基于ip网络的视讯会议系统设备技术要求第4部分：网守（GK）
13	GB/T 34959—2017	2017	音频、视频、信息技术和通信技术设备环境意识设计
14	GY 5055—2008	2008	扩声、会议系统安装工程施工及验收规范
15	ST 11141—2012	2012	J LED显示屏通用规范
16	ST 11343—2006	2006	数字电视液晶显示器通用规范
17	YD 5032—2005	2005	会议电视系统工程设计规范

续表

序　号	标准编号	标准年份	标准名称
18	YDB 142.4—2013	2013	多媒体终端设备节能参数和测试方法第 4 部分：视频监控设备
19	YD/T 2309—2011	2011	音频质量主观测试方法
20	YD/T 3244—2017	2017	远程呈现视频会议系统架构
21	YD/T 3245.1—2017	2017	远程呈现视频会议系统协议技术要求第 1 部分：媒体参数
22	GB/T 50525—2010	2010	视频显示系统工程测量规范
23	GB/T 28048—2011	201	厅堂、体育场馆扩声系统验收规范
24	GB/T 28049—2011	2011	厅堂、体育场馆护声系统设计规范
25	GB/T 28047—2011	2011	厅堂、体育场馆扩声系统听音评价方法
26	GB/T 4959—2011	2011	厅堂扩声特性测量方法
27	GB/T 29458—2012	2012	体育场馆 LED 显示屏使用要求及检验方法
28	GB/T 22698—2017	2017	多媒体设备安全指南
29	SJ/T 11596—2016	2016	电子投影机多媒体功能技术要求和测量方法

12. 智能家居系统规范

序　号	标准编号	标准年份	标准名称
1	GB/T 19582.1—2008	2008	基于 Modbus 协议的工业自动化网络规范第 1 部分
2	GB/T 19582.2—2008	2008	基于 Modbus 协议的自动化网络规范第 2 部分
3	GB/T 19582.3—2008	2008	基于 Modbus 协议的工业自动化网络规范第 3 部分
4	GB/T 30246.1—2013	2013	家庭网络
5	GB/T 33474—2016	2016	物联网参考体系结构
6	GB/T 34037—2017	2017	物联网差压变送器规范
7	GB/T 34043—2017	2017	物联网智能家居图形符号
8	GB/T 34068—2017	2017	物联网总体技术智能传感器接口规范
9	GB/T 34069—2017	2017	物联网总体技术智能传感器特性与分类
10	GB/T 34070—2017	2017	物联网电流变送器规范
11	GB/T 34071—2017	2017	物联网总体技术智能传感器可靠性设计方法与评审
12	GB/T 34072—2017	2017	物联网温度变送器规范
13	GB/T 34073—2017	2017	物联网压力变送器规范
14	GB/T 35134—2017	2017	物联网智能家居设备描述方法
15	GB/T 28219—2011	2011	智能家用电器的智能化技术通则
16	GB/T 36424.1—2018	2018	物联网家电接口规范第 1 部分：控制系统与通信模块间接口

序　号	标准编号	标准年份	标准名称
17	GB/T 35136—2017	2017	智能家居自动控制设备通用技术要求
18	GB/T 35143—2017	2017	物联网智能家居数据和设备编码
19	GB/T 35319—2017	2017	物联网系统接口要求
20	GB/T 36429—2018	2018	物联网家电系统结构及应用模型
21	YDB 101—2012	2012	物联网安全需求
22	YDB 123—2013	2013	泛在物联应用智能家居系统技术要求
23	YDB 172—2017	2017	物联网感知通信系统安全等级保护基本要求
24	YDB 173—2017	2017	物联网终端嵌入式操作系统安全技术要求
25	YDB 201—2018	2018	智能家居终端设备安全能力技术要求

13. 给排水规范及图集

序　号	标准编号	标准年份	标准名称
1	CECS 394—2015	2015	七氟丙烷泡沫灭火系统技术规程
2	GA 1288—2016	2016	七氟丙烷泡沫灭火系统
3	GB 50263—2007	2007	气体灭火系统施工及验收规范
4	GB 50974—2014	2014	消防给水及消火栓系统技术规范
5	GB 51251—2017	2017	建筑防烟排烟系统技术标准
6	GBZ 34603—2017	2017	气体灭火系统预设计流量计算方法及验证试验
7	GB 50015—2010	2010	建筑给排水设计规范
8	GB 50268—2008	2008	给水排水管道工程施工及验收规范

14. 电气系统规范

序　号	标准编号	标准年份	标准名称
1	GB 50217—2018	2018	售电力工程电缆设计标准
2	GB 50303—2015	2015	建筑电气工程施工质量验收规范
3	GB 51204—2016	2016	建筑电气工程电磁兼容技术规范
4	GB 25506—2010	2010	消防控制室通用技术要求
5	GB/T 29458—2012	2012	体育场馆 LED 显示屏使用要求及检验方法
6	GB/T 31831—2015	2015	LED 室内照明应用技术要求
7	GB/T 32486—2016	2016	舞台 LED 灯具通用技术要求
8	GBZ 33586—2017	2017	降低户外雷击风险的安全措施
9	JB/T 10216—2013	2013	电控配电用电缆桥架
10	GB/T 34835—2017	2017	电气安全与信息技术和通信技术网络连接设备的接口分类

15. 暖通系统规范

序　号	标准编号	标准年份	标准名称
1	GB 12021.3—2010	2010	房间空气调节器能效限定值及能效孕 1 级
2	GB 13271—2014	2014	锅炉大气污染物排放标准
3	GB 19577—2015	2015	冷水机组能效限定值及能效等级
4	GB 19761—2009	2009	通风机能效限定值及能效等级
5	GB 21454—2008	2008	多联式空调(热泵)机组能效限定值及能源效率等级
6	GB 50019—2015	2015	工业建筑供暖通风与空气调节设计规范
7	GB 50189—2015	2015	公共建筑节能设计标准
8	GB 50243—2002	2002	通风与空调工程施工质量验收规范
9	GB 50333—2013	2013	医院洁净手术部建筑技术规范
10	GB 50738—2011	2011	通风与空调工程施工规范
11	GB 21455—2013	2013	转速可控型房间空气调节器能效限定值及能效等级
12	GB 50736—2012	2012	民用建筑供暖通风与空气调节设计规范
13	GB/T 17791—2007	2007	空调与制冷设备用无缝钢管
14	GB/T 50785—2012	2012	民用建筑室内热湿环境评价标准
15	JG 1174—2010	2010	多联机空调系统工程技术规程
16	JGJ 142—2012	2012	辐射供暖供冷技术规程
17	JG/T 307—2011	2011	建筑用电动控制排烟侧窗

参考文献

[1] 付晓岩,张勇.企业级业务架构设计：方法论与实践[M].北京：机械工业出版社,2019.

[2] 胡善勇,张勇.深圳公安信息化顶层设计[M].北京：中国人民公安大学出版社,2018.

[3] 陈运迪.中国信息化发展历程[J].数码世界,2003(02)：60～61.

[4] 赵捷.企业信息化总体架构[M].北京：清华大学出版社,2011.

[5] 陈玉东,胡善勇,王婷婷.天津公安科技信息化顶层设计与操作实践[J].警察技术,2018(04)：4～7.

[6] 罗俊.智慧城市顶层设计介绍[J].电信网技术,2014(07)：1～5.